영재 유득공의

영재집 1

지은이 영재(泠齋) 유득공(柳得恭)

1748년(영조 24)~1807년(순조 7). 자는 혜보(惠甫), 호는 영재(泠齋)·고운당(古芸堂)·가상루(歌商樓) 등이며, 본관은 문화(文化)로, 조선 후기 정조 시대에 활동한 실학자이자 문인이다. 1779년(정조 3) 규장각 초대 검서관에 임명된 뒤 각종 국고문헌 편찬 및 정리 사업에 참여하였다. 이때의 경험은 훗날 그의 저술에 오롯이 발현된다. 이후 포천 현감, 양근 군수, 가평 군수, 풍천 부사를 역임하였고, 세 차례 연행을 다녀온 바 있다. 저서로는 문집인 『영재집(泠齋集)』을 비롯하여 『경도잡지(京都雜誌)』·『고운당필기(古芸堂筆記)』·『난양록(灤陽錄)』·『발해고(渤海考)』·『사군지(四郡志)』·『연대재유록(燕臺再遊錄)』·『열하기행시주(熱河紀行詩註)』·『이십일도회고시(二十一都懷古詩)』 등이 있다.

옮긴이 재단법인 실시학사 고전문학연구회

이우성 전 대한민국학술원 회원, 전 성균관대 명예교수
김세호 성균관대 대동문화원연구원 선임연구원
김용태 성균관대 한문학과 교수
손혜리 성균관대 대동문화연구원 학술연구교수
신익철 한국학중앙연구원 인문학부 교수
윤세순 숭실대학교 국어국문학과 강사
이성민 성균관대 대동문화연구원 수석연구원
이철희 성균관대 대동문화연구원 수석연구원
이현우 성균관대 인문학연구원 수석연구원
전수경 성균관대 대동문화연구원 연구원
정환국 동국대학교 국어국문·문예창작학부 교수
한영규 성균관대 국어국문학과 교수

영재 유득공의 영재집 1

유득공 지음
실시학사 고전문학연구회 옮김
재단법인 실시학사 편

실시학사 실학번역총서 13

학자원

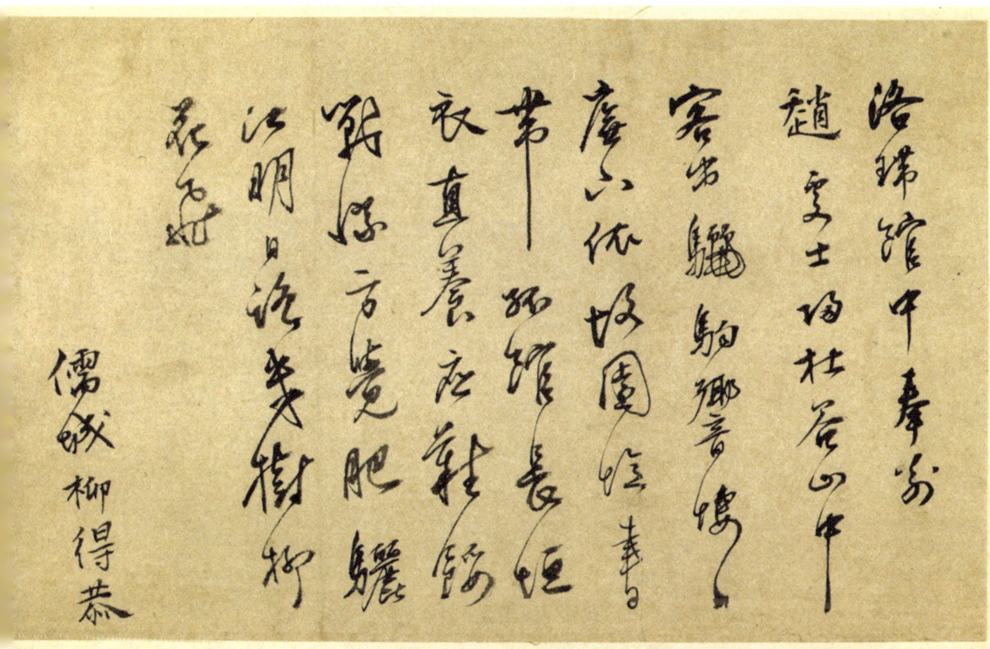

유득공이 조연귀(趙衍龜)에게 써 준 친필시(성균관대학교 박물관 소장)
『영재집』 권1 1-21번 시 참조.

겸재 정선의 「행호관어(杏湖觀漁)」(간송미술관 소장)
『영재집』 권2 2-65번 시 참조.

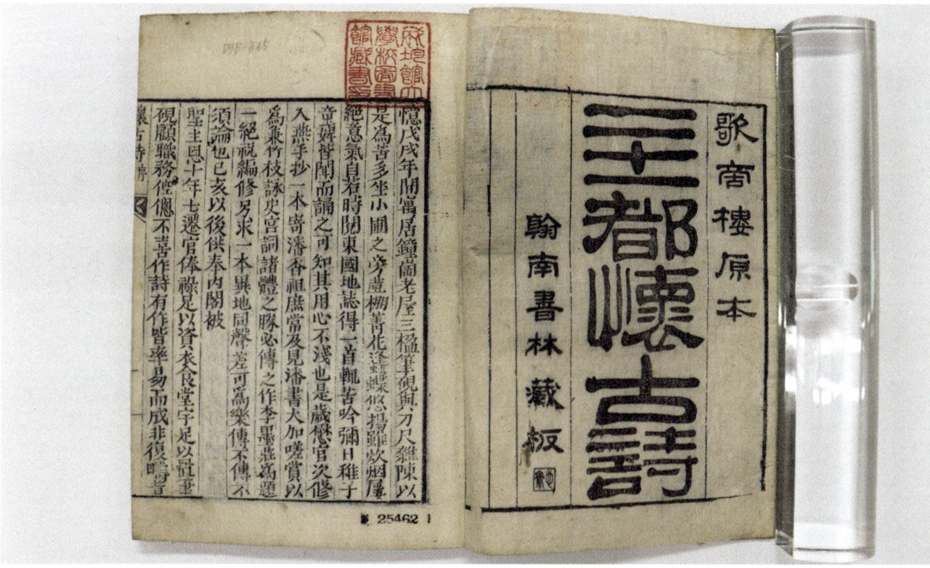

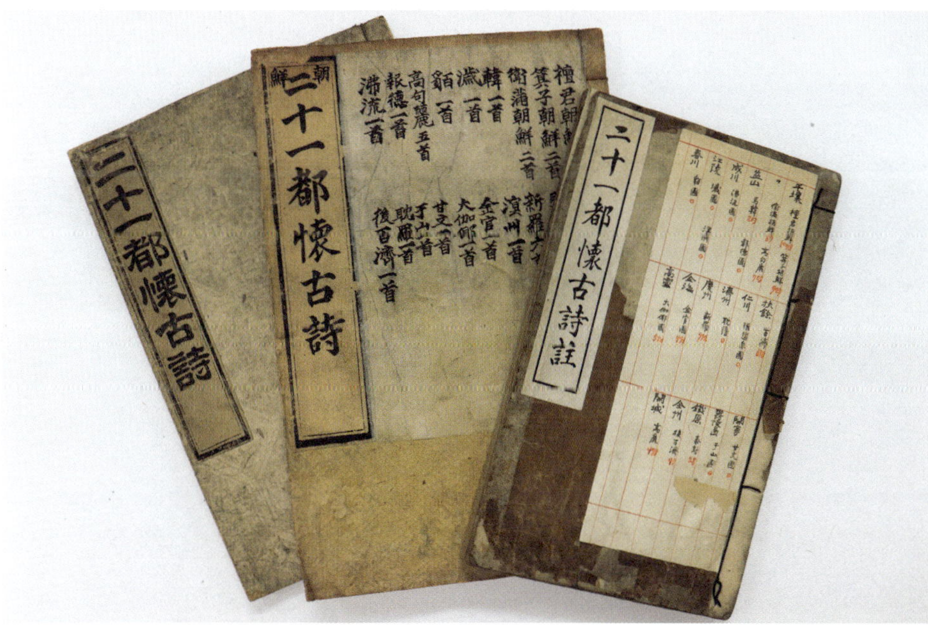

유득공의 「이십일도회고시」(성균관대학교 존경각 소장)
『영재집』 권2 2-74번 시 참조.

實學飜譯叢書를 펴내며

실시학사(實是學舍)에서 실학연구총서(實學硏究叢書)를 발간하여 학계에 공헌하면서 뒤이어 실학번역총서(實學飜譯叢書)를 내기로 방침을 세운 것은 벌써 2년 전의 일이다. 실시학사가 재단법인으로 발전하면서 그 재정적 바탕 위에 여러 가지 사업을 수행하는 가운데 실학(實學)에 관한 우리나라 고전들을 골라, 한문으로 된 것을 우리글로 옮겨서 대중화 작업을 시도하기로 한 것이다.

여기, 이 기회에 나는 다시 몇 마디 말씀을 추가할 것이 있다. 이 실학번역총서를 낸다는 말을 전해 듣고 모하(慕何) 이헌조(李憲祖) 형이 앞서 거액을 낸 것 외에 다시 적지 않은 돈을 재단에 출연해 주었다. 나는 그의 학문에 대한 열정에 오직 감동을 느꼈을 뿐, 할 말을 잊었다. 오늘날 우리나라에서 사회문화에 대한 허심탄회(虛心坦懷)로 아낌없이 투자해 줄 인사가 계속해서 나와 준다면 우리 학계가 얼마나 다행할까 하는 생각을 금(禁)할 수 없었다.

실(實)은 실시학사가 법인으로 되기 전부터, 나는 성균관대학교에서 정년퇴임한 뒤에 진작 서울 강남에서 학사(學舍)의 문을 열고 젊은 제자들과 함께 고전을 강독하면서 동시에 번역에 착수하였고, 그 뒤 근교

고양(高陽)으로 옮겨온 뒤에도 그대로 계속하여 적지 않은 책들을 간행하였다.

예를 들면 경학연구회(經學硏究會)에서 다산 정약용(茶山 丁若鏞)의 『정체전중변(正體傳重辯)』, 『다산과 문산(文山)의 인성논쟁』, 『다산과 석천(石泉)의 경학논쟁』, 『다산과 대산(臺山)·연천(淵泉)의 경학논쟁』, 『다산의 경학세계(經學世界)』, 『시경강의(詩經講義)』 5책 등을 번역 출판하였고, 고전문학연구회(古典文學硏究會)가 영재 유득공(泠齋 柳得恭)의 『이십일도회고시(二十一都懷古詩)』와 『열하기행시주(熱河紀行詩註)』 각 1책, 낙하생 이학규(洛下生 李學逵)의 『영남악부(嶺南樂府)』 1책, 그리고 『조희룡전집(趙熙龍全集)』 5책, 『이옥전집(李鈺全集)』 5책, 『산강 변영만(山康 卞榮晩)전집』 3책, 유재건(劉在建)의 『이향견문록(里鄕見聞錄)』 1책 등을 모두 번역 출판하였다. 이 열거한 전집들 중에는 종래 산실(散失) 분장(分藏)된 것이 적지 않아서 그것을 수집하고 재편집하는 데 많은 노력을 기울였다. 이 과정에서 제자들은 어려운 생활 속에서도 세월 따라 능력이 성장해 왔고 나는 그것을 보면서 유열(愉悅)을 느껴, 스스로 연로신쇠(年老身衰)해 가는 것도 잊고 있었다.

그런데 이제 번역 사업이 본격화되면서 많은 역자(譯者)가 한꺼번에 나오게 되고 나는 직접 일일이 참여할 수 없게 되고 보니 한편 불안한 점이 없지도 않다. 나는 지난날 한때 민족문화추진회(民族文化推進會, 韓國古典飜譯院의 前身)의 회장직을 맡아, 많은 직원들, 즉 전문으로 번역을 담당한 분들이 내놓은 원고들을 하나하나 점검할 수도 없어 그대로 출판에 부쳐 방대한 책자를 내게 되었다. 물론 역자들은 모두 한문 소양이 상당하고 또 성실하게 우리글로 옮겨 온 분들이지만 당시 책임자였던 나로서는 그 자리에서 물러난 지 오래된 지금에 와서도 마음 한구석에 빚이 되어 있는 것이 사실이다. 그런데 지금 또 실시학사에서 선건(前愆)을 되풀이하게 되는 것이 아닐까 걱정이 앞서기 때문이다.

그러나 이미 화살은 날았다. 이제 오직 정확하게 표적(標的)에 맞아주기를 바랄 뿐이다.

2013년 초하(初夏)
李佑成

차 례

『영재집』

『영재집』 권1

『영재집』 권2

해제

유득공의 저술과 『영재집』에 대하여

신익철 | 한국학중앙연구원 인문학부 교수

1. 머리말

유득공은 18세기 후반에 활동한 북학파 실학자로 일찍부터 학계의 주목을 받아온 인물이다. 규장각 초대 검서관의 한 사람인 그는 젊은 시절부터 시인으로 명성을 떨치었고, 『발해고(渤海考)』·『사군지(四郡志)』의 저자로서 고대사의 북방 강역을 우리 민족사의 무대로 편입한 역사가로도 널리 알려져 왔다. 한문학, 역사학 분야를 중심으로 유득공에 대한 연구가 지속적으로 이루어져 왔으며, 최근에는 『삼한시기(三韓詩紀)』·『고운당필기(古芸堂筆記)』 등 새롭게 발굴된 그의 저술로 연구가 심화 확장되는 추세에 있다.

유득공의 생애와 교유 관계는 새로 발굴된 그의 저술을 검토하여 상세히 밝혀진 바 있다. 여기에서는 선행 연구를 바탕으로 그의 생애를 개략적으로 정리하여 소개하고, 다양한 저술의 특징을 세 유형으로 나누어 살펴보기로 한다. 유득공의 생애와 저술의 검토는 문집

『영재집(泠齋集)』에 수록된 다양한 시문의 창작 배경과 의미를 이해하는 데 도움을 줄 수 있을 것이다. 아울러 『영재집』의 이본 현황을 살펴보고, 각 권별로 주요 내용을 간략히 소개함으로써 유득공의 문학 세계를 파악하는 데 일조하고자 한다.

2. 유득공의 생애와 저술

유득공(柳得恭, 1748~1807)은 본관이 문화(文化)이고, 자는 혜보(惠甫)·혜풍(惠風)이며, 호는 영재(泠齋)·영암(泠庵)·고운당(古芸堂)·가상루(歌商樓)·은휘당(恩暉堂) 등 다양하다. 1748년 부친인 유춘(柳椿)과 모친인 남양 홍씨 사이에서 외아들로 태어났는데, 증조부 유삼익(柳三益)이 서자 출신이었던 탓에 서자의 굴레를 쓰고 살아야 했다. 유득공의 생애는 수학기, 백탑동인기, 관료기, 은퇴기의 네 시기로 나누어 볼 수 있는데, 각 시기별로 주요 활동 사항과 저술을 중심으로 살펴보기로 한다.(김영진, 「유득공의 생애와 교유, 年譜」, 『대동한문학』 27집, 대동한문학회, 2007년을 주로 참조하였다)

수학기(1748~1768)는 서얼이라는 신분적 한계에다가 5세에 부친을 여읜 간난(艱難) 속에서 홀어머니의 헌신적 돌봄 속에 어렵게 학문에 힘을 쏟던 시기이다. 유득공은 1748년 11월 5일 남양(南陽) 백곡(白谷) 외가에서 태어나, 5세(1752년)에 부친을 여의고 외가에서 성장하다가 13세(1760년)에 서울로 이주한다. 서울로 돌아온 것은 외아들의 학업을 위한 것으로, 모친은 고관들이 많이 사는 서울 경행방(慶幸坊, 지금의 종로구 경운동)으로 이주한 후 삯바느질로 생계를 이어갔다고 한다. 1763년(16세)에는 전주 이씨 채휘(采徽)의 딸과 혼인하였다. 어린 시절부터 유득공의 학문적 성장에 영향을 준 인물은 숙부 유련(柳璉, 1741~1788, 훗날 柳琴으로 개명함)이었다. 유련은 부친인 유춘의 둘째 동생으로 '기하(幾何)'를 호로 사용할 정도로 수학과 천문학에 조예가 깊었던 인물이었다.

백탑동인기(1768~1779)는 백탑(白塔, 원각사탑) 인근에 거주하던 연암 그룹 인물들과 교유하며 북학파(北學派)의 일원으로 성장해가던 시기이다. 경행방에 살던 유득공은 백탑 주변에 이웃해 거주하던 박지원(朴趾源), 이덕무(李德懋), 이서구(李書九), 서상수(徐常修) 등과 교제하였으며, 박제가(朴齊家)와도 교유하였다. 호사취적(好事趣的) 성향의 저서를 남기는 등 지적 호기심이 왕성했던 때이다. 1771년 이서구가 자기 집에서 기르는 푸른 앵무새에 관한 시문을 모아 『녹앵무경(綠鸚鵡經)』을 편찬하자, 박지원이 서(序)를 쓰고, 이덕무 · 유득공 등이 평을 달았다. 이즈음 유득공은 호랑이에 관한 여러 글을 모아 『속백호통(續白虎通)』을 편찬하였는데, 현전하지는 않는다. 이 시기의 저술인지 확실치는 않으나 여러 집비둘기에 관한 『발합경(鵓鴿經)』과 우리나라 벼루에 관한 『동연보(東硯譜)』 등을 편찬하기도 했다.

이 시기에 유득공은 평안 · 전라 · 충청도를 여행하며 고대사에 대한 관심을 제고하였으며, 1773년 「서경잡절(西京雜絶)」, 「송경잡절(松京雜絶)」 등의 기행시를 창작하였다. 1774년(27세)에 생원시에 급제하였으며, 여름에 우리나라 고대 시가를 집성하고 평을 붙인 『삼한시기(三韓詩紀)』를 저술하였다. 1776년(29세) 가을 박제가가 「유혜풍시집서(柳惠風詩集序)」를 써준 것으로 보아, 이즈음 유득공은 이미 자신의 시를 모은 시집을 한 차례 정리하였음을 알 수 있다. 이 해 11월 숙부 유금이 부사 서호수(徐浩修)를 수행하여 연행하면서 이덕무 · 유득공·박제가·이서구 4가의 시 각 100수를 선한 『한객건연집(韓客巾衍集)』을 지니고 가서 청의 문사들에게 서문과 평을 받아온다. 여기에서 유득공을 "今二十九著有歌商樓集"이라 소개하고 있으며, 서형수(徐瀅修) 또한 「가상루시집서(歌商樓詩集序)」라는 서문을 지어준 일이 있다. 따라서 젊은 시절 유득공의 시를 모은 시집은 '가상루집'이라 제명했음을 알 수 있다. 유금의 연행을 계기로 유득공은 이조원(李調元)·반정균(潘庭筠) 등 청의 문사와 교류하게 되었으며, 1777년에는 이들을 포함하여 청나라 문인의 시를 선집한 『중주십일가시선(中州十一家詩選)』을 편찬하였다. 유득공은 이에 앞서 홍대용이 1766년 연행에서 사귄 육비(陸飛)·엄성(嚴誠)·반정균의 시를 뽑아 엮은 『건연외집(巾衍外集)』을 편찬한바 있다. 그리고 1778년 3월에는 「이십일도회고시(二十一都懷古詩)」의 초고를 정리하여 연행을 떠나는 박제가·이덕무 편에 보내기도 한다. 유득공 자신은 7월 문안사(問安使) 남학문(南鶴聞)의 수행원으로 심양을 다녀온다. 이때의 사행 기록으로 『읍루여필(挹婁旅筆)』을 지었는데, 서문만 남아 있다.

관료기(1779~1801)는 1779년 규장각 초대 검서관으로 특채된 이래 20여 년간 정조 우문(右文) 정책의 실무 담당자로 활동한 시기이다. 포천현감, 금정찰방, 양근군수, 가평군수, 풍천부사를 역임하며 규장각 검서관직을 겸임하였다. 1784년(37세)에 발해를 우리 민족사에 편입시킨 획기적 저술로 평가받는 『발해고』를 집필한다. 유득공은 『삼한시기』에서 신라인의 시와 함께 발해인의 시도 수록하려고 하였던 바, 북방 영토에 대한 그의 관심은 20대의 젊은 시절부터 확고히 형성되어 있었던 것으로 보인다. 아울러 1778년의 심양 사행을 통해 한반도 북부와 만주 일대의 고구려와 발해의 옛 땅을 직접 가 볼 수 있었던 것도 『발해고』 편찬의 계기가 되었을 것이다. 1790년 유득공은 건륭제의 팔순 축하사절인 진하사은사의 수행원으로 2차 중국 사행을 한다. 이 사행에서 『열하기행시주(熱河紀行詩註)』 49수를 포함하여 모두 74수의 시를 짓고, 기윤(紀昀)·반정균·이정원(李鼎元)·나빙(羅聘)·장도악(張道渥) 등의 중국 문사들과 교제하였다. 여정의 기록은 따로 『난양록(灤陽錄)』으로 남겼다.

은퇴기(1801~1807)는 1800년 정조 승하 후 풍천부사를 마지막으로 관직 생활을 마감한 이후의 시기이다. 1801년 주자서(朱子書) 선본(善本)을 구해오라는 특명을 받고 마지막 연행을 하였는데, 천초(川楚) 지역의 소요 사태를 탐문하라는 명도 있었다. 사행 기록으로 『연대재유록(燕臺再遊錄)』을 남겼는데, 주자서 선본과 천초의 난에 대해 탐문하고 있는 구체적 정황과 중국 문사와의 필담이 기술되어 있다. 귀국한 이후 한사군(漢四郡)에 대한 사실을 총체적으로 정리한 『사군지(四郡志)』를 편찬하였다. 정조의 승하와 함께 관직에서 물러난 만년에 유득공은 규장각에서 교분을 맺은 서영보(徐榮輔), 심상규(沈象奎), 이서구(李書九) 등과 시문으로 소일하면서 자신의 시문집 및 저술을 정리한 것으로 보인다. 1807년(60세) 여름부터 병환을 앓다가 9월 1일 장흥방(長興坊) 집에서 졸하고, 10월 양주 송산(松山, 현 의정부시 송산동)에 묻힌다.

유득공은 다양한 방면에서 많은 저술을 남겼는데, 그 성격은 대략 세 가지로 나누어 볼 수 있다.

① 시 선집 편찬과 역사회고시 창작

유득공은 젊은 시절부터 시인으로 명성이 높았으며, 그의 첫 저술 또한 시에 관한 것이다. 1772년, 그의 나이 25세 때 유득공은 우리나라 고대의 시가를 수집 정리한 『삼한시기(三韓詩紀)』를 편찬하였다. 이 책은 각종 역사서와 야사 등에 실려 전하는 고대 가요를 모은 것으로, 기자(箕子)가 지었다고 하는 「맥수가(麥秀歌)」로부터 시작하여 신라 말까지 창작된 가요를 수록하고 있다. 서문에 따르면 유득공은 당초 '삼최일박(三崔一朴: 당나라에 유학해 과거에 급제한 최치원(崔致遠)·최승우(崔承祐)·최언위(崔彦撝)와 박인범(朴仁範)을 말함)과 발해인의 시 및 당나라 시인과 수창한 시를 모은 별집(別集) 한 권을 함께 편찬하려고 했다.[以麥秀歌爲首, 終於羅末爲一卷. 別集三崔一朴渤海人詩 ·唐人唱酬詩爲一卷, 以附之, 名曰三韓詩紀.]'(「三韓詩紀序」, 이대도서관 소장 필사본) 『영재집』 권7에는 이 서문이 「동시맹서(東詩萌序)」라는 이름으로 수록되어 있는데, 여기에는 별집에 대한 위의 내용이 빠져있다. 「삼한시기서」로 미루어보면 유득공은 당초 별집을 포함한 2권으로 우리나라의 고대 가요를 정리하고자 하였는데(내제 또한 '三韓詩紀卷之一 泠菴集評'이라 되어 있다), 이는 미완에 그치고 제명 또한 '동시맹(東詩萌)'으로 고친 것으로 보인다. 『삼한시기』는 유득공이 젊은 시절부터 우리 역사와 시에 대해 깊은 관심을 지니고 있음을 말해주거니와, 특히 발해인의 시를 함께 수록하고자 한 점이 주목된다. 훗날 『발해고(渤海考)』에서 피력된 남북국시대의 역사관이 20대의 나이부터 형성되어 있었음을 알려주는 것이다.

『삼한시기』는 해당 시가의 왕조와 인물을 제시하고 시를 소개한 다음, 편자 자신의 평을 붙이는 체재로 이루어져 있다. 이 또한 우리 역사를 제재로 시를 짓는 유득공 특유의 시작 방식이 일찌감치 자리 잡고 있었음을 말해준다. 「송경잡절(松京雜絶)」, 「서경잡절(西京雜絶)」, 「웅진잡절(熊津雜絶)」을 비롯하여 「이십일도회고시(二十一都懷古詩)」 등 유득공 초기의 주요 연작시는 도읍지에서 과거의 역사를 돌아보는 회고시(懷古詩)의 형식을 취하고 있다. 유득공의 시에 대한 중국 문사들의 평 또한 이 점에 특히 주목하고 있다. 이조원은 "「송경잡절(松京雜絶)」은 슬프고 애틋하면서도 아름다우니 천추의 절조이다. 왕어양(王漁洋)의 「진회잡시(秦淮雜詩)」도 그 앞에서 아름다움을 뽐낼 수 없다.[松京襍絶, 凄迷哀豔, 千秋絶調. 王漁洋秦淮雜詩不得擅美于前.]"고 평하였고, 반정균 또한 "「이십일도회고시」는 죽지사(竹枝詞), 영사시(詠史詩), 궁사(宮詞) 등 여러 체의 좋은 점을 겸하였고, 겸하여 기이한 이야기로 넓혔으므로 반드시 전해질 작품이다.[二十一都褱古詩, 兼竹枝詠史宮詞諸軆之勝, 兼廣異聞, 必傳之作.]"라고 평한바 있다.

연암 그룹의 일원으로 활동한 유득공은 연행을 떠나기 이전부터 중국 문사와 꾸준히 교류하였다. 1766년 홍대용이 연행을 통해 사귄 육비(陸飛)·엄성(嚴誠)·반정균(潘庭筠)의 시를 뽑은 『건연외집(巾衍外集)』을 엮은바 있다. 1777년에는 이들 3인 외에 숙부인 유금(柳琴)이 연경에서 이조원(李調元)과의 만남을 통해 접한 8인의 시를 보태어 『중주십일가시선(中州十一家詩選)』(1책)을 편찬하였다. 여기에는 11인의 시 127수를 수록하였으니, 육비·엄성·반정균·이조원·이정원(李鼎元)·축덕린(祝德麟)·박명(博明)·주후원(周厚轅)·곽집환(郭執桓)·이미(李美)·손유의(孫有義)이다. 그리고 1796년에는 이를 증보하여 『병세집(幷世集)』(2권 1책)을 편찬하였다. 권1에는 육비·엄성·반정균을 비롯하여 36인, 권2에는 기윤(紀昀)·나빙(羅聘) ·옹방강(翁方綱) 등 35인으로 도합 71인의 시를 수록하였다. 여기에는 1790년 서호수(徐浩修)를 수행하여 북경에 가서 직접 사귄 중국 문사들이 대거 추가되어 있다. 그리고 말미에는 일본 목홍공(木弘恭) 등 10인, 안남(安南) 호사동(胡士棟) 등 5인, 유구(琉球) 정순칙(程順則) 등 4인을 덧붙였다. 따라서 『병세집』에는 중국·일본·안남·유구의 문사 총 90인의 시가 수록되어 있는 것이다. 수록 방식은 시와 함께 시인의 간략한 전기를 적고, 시를 입수하게 된 동기 및 시에 얽힌 일화 등을 덧붙이고 있다.

『건연외집』(3인)에서 『중주십일가시선』(11인), 그리고 『병세집』(90인)으로 이어지는 편찬 과정은 유득공이 지속적으로 외국 문사와 교류하며 그 시야를 확대하고 있음을 잘 보여준다. 유득공은 조선이라는 비좁은 울타리를 넘어서 동시대를 살아가는[幷世] 한자 문명권의 지식인과 문예로 적극 소통하였던 것이다.

② 북방 영토와 역사에 대한 관심

유득공은 1778년 7월 심양(瀋陽)에 있는 능묘를 보러오는 건륭제를 문안하러 가는 사행의 서장관인 남학문(南鶴聞)의 수행원 자격으로 심양에 다녀오게 된다. 이 사행의 기록을 유득공은 '읍루여필(挹婁旅筆)'이라 이름 붙였는데, 이는 심양이 과거 읍루국이 있던 곳이기 때문이라고 하였다. 현재 서문만 남아 전하고 있는데, 그 내용으로 미루어보면 심양에서 만난 문사와의 필담과 수창 시문을 기록한 것으로 짐작된다. 유득공은 「읍루여필서」에서 "요동은 천하의 큰 평원인데, 한·당·명이 이곳을 얻었을 때는 척후나 정장(亭障)이 천리에 이어졌고, 요·금·원이 얻었을 때는 명도(名都)와 대성(大城)이 이어졌다."고 하여, 한족과 유목민족 중 누가 지배하는 가에 따라 요동의 흥망성쇠가 뒤바뀜을 지적하였다. 한족 지배 하에서는 유목민을 방비하는 변방의 군사 주둔지로 기능하다가, 만주족이나 몽고족의 지배 하에서는 번화한 도시로 탈바꿈 하는 요동의 지정학적 기능을 간파한 것이다. 그러면서 지금 청나라가 심양에 성경(盛京), 건주(建州)에 흥경(興京)을 두어 번화하지만, 장차 천하의 변란이 있게 되면 심양의 선비들이 과연 어떤 의관을 하게 될지 모르겠다는 말로 끝맺고 있다.

앞에서 『삼한시기』를 편찬한 20대 무렵부터 유득공이 발해를 우리 민족사의 일부로 인식하고 있음을 보았다. 이러한 역사 인식을 지닌 유득공에게 옛날 발해의 영토에 속했던 심양과 그곳에 살고 있던 만주족은 비상한 관심의 대상이었을 것이다. 유득공은 1784년, 37세 때 발해의 역사를 체계적으로 정리한 『발해고』를 저술한다. 그 서문에서 유득공은 고려가 발해사를 편찬하지 않음으로써 고구려, 발해의 영토를 점령하고 있던 여진·거란에 대해 영토의 소유권을 주장할 수 없게 되었다고 비판하였다. 그리고 발해가 고구려의 후계자임을 분명히 밝혀 우리 민족사의 범주로 끌어들이고, 신라와의 병립 시기를 남북국시대로 파악하였다. 유득공의 『발해고』는 민족사 인식에 획기적인 지평을 제시한 것으로 한치윤(韓致奫)·홍석주(洪奭周)·정약용(丁若鏞)·김정호(金正浩) 등의 역사 인식에 영향을 미친 것으로 평가된다.

『발해고』와 함께 우리 민족의 북방 영토에 대한 관심에서 편찬된 것이 『사군지(四郡志)』이다. 『사군지』는 1801년 3차 연행에서 돌아와서 편찬되었는데, 청(淸)의 고증학적 연구 방법을 수용하여 한사군(漢四郡)에 대한 사실을 총체적으로 정리한 책이다. 여기에서 유득공은 한사군은 본래 모두 우리나라의 땅이라는 전제하에 진번군은 고구려의 땅으로 송화강(松花江) 동쪽에, 임둔군은 예(濊)의 땅으로 강릉에, 구현도군은 옥저의 땅으로 함흥에, 현도군은 고구려의 땅으로 청(淸)의 흥경(興京)에, 낙랑군은 고조선의 국도(國都)인 평양에 각각 비정하였다. 『삼한시기』에서 『발해고』, 『사군지』로 이어지는 저술 작업을 보면 고대 북방 영토에 대한 관심은 20대부터 말년에 이르기까지 그가 평생에 걸쳐 견지한 주요 학문 분야임을 알 수 있다.

③ 박학 추구와 필기류 저술

유득공은 20대 젊은 시절 연암 그룹의 일원으로 활동할 때에 박학을 바탕으로 호사취(好事趣) 강한 서적들을 저술한다. 여러 종의 집비둘기에 대한 책인 『발합경(鵓鴿經)』과 우리나라 벼루에 대해 정리한 『동연보(東硯譜)』, 호랑이에 대한 여러 글들을 모아놓은 『속백호통(續白虎通)』 등을 편찬한 것으로 알려져 있다.(『발합경』 외에 『동연보』, 『백호통』은 현전하지 않는다.) 이 외에 50대에 담배 재배 방법에 관해 정리한 『연경(烟經)』 또한 편찬한 것으로 추정된다.(김영진, 앞의 논문, 28쪽) 이들 서적은 북학파의 일원으로 다양한 분야에서 박학(博學)을 추구한 유득공의 학문적 성향을 보여준다.

이러한 호사취적 성향의 저술과 다소 성격을 달리 하는 것으로 『경도잡지(京都雜志)』와 『고운당필기(古芸堂筆記)』가 있다. 『경도잡지』(2권)는 유득공 말년에 편찬된 것으로 추정되는데, 우리 민족의 풍속과 세시(歲時)에 대해 기록한 것이다. 그 중 풍속편(권1)을 보면 건복(巾服)·주식(酒食)·다연(茶烟)·과과(果瓜)·제택(第宅)·마려(馬驢)·기집(器什)·문방(文房)·화훼(花卉)·발합(鵓鴿)·유상(遊賞)·성기(聲妓)·도희(賭戲)·시포(市舖)·시문(詩文)·서화(書畫)·혼의(婚議)·유가(遊街)·가도(呵導) 등 주로 서울을 중심으로 한 사대부 문화에 대해 기술한 것이다. 세시편(권2) 또한 서울의 세시 풍속을 19항목으로 분류하여 서술하였는데, 많은 문헌을 인용 고증하여 그

연원과 유래를 밝히려고 노력한 점이 돋보인다.

『고운당필기』는 유득공이 초대 검서관으로 선발된 1779년 이후부터 저술한 것으로 추정된다. 자신이 관심 가는 사안을 잡다하게 기록하는 양식이 필기이거니와, 6권 3책에 총 295조목으로 이루어진 이 저술에는 매우 다양한 내용이 담겨 있다. 『고운당필기』는 명물고증학(名物考證學) 분야에서 탁월한 업적을 이룩한 것으로 평가받는 유득공의 학문적 관심사를 두루 반영한 저술이다.(김윤조, 「『고운당필기』 연구」, 『대동한문학』 27집, 대동한문학회, 2008년) 이 책에는 유득공의 교유 관계의 실상을 알려주는 신변잡기로부터 당대의 현실 모순을 객관적으로 기록한 이야기가 들어 있다. 우리 고유의 풍속에 관한 것도 적지 않은데, 풍속의 단순한 나열이 아니라 만주, 몽고, 중국과의 관계를 염두에 두고 해박하게 고찰한 국제관계사의 측면을 염두에 두고 기술한 것이다. 이밖에 언어에 관해 기술한 데에서는 땅 이름이나 나라 이름의 어원을 독창적 관점에서 설파하고 있다. 여기에서는 중국어에 능통할 뿐만 아니라 일본어, 만주어, 몽고어에까지 관심을 지녔던 그의 박학을 바탕으로 한 참신한 해석이 돋보인다. 이밖에 『발해고』와 『사군지』의 저자답게 우리 고대사와 북방 영토에 대한 기사 또한 상당수를 차지하며, 금석문에 대한 것도 눈에 뜨인다. 우리 민족사의 무대를 한반도에 한정하지 않고 만주 일대를 포괄해서 사고했던 그의 역사 인식을 반영한 것이다.

3. 『영재집』의 체제와 내용

유득공의 문집 『영재집(泠齋集)』은 여러 이본이 전해지고 있다. 국립중앙도서관 소장 『영재집』(15권 4책)은 가장 많은 시문을 수록한 본으로 『한국문집총간 260』의 저본이 되었다. 국립중앙도서관본은 '고운서옥(古芸書屋)'이라는 저자의 당호(堂號)가 인쇄되어 있는 전용 괘지(罫紙)에 정갈하게 필사되어 있는 점으로 보아 저자가 직접 편찬한 자편고(自編稿)일 가능성이 높아 보인다. 유득공의 당호 고운(古芸)에서 '운(芸)'은 "교서관(校書館)의 별칭인 운각(芸閣)을 가리키니, '고운'은 예전에 운각이 있던 곳인 진고개[泥峴]를 가리킨다. 정조 6년(1782)에 교서관을 진고개에서 돈화문 밖으로 이전하는데, 유득공은 말년까지 예전 교서관이 있던 진고개에 거주하였다.[校書館稱芸館, 又稱秘省. 舊在南部泥峴, 當宁六年壬寅, 移于敦化門外, 始稱外閣. 而舊館毁爲蘿菔田, 卽余家西牆外是也.]"(『古芸堂筆記』 「校書館」) 광곽(匡郭)의 상단에는 글자를 교정한 것과 제목의 위치를 지정하는 등의 표시가 있고, 제목 아래 세주를 통해 "此下當書炯菴二首", "此下七首當在第二編塔社夜飮下" 등과 같이 편차의 순서를 바로잡은 부분도 여러 군데에 보인다. 따라서 국립중앙도서관본은 성책(成冊)된 후에 누군가에 의해 교정 작업이 이루어졌음을 알 수 있다.

이밖에 후손 유병각 씨가 소장한 『영재집』(6권 4책)이 있는데, 이는 국립중앙도서관본 광곽의 상단에 기록된 교정 사항을 모두 반영한 정리본으로 알려져 있다. 박철상 씨 소장의 『영재시초(泠齋詩鈔)』(2권 1책)는 국립중앙도서관본 『영재집』의 1, 2권과 동일한 내용이며, 유병은 씨 소장 『영재집』(1책)은 산문만 수록된 영본으로 국립중앙도서관본 『영재집』에 없는 일부 산문이 수록되어 있는 것으로 알려져 있다. 유득공의 다른 저술을 함께 모아놓은 『후운록(後雲錄)』과 『영재서종(泠齋書種)』에 수록된 『영재집』도 있다.

본 번역은 국립중앙도서관본 『영재집』을 저본으로 하였는바, 그

체제와 내용을 간략히 살펴보기로 한다. 본집은 15권 4책으로 구성되었으며, 서발(序跋)이나 목록이 없다. 권수(卷首)에 「영재집평(泠齋集評)」 11조가 있는데, 저자가 교류한 청(淸)의 문인 이조원(李調元), 반정균(潘庭筠), 축덕린(祝德麟), 기윤(紀昀), 장옥기(張玉麒)가 저자의 시를 평한 것이다. 권1~5까지는 고금체시(古今體詩) 914수가 실려 있고, 권6~15까지는 각종 산문이 문체별로 수록되어 있다. 이하 각 권별로 주요 내용을 간략히 소개한다.

- 권1 : 고금체시 199수가 실려 있다. 젊은 시절 백탑동인들과 한양 주변을 유람하며 지은 시가 대다수를 차지하며, 공주에서 우거할 때 지은 시도 상당수 보인다. 박지원, 이덕무와 함께 지은 연구시 「립(笠)」, 1773년 평양을 유람하면서 지은 「서경잡절(西京雜絶)」(15수)·「송경잡절(松京雜絶)」(9수) 등의 기행시, 홍대용의 담원팔경을 노래한 「담원 팔영(澹園八詠)」 등의 시가 있다.
- 권2 : 고금체시 198수가 실려 있다. 백탑동인들과 수창한 시 외에 지포(芝圃) 송준재(宋俊載)와 함께 지은 시가 다수 보이며, 이조원·반정균 등과 주고받은 시를 원운(原韻)과 함께 수록하였다. 이덕무의 윤회매(輪回梅)를 두고 지은 시, 강화도를 유람하며 지은 시, 1776년 숙부 유금(柳琴)의 연행을 전송하며 지은 시, 1777년 12월 5일 이조원의 생일을 기념하여 유금의 집에 모여 지은 시 등이 보인다. 「이십일도회고시」 43수가 마지막에 수록되었다.
- 권3 : 고금체시 172수가 실려 있다. 평안도 일대를 유람하며 지은 시, 1778년 심양(瀋陽) 사행을 다녀오면서 지은 시, 규장각 검서관으로 근무하면서 지은 시 등이 실려 있다. 1779년 정조의 명에 따라 규장각을 노래한 「규장각 팔영(奎章閣八詠)」, 1780년 박지원의 연행을 전송하는 시, 이서구가 탁본한 소정방(蘇定方)과 유인

원(劉仁願)의 비를 보고 지은 「제소정방유인원이비후위강산(題蘇定方劉仁願二碑後 爲薑山)」 등이 있다.

- 권4 : 고금체시 190수가 실려 있다. 금정찰방, 포천현감, 양근현감 등의 지방관으로 있으면서 지은 시와 1790년 2차 사행을 다녀오면서 지은 시 등이 주요 내용이다. 1783년 금정찰방으로 있으면서 이인(利仁)찰방으로 있는 박제가에게 보낸 칠언 22운의 장편시, 북경에서 이조원·나빙·기윤 등에게 준 시, 사행에서 접한 중국 풍물과 인물 등을 칠언절구 49수로 노래한 「열하기행시(熱河紀行詩)」 등이 수록되어 있다.
- 권5 : 고금체시 155수가 실려 있다. 1790년부터 1806년 졸하기까지 저자가 말년에 지은 시가 대다수를 차지하며, 이전에 지은 시도 간혹 섞여있는 것으로 보인다. 1790년 원중거(元重擧), 1793년 이덕무, 1805년 박지원의 죽음을 애도한 만시(4수)가 있다. 1794년 가평군수에 부임하여 재임 중에 지은 시들, 1801년 마지막 사행 때에 지은 「요야거중잡영(遼野車中雜詠)」 33수, 박제가가 소장한 「노주설안도(蘆洲雪雁圖)」에 쓴 제화시 등이 실려 있다. 박제가는 「노주설안도」를 1801년 연행 때 가지고 가서 옹방강(翁方綱), 나빙(羅聘) 등의 제화시를 받아 오기도 한다. 신위(申緯)와 수창한 시, 서영보(徐榮輔)의 「향산시권(香山試卷)」에 차운하여 지은 시 등도 보인다.
- 권6 : 지(誌)·장(狀)·표(表) 3편이 실려 있다. 부친 유춘(柳椿)에 대한 묘지(墓誌), 모친 남양 홍씨에 대한 행장, 숙부 유금(柳琴)에 대한 묘지명이다.
- 권7 : 12편의 서(序)가 실려 있다. 자신의 저서에 쓴 서문으로 「동시맹서(東詩萌序)」, 「병세집서(并世集序)」, 「읍루여필서(挹婁旅筆序)」, 「발해고서(渤海考序)」가 있다. 이밖에 이서구가 1763년 일본 통신사를 다녀오면서 지은 원중거(元重擧)의 시를 선발한 『일동시선(日東詩

選)』, 이덕무의 『청령국지(蜻蛉國志)』, 윤치삼(尹稚三)의 시집 『추실음(秋室吟)』 등에 쓴 서문이 있다.

- 권8 : 6편의 제발(題跋)이 실려 있다. 32가지 꽃을 그린 규장각 서리 김덕형(金德亨)의 화첩에 쓴 「제삼십이화첩(題三十二花帖)」과 자신의 「이십일도회고시」와 「열하기행시」의 창작 경위를 적은 제문(題文)이 있다. 이밖에 임진왜란 때 운암(雲巖)에서 왜군과 전투하는 양대박(梁大樸)을 그린 그림에 쓴 「제운암파왜도(題雲巖破倭圖)」, 서영보(徐榮輔)의 금강산 유기에 쓴 「제죽석풍악기(題竹石楓嶽記)」가 있다.
- 권9 : 2편의 기(記)가 실려 있다. 「은선동기(隱仙洞記)」는 1775년 양주 송고정사(松皐精舍)에서 독서할 때 신생(申生)이 찾아와 함께 수락산 은선동을 유람하고 지은 글이고, 「일표정기(一瓢亭記)」는 양주 부용산(芙蓉山)에서 독서할 때 이곳에 있는 일표정에 노닐면서 지은 것이다. 『영재집』 권2에는 일표정에서 지은 시 2수가 실려 있다.
- 권10 : 「유우춘전(柳遇春傳)」 1편이 실려 있는데, 당대에 해금 연주로 명성이 높았던 유우춘의 예술적 성취와 고독감을 그린 문제작이다.
- 권11 : 3편의 책(策)이 실려 있는데, 모두 정조의 명에 따라 지은 책문이다. 이 중 「육서책(六書策)」은 1792년 『규장전운(奎章全韻)』의 완성을 기념하여 정조가 각신과 검시관들에게 문자책(文字策)을 지으라고 명한 것에 응하여 지은 글이다.
- 권12 : 송(頌) 1편과 명(銘) 2편이 실려 있다. 「구후송(九帿頌)」은 1783년 정조가 춘당대(春塘臺)에 가서 구후(九帿)를 설치하고 신하들로 하여금 활을 쏘게 하고 헌시(獻詩)를 짓게 했을 때 지은 것이다. 「직제학이공어사목극명갱운(直提學李公御賜木屐銘賡韻)」은 이만수(李晩秀)가 하사받은 나막신을 두고 지은 명이고, 「연명(硯銘)」 10수는 자신이 소장한 10종의 벼루를 두고 지은 것이다.

● 권13 : 2편의 상량문과 1편의 조(詔)가 실려 있다. 상량문은 백화암(百花菴)과 소서재(小西齋)에 대한 것인데, 「금곡백화암상량문(金谷百花菴上梁文)」은 황해도 배천[百川] 금곡에 화원(花園)을 조성하여 당대에 명성이 높았던 유박(柳璞)의 백화암에 지어준 글이다. 「의송사자표구조(擬宋賜紫貂裘詔)」는 검서관으로 입직했을 때 정조의 명에 따라 지은 것이다.

● 권14 : 6편의 부(賦)가 실려 있으니, 「동현금부(銅絃琴賦)」, 「검무부(劍舞賦)」, 「문부(蚊賦)」, 「와부(蛙賦)」, 「탁목조부(啄木鳥賦)」, 「출동문부(出東門賦)」이다. 이 중 「탁목조부」는 동봉거사(東峯居士)와 시자(侍者)가 나누는 대화로 이루어져 있는데, 나무를 쪼아 벌레를 잡아먹는 딱따구리를 소재로 나라에 해로운 세력을 잡으려다 국가 전체가 위태로워지는 것을 경계하는 내용의 글이다.

● 권15 : 4편의 잡저(雜著)가 실려 있다. 「춘성유기(春城遊記)」는 1770년 봄에 박지원, 이덕무와 함께 한양 도성을 두루 노닌 사실을 기록한 유기이고, 「의계설(義鷄說)」은 저자의 조부 유한상(柳漢相)이 목격한 병아리들의 우애를 칠언시로 지어 주었던 것을 다시 글로 엮은 것이다. 「솔갱서시고서(率更胥詩藁序)」는 구양순(歐陽詢)의 서풍(書風)인 솔갱체(率更體)에 뛰어났던 규장각 서리 지덕구(池德龜)의 시집에 대한 서문이고, 「과폐책(科弊策)」은 과거의 종류, 과거 응시 과목, 시관(試官)과 거자(擧子)의 부정행위 등을 열거하여 과거의 폐단을 지적한 글이다.

4. 맺음말

유득공은 서얼 출신으로 5세에 부친을 여의고 홀어머니의 뒷바라지 속에 학업을 닦아 시인이자 역사가로 커다란 족적을 남긴 인물이다.

그는 우리 민족 고유의 역사와 풍속에 비상한 관심과 애정을 지니면서, 중국을 비롯해 일본, 만주, 몽고, 안남, 유구 등 동시대 문인들과 적극적으로 교류하며 국제적 안목을 겸비한 지식인이었다. 박학과 민족사에 대한 유득공의 관심은 다양한 분야에서 많은 저술로 표출되었지만, 그는 무엇보다도 당대의 뛰어난 시인으로 평가되었다.

"쾌활하고 호탕한 영재의 시, 힘차고 억센 초정의 글씨, 깊고 해박한 강산의 학문[跌宕泠齋詩, 遒勁楚亭筆, 淹雅薑山學]"(『雅亭遺稿三』「人日贈薑山冷齋楚亭」)이라 하여 유득공, 박제가, 이서구 3인의 개성을 비교해 말한바 있는 이덕무는 『청비록(淸脾錄)』에서 유득공의 시에 대해 "나는 영재의 시는 근세의 절품(絶品)이라고 생각한다. 그는 재주가 있고 학문도 풍부하여 갖추지 않은 체(體)가 없다.……그의 재주가 절묘할 뿐 아니라 전문적으로 힘쓴 것 또한 지금 세상에서 비교될 사람이 드물다."고 하였다. 천부적인 시재에 풍부한 학식을 지니고 시작에 기울인 공력 또한 견줄 사람이 없었기에 유득공은 당대를 대표하는 시인이 될 수 있었으리라 짐작된다.

유득공의 문집 『영재집』은 시가 주류를 이루고, 산문은 상당히 소략한 편이다. 이는 뛰어난 시재를 지니고 시에 대한 관심과 애정을 잃지 않았던 유득공이 평생 시작을 즐겼음을 말해준다. 『영재집』에 실린 914수의 시는 그의 일생의 전시기에 걸쳐 고르게 지어진 편이기에, 이들 시를 통해 우리는 유득공의 인간적 면모와 삶의 궤적을 구체적으로 이해할 수 있다. 예컨대 신분적 굴레와 가난 속에서 번민하던 젊은 시절 내면의 갈등과 고독감, 백탑 동인들의 우정과 교유의 구체적 정경, 규장각 검서와 지방관으로 근무하면서 지녔던 마음가짐, 세 차례의 사행을 통해 교류한 중국 문인과의 우정의 농도 등등. 『영재집』의 시들을 읽어가면서 우리는 유득공의 다양한 내면 풍경과 대면하고 인간적 숨결을 한층 실감나게 접할 수 있을 것이다.

실시학사 고전문학연구회에서는 이전에 유득공의 『이십일도회고시』(2009년)와 『열하기행시주』(2010년)를 번역 출간한바 있다. 이들은 유득공의 민족사 인식과 병세(並世) 의식을 대표하는 작품으로 진작부터 학계의 주목을 받아 왔던 것이다. 이들 시집을 번역하면서 우리 회원은 역사 도읍지를 회고하면서 자신의 정감을 담아내는 유득공의 탁월한 시재와 연행에서 처음 접한 이국의 인물을 그려내는 솜씨에 찬탄한 바 있다. 그러면서 『영재집』의 번역을 구상하게 되었는데, 실제로 착수하게 된 것은 2016년 가을 무렵으로 기억된다. 함께 강독에 참여하여 우리를 깨우쳐주시던 벽사 이우성 선생님께서 이듬해 봄에 유명을 달리 하신 뒤로도, 우리는 선생님의 유지를 받들어 번역 작업을 계속해 왔다. 이번에 그 첫 결과물을 펴내게 되었는데, 앞으로 2~3권은 더 출간하여야 완역이 이루어질 것으로 예상한다. 유득공의 시문이 망라된 『영재집』의 완역이 이루어지면 유득공의 문학과 함께 북학파 연구가 더욱 활발해지는 계기가 될 것으로 기대한다.

벽사 이우성 선생님의 지도가 없이 실시학사 고전문학연구회 회원만의 힘으로 번역서를 출간하는 것은 이번이 처음이다. 이전에 비해 여러 가지로 부족한 점이 많을 것임은 자명하다. 다만 우리들은 '실사구시(實事求是)'의 정신으로 고전 텍스트를 엄밀하게 독해함으로부터 인문학의 출발점을 삼고자 한 애초의 정신을 잃지 않으면서 번역에 임하고자 노력하였다고 감히 자부한다. 번역의 오류는 회원 모두의 책임이며 향후 발전의 계기로 삼을 것인바, 독자 제현의 질정을 바라마지 않는다.

「영재집 평(泠齋集評)」

冷齋集

「영재집 평」

우촌(雨村) 이조원(李調元)[1]이 말했다. "영재의 시는 재기가 종횡하고 서권기(書卷氣)가 풍부하여 마치 오도(五都)[2]의 저자에 들어가니 진기한 물품들이 뒤섞여 있어 없는 물건이 없는 것과 같다. 게다가 천품이 남보다 뛰어나고 단련함이 기특함을 이루었으므로 족히 보는 자들로 하여금 눈을 어지럽게 한다."

또 말했다. "영재의 시체(詩體)는 붓이 성숙되고 구(句)가 튼튼하지 않음이 없어 고금을 압도하며, 넉넉하고 부드러움을 맛보고 아름다운 꽃을 따서 찌꺼기를 씻어낸다."

또 말했다. "「낙화생가(落花生歌)」 장편은 서차(敍次)가 굳건하여 체제(體制)를 이루었다. 이 과실은 『본초강목(本草綱目)』에는 없는데 오직 굴옹산(屈翁山)의 『광동신어(廣東新語)』[3]에 그 명칭이 있다. 지금

1 이조원(李調元) : 1734~1803. 청나라 羅江 출신으로, 자는 羹堂, 贊菴, 鶴州이고, 호는 雨村 또는 墨莊이다. 吏部主事를 거쳐 考工員外郎 등을 역임했다. 경학에 조예가 깊은 학자였다.

2 오도(五都) : '오방' 즉 동서남북 그리고 중앙의 번성한 도시를 일컫는 표현이다.

이 노래를 얻었으니 과실의 명칭이 또한 이에 힘입어 전해지리라."

또 말했다. "「송경잡절(松京雜絶)」은 슬프고 애틋하면서도 아름다우니 천추의 절조이다. 왕어양(王漁洋)의 「진회잡시(秦淮雜詩)」[4]도 그 앞에서 아름다움을 뽐낼 수 없다."

추루(秋庫) 반정균(潘庭筠)[5]이 말했다. "영재는 재주와 정서가 풍부하고 격률이 특히 높아 때때로 고래가 푸른 바다에 있는 장관을 드러낸다. 옛일을 생각하고 높은 데 올라 지은 시에 이르면 더욱 걸작이 많다."

또 말했다. "「위로(圍爐)」 한 편은 마치 한유(韓愈)와 맹교(孟郊)가 연구시(聯句詩)를 지어서[6] 기이함을 다투어 자랑하고 마음을 다해 기세를 올리는 것과 같으니 그의 재주가 또한 족히 저들에 버금간다."

또 말했다. "「묵가(墨歌)」 한 편은 황정견(黃庭堅)의 「구자송(具茨頌)」 이후로 다시 하나의 기이함을 내었다. 「낙화생가(落花生歌)」는 혜함(嵇含)의 『남방초목상(南方艸木狀)』을 보완할 만하다. 넓고 우아한 재주는 족히 한 시대에 우뚝 뛰어났다."

또 말했다. "「이십일도회고시(二十一都懷古詩)」는 죽지사(竹枝詞), 영사시(詠史詩), 궁사(宮詞) 등 여러 체의 좋은 점을 겸하였고, 아울러 기이한 이야기로 넓혔으므로 반드시 전해질 작품이다."

---

3 굴옹산(屈翁山)의 『광동신어(廣東新語)』 : 명말청초 시기의 문인 屈大筠(1630~1696)의 類書로, 28권 869목으로 이루어져 있다.

4 왕어양(王漁洋)의 「진회잡시(秦淮雜詩)」 : 청조의 저명한 시인 王士禛(1634~1711)이 금릉(金陵, 南京)의 교방 풍경을 그린 7언 장편 시이다.

5 반정균(潘庭筠) : 1742~?. 浙江省 錢塘 사람으로, 홍대용, 이덕무 등과 깊이 교유하였다.

6 한유(韓愈)와……지어서 : 聯句詩는 여러 사람이 돌아가면서 詩句를 짓는 형식이다. 韓愈와 孟郊의 『會合聯句』가 후대 聯句詩 창작에 큰 영향을 끼쳤다.

지당(芷塘) 축덕린(祝德麟)[7]이 말했다. "「위로(圍爐)」 시는 기횡(奇橫)함이 가히 한유의 「석정연구(石鼎聯句)」에 짝할 수 있다. 「귀후가(鬼鱟歌)」는 붓끝이 강개하여 기이한 기운이 있으니 또한 합당한 작품이다."

효람(曉嵐) 기윤(紀昀)[8]이 말했다. "영재의 시는 천골(天骨)이 빼어나고, 맛이 서권기를 머금고 있으며 말이 성령(性靈)에서 나오니 박제가(朴齊家)와 더불어 한 시대의 주유(周瑜)와 제갈량(諸葛亮)이다."

어천(漁川) 장옥기(張玉麒)[9]가 말했다. "영재의 칠언고시는 용용(舂容)[10]하고 고아하며 온당하고 조화롭다. 이미 험한 곳을 밟아도 평탄한 듯하고, 스스로 어려움을 인하여 공교함을 보인다. 고(橰, 쥐덫)를 노래한 시는 사물의 묘사가 가장 공교로워 경계를 드리움이 지극히 멀다. 마땅히 유희삼아 지은 것으로 보아서는 안 된다."

李雨村調元曰, "泠齋詩, 才氣縱橫, 富於書卷, 如入五都之市, 珍奇海錯, 無物不有. 加以天姿勝人, 鍛鍊成奇. 故足令觀者眩目."

又曰, "泠齋諸體, 莫不筆酣句健, 淩轢古今, 味腴褰芳, 滌濯滓窳."

又曰, "落花生歌長篇, 叙次健而有體, 此果本艸無之, 惟屈翁山廣東新語有其名, 今得此歌, 果名亦賴以傳矣."

又曰, "松京襍絶, 凄迷哀豔, 千秋絶調. 王漁洋秦淮雜詩不得擅美于前."

---

7 축덕린(祝德麟) : 1742~1798. 청나라 절강 출신으로, 性靈說을 주창한 시인이었다.

8 기윤(紀昀) : 1724~1805. 청나라 直隸 출신으로, 四庫全書 總纂修官을 역임하였다.

9 장옥기(張玉麒) : 청나라 섬서 출신으로, 台灣鎮總兵을 역임하였다.

10 용용(舂容) : 문장이 웅장하면서도 전아함을 나타내는 표현이다.

潘秋庫庭筠曰, "泠齋才情富有, 格律獨高, 時露鯨魚碧海之觀. 至於裒古登臨, 尤多傑作."

又曰, "圍爐一篇, 似韓孟聯句, 爭奇眩異, 極意排奡, 才亦足以副之."

又曰, "墨歌一章, 山谷具茨之外, 更出一奇. 落花生歌, 可補嵇含南方艸木狀. 博雅之才, 足以雄長一時."

又曰, "二十一都裒古詩, 兼竹枝詠史宮詞諸體之勝, 兼廣異聞, 必傳之作."

祝芷塘德麟曰, "圍爐詩, 奇橫可配石鼎聯句, 鬼黴歌, 筆端慷慨有奇氣, 亦合作也."

紀曉嵐昀[11]曰, "泠齋詩, 天骨秀拔. 味含書卷, 語出性靈, 與貞蕤一時之瑜亮."

張漁川玉麒曰, "泠齋七言古詩, 春容古雅, 穩愜調和, 旣履險而如夷, 自因難而見巧, 詠梱詩體物最工, 垂戒至遠, 不當以游戲目之."

11 昀 : 저본에는 '均'으로 되어 있으나 문맥상 오자가 분명하므로 수정하였다.

『영재집(泠齋集)』

권1

冷齋集

『영재집』 권1

유성(儒城) 유득공(柳得恭) 혜보(惠甫)가 짓다.

고금체시(古今體詩) 199수이다.

1-1

사금언

四禽言

소쩍새【두견】 鼎小【子規】

소쩍(솥 작아) 소쩍(솥 작아)	鼎小鼎小
작년 솥, 올해엔 작아졌구나	去年鼎今年小
올해는 솥이 작다 하니 풍년의 조짐[1]일세.	今年鼎小豊年兆.

1 풍년의 조짐 : 속설에 따르면, 소쩍새는 배고파 죽은 며느리의 원혼이 화한 새이기에 소쩍새가 자주 울면 풍년이 든다고 하였다.

농가의 사방으로 꽃과 나무 깊은데 田家四面花木深
호미 메고 돌아올 제 또렷이도 들리네. 荷鋤歸來聽了了.

김가맥전유마[2] 【꾀꼬리】 金家麥田有馬 【鶯】

김가맥전유마(김가네 보리밭에 말이 있어) 金家麥田有馬
김가 노인 버들 밑에 잠이 들었는데 金家丈人眠柳下.
살랑살랑 꼬리치고 머리 숙여 먹어대니 搖尾纚纚垂頭吃
어여쁘던 푸른 물결 장차 붉은 흙 되겠네. 可憐綠浪行爲赭.
할멈은 술 빚는다 하고 아이는 떡 찾는데 婆言釀酒兒索饍
노인은 구슬 같은 눈물만 뚝뚝 쏟네. 丈人珠淚涓涓瀉.

여아부[3] 【비둘기】 與我婦 【鳩】

여아부(내 아내 다오) 여아부(내 아내 다오) 與我婦與我婦
내 아내 나처럼 졸박하다. 我婦如我拙
공교로운 아내 공교로워도 나의 짝은 아니네. 巧婦雖巧非我耦.
봄이 오면 한빙[4]을 좇아 날 줄 아니 春來解逐韓憑飛
청릉대 아래 연기 낀 풀숲에 잠기리라. 青陵臺下鎖烟莽.

---

2 김가맥전유마(金家麥田有馬) : 꾀꼬리 소리를 음차한 것이다. 김가의 보리밭에 말이 들어 왔다고 꾀꼬리가 알려주거늘 김가 노인은 잠만 자느라 듣지 못해 말이 보리를 모두 먹어 버린다는 내용의 시상을 전개하고 있다.

3 여아부(與我婦) : 비둘기 소리를 음차한 것이다.

4 한빙(韓憑) : 춘추전국 시대 송나라 사람이다. 송나라 康王이 한빙의 아내 何氏의 미색에 반해 빼앗고자 하였다. 이에 한빙에게 青陵臺를 쌓게 하고는 대가 완성된 뒤 한빙을 죽이고 하씨를 취하였다. 그러나 하씨 부인은 몸을 던져 자살하였다. 이에 강왕이 두 사람을 청릉대 좌우에 따로 묻게 하였는데, 1년이 지난 뒤에 각자의 무덤에서 나무가 자라나 가지가 서로 엉키니, 사람들이 그 나무를 相思樹라고 불렀다는 전설이 있다(『搜神記』 卷11).

비오[5] 【솔개】 雨來 【鳶】

비오네, 비오네	雨來雨來
젊은 아낙 조잘대며 높은 홰나무 우러러보네.	少婦呢喃仰高槐.
열흘 궂은비에 하루 개어	十日淫雨一日霽
낭군님 비단 적삼 빨아 날개 펴듯 널었거늘	洗郎羅衫張毰毸
비오네, 비오네, 어쩌나.	雨來雨來何爲哉.

5 비오[雨來] : 솔개의 울음을 음차한 것이다. 朴泳教의 『海東爾雅』 卷1 「禽之四(山禽類)」에 "세상에서 이르기를, 솔개는 연못의 물을 마시지 않고 오직 비가 와서 깃이 젖어야 바야흐로 물을 마시므로 항상 비가 오라고 호소하며 그 울음소리도 '비오'라고 한다고 한다.[俗云, 鳶不飮池井水, 惟雨來翮濕, 方得飮水, 故常呼雨來, 其聲曰肥吾.]"라는 기록이 있어 참고가 된다.

1-2

상추

萵苣

우툴두툴 두꺼비를 벗겨왔나	痱磊剝蟾諸
짙은 녹색은 앵무새에게서 가져왔나.	老綠來鸜哥.
흐르는 물에 씻어 벌레 먹은 곳 추려내고	流毛黜蟲蝕
뒤집었다 엎으면서 벌레 알집 찾아내네.	反覆搜蝝窠.
바구니 열매 아직도 싱싱터니	開籃尙萋萋
상에 올리니 문득 수북하네.	登案忽峩峩.
나는 본래 채소 가꾸려던 번수요[6]	我本爲圃須
또한 능히 밥 잘 먹는 염파일세.[7]	亦能善飯頗.
손을 씻으매 처음엔 바쁜 듯하더니	盥手初勿勿
팔뚝을 휘두르자 홀연 용맹스럽네.	奮腕忽番番.
밥을 뭉치매 입술 찢어질까 염려되고	摶飯慮吻䶣
잎사귀 펼침은 손바닥을 넘지 마라.	布葉毋掌過.
장을 뜨고 다시 물고기를 싸며	酌醬更挾魚

6 나는……번수(樊須)요 : 번수는 공자의 제자이다. 『論語』「子路」에 “번수가 채소 가꾸는 법을 배우려 하니 공자께서 ‘나는 늙은 원예사보다 못하다’라고 하였다. 번수가 나가자 공자께서 ‘소인이구나. 번수여’라고 하셨다.[樊遲請學爲圃, 子曰, 吾不如老圃. 樊遲出, 子曰, 小人哉! 樊須也.]”라는 일화가 전한다.

7 또한……염파(廉頗)일세 : 염파는 전국시대 趙나라의 명장이다. 만년에 정치적으로 불우하여 魏나라로 망명을 했다. 이때 조나라의 사신이 그의 건재를 알아보기 위해 방문하였는데, 염파는 자신의 건강을 과시하기 위해 ‘한 번에 한 말의 쌀과 열 근의 고기를 먹으며 갑옷을 입고 말에 올라 아직 쓸 만함을 보였다.[一飯斗米, 肉十斤, 被甲上馬, 以示尙可用.]’고 한다(『史記』 卷81 「廉頗藺相如列傳」).

푸른 부추에 하얀 파도 섞네.	韭綠間葱皤.
볼록한 쌈은 꽃술을 머금은 듯	突寵如含蘂
주름진 모양은 연잎을 말아놓은 듯.	襞積如卷荷.
혹 갈라져서 구슬을 토하는 조개 같고	或拆吐珠蚌
혹 동여매 나선형 소라 같네.	或緎旋頂蠃.
손에 있을 땐 뭉쳐져 주머니 같더니	在手綯而囊
입에 들어가매 떨어져 북과 같네.	入口撱而梭.
뿌드득 이빨은 수레처럼 울고	瑟颯齒車鳴
꾸르륵 위장은 맷돌처럼 가네.	淋漉胃磑磨.
이미 배가 불러 눈동자는 흐려지고	旣飽眸欲眊
취한 듯 얼굴은 반쯤 붉어지네.	似酲顔半酡.
이에 북쪽 창 아래 누워	乃臥北窓下
손을 들어 큰 배[8]를 어루만지네.	擧手捫其皤.

8 큰 배 : 원문 '皤'의 일반적인 음훈은 "제사고기 번"이지만, 북송시대에 편찬된 『集韻』에 따르면 음은 '파[蒲波切]'이고 뜻은 '大腹'이라는 용례가 있다.

1-3

오동나무 호자[9]

梧桐虎子

우리 집에 호자 있어	吾家有虎子
오동나무 깎아 만든 것이라.	刳桐爲之也.
얼룩무늬 몸채는 인두로 지진 흉터요	文身被灸瘢
검은 입은 숯을 삼킨 벙어리 같네.	緊口類炭啞.
가난한 선비 날마다 죽만 먹어	窮士日啜粥
자주자주 구석에서 쏟아내는데	數數向隅瀉.
설사 누는 꽁무니, 차가워 놀랄 일 없고	痢尻不驚冷
편안하기는 말 탄 듯하네.	妥帖如跨馬.
하나 있는 계집종 온갖 일로 바빠	單婢百事忙
치우는 일 매양 구차스러워.	潑棄每苟且.
묵고 묵어 탁한 것이 다시 맑아지고	陳陳濁復淸
차츰차츰 누른 것이 붉게 변하네.	漸漸黃變赭.
향내가 홀연 방안에 가득 차는데	馨香忽滿室
두형(杜蘅)과 두약(杜若)의 향내와는 전혀 다르네.	殊異蘅與若.
썩은 생선 내도 아니요 땅강아지 냄새도 아니나	非鮾亦非螻
대저 심히 아름답지 못하네.	大抵不甚雅.
애타게 큰 비 쏟아지기를 기다려	苦俟大雨注
덮개 열어 처마 기와에 받쳐 두면	卸蓋承榮瓦.

9 호자(虎子) : 용변을 받는 변기를 일컫는다. 모습이 호랑이와 같다 하여 '호자'라는 별칭이 생겼다.

허연 찌꺼기 서리처럼 두터운데　白滓厚如霜
내리는 비에 비뚤어진 그릇을 잡네.　霏霏執蟸咼.
괴이하다, 너는 나쁜 나무 아니거늘　怪汝非惡木
지금 여러 사람에게 더럽다 여겨지네.　今爲衆所醜.
역산의 고동(孤桐)과 기산(岐山)의 무성한 오동은　嶧孤而岐菶
『시경』과 『서경』에 쓰여진 바이네.[10]　詩書之所寫.
순임금 거문고 되어 백성의 근심 풀고 재물 늘려주었고[11]　作舜琴解阜
증점(曾點)의 비파 되어 스르렁 소리 내고 내려놓았네.[12]　作點瑟希舍.
아니면 제기(祭器)가 되어　不然作登豆
오히려 가히 어포와 젓갈을 올릴 수도 있고　猶可薦腊鮓.
아니면 걸상이 되어　不然作凳几
오히려 가히 시린 넓적다리를 누일 수도 있고　猶可偃酸髁.
아니면 나막신의 뾰족한 바닥이 되어　不然作屐楇
오히려 가히 굳은살 돋은 복사뼈를 감쌀 수 있네.　猶可穩繭踝.
아아, 호자 만든 장인이여　嗟嗟虎子匠

10 역산(嶧山)의……바이네 : 『書經』 「禹貢」에 '역산 남쪽의 특별한 오동나무[嶧陽孤桐]'라는 구절이 있다. 또 원문의 '菶'은 여기서는 무성하게 자란 오동나무를 의미하는데, 『詩經』 「大雅 卷阿」에 "오동나무가 자라니 저 아침 해 뜨는 동산이네. 오동나무 무성하니 봉황의 울음소리 어울리네.[梧桐生矣, 于彼朝陽. 菶菶萋萋, 雝雝喈喈.]"에서 인용한 것이다. 岐山은 周나라가 흥기한 곳인데, 『國語』 「周語」에 "봉황이 기산에서 우네[鸑鷟鳴岐]"라는 구절이 있다. 봉황은 오동나무에만 깃들기 때문에 기산을 통해 오동나무의 의미를 환기시킨 것이다.

11 순임금……늘려주었고 : 『孔子家語』 「辯樂解」에 "옛날에 순이 오현금을 연주하며 「南風」 시를 지었는데 그 가사에 '남풍의 훈훈함이여, 가히 우리 백성의 성냄을 풀어주도다. 남풍의 시의적절함이여, 가히 우리 백성의 재물을 늘려주도다.[昔者舜彈五絃之琴, 造南風之詩. 其詩曰, 南風之薰兮, 可以解吾民之慍兮. 南風之時兮, 可以阜吾民之財兮.]'"라는 기록이 있다.

12 증점(曾點)의……내려놓았네 : 『論語』 「先進」에, 알아주는 사람이 있으면 무엇을 할 것인지를 묻는 공자의 질문을 받고 증점이 '비파를 드문드문 타다가 스르렁하고 내려놓고 자리에서 일어나[鼓瑟希, 鏗爾舍瑟而作.]' 대답하였다는 일화가 전한다.

아마도 용을 만든 자와 비슷하도다.[13]	其近乎俑者.
호자가 어찌 없을 수 있겠는가마는	虎子惡可無
흙으로 빚거나 다시 쇠를 불려 만들 수도 있으며	可埴復可冶.
반드시 나무를 깎아 만들어야 된다면	必欲削而可
어찌 가래나무나 개오동나무가 없단 말인가.	豈無楸與櫝.
차마 거문고 비파 만들 재목을	忍令琴瑟材
사람들 바지춤 아래에 처하게 하는가.	處人衣袴下.
지금 비록 날마다 씻는다 해도	今雖日滌濯
누가 다시 제사에 올리는 술잔이라 하겠는가.	孰復謂卣斝.
한 물건이라도 제자리를 얻지 못하면	一物不得所
나는 마치 고아나 과부 대하듯 불쌍히 여기네.	吾矜若孤寡.
너를 위한 한 가지 방법이 있으니	爲汝有一術
무어 참과 거짓을 가리랴.	何論眞與假.
너는 축[14]이 되고 싶으냐	汝欲爲柷乎
막대를 입에 넣어 두드려라.	椎納口中打.
여기저기 대나무 관 꽂고	參差植竹管
구멍 뚫어 통소 한 자루 만들면	鑿孔作簫把.
가히 운문곡도 연주하고	可以奏雲門
가히 대하곡도 불 수 있으리.[15]	可以吹大夏.

번역 김용태

13 아아……비슷하도다 : 오동나무로 호자를 만든 匠人이 원망을 들을 것이라는 말이다. '俑'은 장례 때 殉葬하기 위해 만든 나무 인형이다. 공자는 俑이 사람과 너무나 흡사하게 만들어졌으므로 "처음으로 용을 만든 사람은 아마도 후손이 없을 것이로다.[始作俑者, 其無後乎.]"라고 하여 俑을 쓰는 不仁한 풍속을 비판한 바 있다(『孟子』 「梁惠王 上」).

14 축(柷) : 雅樂 연주에 쓰는 타악기이다. 네모난 상자처럼 생겼으며, 가운데를 막대로 두드려 소리를 낸다.

15 가히……있으리 : 雲門曲과 大夏曲 모두 周나라 樂舞 명칭 가운데 하나이다.

1-4

갓을 노래한 연구[16]

笠聯句

경인년(1770, 영조 46) 봄에 선귤당에 모여 박연암·이무관과 함께 모두 미운(未韻)으로 지었다.

庚寅春, 集蟬橘堂, 同朴燕巖李懋官盡未韻.

포변[17]은 주나라 때 만든 것인가	布弁周製歟
죽관[18]은 한나라 때 의례였는가.【연암】	竹冠漢儀未.【燕】
금화모[19]는 고아한 의취 보내왔고	金華輸雅致
청약립[20]은 아름다운 멋 가득하지.【무관】	青蒻饒風味.【懋】

16 갓을 노래한 연구 : 聯句는 여러 사람이 돌아가면서 詩句를 짓는 형식으로, 이 시는 유득공이 박지원·이덕무와 함께 지은 작품이다. 서문에서 명시한 蟬橘堂은 李德懋의 집을 가리킨다. 『燕巖集』 卷4에도 같은 제목으로 이 시가 수록되어 있는데, 약간의 글자 출입이 있다. 그 서문에 "봄날 밤에 烟湘閣에 모여 갓을 읊으며 '未'자를 운자로 얻었다."라고 하여 『영재집』 서문과도 조금 다르다. 한편 李德懋의 『青莊館全書』 卷9에는 같은 제목으로 이덕무가 지은 구절만 발췌되어 진한다. 아래 번역과 주석은 신호열·김명호 역, 『연암집』, 돌베개, 2007을 참고했다

17 포변(布弁) : 喪禮 때 착용하는 모자이다. 爵弁과 제도는 같지만 15升의 베를 사용하며 그 위에 環絰을 얹는다(『禮記集說』 卷48 「曾子問」). 環絰은 옛 상복의 하나로 마로 고리모양을 만들어 머리에 얹는 것이다. 조선 시대에는 관례 때 쓰는 모자의 하나로도 활용되었다.

18 죽관(竹冠) : 대나무 껍질이나 댓잎으로 만든 모자로, 士庶나 釋道가 주로 썼다.

19 금화모(金華帽) : 금으로 만든 꽃으로 장식한 모자이다. 李白의 시 「高句驪」에 "금화로 장식한 절풍모 썼는데, 흰말이 조금 멈칫거리며 빙빙 도네.[金花折風帽, 白馬小遲回.]"라고 하였다.

20 청약립(青蒻笠) : 푸른 갈대로 만든 갓이다.

백방립[21]은 경아전의 근심이요	白方畿吏愁
소골은 고구려 관원이 귀히 여겼다.[22]【혜풍】	蘇骨驪官貴.【惠】
곁은 둥글어 부처가 빛을 발하는 듯하고	旁圓佛放光
가운데는 볼록해 의원이 위를 그린 듯하다.【연암】	中凸醫畵胃.【燕】
맹약한 것은 월나라 사람부터이고[23]	結盟越人自
싸움을 그친 것은 기자국에서 말한 것이라.[24]【무관】	止鬥箕邦謂.【懋】
괴이하도다 왜나라 모자의 돌올함이여[25]	怪彼倭帽兀
비루하도다 만주인 관의 얽어맴이여.[26]【혜풍】	鄙哉滿冠緯.【惠】

21 백방립(白方笠) : 胥吏들이 관복을 입고 착용하던 흰색의 방갓이다. 李圭景의 『五洲衍文長箋散稿』「笠制辨證說」에 "崔有源이 경기 감사가 되었을 때, 먼저 영내의 아전들에게 평상시에도 羅濟笠을 쓰도록 영을 내렸다. 서리들이 몹시 그것을 괴로워하자 얼마 지나지 않아 도로 폐지하였다.[崔有源爲京畿監司, 首令營吏依平時著羅濟笠, 吏等甚苦之, 未幾還廢.]"라고 하였다. 羅濟笠은 白方笠의 다른 이름이다.

22 소골(蘇骨)은……여겼다 : 蘇骨은 고구려 시대의 사람들이 쓰던 관이다. 관품이 있는 사람은 그 위에 양쪽으로 새의 깃털을 꽂았다. 자줏빛의 비단으로 만들고 금은으로 장식하였다고 한다. 骨蘇多 또는 骨蘇라고도 한다. 이 구절의 원문이 『연암집』에는 '骨多麗朝貴'로 되어 있다.

23 맹약한……사람부터이고 : 『風土記』에 "옛날 越나라 풍속이 순박하여 남과 처음 사귈 때 土壇을 쌓고 닭을 잡아 제사하면서 '그대는 수레 타고 나는 갓 쓰고, 다른 날 만나면 수레에서 내려 읍하리라. 그대는 우산 쓰고 나는 말 타고, 다른 날 만나면 그대를 위해 내리리라.[越俗性率朴, 初與人交有禮, 封土壇, 祭以犬雞, 祝曰君乘車我戴笠, 他日相逢下車揖. 君擔簦我跨馬, 他日相逢爲君下.]"라는 내용이 있다.

24 싸움을……것이라 : 『五洲衍文長箋散稿』「笠制辨證說」에 "오늘날 갓을 쓰는 제도가 어느 시대부터 시작되었는지 알지 못하겠다. 그러나 전하는 말에, 동방 사람들이 싸우는 것을 좋아하니 기자가 동쪽에 와서 큰 갓과 긴 소매로 억제해 백성들로 하여금 몸을 편히 움직일 수 없게 하여 마치 나무칼과 수갑을 채운 것과 같이 하였다.[今之所著笠制, 則未知昉自何代, 而或傳東方人善鬪, 故箕子來東, 爲制大笠長袖, 使民不得便身, 若枷杻然.]"라고 하였다.

25 괴이하도다……돌올함이여 : 이 구절의 원문이 『연암집』에는 '以規不以矩'로 되어 있다.

26 비루하도다……얽어맴이여 : 중국 청나라 때 관리들이 쓰던 모자인 마래기를 가리킨 것으로 보인다. 貂皮로 가장자리를 꾸미고 붉은 실끈을 그 위에 덮어 만들었다. 이 구절의 원문이 『연암집』에는 '有經復有緯'로 되어 있다.

패랭이는 더러 이상한 물건이었지만 蔽陽或異件

절풍건은 언제나 비슷한 모양이었다.【연암】 折風是常彙.【燕】

갈모는 종이가 비해(萆薢)와 같고[27] 雨冒紙類萆

휘양[28]은 털이 고슴도치를 닮았네.【무관】 塵刷毛肖蝟.【懋】

바람에 기운 채 취하여 고개에 올랐고[29] 風攲醉登峴

눈에 덮인 채 늙은이는 위수에서 낚시질했다.[30]【혜풍】 雪覆翁釣渭.【惠】

벼슬아치 뺨 왼쪽에는 호박을 묶었고 爵頰左綰珀

선비의 턱에는 쌍으로 비단을 묶었네.【연암】 儒頷雙綏緭.【燕】

말리고 옻칠하는 건 비 오고 흐린 날 틈타고 燥髹乘雨霼

꿰매고 붙이는 건 불기운을 빌린다.【무관】 緻膠藉火熶.【懋】

어떤 물건을 제나라 사람들이 비웃었던가[31] 何物人笑齊

소가는 위나라 사서에서 증험되었다.[32]【혜풍】 小加史證魏.【惠】

큰길에서 걸핏하면 서로 부딪히니 康莊動相觸

---

27 갈모는……같고 : 갈모는 비가 올 때 갓 위에 덮어 쓰던 고깔 모양의 모자이다. 비에 젖지 않게 기름종이로 만들었다. 비해는 넝쿨식물로 약재의 일종이다.

28 휘양 : 방한용 털모자이다. 『연암집』 別集 卷8 「兩班傳」에 "옷소매로 휘양을 닦고, 먼지 털어 털 무늬를 일으킨다.[袖刷毳冠, 拂塵生波.]"라고 하였다.

29 바람에……올랐고 : 이 구절의 원문이 『연암집』에는 '成虧眞凡楚'로 되어 있다.

30 눈에……낚시질했다 : 姜太公이 삿갓을 쓰고 渭水에서 낚시질하다 文王에게 등용되어 殷나라 紂王을 멸망시키고 천하를 평정한 고사를 말한다. 이 구절의 원문이 『연암집』에는 '精粗或涇渭'로 되어 있다.

31 어떤……비웃었던가 : 미상이다. 이 구절의 원문이 『연암집』에는 '獨整儼華蓋'로 되어 있다.

32 소가(小加)는……증험되었다 : 『魏書』 卷30 「東夷傳 高句麗」에 "大加・主簿는 머리에 幘을 쓰니 幘과 같지만 넉넉함이 없고 小加는 절풍건을 쓰니 형태가 고깔과 같다.[大加主簿頭著幘, 如幘而無餘, 其小加著折風, 形如弁.]"라고 하였다. 소가가 우리 민족의 모자임을 증언한 내용이다. 이 구절의 원문이 『연암집』에는 '離立峙象魏'로 되어 있다.

백성들 시비하느라 마치 물 끓는 듯하네.【연암】	黎黔鬧若沸.【燕】
기운 그림자는 연꽃이 말린 듯 보이고[33]	仄影看荷卷
성근 그늘은 팥배나무 우거진 것 같네.[34]【무관】	疏陰悅棠芾.【懋】
함께 밥 먹을 때는 거치적거려 싫은 듯하나	共食礙似嫌
측간에 갈 때 벗은 들 누가 비난하리.【혜풍】	如廁免何誹.【惠】
왕기는 그리면서 매우 실수하였고[35]	王圻畵殊失
왜놈은 새기느라 낭비하였다.[36]【연암】	倭奴刻浪費.【燕】
반과산의 두보에게 씌울 만하니[37]	可加飯顆甫
어찌 상투 머리 한 위타를 본받으리.[38]【무관】	寧資椎髻尉.【懋】
모자 떨어뜨린 벼슬아치 자못 자랑스러워 하지만[39]	巾妥仕頗矜

33 기운……보이고 : 이 구절의 원문이 『연암집』에는 '護髮峙婆娑'로 되어 있다.

34 성근……같네 : 蔽芾은 초목이 무성하여 그늘이 뒤덮인 모양을 뜻한다. 『詩經』「召南 甘棠」에 "무성한 감당나무 자르지 말고 베지도 말지니 소백께서 쉬던 곳이니라.[蔽芾甘棠, 勿翦勿伐, 召伯所茇]"라고 하였다. 이 구절의 원문이 『연암집』에는 '俯肩蔭蔽芾'로 되어 있다.

35 왕기(王圻)는……실수하였고 : 명나라 때 왕기가 편찬한 『三才圖會』에 갓이 잘못 그려져 있다는 뜻이다.

36 왜놈은 새기느라 낭비하였다 : 『연암집』에는 이 구절 아래에 "세상에 전하기를, 교역하던 한 왜인이 갓을 보고 좋아하면서 나무로 새겨야겠다고 생각했지만, 그 나라의 솜씨 좋은 장인이 나무로 새겨도 끝내 완성하지 못했다고 한다.[世傳, 集一倭人見笠好之, 以爲刻也, 國之巧工刻之, 終不成云.]"라는 주석이 붙어 있다.

37 반과산(飯顆山)의……만하니 : 飯顆山은 당나라 때 장안 근처에 있던 산이다. 李白의 「戱贈杜甫」 시에 "반과산 정상에서 두보를 만났는데, 머리에 삿갓 쓰니 해가 정오라서라네.[飯顆山頭逢杜甫, 頭戴笠子日正午.]"라고 하였다.

38 어찌……본받으리 : 尉陀는 南越의 왕이다. 『史記』「酈生陸賈列傳」에 "尉佗가 南越을 평정하여 왕 노릇 하자, 고조는 陸賈로 하여금 위타에게 인장을 내려 南越王으로 삼았다. 육가가 이르니 위타는 상투를 맨 채 거만하게 육가를 만났다."라고 하였다(『史記』 卷97 「酈生陸賈列傳」).

39 모자……하지만 : 晉나라 孟嘉가 龍山에서 모자를 떨어뜨린 고사를 말한다. 『晉書』「孟嘉傳」에, "맹가는 훗날 征西將軍 桓溫을 위해 군대에 참전했고 환온은 그를 몹시 중용했다. 9월 9일, 환온이 용산에서 연회를 베풀자 막료가 모두 모였다. 이때 막료들이 군복을

비녀로 지탱 못하는 노인을 위로하기 어렵네.[40] 【혜풍】	簪支老難慰. 【惠】
벽에 가까우면 기대기에 불편하고	襯壁倚不便
문미 지날 때 부딪힐까 두려울 만하다. 【연암】	過楣觸可畏. 【燕】
비구니는 둥글게 사발을 뒤집어 쓴 것 같고	比丘圓覆盂
우바가 쓴 것은 성글게 그물 엮은 듯하네.[41] 【무관】	優婆疎結罻. 【懋】
자리에 나아가면 우뚝우뚝 둘려 있고	赴座圍岌嶪
과장을 보면 그득그득 모여 있다. 【혜풍】	觀場簇蓊蔚. 【惠】
반쯤 꺾이면 협객들 유달리 좋아했고[42]	半挫俠故喜
크고 넓으면 난쟁이가 꺼려하는 바라.[43] 【연암】	太博矮所諱. 【燕】
고관은 근엄한 붉은 실이요	高官儼朱線
새 사위는 어여쁜 노란 꽃이라.[44] 【무관】	新壻姣黃卉. 【懋】

입고 있었는데 바람이 불어와 맹가의 모자를 떨어뜨렸으나 맹가가 이를 깨닫지 못했다. 환온이 좌우에게 말하지 말라 하고 그의 행동거지를 관찰했다. 맹가가 한참 지나 측간에 가자 환온이 그에게 모자를 돌려주게 하고는 孫盛에게 맹가를 조롱하는 글을 짓게 하여 맹가의 자리에 붙여놓았다. 맹가가 돌아와 보고는 즉시 답했는데 그 문장이 몹시 아름다워 온 좌중이 감탄하였다."라고 하였다.

40 비녀로……어렵네 : 杜甫가 「春望」 시에서 "흰머리 긁적여 보니 더욱 짧아져, 전혀 비녀를 지탱하지 못하겠네[白頭慅更短, 渾欲不承簪.]"라고 한 구절을 말한 것이다.

41 우바(優婆)가……듯하네 : 우바는 出家하지 않고 부처님의 세사가 된 남자를 말한다. 居士 또는 우바새[優婆塞]라고도 한다. 『青莊館全書』에는 이 구절의 원문이 '頭陀疎結罻'로 되어 있다.

42 반쯤……좋아했고 : 『史記』 권77 「魏公子列傳」에 등장하는 侯嬴의 고사를 가리키는 듯하다. 후영은 비천한 문지기로서 다 떨어진 衣冠 차림으로 위나라 공자 無忌의 수레에 선뜻 올라타고는 대연회에 참석했다고 한다.

43 크고……바라 : 난쟁이는 구경거리를 보려 해도 잘 보지 못한다는 觀場矮人이란 말이 있다.

44 고관은……꽃이라 : 고관의 모자는 갓 중의 極上品인 眞絲笠을 가리키고, 새 사위의 모자는 草笠을 말한다. 이 구절의 원문이 『青莊館全書』에는 '取輕鋪玄鬃, 憐細編黃卉'로 되어 있다.

선비들 갓 물총새 깃이라 일컫지 마오[45]　不稱士冠鷸
어찌 여인들 가체 비비인 것 달갑겠소.[46]【혜풍】　寧屑女髢狒.【惠】
영달하면 종립[47]에다 가죽신 신고　達可鬃而鞾
곤궁하면 전립[48]에다 짚신을 신네.【연암】　窮可氈而屝.【燕】
탐라의 갓은 매미날개보다 얇고　耽羅薄於蜩
고려의 갓은 비취새처럼 물들였다.【무관】　高麗染如翡.【懋】
비녀 검게 물들인 유사는 한 고조 피했고[49]　簪緇避漢溺
관옥 쓴 자 형 땅의 비(跸)를 비웃었네.[50]【혜풍】　冠玉笑荊跸.【惠】
저녁 처마처럼 노니는 거미 덮이고　夕簷蒙游鼅
가을 타작마당처럼 뛰는 메뚜기를 이네.【연암】　秋場戴跳蜚.【燕】
평평한 갓 천장은 하늘 구멍 메우고　平頂天穿補

---

45 선비들……마오 : 『春秋左氏傳』 僖公 24년 조에 鄭나라 子臧이 宋나라로 달아나 물총새의 깃을 모아 만든 관[鷸冠]을 즐겨 썼는데, 鄭伯이 이 소문을 듣고 법도에 어긋난 관을 쓴다고 증오해 도적을 시켜 그를 죽였다. 『춘추좌씨전』에서는 이 기사에 이어 논평을 가하며, 『시경』 「曹風 候人」의 "저와 같은 사람들은 그 옷이 어울리지 않도다.[彼其之子, 不稱其服.]"라는 구절을 인용하였다.

46 어찌……달갑겠소 : 狒狒는 원숭이의 일종이다. 『爾雅』 「釋獸」에 "비비는 사람과 같은데 머리털을 흩날리며 빠르게 달리고 사람을 잡아먹는다.[狒狒如人, 被髮迅走, 食人.]"라고 하였다. 또한 『시경』 「鄘風 君子偕老」에 "검은 머리 구름 같으니, 가체를 달갑게 여기지 않네.[鬒髮如雲, 不屑髢也.]"라고 하였다.

47 종립(鬃笠) : 말의 갈기나 꼬리털, 또는 소의 꼬리털로 만든 갓으로 鬃帽라고도 한다. 관리가 된 자만이 착용할 수 있는 모자이다.

48 전립(氈笠) : 벙거지를 말한다.

49 비녀……피했고 : 漢나라 高祖 劉邦이 儒士를 모욕한 고사를 말한다. 『史記』 卷97 「酈生陸賈列傳」에 "沛公이 유사를 좋아하지 않아 여러 객들 가운데에 유사의 관을 쓰고 오는 자가 있으면 그때마다 그의 관을 벗기고는 그 안에 오줌을 누었다.[沛公不好儒, 諸客冠儒冠來者, 沛公輒解其冠, 溲溺其中.]"라고 하였다. 비녀를 검게 물들였다는 표현은 고대에 검정색의 조복[緇衣]을 형용한 말로 보인다. 이 구절의 원문이 『연암집』에는 '織彩旭滿眶'로 되어 있다.

50 관옥(冠玉)……비웃었네 : 미상이다. 이 구절의 원문이 『연암집』에는 '圓影午壓腓'로 되어 있다.

검은 갓 둘레는 개기월식이 되었다.【무관】 玄規月蝕既.【懋】

금작은 우맹에게 더해졌고[51] 金雀加優孟

옥로는 악의에게 내려주었다.[52]【혜풍】 玉鷺賜樂毅.【惠】

이마가 들어가매 대나무 몸을 굽히게 되고 額穹竹彎體

상투가 답답하면 모시로 기운을 흘려낸다.【연암】 髻鬱紵泄氣.【燕】

얼굴에 덮고 잠들면 잠시 기쁘니 面覆睡暫悅

겨드랑이에 끼고 담 넘자니 어찌 탄식하지 않으랴.【무관】 腋挾超詎欷.【懋】

먹으로 칠하매 담을 복한 이[53] 위로하고 墨塗慰服禫

은으로 장식해 녹 받은 것 하례한다.[54]【혜풍】 銀飾賀祿稟.【惠】

빠르게 달리면 가는 휘파람 소리 일고 迅馳細嘯颸

문득 엿보면 윤택한 비단 흐릿하다.【연암】 閃睨潤纈黶.【燕】

젖을까 염려되어 노끈으로 지탱하고 恐濕撐繩糾

더러워질까 아껴 갓집으로 덮어두네.【무관】 惜汚套匣衣.【懋】

머리 뒤로 얹으면 방탕함에 가깝고 岸腦則近蕩

---

51 금작(金雀)은 우맹(優孟)에게 더해졌고 : 춘추시대 楚나라의 優人인 우맹이 재상 孫叔敖의 의관을 착용했던 고사를 원용한 것이다. 금작은 갓 꼭대기의 장식물인 頂子의 일종이다. 초나라 재상 손숙오가 죽자 우맹이 그의 의관을 착용하고 행동거지를 흉내내니, 왕과 신하들이 손숙오가 다시 살아났다고 여겼다고 한다(『史記』 卷126 「滑稽列傳」).

52 옥로(玉鷺)는 악의(樂毅)에게 내려주었다 : 옥로는 해오라기 모양으로 만들어 갓 머리에 다는 옥으로 된 장식이다. 將臣이 착용했다. 여기서는 악의가 중국 전국시대 燕나라 將帥였던 사실에 착안한 것이다.

53 담(禫)을 복한 이 : 상례에서 입는 墨衰를 일컬은 구절로 보인다. 묵최는 베로 된 直領에 묵립과 묵대를 갖추어 입는 옷차림을 가리킨다. 춘추시대 晉文公의 아들 晉襄公이 부친의 장례를 치르자마자 곧장 秦나라와 싸우러 나가며 喪服에 검정 물을 들여서 입고 나간 데에서 유래한다.

54 은으로……하례한다 : 『經國大典』 「禮典 儀章」에 당상관은 금옥 갓끈과 銀頂子로 장식한다고 하였다.

이마 쪽에 붙인 자 성난 듯하여라.【혜풍】 貼額者若愾.【惠】
머리 크기 만약 다르지 않다면 頭顱苟不異
붕우 간에 서로 빌려줄 수 있지.【혜풍】 朋友可相乞.【惠】

1-5

책을 보다가

看書

책을 보다 날이 어둑함에 이르러	看書到日曛
두 눈자위가 매실보다 시다.	兩眶酸於梅.
인생은 자적할 뿐인데	人生自適爾
나에게 묻노니 무엇을 하는 것인가.	問余何爲哉.
뒷짐 지고 가서 숲에 들어가	負手行入林
탄식하고 거듭 배회하네.	嗟歎重徘徊.
저곳을 흘끗 보니 작은 뽕나무 가지	睇彼女桑枝
찬찬하게 그 열매를 드리웠구나.	纂纂垂其實.
교교하게 목을 수놓은 비둘기가	交交繡項鳩
사람에 놀라 짝을 끼고 날아가네.	驚人飛挾匹.
나 애초에 너를 괴이하게 여기지 않았는데	我初不怪汝
너 떠나니 졸렬함을 면치 못하겠다.	汝去未免拙.

1-6

연 날리는 어린 아이【두 수】

飛鳶童子【二首】

연일 아이들 집에 있지 않더니	連日兒郎不在家
언뜻 보매 두 뺨이 단사와 같네.	瞥看雙頰似丹砂.
오늘 아침 만든 회초리 어찌할 수 없구나	今朝制楚還無奈
또 돌아오지 않아 해가 석양에 이르렀다.	又不歸來到日斜.

연을 좇다 막 끝나 기운이 등등하여	趁鳶纔罷氣騰騰
처마 끝 한 줄기 고드름 먹어치웠네.	吃却簷端一股氷.
돌아와 책상을 대하며 끝없이 기침하더니	歸對書床無盡嗽
글 읽는 소리 입에서 나옴이 다만 파리 같구나.	讀聲出口只如蠅.

1-7

추석날 동쪽 교외에서

秋夕東郊

밤송이 입 벌리고 대추 빰이 붉으니	栗殼開口棗頰赤
오늘 저녁 어떤 저녁인가, 추석이라 하네.	今夕何夕云秋夕.
도성에 사는 남녀들 창연히 슬퍼지려 하고	都人士女愴欲悲
무덤에 올라 애통해하는 무리가 천백이었다.	上冢鬱鬱羣千百.
옛 무덤 빽빽한 곳 물거품인가 의심했는데	古冢密處疑浮漚
자손들 찾아와 서서 비석에 함께 아뢰네.	子孫來立碑共白.
누구 집인지 남자 없이 여인 와서 슬퍼하다	誰家無男女來啼
손바닥으로 땅을 움켜잡고 몸을 스스로 던지네.	以掌掠地身自擲.
흰옷의 여인은 무덤을 베고 누워	素衣之女枕墓臥
무덤에 들어가고자 이마로 뚫으려 한다.	意欲入墓鑽以額.
사람들 흩어지고 닭 뼈가 풀 사이에 떨어지니	人散雞骨落艸間
까마귀 솔개 가지에서 내려와 비껴 날개 뒤집네.	烏鳶下枝斜翻翮.
여항의 젊은이여 좋은 말을 타고서	閭巷少年騎駿駒
마음껏 양양한들 장차 무슨 이익이 있으리.	作意揚揚將何益.
소녀는 교외로 나와 심히 가리지 않고	少女出郊不甚蔽
푸른 웃옷 옷깃 열리고 눈빛은 촉촉하다.	綠袿衣開眼光滴.
손으로 잡은 아름다운 벼 누렇기가 금과 같은데	手秉嘉穗黃如金
성중에서 생장하여 들빛을 사랑한다오.	生長城中愛野色.
승려가 북을 치다 길가에 휴식하는 것을 보니	看僧擊鼓憇道周
서쪽 해는 산에 나지막이 걸려 겨우 한 자라네.	西日低山纔一尺.

소반과 붉은 바구니 성문에 걸쳐있어	素盤赤籠亘闉闍
이랴이랴 하면서 소 등에서 소리친다.	咿咿啞啞鳴牛脊.
끝없이 서로 따르며 함께 돌아가니	滚滚相隨與之歸
하루 종일 먼지 덮인 운수 면하기 어렵겠네.	一日難免塵埃厄.

1-8

숙신씨의 돌화살촉에 대한 노래[55]

肅愼砮歌

이씨 어르신 평생 세상과 소원하여 李翁平生與世疎
흰 머리로 남옥저의 객이 되었는데[56] 皓首爲客南沃沮.
인삼이나 녹용, 비비의 머리털 人蓡鹿茸狒狒髮
자줏빛 담비나 은빛 족제비 털 모은 것 없었다네. 紫貂銀鼠無所儲.
마천령 바깥 눈 덮인 천 리에서 磨天嶺外雪千里
북쪽의 객이 와서 한 통의 편지 보내오니 北客來投一封書.
편지 안에 물건 있는데 만져도 알지 못하겠고 書中有物摸不識
소리는 충아가 황거에 부딪히는 듯하다.[57] 聲似衝牙觸璜琚.
손 바쁘고 마음 조급한데 풀칠 더욱 견고해 手忙心躁糊益緊
봉피를 찢고 열어 펼치고 다시 펼쳤다네. 扯開封皮舒更舒.
뾰족뾰족 자잘자잘 홀연히 눈에 가득하니 尖尖瑣瑣忽滿眼
푸르러 물들인 쪽빛 같고 붉어 물들인 여려[58] 같다. 綠如染藍紅染藘.

55 숙신씨(肅愼氏)의……노래 : 유득공이 이덕무에게 숙신씨의 돌화살촉[砮矢]를 얻어 읊은 노래이다. 이덕무가 潘庭均 등에게 보낸 편지에, “아버님께서 10년 전 북쪽 경계의 두만강 옛 숙신씨의 땅에서 노닐다가 농부에게 돌화살촉을 얻었습니다. 이것은 불함산의 돌로 공자가 알았던 것이요, 동파가 보배로 여긴 것입니다.[家大人十年前, 遊北界豆滿江古肅愼氏之地, 從耕夫得砮失. 此不咸山之石, 而孔子之所識, 東坡之所珍也.]”라고 하였다(『靑莊館全書』 卷19 「潘秋庫」).

56 이씨(李氏)……되었는데 : 이덕무의 부친 李聖浩가 함경도에 있었다는 말이다. 남옥저는 고대 한반도에 있던 東濊로 이후 함경도 지역을 대변하는 말로 쓰였다. 이성호가 함경도에 머물렀던 이유는 미상이다.

57 소리는……듯하다 : 衝牙와 璜琚는 佩玉의 한 종류이다.

58 여려(茹藘) : 꼭두서니를 말하는데, 뿌리는 붉게 염색하는 원료로 쓰인다.

돌은 오래되어 반쯤 기와의 기미가 있고　石老半作瓦氣味
음침함은 장차 사라지려하나 조금 남아 있구나.　黯淡將消僅有餘.
수빈강[59] 남쪽의 옛 성 아래에서　愁濱江南古城下
농부가 묵은 밭을 갈다 이 물건 얻었다네.　野夫得之耕其畬.
중니는 이것을 알아 박학하다 여겨졌는데[60]　仲尼識此以爲博
오늘날 옛 것을 좋아하는 자 누구인가.　今之好古者誰歟.
어르신의 아들 청장관이 절하고 또 기뻐하며　翁子青莊拜且喜
녹색 하나 붉은색 하나 내게 나누어 주었네.　綠一紅一分與余.
내가 다만 들은 바로, 숙신씨는　余唯聞之肅愼氏
불함산[61] 가운데에서 돌을 캐었다.　採石不咸山中於.
갈아서 화살촉을 만드니 몹시 튼튼하고 예리하여　礱以爲鏃甚犀利
견고한 갑옷을 꿰뚫기가 철도 그만 못한다더라.　洞穿堅甲鐵不如.
숙신의 후예는 여진(女眞)이라 부르니　肅愼之裔曰女直
우리와 강을 사이에 두고 장막을 지었지.　與我隔江爲穹廬.
생각하니 옛날 고려 윤 상국[62]　憶昔高麗尹相國

---

59 수빈강(愁濱江) : 함경도 일대를 흐르던 강이다. 『新增東國輿地勝覽』 卷50 「慶源都護府」에, "근원이 白頭山에서 나오는데 북쪽으로 흘러 蘇下江이 된다. 한쪽은 速平江이 되는데, 公嶮鎭과 善春嶺을 거쳐 巨陽에 이르러 동쪽으로 1백 20리를 흘러 阿敏에 가서 바다로 들어간다."라고 하였다.

60 중니(仲尼)는……여겨졌는데 : 陳나라의 조정 뜰에 떨어져 죽은 새매에 꽂힌 화살촉을 본 陳 湣公이 화살의 내력을 공자에게 묻자, 공자는 "새매가 멀리서 왔으니, 이것은 肅愼氏의 화살입니다. 옛날 武王이 商을 정복하고 九夷와 百蠻에 길을 통하여 각각 그 지방의 예물을 바치게 하고 직분을 잊음이 없도록 하였습니다. 이에 숙신씨는 楛矢와 石砮를 바쳤습니다.[隼之來也遠矣, 此肅愼氏之矢也. 昔武王克商, 通道于九夷百蠻, 使各以其方賄來貢, 使無忘職業. 於是肅愼氏貢楛矢石砮.]"라고 하였다(『國語』 「魯語下」).

61 불함산(不咸山) : 白頭山의 이칭이다.

62 윤 상국(尹相國) : 고려 예종 때의 명신이자 명장이던 윤관(尹瓘, ?~1111)을 가리킨다. 본관은 파평, 자는 同玄이다. 예종 2년(1107)에 여진을 정벌하고 九城을 축조하였다.

우리 조정 장군 남이와 어유소[63]	我朝將軍南與魚.
용감한 무예로 북쪽 땅에서	桓桓用武于北土
오랑캐와 백 번 싸워 빼앗아 살지 못하게 했다.	與虜百戰奪莫居.
이 화살은 오랑캐가 우리를 쏜 것 아닌가	此箭無乃虜射我
우리가 다시 습득하여 쫓아가 그들을 쏘았나.	我又拾得追射渠.
사람의 피로 천년 동안 녹이 생겼으니	人血千年生鏽澁
어떤 남자를 죽여 그 겨드랑이를 뚫었나.	殪何男子洞其胠.
살점이 먼저 사라지고 화살대도 차츰 썩었지만	肌肉先消笴次朽
뼈대는 여전히 살촉 머금고 호미에 부딪혔다.	骨猶含鏃挑以鋤.
어쩌면 한밤의 교전에 허공으로 쏜 것 많았으니	或是夜戰多虛發
비 오듯 비탈과 습지에 모였겠지.	雨集坡坨與沮洳.
어쩌면 다시 오랑캐 추장 대패하여 달아나	或又虜酋大敗走
창과 칼, 활과 화살 들판에 버린 것인가.	戟刀弓矢野棄諸.
아니면 변방의 성에서 활 쏘며 사냥한 자가	不然邊城躲獵者
쏘아서 표범과 호랑이, 이리와 사슴, 려[64]를 맞추니	躲中豺虎狼麋閭.
화살 맞고 달아나다 갈대 속에서 죽어	帶箭走死蘆葦裏
화살 찾다 얻지 못해 한 번 주저했으리.	索箭不得一躕躇.
내가 한 번 어루만지고 한 번 상상하노니	我一摩挲一想像
마음이 섬뜩하고 머리털 곤두서 세 번 탄식하였다.	心寒髮竪三欷歔.
오랑캐 사신 조회 오는 것 다시 어느 날일까	虜使來庭更何日

63 남이(南怡)와 어유소(魚有沼) : 모두 조선 세조 때의 무신이다. 남이(1441~1468)의 본관은 宜寧으로 개국공신 南在의 후손이다. 어유소(1434~1489)의 본관은 忠州, 자는 子游이다. 명나라에서 여진족을 공격하며 조선에 파병을 요청하자, 남이와 어유소는 북벌군에 참전하여 공을 세웠다.

64 려(閭) : 고대 상상의 동물인 길짐승의 이름이다.

북평관[65]의 옛터에서 배회할 뿐일세.	徘徊北平館舊墟.

번역 김세호

65 북평관(北平館) : 여진족이 사신으로 올 때 그들을 접대하던 곳이다. 『新增東國輿地勝覽』 卷3 「漢城府」에 "북평관은 동부 興盛坊에 있다. 조회하러 오는 野人들을 접대하던 곳이었는데, 지금은 폐지되었다."라고 하였다.

1-9

「산해도」를 열람한 노래[66]【이 시 아래에 형암의 시 두 수를 써야 한다.】

搜山海圖歌【此下當書烔菴二首】

용을 기르는 복불[67]은 누가 맡았던고	豢龍服不誰其司
사황[68]의 들판에 기괴한 것 많네.	四荒之野多詭奇.
높이 뜬 북두성에 늙은 여우 절하고	北斗星高拜蒼狐
오래된 화표주[69] 아랜 누런 살쾡이 우네.	華表柱老啼黃貍.
남산의 큰 원숭이 아름다운 부인을 훔쳐	南山大玃盜媚婦
바위틈에 함께 살며 억지로 사통하네.	與處岩穴强之私.
산도깨비 자축거리며 마을의 부엌 엿보다	山魈彳亍窺村竈
한 뭉치 솜에 불을 빌어 방게를 구워 먹네.	束蘊乞火燒蟛蜞.
울루[70]를 야유하고 백익[71]과 숨바꼭질하며	揶揄鬱累迷伯益

66 「산해도(山海圖)」를 열람한 노래 : 朴趾源의 『燕巖集』 卷4 「映帶亭雜咏」에도 같은 제목의 시가 수록되어 있는데, 제목 아래 小註에 "여름날에 伯氏(朴喜源) 및 從弟 履仲(朴綏源)·德保(洪大容)·懋官(李德懋)과 약속하여 玄園에 노니는데, 각기 하나씩 감상품을 내놓고 비교해 보기로 했다. 이 두루마리 그림은 길이가 거의 활 한 마당 지전에 달하게 되므로 園中에 벌여 놓고 그림을 따라 모두 걸음을 옮겨가면서 감상했다."라고 하여, 시가 지어진 배경을 알 수 있다. 유득공의 시는 『연암집』에 수록된 시와 글자 출입이 있긴 하지만 같은 시로 보이는 만큼, 연암의 시가 『영재집』에 잘못 수록되었거나 혹은 유득공이 연암의 시를 轉載한 것이 아닌가 한다. 또 주석에 "이 시 아래에 마땅히 형암의 시 두 수를 써야 한다"고 했으니, 현재 전하지 않지만, 이덕무가 지은 「수산해도가」 2수가 있었던 사실도 짐작할 수 있다. 「산해도」는 고대 중국의 神話集이자 지리서인 『山海經』의 내용을 소재로 삼은 그림이다.

67 복불(服不) : 맹수를 키우거나 조련시키는 관직 이름이다. 『周禮』 「夏官司馬」에, "복불씨는 下士 1인에 徒 4인이다."라고 하였다.

68 사황(四荒) : 나라의 사방 변두리 지방을 이른다. 즉 중국에서 일컫는 四夷·四裔와 같다.

69 화표주(華表柱) : 교량이나 성곽, 능묘 앞에 세우는 거대한 기둥을 가리킨다.

70 울루(鬱累) : 악귀를 잘 다스린다는 신의 이름으로 '鬱壘'라고도 한다.

늪과 숲에서 제멋대로 실컷 놀았네.	菹澤叢林恣飽嬉.
황제가 듣고서 노해 귀백[72]에게 칙서 내려	帝聞之怒勅鬼伯
육정[73]을 배치하여 한 무리를 치라 했네.	部勒六丁兵一枝.
검은 갓 붉은 신에 누런 비단 도포 입고	玄冠赤舃黃羅襖
석 자 호상에 호피를 깔았구나.	三尺胡床委皐比.
왼손을 무릎까지 드리우고 오른쪽을 돌아보며	左手垂膝右顧眄
꾸짖다 미소 지으며 눈썹을 치켜세웠네.	咤而微笑竪其眉.
칼을 받든 자는 자루를 오른손으로 잡고 있으며	奉刀劍者右其柄
동자는 탄환을 손에 쥐고 바짝 붙어 따라가네.	小童執彈親身隨.
녹의[74] 입은 늙은 관리 백판을 잡고	綠衣老吏執白板
몸을 굽혀 붙따르며 자주 앞을 엿보네.	鞠躬將趨頻先窺.
어떤 자는 동개 차고 어떤 자는 도끼 잡아	或佩櫜鞬或秉鉞
엄숙하고 경건하니 누가 감히 딸꾹질하리.	肅敬伊誰敢噦嘻.
머리는 적은데 다리가 많아 빽빽이 늘어서고	頭稀脚衆立簇簇
붉은 깃발 반쯤 가려 바람에 펄럭이네.	紅旂半遮風旖旎.
땅에 엎드려 명 듣고서 구름 잡고 가니	伏地聽令挈雲去
모두 다 새까맣고 험상궂은 놈들일세.	盡是黑漢與醜厮.
푸른 놈은 얼굴이 쪽물을 들인 듯	綠者其面如入靛

71 백익(伯益) : 舜임금의 신하로 禹를 도와 治水에 공을 세운 인물이다. 『孟子』「滕文公上」에, "순임금이 백익에게 불을 관장하게 하자, 백익이 산과 못을 불 질러 태웠더니 새와 짐승들이 달아나 숨었다."고 하였다.

72 귀백(鬼伯) : 귀신들의 우두머리로 염라대왕을 가리킨다.

73 육정(六丁) : 道教에서 말하는 신의 이름으로, 六甲 가운데 여섯 丁神으로서 丁卯·丁丑·丁亥·丁酉·丁未·丁巳를 이르는데, 이 여섯 정신은 매우 신통력을 발휘한다고 한다.

74 녹의(綠衣) : 正色이 아닌 하등의 복색으로, 당나라 때 6·7품의 하급 관리가 착용했다.

누런 놈은 다리가 치자를 바른 듯.	黃者其脚如塗梔.
닭 같은 것은 부리가 작고 굽었으며	有如鷄者嘴微曲
소 같은 것은 두 뿔이 뾰족하다.	有如牛者角雙觺.
태어나서 머리 빗질 않아 터럭이 쑥처럼 더북하니	生不梳頭髮蓬葆
귀신이 혐오스럽단 사람들 말 이제야 알겠네.	人言鬼憎今乃知.
옆구리 위에 입이 달려 아, 괴이하다	脇上有口吁可怪
그 입에 칼을 무니 수저 머금은 듯.	其口遇劍如含匙.
귀 뚫어 구리 고리 달고 팔목에는 팔찌 차고	耳穿銅環臂跳脫
다리에 모직 행전 매달고 신 끈을 매지 않았네.	脚繫毛偪不屨綦.
어떤 놈은 칼을 잡지 않고 돌만 잡고	或不執兵但執石
나무를 뽑아 가지 쳐서 거꾸로 쥐었구나.	拔木去枝仍倒持.
만 장 되는 쇠줄에 독룡 매달고서	萬丈鐵索係毒龍
한 마디 크르릉 소리[75]에 늪과 언덕 무너지네.	一聲邪許拔澤陂.
줄 끊어지자 두 귀신 넘어져 뇌를 다치니	索絶二鬼顚傷腦
한 귀신 팔을 펴며 크게 웃네.	一鬼張臂大笑之.
용은 머리 흔들어도 떨어트릴 수 없고	龍也搖頭不能落
불뚝불뚝 비늘이 매달려 있네.[76]	纍纍懸其鱗之而.
놀란 물결 이처럼 시커멓다 해도 괴이할 것 없으니	無怪驚濤黑如此
용의 침 섞어[77] 귀신 다리 씻겼겠지.	應洗鬼脚和龍漦.

75 크르릉 소리 : 원문은 '邪許'인데, 힘을 내기 위해 부르는 소리로 輿謣·謣輿와도 같은 뜻이다.

76 비늘이 매달려 있네 : 원문은 '懸其鱗之'인데, 『周禮』「考工記 梓人」에, "움켜 죽이고 물어뜯는 짐승은 반드시 발톱을 감추고 눈은 툭 튀어나오고 비늘은 불거져 나온다.[凡攫閷援簭之類, 必深其爪出其目, 作其鱗之]"에서 나온 말이다.

77 용의 침 섞어 : 원문은 '龍漦'인데, 용의 입에서 나온 거품을 말한다. 夏나라 때 두 마리의 神龍이 궁궐의 뜰에 나와서 거품을 토해 놓고 이를 저장해 두기를 청한 다음 사라졌는데, 그 뒤 厲王 때 이 거품이 흘러나와 큰 자라로 변하였고, 이 자라를 만난 童妾이

뱀 잡는 놈 있어 뱀이 목을 감으니	有捕蛇者蛇纏頸
눈이 솟고 얼굴이 벌건 채 턱을 떨고 있네.	目聳面赤簸其頤.
칼 휘두르며 곧장 나아가다 다시 조금 물러서서	揮劍直前復少卻
실로 불꽃처럼 날름거리는데 혓바닥 갈라졌다.	實燀如炎舌有歧.
헐떡거리며 달아나는 놈은 옷이 붉은데	喙且走者其衣紫
꼬리 탐스러워 어슬렁대는 숫여우 같구나.[78]	尾豐似是雄綏綏.
어떤 아내는 화살 맞아 두 팔 늘어뜨리고	一妻箭中兩臂展
어떤 아내는 매에게 채여 오른 눈썹 비틀렸네.	一妻鷹攫右眉攲.
어떤 아내는 아이 안고 낭자 부여잡고 달아나는데	一妻抱兒奉髻走
아이가 여전히 젖을 빨자 아이를 나무라네.	兒猶吮乳嗔其兒.
왕 원숭이는 얻어맞아 뼈가 물러지고	猴王被打骨到軟
머리가 배꼽 아래로 처져 사지가 비실거리네.	頭垂過臍委四肢.
두 여자 부축 받아 비척대며 가니	兩女扶腋踉蹡去
서두르는 손길에 부딪쳐 오사모[79]가 떨어지네.	手忙觸落烏接䍦.
화상 입은 한 덩이 육신을 보전코자	欲全焦揚一塊肉
여종이 울면서 비단보로 싸매네.	侍婢泣以錦襁詩.
범의 네 발목 묶어 작대기로 꿰니	縛虎四蹄貫以木
늘어진 꼴이 홰에 걸린 갖옷 같구나.	離披有如裘掛椸.
땅 위에 막대기 꽂고 붉은 띠로 얽어	植棒地上纏赤帶
손으로 꼬리 잡아 엿처럼 당기네.	手執其尾引如飴.

임신하여 낳은 여자 아이가 褒姒가 되었다고 한다. 여기서는 용의 침을 섞어 신이한 효과를 냈다는 말이다.

78 어슬렁대는 숫여우 같구나 : 『詩經』 「衛風 有狐」에, "여우가 어슬렁댄다.[有狐綏綏]"라는 구절이 있는데, 원문의 '綏綏'는 짝을 찾아서 혼자 다니는 모습을 말한다.

79 오사모(烏紗帽) : 원문은 '烏接䍦'이다. '接䍦'는 두건의 일종으로, 여기서는 검은 두건 즉 오사모를 말한다.

두 손가락으로 물소 코 뚫고 잡아 와	兩指穿挽水牛鼻
코뚜레 찾았으나 얻지 못해 목에 끈을 달았네.	索絲不得項繫縻.
날아오른 사슴의 이마 뿔이 꺾여 내려오니	飛上鹿定摧角下
너무 뾰족해서 갈면 송곳으로 합당하네.	太尖只合磨爲觿.
거북을 짊어지니, 거북이 발톱으로 다리 살 파고	負龜龜以爪爬腿
고래를 안으니, 고래가 코로 수염 냄새 맡네.	抱鯨鯨以鼻嗅髭.
자라 끌고 두꺼비 들고 양옆으로 칼을 끼며	曳鼈提蟾挾擁劍
돼지 메고 이리 내쫓으며 비유[80]를 찼네.	肩豕揮狼佩肥遺.
크고 작은 귀신들 합쳐 아흔 여덟인데	大小鬼凡九十八
또 우두머리 귀신은 여기에 포함되지 않았네.	又一鬼伯不在斯.
털 짧은 추물(醜物) 스물 하나에	羸毛之醜二十一
열여섯의 마희라네.	一十有六之魔姬.
용·물고기·자라·게·뱀 등 열여덟에	龍魚鼈蟹蛇十八
개 하나 매 하나에 두꺼비와 거북.	犬一鷹一蟾與龜.
묻노니, 어떤 사람이 이 그림을 그렸나	借問何人作此畵
왕적과 기후[81]가 그린 것일세.	王迪起侯之所爲.
여러 객들 모여서 보고 다투어 찬탄하며	諸客聚觀爭讚歎
한구[82] 기름에 더럽히지 말라 서로 경계하네.	相戒勿汚寒具脂.
나는 돌아오니 오랫동안 눈에 어른거려	我歸森森長在眼
밤에도 잠 못 이루고 생각이 이에 있네.	宵不成寐念在玆.

80 비유(肥遺) : 『山海經』 「西山經」에, "英山에 새가 있어 그 모습이 메추라기와 같고 노란 몸에 붉은 부리를 가지고 있는데, 그 이름을 비유라 한다."고 하였으며, 또 『山海經』 「北山經」에, "渾夕山에 머리 하나에 몸이 둘인 뱀이 있는데, 그 이름을 비유라 한다."고 하였다. 여기서는 신이한 새나 뱀 등의 동물을 가리키는 것으로 보인다.

81 왕적(王迪)과 기후(起侯) : 「山海圖」를 그린 사람들로, 자세한 것은 미상이다.

82 한구(寒具) : 쌀과 밀가루에 꿀을 섞어 만든 것으로, 膏環 또는 糫子라고도 한다.

애오라지 다시 붓을 들고 그 수대로 기록하여	聊復捻筆記厥數
때때로 펼쳐 보며 스스로 즐긴다네.	時時披閱以自怡.

1-10

효경교[83] 절구. 무관에게 화답하다【세 수】

孝經橋絶句 和懋官【三首】

서자호[84] 안의 만 그루 연꽃	西子湖中萬柄荷
정히 아노라, 이 세상에서는 더할 수 없음을.	情知此世未能過.
효경교 위는 춘삼월이라	孝經橋上春三月
앉아서 푸른 물결에 떨어진 버들 꽃을 보네.	坐看楊花點綠波.
저물녘 연기 담담히 사라지려 하여	向昏烟色澹將消
무지개 같은 제오교를 겨우 분별하였네.	微辨如虹第五橋.
다리 위 행인은 비록 식별할 수 없지만	橋上行人雖未識
다시 고개 돌려 바라보니 아스라하네.	更堪回首望遙遙.
맑은 모래 가는 풀의 작은 모래톱	明沙細艸小汀洲
한 굽이 담담하여 푸른 물에 싸였구나.	一曲湛湛貯綠油.
잠시 턱 괴고 봐도 이해하기 어려웠는데	半刻支頤難理會
동으로 흐르는 물이 서로 흐르는 물과 같네.[85]	東流水亦似西流.

83 효경교(孝經橋) : 한양 도성에 있는 다리로 河良橋 동쪽에 있다. 永豐橋가 정식 이름이다(『新增東國輿地勝覽』「漢城府」).

84 서자호(西子湖) : 중국 抗州에 있는 호수인 西湖를 말한다. 풍경이 매우 아름다워 미인 西施에 비유하여 서자호라 일컬어졌다. 여기서는 西小門 서북쪽 盤松坊에 있던 西池를 지칭한 말로 보이는데, 李家煥·丁若鏞·金正喜 등 조선 후기 대표적 시인들이 西池의 연꽃을 대상으로 시를 지을 만큼 유명하였다.

85 동으로……같네 : 여기서 동으로 흐르는 물은 청계천을, 서로 흐르는 물은 한강을 가리킨다.

1-11

풍속화【여덟 폭】

風俗畵【八幅】

소를 타고 완연히 세찬 물결 속에 있으니	騎牛宛在亂流中
저 들창코는 어느 마을의 늙은 목동이런가.	蝎鼻何村老牧童.
애끓는 듯한 석양 날아가는 황새 너머에 있으니	腸斷夕陽飛鸛外
암연하여 각시 무지개 다 사라졌네.	黯然消盡美人虹.

가을 산 한 길 굽어 도니	秋山一路轉迴紆
산 너머 붉은 단풍나무 두 그루 불타는 듯.	山外紅楓燒兩株.
괴이하다, 폭죽 같은 소리	怪殺聲聲如爆竹
길 가다 윷 치는 나무꾼들 만났네.	行逢打柶數樵夫.

황소 먹이는 것 익숙하고 타는 것도 익숙한데	慣飼黃牛也慣騎
시골 낭자 푸른 규의[86]로 반쯤 가렸네.	村娘半掩綠袿衣.
세상에 이처럼 크게 차이나는 이 없었으니	世間懸絶無如此
괵국부인은 말을 타고 돌아갔다네.[87]	虢國夫人馬上歸.

86 규의(袿衣) : 긴 저고리로 속명은 長衣이다. 여항 여자의 웃옷을 말한다.

87 괵국부인(虢國夫人)은……돌아갔다네 : 괵국부인은 唐나라 楊貴妃의 언니이다. 唐 玄宗이 양귀비를 총애하여 그녀의 세 언니를 모두 國夫人에 봉했는데, 그 중에서도 셋째인 괵국부인을 가장 총애하여 무슨 청이든지 들어주었으므로, 괵국부인은 매우 사치하고 교만하였다. 蘇軾이 지은 「虢國夫人夜遊圖」가 『古文眞寶』 前集에 실려 있는데, 다음 구절을 참고할 만하다. "미인이 손수 옥화총의 고삐 잡으니, 날래기는 놀란 제비가 나는 용을 탄 듯하네.……자리 가운데 여덟째 이모가 정말로 귀하신 몸이라, 말 달려와서 뵙는데 먼지조차 날리지 않네.[佳人自鞚玉花驄, 翩如驚燕踏飛龍.……坐中八姨

흔들리는 작은 상투 같아지길 도모하지 않으니	搖搖小髻不謀同
그대는 모공[88] 나는 정공[89]이지.	爾是毛公我井公.
어리석은[90] 옆 사람은 눈앞이 다 어지러우니	癡絶傍人看欲眩
봄가을 비바람으로 매우 바쁘다네.	春秋風雨太悤悤.
이 가을 산에서 비옷을 안고 있다 해도	如此秋山擁雨衣
상평[91]은 응당 살찐 그대 같지 않으리.	向平應不似君肥.
노승은 이로부터 사흘 동안 바빴으니	老僧從此忙三日
앞 시내에서 전송하고 빙그레 웃으며 돌아갔네.	相送前溪莞爾歸.
안장에 기대 우뚝이 어깨 웅크리고 시 읊으며[92]	據鞍兀兀聳吟肩
아슬한 다리 밑에서 뛰는 모습 바라보네.	望見危橋下躍然.
다리가 파처럼 물러져 웅크렸다 다시 일어나는데	脚軟如蔥蹲復起

眞貴人, 走馬來看不動塵.]" 여기서 옥화총은 당 현종이 타던 명마의 이름으로, 괵국부인은 궁궐에 들 때마다 항상 옥화총을 타고 小黃門에게 끌게 했다고 전한다.

88 모공(毛公) : 前漢의 博士로서, 시를 전한 大毛公과 小毛公 즉 毛亨과 毛萇을 아울러 일컫는 말이다.

89 정공(井公) : 전설 속의 고대 隱士이다.

90 어리석은 : 원문은 '癡絶'로 어리석기 그지없다는 뜻의 겸사이다. 晉나라 顧愷之에 대해서 사람들이 "癡呆와 聰慧가 절반씩 들어 있다.[癡黠各半]"고 평하며 '치절'이라 불렀다는 고사가 있다(『晉書』 卷92 「文苑列傳 顧愷之」).

91 상평(向平) : 後漢 때의 隱士로 자가 子平인 向長을 가리킨다. 그는 일찍이 『老子』와 『周易』에 모두 정통했는데, 젊어서부터 벼슬하지 않고 은거하면서 말하기를, "남혼여가를 마치고 나면 집안일은 끊어 버리고 다시 상관하지 않겠다.[男女嫁娶旣畢, 敕斷家事勿相關.]"라고 하더니, 光武帝 연간에 남혼여가를 마치고는 과연 친구들과 함께 五嶽 등의 명산을 두루 유람하고 끝내 신선이 되었다고 한다(『後漢書』 卷83 「逸民列傳 向長」).

92 어깨……읊으며 : 원문은 '聳吟肩'으로, 蘇軾의 「贈寫眞何秀才」에, "또 보지 못했는가, 눈 속에 나귀를 탄 맹호연이 눈썹을 찌푸리고, 시를 읊으매 쫑긋한 어깨가 산처럼 높네.[又不見雪中騎驢孟浩然, 皺眉吟詩肩聳山.]"라는 구절이 있다.

머리 돌려 한 번 웃으니 앞서가는 나귀에 부끄럽구나.

回頭一笑愧驢前.

농가의 부부 얼굴이 노르스름한데 田家夫婦面微黃
보리는 푸릇푸릇 무릎 덮을 만큼 자랐네. 大麥青青沒膝長.
작은 아이에게 집안 지키라 당부했거늘 曾戒小兒看家裏
새참 들밥 따라오느라 어량을 건너네. 還隨午饁過魚梁.

북쪽 마을 퉁소 소리 반평생을 지나니 北里簫歌過半生
누가 옷과 갓이 도리어 바람에 떨어진 것 가련히 여기랴.
誰憐衣笠轉飄零.
또 다시 노오란 유모 쓴 고개 돌리는데 又來回首黃油帽
십자교 머리에 달이 참으로 밝구나. 十字橋頭月正明.

번역 손혜리

1-12

대보름날 백탑 서쪽[93]에서 밤중에 술 마시며 【두 수】

上元夜飮墖西 【二首】

다른 날 바라보는 달 또한 둥근 자태 이루지만	他時望月亦成輪
이 저녁엔 사람의 정리가 절로 새롭다네.	斯夕人情自爾新.
팔만 삼천 호가 달 다듬는데[94]	八萬三千修月戶
항하의 모래알처럼 많은 사람들 답교하러 나왔네.	恒河沙數上橋人.
풍년 비느라 곳곳에 화간[95] 세워져 있고	祈年處處禾竿竪
풍속 따라 집집마다 과실과 약반 차려놓았구나.	沿俗家家果飯陳.
찬 이슬, 매서운 바람 모두 아랑곳하지 않고	露冷風凄渾未省
흰 옷자락 휘날리며 새벽녘까지 있다네.	白衣飄拂又向晨.

생황 소리 요란하게 버드나무 가에서 들려오고	鬧鬧笙歌柳外隣

93 백탑(白塔) 서쪽 : 朴齊家의 『貞蕤文集』 卷1 「白塔淸緣集序」에 따르면, 한때 이 부근에 박지원을 비롯해 이덕무, 이서구, 유득공 등이 살았다고 한다. 이에 의거해 원문의 '墖西'를 '백탑 서쪽'으로 풀이하였다.

94 팔만……다듬는데 : 당나라 文宗 때에 鄭仁本의 表弟가 王秀才와 함께 嵩山에 놀러 가서는 길을 잃고 헤매다가 숲 속에서 코 고는 소리가 들리기에 살펴보았더니 어떤 사람이 보따리를 베고 깊이 잠들어 있었다. 그를 불러 물으니, 그가 "달은 七寶로 합성된 것인데, 항상 8만 2천 戶가 달을 수선한다. 나도 그중 한 사람이다."라고 하며 보따리를 풀어 보이는데, 그 안에는 도끼, 자귀 등의 물건이 들어 있었다고 한다(『酉陽雜俎』 卷1).

95 화간(禾竿) : 농가에서 정월 대보름 전날에 볏짚단의 밑 부분을 묶고 그 안에 벼·보리·조·기장·수수·콩·팥 등 갖가지 곡식을 이삭 채 싸서 장대에 매단 것을 말한다. 장대는 안채의 한쪽 귀퉁이나 외양간 옆에 높다랗게 세운다. 정월 대보름날이 되면, 아침 일찍 집안 어린애로 하여금 이 볏가릿대의 주위를 돌면서 풍년을 들게 해 달라는 말을 해가 뜰 때까지 노래로 부르게 한다.

달빛 속에 오고가는 사람들 끊이지 않네.	憧憧往來月中人.
마르건 질척이건 다니는 천문만호의 길	乍乾乍濕千門路
눈 오건 바람 불건 모이는 대보름 봄날.	和雪和風半月春.
이슬 내려 옷자락 흠씬 젖음 거듭 깨닫고	重覺衣裾多白露
신발 바닥에 누런 먼지 쌓임이 잠깐이라네.	寸來鞋底積黃塵.
못난 선비가 이런 놀이 할 수 있음이 우습나니	自笑腐儒能辦此
흐트러진 의관에 술 취한 모습이 천진스럽구려.	衫笠離披醉態眞.

1-13

사산에서 봄날 바라보다

沙山春眺

지난날 물결 속의 모래가	伊昔浪裏沙
오늘엔 산머리의 먼지로 화했구나.	今日山頭塵.
이 산이 몇 삼태기나 될까	玆山凡幾簣
그 높이가 곳집과도 같다네.	其崇有如囷.
올 때는 날 개고 바람 잔잔하더니	來時澹無風
잠시 만에 찬바람 몰려들어	少焉泠然臻.
내 검은 머리털 스쳐지나가	經我綠鬢毛
그대의 흑사건에 부네.	吹君黑紗巾.
외론 버드나무 하늘 멀리 비쳐 보이고	孤柳暎遠天
부드러운 풀잎 새 봄을 깨닫게 한다.	柔艸悟新春.
연기가 백탑을 반쯤 감싸 감추었는데	烟壞半白墖
돌아오는 새 동쪽 성곽에 또렷이 보이네.	鳥迴明東闉.
제각기 그 집을 알겠다 말하니	各言認其家
수많은 기와지붕 저마다 햇살에 빛나네.	萬瓦爭粼粼.
멀리 눈에 익은 나무를 가리켜 보이는데	遙指眼慣樹
삼삼한 그 모습이 참 아닌 듯 여겨지네.	森森恐未眞.

1-14

삼청동 화원에서

三淸洞花園

백발의 화원 주인옹	皓髮花園翁
나와 한두 번 보았지.	與我一再見.
처음 왔을 때 잠시 이야기 나누었는데	初至亦蹔語
다시 와도 처음 대하는 듯하네.	再到猶新面.
내게 사는 곳이 어디냐 묻기에	問我居何所
다만 멀지 않은 곳에 산다 말했다오.	但道居不遠.
나에게 배초[96]를 권하기에	向我勸排艸
평소에 피우지 않는다고 사양했네.	辭以素不吮.
주인옹께 부들자리 하나 빌려 달라해	煩翁一蒲團
잠시 솔바람 소리 듣다가 돌아왔네.	蹔聽松聲返.
솔바람 소리 절로 즐거운지라	松聲自喜爾
때때로 빙그레 웃는 이유 물을 것 없다오.	莫問時時莞.

96 배초(排艸) : 宋 范成大가 지은 『桂海虞衡志』에 "배초는 日南에서 나는데 모습이 白茅 비슷하다. 강렬한 향기가 사향과 흡사해 사람들이 향의 대용으로 쓴다. 풀 향기로는 이에 미칠 것이 없다.[排草出日南, 狀如白茅, 香芬烈如麝香. 人亦用以合香, 諸草香無及之者.]"는 기록이 보인다. 이를 보면 향초의 일종이라 하겠는데, 여기에서는 후구의 내용으로 미루어 볼 때 담배를 지칭한 것이 아닌가 생각된다.

1-15

무관의 시에 차운하여 짓다

次懋官韻

나귀 매니 먼저 온 손 있어	繫驢先有客
나비 따라 어느 마을에 이른 것인가.	隨蝶到何村.
새 버들은 가는 가지 연약하고	新柳腰支弱
외롭게 핀 꽃은 기미가 따사롭구나.	孤花氣味溫.
누각에선 조용히 바둑 두는 것 지켜보고	閣靜觀棊次
모래톱 향기는 술 뿌린 흔적이라.	沙香濺酒痕.
개울 남쪽에서 술 취해 추스리고 있노라니	溪南扶着醉
산 밑이라 저녁 어스름 쉬이 내린다.	山底易昏昏.

1-16

육각봉[97] 아래 화원에서

六角峯下花園

뜨락에 깔린 모래 분보다도 흰데	庭沙皓於粉
나란히 앉아있음에 봄날이 길기도 하다.	並坐春日永.
꽃 그림자 의젓하니 미동도 없고	花影儼不動
쌍쌍이 나는 나비 그림자만 움직이네.	動是雙蜨影.
펄펄 날아 동편 담장을 넘어가는데	蜨飛過東墻
꽃 지고 초가집은 정적에 잠겨있네.	花落茅茨靜.

97 육각봉(六角峯) : 지금의 사직동 근처 仁旺山 弼雲臺 부근에 있는 봉우리이다. 蔡濟恭의 「重遊曹園記」에 "갑진년(1784) 윤 3월 13일 봄꽃이 한창 피었음을 알려와 내가 연여를 타고 육각봉 아래 曹家의 화원에 이르렀다.……온갖 꽃이 웃음을 머금고 교태를 부리며 아양을 떠는 듯 하였다.[歲甲辰三月之閏旬有三日, 花事告殷, 余肩輿赴六角峯下曹家園……百花獻笑呈態, 若媚悅人者.]"라는 기록이 보인다(『樊巖集』 卷35). 이덕무 또한 「六角峯玩花」(『雅亭遺稿』 卷1)란 시를 남기고 있는 것으로 보아 당시 이름난 화원이 있었음을 알 수 있다.

1-17

무관의 시에 다시 차운하여 짓다 【두 수】

又次懋官韻【二首】

집집마다 꽃나무 있기에	家家有花樹
이 어떤 마을이냐 놀라 물었네.	驚問此何村.
조용한 아낙네 사람 만나 부끄러워하고	靜女逢人靦
아름다운 손 술 마시어 취기 오르네.	嘉賓飮酒溫.
모래밭 거니노라니 신발 스치는 소리 나고	步沙乾履響
풀 깔고 앉으니[98] 옷에 물든 흔적 남았네.	班艸染衣痕.
참으로 꽃에 취한 나비마냥 돌아가길 잊었는데	眞似留連蝶
숲 향기 무성히 피어나는 저물녘이라.	林香靄靄昏.

붉은 복사꽃 너머 몇 칸 집 보이더니	數屋緋桃外
산자락에 또 한 마을이 있구려.	依山又一村.
둥지로 돌아가는 새 날 저문 것 서글퍼하고	歸翎悵日暮
펄럭이는 나비 봄날 따스함에 졸음 겨운 듯.	翻蜨困春溫.
버들개지 반나마 날아 떨어진 뒤	花絮半飛後
풍연이 자취도 없이 사라졌구나.	風烟一掃痕.
돌아가려다 우두커니 서 있노라니	欲歸成佇立
풀잎 끝에 저녁 어스름 생겨나네.	艸末生黃昏.

98 풀 깔고 앉으니 : 친구와 길에서 만나 정답게 회포를 푸는 것을 뜻한다. 중국 춘추 시대 때 楚나라의 伍擧가 晉나라로 망명하러 가다가 鄭나라 교외에서 친구를 만나 풀밭에 앉아 음식을 나누어 먹으며 다시 초나라로 돌아갈 일을 의논했다는 '班荊道故'의 고사에서 유래하였다.

1-18

밤골 이 절도사의 원정에서

栗洞李節度園亭

나귀 몰아 비탈길 넘어가니	驅驢越陂陀
집 울타리 먼저 눈에 들어오네.	有屋先見籬.
푸르른 나뭇잎 무성한 기운 토하고	樹葉吐霏霏
산 버들 또한 가지 드리웠구나.	山柳亦能垂.
동구 밖으로 하얀 모래톱 이어지고	沙連洞外白
강변엔 풀밭이 눈썹처럼 둘렀다.	艸爲江之眉.
돛단배 홀연 이채롭게 나타나더니	度帆忽異態
이내 기우는 석양 안고 강 건너가네.	仍抱夕陽欹.

1-19

도화동에서 홀로 노닐며【두 수】

桃花洞獨遊【二首】

홀로 봄 산에 올라 이곳저곳 노니는데　獨上春山處處遊
어여쁜 방초가 사람 발길 머물게 하는구나.　可憐芳艸使人留.
아리따운 꽃의 정령이 현신 했나 놀라다가　錯驚綽約花神現
짝 찾는 새 울음소리에 크게 탄식한다.　太息嚶鳴鳥友求.
멀리 성곽으로 날아드는 매의 날개 눈썹처럼 드리웠고
鳶翼似眉迴遠郭
맑은 물결 내려다보는 복사꽃 가지 꿈결인 양 보이네.
桃枝如夢瞰澄流.
봄 하늘 멀리 보내는 눈길 어찌 다함이 있으랴　春空送目那能極
한 길 높이 피어오르는 연기 흩어져 스러지네.　一丈烟高漫不收.

허공 속 실연기 참으로 제멋대로 노니나니　空裏烟絲眞恣游
어찌 듬성듬성 맺어져 일각인들 머문 적 있으랴.　何曾纈纈刻來留.
몇 마리 새 울음소리에 남몰래 이별의 말 듣고　啼凡幾鳥潛聽別
어느 꽃이 향기를 풍기는지 번갈아 맡아보네.　杳是那花遞嗅求.
먼 푸른빛 늘99 눈썹 가에서 떠도는데　遙翠鎭當眉際泛
풍광이 홀연 발 앞에 떨어져 흐르네.　光風忽墜屨前流.

---

99 늘 : 원문은 '鎭'인데, 부사로 쓰일 때는 '늘, 항상'의 뜻이 있다. 唐 太宗의 「詠燭」 시에 "늘 천 줄기 눈물 흘리는데, 사람 그리워 그런 것은 아니라네.[鎭下千行淚, 非是爲思人.]"라는 구절이 있다.

때마침 나비 한 마리 놀라 날아가는 것 보니 時看一蝶驚飛去
경박한 정신이 위수[100]와도 같구나. 輕薄神情似魏收.

100 위수(魏收) : 北齊 때 『魏書』를 지은 사람이다. 『魏書』를 저술하면서 개인적인 원한을 마구 개입시켜 '더러운 역사책[穢史]'이라는 극단적인 평을 받았으며, 자신의 글재주를 믿고 행실을 조심하지 않아 많은 비방을 받은 바 있다.

1-20

도화동에서 【두 수】

桃花洞 【二首】

봄날이 하염없이 또 지나가는데	春色依依又一過
가지 부여잡고 길게 탄식해도 어이하랴.	攀枝浩歎欲如何.
범씨 집안 여자 미쳤으나 오히려 통쾌했으리	范家女子狂猶快
한 나무의 붉은 복사꽃 모조리 따먹었으니.[101]	噉盡紅桃一樹花.

한강 가의 곤궁한 선비	洌水之間困布衣
홀로 걷다가 때때로 촌사람의 사립문에 이르네.	獨行時到野人扉.
이미 천 그루 복사꽃 나무를 뚫고 왔기에	已穿千樹桃花裏
가슴 속 시비를 따지는 마음 말끔히 씻었다오.	淨盡胸中閒是非.

101 범씨(范氏)……따먹었으니 : 范氏는 宋나라 范仲淹을 말한다. 범중엄의 孫女가 狂疾에 걸려 방에 갇혔는데, 창문 밖에 큰 복숭아나무가 한 그루 있었다. 때마침 꽃이 활짝 피어 있었는데, 범중엄의 손녀가 창문을 뜯고 복숭아나무에 올라가 그 꽃을 다 따먹고 병이 나았다는 고사가 전한다(『淵鑑類函』 卷399 果部 桃二). 『說郛』 卷27上 「雞肋編」에는 범중엄의 아들인 范純仁의 손녀가 남편을 잃고 광증에 걸렸다가 복사꽃을 따 먹고 병이 나와 재가해서 천수를 누렸다는 내용으로 되어 있다.

1-21

강산 이서구가 베푼 자리에서 파사성으로 돌아가는 조 산인을 이별하며 짓다[102]

李薑山席上 賦別趙山人歸婆娑城

손이 길 떠나며 「여구곡」[103] 읊음에	客出驪駒響
서글픈 마음으로 처마 아래 기대섰네.	凄凄廡下依.
옛 동산에서 서대[104]를 뽑고	故園抽書帶
외로운 관엔 이끼[105] 무성히 덮였겠지.	孤舘長垣衣.
곧게 길렀으니 응당 굶주리는 일 어려울 것이고[106]	直養應難餒

102 강산……짓다 : 趙 山人은 驪州에 살고 있던 재야의 학자인 趙衍龜(1726~?)이며, 婆娑城은 여주에서 서북쪽으로 40리 되는 강가에 있는 성이다. 조연귀는 유득공을 비롯하여 이덕무·박제가·이서구·李喜經 등과 두루 교유하였던 인물로, 이덕무는 그에 대해 학문이 넓고 옛 것을 좋아하였으며 우리나라 諸儒의 心性理氣에 대한 글을 鈔輯하였다고 말한바 있다(『靑莊館全書』 卷27 「士小節一」). 『영재집』 권3에도 그에게 준 시로 「鈔書歌 贈趙山人」이 수록되어 있다. 한편 성균관대학교 박물관에는 이 시에 대한 유득공의 친필 글씨가 소장되어 있는데, 여기에는 시제가 「洛瑞館中 奉別趙處士歸杜谷山中」으로 되어 있고, 3구의 '抽'자가 '憶', 8구의 '處'자가 '樹'로 되어 있다.

103 「여구곡(驪駒曲)」 : 『大戴禮』에 보이는 逸詩의 편명으로, 손님이 떠나려 하면서 이별의 정을 드러내는 노래이다. 손님이 "검정 망아지 문 밖에 있고 마부 모두 대기하오. 검정 망아지 길 위에 있고 마부 멍에 올리었소.[驪驅在門, 僕夫具存. 驪驅在路, 僕夫整駕.]"라고 노래를 부르면, 주인은 "손님이여 돌아가지 마오."라는 뜻의 「客無庸歸曲」을 불렀다 한다(『漢書』 卷88 「王式傳」).

104 서대(書帶) : 漢나라 때 鄭玄이 不其山에서 제자들을 가르칠 때 자라난 풀인데, 그 줄기가 부추처럼 길고 질겨서 책을 묶는 띠로 사용하였다. 蘇軾의 「書軒」에 "뜰아래 이미 서대초가 생겼으니, 사군은 아마도 정강성인가 보오.[庭下已生書帶草, 使君疑是鄭康成.]"라는 구절이 있다(『蘇東坡詩集』 卷14).

105 이끼 : 원문은 '垣衣'인데, 담장을 덮은 이끼가 사람이 옷을 입는 것과 비슷한 데서 유래한 말이다.

106 곧게……것이고 : 타고난 元氣를 잘 기름을 말한다. 『맹자』 「公孫丑 上」에, "호연지기

싸움에 이기어 바야흐로 살 찐 것 깨닫네.107	戰勝方覺肥.
내일 여강으로 가는 길에	驪江明日路
몇 군데서 버들개지 휘날릴까.	幾處柳花飛.

는 지극히 크고 지극히 강한 것이니, 이를 곧게 잘 기르면서 해침을 당하는 일이 없게끔 하면, 그 기운이 하늘과 땅 사이에 가득 차게 될 것이다. 그 기운됨은 義와 道와 짝하니 이것이 없으면 굶주리게 된다.[其爲氣也, 至大至剛, 以直養而無害, 則塞于天地之間, 其爲氣也, 配義與道, 無是, 餒也.]"라고 하였다.

107 싸움에……깨닫네 : 『韓非子』에서 유래한 고사로 그 내용은 다음과 같다. 曾子가 子夏를 만나서 "왜 살이 쪘느냐?[何肥也]"라고 묻자 "싸움에서 이겼기 때문이다. 내가 先王의 義를 보아도 부귀의 樂을 보아도 다 영광스럽게 여겨져 이 두 가지가 마음속에서 서로 싸워 승부가 나지 않아서 몸이 여위었다가, 이제는 선왕의 의가 이겨서 살이 쪘노라.[戰勝, 故肥也. 吾入見先王之義則榮之, 出見富貴之樂又榮之, 兩者戰於胸中, 未知勝負, 故臞, 今先王之義勝, 故肥.]"라고 대답하였다.

1-22

부안으로 돌아가는 이 포의를 전송하며

送李布衣歸扶安

풀빛이 하늘에 이어진 저물녘	連天艸色晩
헤어짐에 서글픔 하염없어라.	離別欲依依.
남쪽 천리 길 돌아가는 길손	千里南歸客
삼한 땅 포의의 선비라네.	三韓一布衣.
봄 구름 너머 기러기 아득히 날아가고	春雲鴻雁杳
호수의 잉어는 살이 올랐으리.	湖水鯉魚肥.
길 가득 떨어진 새하얀 배꽃	滿地梨花白
모두 그대 떠나간 뒤 날리리.	皆君去後飛.

1-23

충주로 돌아가는 표제 심사범을 전송하며

送沈士凡表弟歸忠州

내 평생 한스러운 일 한 가지는	平生有一恨
형이라 부르는 소리 들어보지 못한 것이라.	未聞呼兄聲.
종부가 낳은 아우가 있긴 하나	雖有從父弟
어린애 울음 우는 갓난아기 처지라네.	呱呱未離嬰.
또한 어찌 내종사촌 없겠냐마는	亦豈無內從
만날 때면 내가 형이라 부른다네.	逢時我呼兄.
그대 나이 갓 스물이 되어	君年始二十
잠시 서울에 놀러 왔는데	薄游來京都.
주저하지 않고 부끄러워하지도 않으며	不疑復不赧
창졸간에 나를 형이라 부르네.	倉卒兄呼吾.
흔연히 능숙한 일 행하듯	欣若一能事
엄연히도 이처럼 불렀다네.	儼然當玆呼.
천도가 후손 있음에 부합하니	天道合有後
어질구나, 우리 큰고모시여.	賢哉我伯姑.
시집간 지 몇 년 되지 않아	于歸未數載
곧은 마음 남편 따라 저승으로 갔다네.	烈烈下從夫.
선친께서 위태롭단 소식 듣고	先君聞其危
음식 들라 권코자 말 달려갔지.	走馬往勸飯.
중로에 『주역』 점을 쳐보니	於路易以筮
점괘에서 건괘로 바뀌는 상108이라.	其卦漸之蹇.

기러기 훨훨 날아 큰길로 나아감에　翩翩漸逵鴻
희디흰 그 깃털 남기었다네.　皎皎留厥羽.
비유컨대 저 정숙한 여인의　譬彼貞女子
아리따운 의표가 천고에 빛남이라.　令儀炳千古.
나의 누이 또한 그 죽음을 애통해하여　我妹噫其死
질풍같이 내달려 해가 중천에 이르기 전에 보니　疾驅日未午.
큰고모께서 바야흐로 실낱같은 숨을 내쉬며　伯姑方淹淹
냉연히 시비를 돌아보며　泠然顧侍婢.
큰 오라비 오늘 이를 테지만　大兄今日至
비록 이르더라도 어찌할 수 없을 것이라.　雖至未及矣.
선친께서 사립문 두드릴 즈음　先君及叩扉
곡성이 물 끓듯 진동하였네.　哭響如羹沸.
우리 집안에 전해오는 이야기　傳說在吾家
이처럼 기이한 일 몇 가지라네.　異哉此數事.
그대가 행여 알지 못할까 하여　恐君未及知
눈물 흘리며 글로 써보였다네.　流涕爲之書.
그대가 학문 좋아한단 말 예전에 들었는데　夙聞君好學
과연 어떠한지 모르겠다하며　不識果何如.
급히 시문 원고를 보여달라 하니　急索詩文藁

108 점괘(漸卦)에서……상 : 漸卦(䷴)는 艮卦가 아래에 있고 巽卦가 위에 있고, 蹇卦(䷦)는 艮卦가 아래에 있고 坎卦가 위에 있는 상이다. 두 卦象의 차이는 6爻가 다를 뿐인데, 漸卦는 6爻가 양이고 蹇卦는 6爻가 음이다. 따라서 漸卦에서 蹇卦로 바뀌는 상이란 漸卦의 6爻가 變爻로 卦象의 중심 의미를 점한다는 말로 이해된다. 漸卦 6효의 爻辭는 "기러기가 뭍으로 나아가니 그 깃을 본보기로 삼을 만하니 길하다.[鴻漸于陸, 其羽可用爲儀, 吉.]"이며, 이어지는 시구에서 "기러기가 큰길로 날아가며 깃털을 남기었다"는 것은 이를 염두에 둔 말로 보인다.

글이 없다 하여 외워보여도 괜찮다 하였네.　無藁誦可也.
짐짓 붓과 벼루 앞에 늘어놓고　筆硯故羅前
그대 고개 숙이고 쓰는 모습 지켜보았네.　觀其俯而寫.
이런저런 여러 기예에 능통한지라　種種諸技能
실로 형으로 하여금 외경심 불러일으켰지.　其實使兄畏.
거리로 나가 이것저것 가리켜 보이고　出街多指示
친구 만나 소개해 보였지.　逢友爲紹介.
이처럼 현명한 아우 있으나　有弟賢若此
오래도록 서로 함께 할 수는 없네.　不得久相隨.
효경교[109]의 안개 낀 버드나무　烟柳孝經橋
관왕묘[110]의 벽도화.　碧桃關王祠.
그대 손잡고 몇 번이나 가보랴　携手能幾何
바람 맞으며 장리[111]를 준다오.　臨風贈將離.

번역 신익철

---

109 효경교(孝經橋) : 한양 도성에 있는 다리로 河良橋 동쪽에 있다. 永豐橋가 정식 이름이다(『新增東國輿地勝覽』「漢城府」).

110 관왕묘(關王廟) : 중국 삼국 시대 蜀漢의 장수 關羽의 위패를 모신 사당으로, 1598년(선조 31) 서울의 남대문 밖에 南關王廟가 건립되고, 1602년 동대문 밖에 東關王廟가 건립되었다. 西關王廟와 北關王廟는 高宗 때 세워졌으니, 이때는 동쪽과 남쪽에만 있었다. 임진왜란 직후 관왕묘가 세워진 것은 명나라 군대가 왜군과 싸움을 하던 중 밤이 되자 하늘에서 수천의 神兵이 나타나 왜군을 물리쳤는데 그 장군이 關羽인 것이 계기가 되었다고 전한다.

111 장리(將離) : 작약의 별칭으로 이별을 앞두고 이를 건네는 풍습이 있다. 晉나라 崔豹의 『古今注』에 "이별에 처하여 장차 헤어지려 하면서 작약을 건네준다네.[將離相別, 贈之以芍藥.]"이라 하였다.

1-24

나는 평소 복어를 먹지 않는데 강산이 굳이 권하기에 조금 맛보고는 희롱삼아 장가를 지어 주다

余雅不食河豚 爲薑山所强少嘗之 戲贈長歌

동파가 좋은 차는 가인과 같다 하였는데[112] 坡言佳茗似佳人
나는 복어가 아름다운 여인에 비길 만 하다고 말하련다. 我道河豚比美婦.
미인은 비록 아름다우나 성명을 해치고 美婦雖美性命戕
복어는 매우 진미이나 위장을 다치게 하네. 河豚甚珍腸胃剖.
이군이 나를 맞이해 오찬을 차렸는데 李君要我吃午飡
야채와 국거리에 생선탕이 오른편에 놓였네. 葅南涪北魚羹右.
젓가락 들어 작은 살점 집어 두세 번 씹다가 擧箸挾腴三兩嚼
갑자기 그 이름 듣고는 왝왝 토해냈다네. 忽聞其名喀喀嘔.
놀라서 두 손 모으고 주인에게 사양하길 瞿然斂手謝主人
이 물고기 독이 있다 들은 지 심히 오래되었으니 此魚有毒聞甚久.
이놈이 한창 헤엄치다가 언뜻 돌에 부딪치면 方其游泳乍觸石
성내어 배 뒤집으며 불룩해진 모습 질장군과 같네. 憤悶鬱輪形如缶.
어부들 배를 갈라 그 알을 버리면 漁人刳腹棄其卵
굶주린 솔개 내려다보고도 근심하며 취하지 않는다오. 飢鳶下視愁不取.

112 동파(東坡)가……하였는데 : 蘇軾의 시에, "장난삼아 지은 율시 그대여 웃지 마오, 예로부터 좋은 차는 가인과 같다지 않소.[戲作小詩君勿笑, 從來佳茗似佳人.]"라는 구절이 보인다(『蘇東坡詩集』 卷32 「次韻曹輔寄壑源試焙新芽」).

오직 식탐 많은 늙은 까마귀 감히 부리로 쪼아 먹더니　烏惟老饕乃敢啄

그런 뒤에 황구처럼 똥을 쪼아 먹는다네.[113]　然後啄矢同黃狗.

지난해 어떤 이가 복사꽃 바람에 곡하며　去年人哭桃花風

평생 조기 먹지 않은 걸 한스러워 했다오.[114]　恨不一生喫石首.

주인은 이 말 듣고 껄껄 웃으며　主人聞此笑呵呵

탕 그릇 기울여 후루룩 마시고 씹어 먹더니　流歠大嚼傾瓦甌.

스스로 말하길 우리 집에 요리 잘 하는 이 있어　自言其家善割烹

시골 부엌의 노둔한 솜씨와는 다르다 하네.　非同村廚但魯莽.

맷돌에 갈고 절구에 찧어 그 피를 빼니　石磨椎搗流其血

흩어지고 문드러진 모습 해진 빗자루 같지요.　離披爛漫如弊帚.

그런 뒤 난도[115]로 조각조각 갈라내어　然後鸞刀片片割

기름 둘러 먼저 지져내고　浮之以油先煎炙.

비로소 여뀌와 미나리 넣어 국을 끓이면　始可作羹蓼以芹

반찬이나 술안주로 내어놓을 만하니　堪將下飯兼按酒.

입 달고 단지 숭어 준치만 먹으며　有口但喫鯔與鰽

복이 먹지 않는다면 저버림이 없다 하겠는가.　不食河豚能無負.

이 말 듣자 갑자기 입에서 침이 흐르며　遽聞此言口流汣

113 그런……벅는다네 : 『東醫寶鑑』에, 사람의 똥을 약으로 사용했다는 내용이 보인다. 사람의 똥은 종기나 기타의 患部의 치료나 해열·해독 작용이 있다고 되어 있다.

114 지난해……했다오 : 복어는 산란기인 봄철에 그 독성이 제일 강하지만, 또한 봄철에 그 맛이 제일 좋다고 한다. 『東國歲時記』에는, 복사꽃이 지기 전에 복어국을 먹는데, 그 독이 겁나는 사람들은 복어 대용으로 도미를 쪄 먹는다고 하였다. 또한 서유구의 『蘭湖漁牧志』에서는, 복사꽃이 진 뒤에는 복어의 독이 강해져 먹을 수 없다고 하였다. 이 시 구절은, 봄철 복사꽃이 필 무렵에 복어 음식을 먹었다가 그 독성 때문에 죽음에 이른 사람이 복어 대신 조기를 먹지 않은 것을 후회했다는 의미인 듯하다.

115 난도(鸞刀) : 나라의 큰 제사에서 희생을 잡는 귀한 칼로, 칼끝에 방울이 달려 있다.

식지 어지러이 움직이다가 엄지까지 미쳤다오. 食指亂動還連拇.
지금 배불리 먹지 않고 단지 조금 맛보는데 今無甚飽且少嘗
미치광이 풀 같은 독 있다 해도 어찌 재앙 있으랴. 毒如莨菪寧有咎.
참으로 한번 목숨 걸고 시험 삼아 들이켜 보니 眞拚一死試一呷
세상에 맛난 것 이처럼 맛난 것 있으랴. 世間有味如許厚.
만약 강의 물고기가 모두 이와 같다면 若使江魚盡若斯
일찌감치 낚싯대 들고 창랑의 어부 되었으리. 一竿早辦滄浪叟.
이미 맛보고 나서 참으로 황송하다 사죄하고 既嘗之刻實主臣
하룻밤 지난 뒤에 살았구나 크게 소리쳤다네. 免矣長呼隔宿後.

1-25

연암·무관과 더불어 마포에서 노닐다

與燕巖懋官游麻浦

용산의 산 아래에 객이 배를 비껴놓고	龍山山下客橫舟
서글피 저 멀리 있는 강가의 누각 바라보네.	怊悵相望江上樓.
한사는 돌아오지 않으니 섬엔 흰 구름 떠있고	韓使不歸島雲白
몽고 공주[116] 한 번 떠나가니 고개엔 꽃도 시름겹네.[117]	蒙姬一去峴花愁.
석양은 아득히 외로운 돛단배 너머 떨어지고	夕陽杳杳孤帆下
열수는 넘실넘실 천리를 흘러가네.	洌水洋洋千里流.
끝없는 서호가 옛 땅 품고 있으니	無限西湖裛古地
해마다 꽃다운 풀 사람을 근심스럽게 하네.[118]	年年芳艸使人愁.

116 몽고 공주 : 金童公主를 지칭한 말로, 忠肅王의 妃이자 元나라 順宗의 아들 魏王인 瀋陽王 阿木哥의 딸이다. 1324년(충숙왕 11)에 원나라에서 혼인하였고, 이듬해 龍山 行宮에서 아들을 낳고 18세의 나이로 죽었다.

117 시름겹네 : 원문은 '愁'인데, 『영재집』 頭註에, "愁는 幽로 된 곳도 있다.[愁或作幽.]"라고 하였다.

118 사람을 근심스럽게 하네 : 원문은 '使人愁'인데, 『영재집』 頭註에, "使人愁가 舊本에는 滿汀洲로 되어 있다.[使人愁, 舊本作滿汀洲.]"라고 하였다.

1-26

연암이 부채에 그린 「춘강낙범도」에 쓰다

書燕巖所寫春江落帆圖扇

돛단배 안개로 검게 보이는데	蒲帆黑于烟
대 들창 열고 바라보네.	竹牖開相向.
어떤 이가 고상한 사람인가	何者是高人
집집마다 육노망[119] 있네.	家家陸魯望.

119 육노망(陸魯望) : ?~881. 唐나라 陸龜蒙으로 魯望은 그의 자이다. 호는 天隨子·江湖散人이다. 강호에서 노닐기를 좋아하였으며, 조정에서 高士로 대우하여 초빙했으나 응하지 않았다.

1-27

배를 띄우다

泛舟

아쉬워라 봄이 저무는 날	可憐春暮日
버들개지 자연스레 날리네.	花絮自然輕.
화려한 누각 빗장 걸려 있고	綺閣常關在
목란배[120]는 매놓지 않아 흔들흔들 떠있네.	蘭舟不繫橫.
물새는 을(乙)자 모양으로 떠다니고	水禽浮乙乙
바람결에 나비 사뿐사뿐 희롱하누나.	風蜨弄盈盈.
소쇄한 기운 서린 봉창 아래로	瀟灑篷窓下
빗소리 두르고 돌아오누나.	歸來帶雨聲.

120 목란배 : 곱게 꾸민 작은 배를 말한다.

1-28

호수의 밤

湖夜

장삿배 남포[121]로 내려가고	賈舶下南浦
조각배 나비인양 가볍게 떠가네.	片帆如蜨輕.
큰 강은 쉼 없이 흘러가고	大江流不息
청산은 유구히 비껴있네.	靑山終古橫.
어느 누가 쇠 젓대 부는가	鐵笛何人發
강가의 달 아직 둥글게 차지 않았네.	江月未能盈.
몇몇 등불 아직도 깜박이는데	數燈猶耿耿
시름겨워 떠들썩한 소리 없다네.	愁絕無喧聲.

121 남포(南浦) : 한강의 鷺梁津을 일컫는 듯하다.

1-29

다시 배를 띄우다

更泛

창강 가에 노를 멈추니	駐棹滄江上
창강 깊고도 깊어서라네.	滄江深復深.
따스한 모래톱엔 물결모양 생겨나고	暖沙生浪影
꽃다운 풀은 구름 그늘에 달라지네.	芳艸變雲陰.
한가한 문가의 버들은 곳곳에 늘어졌고	處處閒門柳
봄날의 물새 이리저리 날고 있네.	飛飛春水禽.
아득해라, 이곳에서 바라본 경계여	悠哉此望際
한없이 툭 트인 풍광 끝내 누구의 마음일까.	寥廓竟何心.

1-30

담담정[122]

淡淡亭

몇 그루 버드나무, 한 가지엔 꽃	數株楊柳一枝花
담담정 서쪽으로 봄빛이 기우네.	淡淡亭西春日斜.
한 번 금동공주[123] 떠나고부터	一自金童公主去
하화탕 속 물결에 씻기는 모래라네.[124]	荷花蕩裏浪淘沙.

122 담담정(淡淡亭) : 安平大君이 麻浦 북쪽 기슭에 세운 정자이다. 이곳에 서적 만 권을 보관하고, 선비들을 불러 모아서 「十二景詩文」과 「四十八詠」을 지었다고 한다. 首陽大君이 癸酉靖難을 일으켜 왕위를 찬탈한 뒤에 안평대군을 처형하고 申叔舟에게 하사하였다.

123 금동공주(金童公主) : 앞의 1-25번 시 116번 주석 참조.

124 하화탕(荷花蕩)……모래라네 : 하화탕은 연꽃 핀 연못을 가리키는데, 여기서는 崇禮門 밖 용산 근처에 있던 南池를 가리키는 듯하다.

1-31

강산 · 이잠부와 함께 산영루에 오르다[125]

與薑山及李潛夫 登山映樓

짙은 산 이내 대하노니 참으로 뚝뚝 떨어질 듯	嵐色看眞滴
솔바람 소리 들으니 더욱 서늘해지네.	松聲聽彌凉.
누에 기대니 표표한 젓대 소리 운치 있고	倚樓飄笛韻
산골 물에 임하니 술잔 씻기 알맞구나.	臨澗滌巵當.
골짜기 새는 스산한 소리 남기고	谷鳥遺酸響
벼랑의 벌은 남은 향기 쫓아가네.	厓蜂趁剩香.
산영루의 봄날 저녁 무렵	山樓春日夕
어느 것인들 푸르르지 않으랴.	何物不蒼蒼.

125 강산(薑山)……오르다 : 李潛夫는 李書九의 사촌 아우인 李鼎九로 잠부는 그의 자이다. 山映樓는 북한산에 있던 누각이다. 중성문을 지나 대동문으로 향하는 계곡을 따라 올라가서 용학사 갈림길에서 태고사 방향으로 올라가면 있었다. 지금은 터만 남아있는 중흥사지 비석거리 맞은편 넓은 암반 위에 위치한다. 조선 시대 선비들이 즐겨 찾았던 누각이다.

1-32

중흥사 별관

中興寺別館

산 깊어 늦게까지 봄이 있음을 보고	山深見春晩
중이 오래사니 사람들에게 청량한 기운 끼치네.	僧壽逼人凉.
외로운 객관에 앉았노라니 수심 깊어지는데	孤館坐愁絶
그윽한 샘물 소리 들으매 마음 안온해지네.	幽泉聽穩當.
부엉이는 달빛 비친 탑에서 울고	鵂鳴甎墖月
다람쥐는 벚꽃 향기 건드리네.	鼯觸奈花香.
맑은 경쇠 소리 또 어느 절인가	淸磬更何寺
동쪽 봉우리 몇 점 푸른 곳일세.	東峰數點蒼.

1-33

서문에서 백운동구[126]로 걸어 들어가다

自西門步入白雲洞口

길가는 내내 푸르른 나무들　　一路葱靑樹
행인은 종일토록 드무네.　　行人盡日稀.
다리에 앉았다가 부채 잊어버린 채 일어서고　　坐橋忘扇起
절을 지나다가 대지팡이 빌려 돌아가네.　　經寺借筇歸.
개울 따라가는 그림자 담담하고　　淡淡沿溪影
풀잎 스치는 옷자락 나붓거리네.　　襜襜拂艸衣.
어느 숲의 진달래 붉게 피어　　何林紅躑躅
한 잎 반짝이며 사람에게 날아오는가.　　一片映人飛.

126 백운동구(白雲洞口) : 인왕산 기슭에 있는 백운동 어귀를 말한다.

1-34

동장대127

東將臺

이 너머는 정히 어느 경계인가	此外定何際
처음엔 성가퀴 사이로 엿보았네.	初窺睥睨間.
잠깐 임해도 마음이 몹시 놀라고	乍臨心已駭
얼핏 떠올려도 뼛골이 오히려 시큰거리네.	旋想骨猶酸.
높고 낮은 땅 주름으로 경계이루고	原隰皴而已
연하세계와 아득히 한 가지라네.	烟霞杳一般.
동교를 오가는 사람들	東郊來往者
눈을 부릅떠도 분간하기 어렵다네.	瞋目也難看.

127 동장대(東將臺) : 북한산 동장대를 말한다. 將臺란 군사를 지휘하는 장수가 올라서서 지휘할 수 있도록 쌓은 대이다. 조선 시대 성안에는 동서남북으로 네 개의 장대가 있었다.

1-35

문수문[128]

文殊門

이곳 오르는 길 끝내 다하지 않더니	此升終未已
다다른 곳 정히 어느 언저리인가.	及到定誰邊.
구름 싸인 산마루 바로 기운이 바뀌어	雲嶺正交氣
산 관문엔 별안간 비 퍼붓네.	山關乍漏天.
어지러이 나있는 산길 한 굽이가 아닌데	亂蹊非一曲
멀어진 벗 매양 앞에서 맞닥뜨리네.	遙侶每當前.
연연해하며 지나치기 어려운 곳	戀戀難過處
때 맞춰 핀 바위 꽃 홀로 불타는 듯하네.	巖花時獨燃.

128 문수문(文殊門) : 북한산성의 14개 성문 가운데 하나인데, 지금은 유실되고 그 터만 남아있다.

1-36

삼호[129]에서 그물로 물고기를 잡다

三湖打魚

봄 날씨 맑고 바람 잠잠하니	春天澹無風
봄 강물 반지르르 기름칠한 듯하네.	春江膩如油.
차분히 물결 위 비껴 나는 나비요	帖帖橫波蝶
가볍게 모래톱 스치는 갈매기라네.	輕輕點沙鷗.
고기잡이배는 한 쌍의 삿대 부리며	漁舟使雙槳
강 한가운데서 날듯이 춤을 추네.	飛舞於中流.
그물을 던지고 또 던져 놓더니	沈網復沈網
가라앉은 그물 다시 끌어 올리네.	網沈網還浮.
아득히 저쪽 언덕에 바라보이더니	悠悠望彼岸
어느새 떠났던 모래톱으로 돌아왔네.	於焉返故洲.
그물 들고 배에서 내리매	下船網在手
거듭 힘쓰며 서로 힘을 보태네.	復事相支梧.
그 모습, 무리지어 옆으로 다니는 게와 같고	隊隊橫行蟹
사람들 모두 연자방아 돌리는 당나귀와 같구나.	人人左旋驢.
한 조각 맑은 강물 속에	一片空明裏
고기 있고 없음에 어찌 얽매이랴.	何心繫有無.
반짝이는 물빛이 빛나는 듯한데	波光似拂鬱

129 삼호(三湖) : 麻浦를 가리킨다. 龍湖 · 西湖 등 세 개의 물길이 있다하여 '三湖'라고 했었는데, 이것이 '삼개'로 변했다가 다시 麻 자로 변해 麻浦라는 이름이 되었다는 설이 있다.

그물 가엔 파닥이는 힘센 물고기 있네.	網邊有勇魚.
물고기는 실로 살길을 얻은 것이나	於魚實得計
사람들은 또한 놀라 소리치네.	爲人且驚呼.
마음은 비록 좋은 맛 얻고자 한 것이나	心雖蘄得雋
또한 무고함을 가엾어 하는 뜻도 있다네.	志亦矜無辜.
도리어 텅 빈 그물 지니게 되어	翻恐持空網
자못 남들에게 야유 당할까 두렵기도 하네.	頗爲人揶揄.
물 빼내며 쏟아지는 소리 다하자	水淺瀉聲盡
궁지에 몰린 물고기 가린 그물 트려하네.	窮鱗映網踈.
여러 사내들 바짓가랑이 걷어붙이고	羣夫脫却袴
물에 들어가 마음대로 더듬어 찾아 붙잡네.	入水恣探挐.
오만한 것들 깨물어 죽이고	驕者嚼殺之
나머지 것들 산 채로 잡았네.	餘盡生致諸.
커다란 물고기 어쩔 수 없어	大魚無奈何
가로 누워 다만 입만 뻐끔대고	橫臥但唏噓.
작은 물고기는 오히려 뛰어올라	小魚猶跳躑
모래흙으로 살갗을 덮네.	沙土被肌膚.
복어는 화를 감당치 못해	河豚不勝怒
그 배가 제강[130]과 같네.	其腹帝江如.
가져다 봉창 머리에 매달아	取次懸篷頭
잠시 가지고 노는 즐거움 채우네.	暫時充翫娛.
식탐 있는 이 회도 꺼리지 않아	饞士不棄鱠

130 제강(帝江) : 『山海經』에 나오는 혼돈의 神이다. 모습은 포대처럼 생겼고, 여섯 개의 다리와 네 개의 날개가 달려 있다고 한다. 여기서는 복어의 빵빵한 배가 포대처럼 생긴 帝江의 모습과 흡사하다는 의미이다.

다시 온전한 형체 지닐 가망 없다네.	無望復成軀.
비늘과 갈기엔 예전의 기세 남았건만	鱗鬣有舊勢
오히려 솥 안에서 느슨히 풀어지네.	猶向鼎裏舒.
강호에서 노님과 끓는 가마솥에 넣어짐이	江湖與湯鑊
홀연 순식간에 달려 있구나.	忽焉在須臾.
물고기여, 내가 너를 먹으매	魚兮我食汝
네가 죽어도 나를 원망치 말라.	汝死勿怨吾.
포희씨[131]는 이미 그물을 짰고	庖犧既結網
『주관』[132]에는 또 고기잡는 기록있다네.	周官更置𩺰.
중니는 가늘게 썬 회를 좋아했으니[133]	仲尼嘉細鱠
문인들 이를 보고 기록하였네.	門人見而書.
맹자는 물고기 먹고 싶다 했으니[134]	孟氏云所欲
다만 촘촘한 그물 탄식하였지.[135]	咨嗟但數罛.

131 포희씨(庖犧氏) : 伏犧氏를 가리킨다. 중국 고대 三皇五帝의 한 사람으로, 燧人氏를 대신하여 왕이 되었다. 그 모습은 뱀의 몸뚱이에 사람의 머리 형상을 하고 있다. 처음 八卦를 그리고 書契를 만들었고, 그물 엮는 방법을 사람들에게 가르쳐 어업과 수렵, 목축에 종사하도록 했다.

132 『주관(周官)』 : 『周禮』를 말한다. 총 42권으로, 天官·地官·春官·夏官·秋官·冬官으로 나누어 官制를 세우고 職掌을 기록하였다. 工典에 해당하는 冬官에 山澤·工匠·營繕·陶冶 등에 대한 규정이 있다.

133 중니(仲尼)는……좋아했으니 : 『論語』 「鄕黨」에, "공자는 잘 찧은 쌀밥을 싫어하지 않았고, 가늘게 썬 회를 싫어하지 않았다.[食不厭精, 膾不厭細.]"라는 구절이 있다.

134 맹자는……했으니 : 『孟子』 「告子 上」에, "물고기도 내가 먹고 싶고, 곰발바닥도 내가 먹고 싶은 것이다. 그런데 이 두 가지를 다 취할 수 없다면 물고기를 버리고 곰발바닥을 취하겠다.[魚我所欲也, 熊掌亦我所欲也, 二者不可得兼, 舍魚而取熊掌者也.]"라는 구절이 있다.

135 다만……탄식하였지 : 『孟子』 「梁惠王 上」에, "촘촘한 그물을 웅덩이에 넣지 않으면 물고기와 자라를 이루 다 먹을 수 없습니다.[數罛不入洿池, 魚鼈不可勝食也.]"라는 구절이 보인다.

물고기여, 만약 멀리 떠나갔다면
어찌 나에게 사로잡혔겠는가.

魚兮若遠引
胡爲我擒乎.

번역 윤세순

1-37

연암·무관과 더불어 서도로 유람 가면서 벽제역에서 짓다[136]

與燕巖懋官 西遊次碧蹄驛

깨진 기와 어느 때 절인가	敗甓何年寺
푸른 진흙길은 옛 전장터였지.[137]	靑泥古戰場.
바람에 임해 한 곡조 부르노니	臨風歌一曲
옛일 떠올라 흐르는 눈물 하염없어라.	懷古淚千行.
촌락에는 숲 기운 많이 어리었고	村落多林氣
옷자락에는 풀 향기 반나마 물들었네.	衣裾半艸香.
가는 길 그저 말에 맡긴 채	行行只信馬
삿갓 기울여 지는 햇빛 피한다네.	欹笠避斜陽.

136 연암(燕巖)……짓다 : 유득공은 박지원, 이덕무와 함께 1773년(영조 49) 윤3월 파주, 개성을 거쳐 같은 달 25일에 평양을 유람하였다. 이하 1-50번 시 「松京雜絶」까지는 이 유람의 노정을 따라 되돌아오기까지의 여정을 읊은 시편이다.

137 푸른……전장터였지 : 옛 전장터는 임진왜란 당시인 1593년(선조 26) 1월 27일 明軍과 일본군 사이에 있었던 碧蹄館 전투를 가리키는 듯하다. 벽제관에서 남쪽에 있는 礪石嶺[숫돌고개]에서 일어났으므로 여석령 전투라고도 한다. 명군은 일본 조총 부대의 집중 사격을 받아 참패하였다.

1-38

화석정[138]에서 벽 위에 걸린 시에 차운하다

花石亭 次壁上韻

나무 뒤섞여 푸르게 우거진 속에	雜樹蔥青裏
선현이 남긴 정자 하나가 있네.	先賢有一亭.
섬돌에 이르자 발자국 소리 떠오르고	到堦思履響
풀잎 헤치자 옷에 밴 향기 사랑스러워라.	拂艸愛衣馨.
강물은 지는 달빛에 물들어 가는데	江色如斜月
우리들 취성 고사[139]에 부끄럽다.	吾曹愧聚星.
이 푸른 회나무 어루만지노라니	撫玆蒼檜者
거의 천년은 넘어 보이네.	幾許已千齡.

138 화석정(花石亭) : 경기도 파주시 栗谷里에 있는 누정이다. 이곳은 원래 吉再의 遺址였는데, 1443년 李明晨이 정자를 건립하였고 1478년 李淑瑊이 화석정이라 명명하였다고 한다. 이명신의 증손인 李珥가 중수하여 관직에서 물러난 뒤 여생을 이곳에서 보냈다.

139 취성(聚星) 고사 : 덕망과 재능을 갖춘 선비의 모임을 뜻하는 말이다. 後漢의 陳寔이 元方·季方 두 아들과 손자 長文을 데리고 荀淑의 집에 가자, 하늘에 德星이 모이는 祥瑞가 나타나매 太史가 "오백 리 안에 賢人이 모였을 것입니다.[五百里內有賢人聚.]"라고 上奏하였다는 고사가 있다(『世說新語』「德行」).

1-39

만월대[140]

滿月臺

깨진 꽃무늬 벽돌이 옛 궁궐터 말해주는데	破碎花甎認故宮
선인교 밖 늘어진 버들 자욱하다.	仙人橋外柳朦朧.
타향에서 절기는 시름 속에 훌쩍 지나가고	異鄕節候催愁裏
고려의 옛 자취 꿈속의 일인 양 아득하다.	勝國風烟似夢中.
맑은 물 높은 산은 옛 그대로인데	麗水高山徒歷歷
꽃 지고 새 우느라 더욱 바쁘구나.	落花啼鳥更悤悤.
오백 년 이래의 흥망성세	五百秊來興廢事
석양에 돌아보니 석대만 덩그러니.[141]	斜陽回首石臺空.

140 만월대(滿月臺) : 『韓客巾衍集』에는 「滿月臺懷古」라는 제목으로 수록되어 있고, "만월대는 고려의 옛 궁궐이니 그 터가 개성 松嶽山 아래에 있으며, '山高水麗'의 뜻을 취하여 국호로 삼았다.[滿月臺卽高麗古宮, 墟在開城松嶽山下, 取山高水麗之義爲國號.]"라는 주석이 있다.

141 오백……덩그러니 : 이 부분의 원문이 『한객건연집』에는 '緬憶吾家文正相, 韡聲磔磔此墀彤.'로 되어 있고, "선조인 文正公 휘 柳璥은 고려의 명신인데, 사적이 『고려사』 「열전」에 실려 있다."는 주석이 있다.

1-40

청석동142 객사에서【두 수】

青石洞店舍【二首】

한 줄기 길은 아직 두 산 사이에 나 있는데　一行猶在兩山間
황혼녘에 객사 들어 비로소 말안장 풀었지.　店舍黃昏始解鞍.
가야금 한 곡조 듣기를 마치노라니　聽罷伽倻琴一曲
처마 위에 봄 나무 사이로 둥근 달이 흐릿하다.　屋頭春樹冥團團.

어둑한 새벽 산협에서 닭 울기 기다리며　蒼蒼曉峽候雞鳴
먼 길 가는 나그네 등 밝혀 감히 길 나서지 못하는데　遠客迴燈不敢行.
알겠구나 유성처럼 달리는 서쪽 변방 기마 있어　知有流星西塞騎
만첩 산속에 한 요령 소리 울리는 것을.　萬重山裏一鈴聲.

142 청석동(青石洞) : 개성에서 평양으로 가는 길에 있다. 좌우의 산줄기가 험준한 협곡을 이루어 북쪽을 방어하는 매우 중요한 요새였다.

1-41

총수산 옥류천[143]

蔥秀玉霤泉

계곡의 바위 반듯반듯 쑥빛처럼 푸르러	溪石端然似艾青
칼 뽑아 긁어서 금성석[144]인지 확인했네.	抽刀磨刮驗金星.
명성 전해져 다행히 어진 천사 만났고[145]	傳名幸遇賢天使
기이함 기록해 『속수경주』 만들 만하네.[146]	記異堪爲續水經.
골짝 물 깊은 곳 헤엄치는 피라미 떼 낱낱이 움직이고	澗底游鰷搖箇箇
절벽 앞 돌아온 새매 우뚝하니 멈춰 있네.	壁前歸鶻駐亭亭.
청령 몇 곡을 산 뿌리에 저장해 두었길래[147]	淸泠幾斛山根貯

143 총수산(蔥秀山) 옥류천(玉霤泉) : 총수산은 황해도 平山郡에 있는 산이다. 옥류천은 총수산 총수리에 있는 샘으로, 바위틈에서 구슬 같은 샘물이 방울져 떨어진다. 玉霤의 '霤'는 일반적으로 '溜'로 표기한다. 金昌業의 『燕行日記』에 의하면 '蔥秀'의 처음 이름은 '聰秀'인데, 중국 사신 董越이 箕峯의 뾰족한 모양이 마치 파[蔥]처럼 생겼다고 하여 '聰'을 '蔥'으로 바꾸고 記文까지 지었다고 한다. 바위에는 '玉乳靈泉', '聽泉仙榻' 등의 刻字가 있는데, 明나라 사신 朱之蕃 등의 글씨라고 한다.

144 금성석(金星石) : 벼룻돌의 일종이다. 『雲林石譜』에 "금성석은 于闐國의 땅속에서 나는 단단한 돌인데, 검은색을 띠고 있으며 반점으로 이루어진 白脈이 있어서 점점이 광채가 난다."라고 하였다.

145 어진 천사(天使) 만났고 : 옥류천 바위에 중국 사신의 글씨가 새겨져 있다는 말이다. 1606년 조선에 온 朱之蕃의 '聽泉仙榻', '玉乳靈泉'이라는 글씨와 1621년(광해군 13)에 온 劉鴻訓의 '靈巖玉溜'라는 글씨가 바위에 刻字되어 있다고 한다(『燕行日記』 卷1 「壬辰 11月 7日」).

146 『속수경주(續水經注)』 만들 만하네 : 『水經注』 續編을 만들 만하다는 말이다. 『水經注』는 北魏의 酈道元이 『水經』에 붙인 주석서인데, 중국 각지를 편력한 저자의 지리적 체험과 문헌을 참고로 하여 수로와 그 유역의 도읍·고적·산수 등을 기술하였다.

147 청령(淸泠)……두었길래 : 바위 속에 연못이 숨겨져 있다는 말이다. 청령은 연못 이름

듣는 물방울 지금까지 잠시도 그치지 않네.　　滴到如今不暫停.

이다. 『山海經』 「中山經」에 "神 耕父가 이곳에 거처하는데 늘 淸泠淵에서 노닐며 물속을 드나들 때면 빛을 발한다.[神耕父處之, 常遊淸泠之淵, 出入有光.]"라고 하였고, 『水經註』에 "淸泠水는 西鄂縣 산 위에 있다. 신이 나타날 때 물이 붉어지고 광채가 있다.[淸泠水, 在西鄂縣山上. 神來時, 水赤有光耀.]"라는 주석이 있다.

1-42

동선관[148] 밖에서 전가를 들으며

洞仙關外聞田歌

시골 아낙들 저마다 푸른 건 두르고는	村娘箇箇抹青巾
논밭 사이 머리 숙인 채 사람 아랑곳하지 않네.	低首田間不顧人.
여러 곡 농가는 처량하고도 몹시 원망에 차 있어	數曲農歌凄怨甚
동선관 너머 험준한 산에도 봄이 왔구나.	洞仙關外亂山春.

148 동선관(洞仙關) : 황해도 鳳山郡의 洞仙嶺 고개에 설치한 關門이다. 조선 시대에 황해도와 함경도를 잇는 중요한 관문이자 군사적 요새로 기능하였다.

1-43

황주성을 바라보며

望黃州城

참으로 부끄러운 건 여기가 초행길이라	多慚此地最初行
산수 간에 정자 누대 이름 다 물어보았지.	山水亭臺摠問名.
날리는 먼지 뚫고 지나며 번번이 숨 참았고	衝過飛塵頻屛息
기암괴석 굽어보며 잠시 마음 흐뭇했지.	俯觀奇石暫怡情.
말고삐 나란히 해 얘기하며 애오라지 즐거워하고	聯鑣顧語聊相樂
삿갓 기울여 몰래 졸다가 매양 흠칫 놀라네.	欹笠偸眠每自驚.
괴이쩍게도 그리운 고향 한 번 꿈꾼 적 없는데	怪殺思鄕無一夢
어젯밤 미리 낙랑성에 이르렀네.	昨宵先到樂浪城.

1-44

월파루에서 벽 위에 걸린 시에 차운하다

月波樓次壁上韻

객의 회포 정히 무엇과 같을까	客意正何似
성 나뭇가지 위 우짖는 꾀꼬리라네.	城枝叫棗留.
하늘까지 이어진 건 풀빛뿐이요	連天惟艸色
해지는 이곳 강물이 흐르네.	斜日此江流.
뉘 알았을까 우리 세 사람이	誰識吾三子
타향에서 같은 누대에 함께 오를 줄을.	殊鄉共一樓.
감내하기 어려운 건 눈 들 때마다	不堪頻擧目
풍경이 사람 시름겹게 하는 것이라네.	風景使人愁.

1-45

대동강 배 안에서 비를 만나 무관의 시에 차운하다[149] 【두 수】

大同江舟中遇雨 次懋官韻【二首】

가벼운 배 출렁이며 해안과 멀어지고	漾漾輕舟與岸違
낙랑성 아래 대동강 물 짙푸르네.[150]	樂浪城下浿流肥.
고향 참으로 쉽사리 떠나온 것 아니지만	故鄕不是眞輕別
이곳 도리어 담담히 돌아감을 잊을 만하네.	此地還堪澹忘歸.
시들어 떨어지는 버들개지 절집 길에 날리고	零落柳花飛寺路
흩뿌려지는 빗 기운은 사람 옷깃에 비치누나.	飄蕭雨色映人衣.
배 안에는 거의 다 친한 벗들이건만	舟中太半皆親友
눈에 가득한 산천은 고향 아님에 어찌하랴.	其奈山川滿目非.

금낭에 든 시초는 이별을 탄식하고	錦囊詩艸歎離違
심약은 수심이 많아 심히 여위었다오.[151]	沈約愁多苦不肥.

149 무관(懋官)의 시에 차운하다 : 『한객건연집』에는 「대동강 배 안에서 비를 만났는데, 김우문이 술을 가지고 오다.[大同江舟中遇雨 金又門携酒至]」라는 제목으로 세1수만 수록되어 있다. 유득공이 차운한 李德懋의 시는 『青莊館全書』 卷10에 수록된 「우중에 燕巖·泠齋·金又門과 함께 綾羅島 서쪽을 돌고 오다가 배 안에서 조금 취하여 붓 가는 대로 각자 시를 짓다[雨中 同燕巖泠齋金又門 沿洄綾羅島西 微醉篷底 信筆各賦]」이다. 참고로 이덕무 시의 전문은 다음과 같다. "邂逅殊鄕慰暫違, 汀林演漾綠陰肥. 綾羅地勢流將去, 麟馬仙踪渺不歸. 一任高瀾頻打舫, 莫辭輕雨滿吹衣. 親朋小聚謀長醉, 那管前朝有是非."

150 낙랑성……짙푸르네 : 이 부분의 원문은 『한객건연집』에 '浣紗女似玉環妃'로 되어 있다.

151 심약(沈約)은……여위었다오 : 沈約(441~513)은 南朝 梁나라의 시인으로, 자가 休文이다. 東陽太守로 나간 지 1백여 일 만에 허리띠를 몇 번이나 다시 졸라맬 정도로 몸이 수척해졌다고 한다(『梁書』 卷57 「沈約傳」).

듣는 빗발로 강은 흐릿해져 볼 수 없고 江雨空濛如未見
나그네 돛배 경쾌히 잠깐 사이 귀로에 드네. 客帆輕快蹔當歸.
휘휘 늘어진 버들 빛 능라도요 依依柳色綾羅島
짝지은 어부들 도롱이 걸쳤네. 兩兩漁人襏襫衣.
이로부터 부가범택[152] 진작에 생각했건만 自此浮家須早計
옛사람은 무슨 일로 늘그막에야 잘못을 깨달았던고.[153] 古人何事晩知非.

152 부가범택(浮家泛宅) : 배를 집으로 삼고 떠돌며 살아가는 것을 말한다. 곧 강호에 은거하여 자유로운 생활을 하고 싶다는 뜻이다.

153 옛사람은……깨달았던고 : 늙어서야 지난 세월의 잘못을 절감한다는 말이다. 춘추 시대 衛나라의 대부 蘧伯玉이 50세에 49년 동안의 잘못을 깨달았다[年五十而知四十九年非.]는 고사가 있다. 50세를 知非라고도 한다(『淮南子』「原道訓」).

1-46

중성 주인의 집 벽 위에 쓰다[154]

題中城主人壁上

집은 황폐한 성 아래 자리하였는데	家住蕪城下
때마다 은대의 정전 경작하네.[155]	時畊殷代田.
사립문에서 객과 함께 바라보니	柴門共客望
뽕나무들 저물녘에 무성하네.	桑柘晩芊芊.

154 중성(中城)……쓰다 : 『한객건연집』에 「中城에서 주인 吳士賓 집의 벽 위에 쓰다[書中城主人吳士賓壁上]」라는 제목으로 수록되어 있고, "평양부 함구문 밖에 기자의 정전이 완연하다.[平壤府含毬門外有箕子井田宛然.]"라는 주석이 있다.

155 때마다……경작하네 : 殷代의 井田 은나라 箕子의 遺制로 전해지는 '田'자 모형으로 구획된 토지를 말한다. 평양 含毬門과 正陽門 밖에 있었다고 한다(『燃藜室記述』 別集 第11卷 「政教典故 田制」). 『箋註四家詩』에는 이 시구에 대해 "다섯 글자가 고상하고 고풍스럽다.[五字高古]"라고 한 潘庭筠의 評語가 있다.

1-47

서경에서 사월초파일에 강산을 그리워하며

西京四月八日褱薑山

대동강 물 넘실대는 옛 낙랑 땅	浿水泱泱故樂浪
무슨 까닭으로 지체하며 흐르는 세월 탄식하는가.	緣何留滯歎年光.
푸르게 우거진 숲 창강 구비에 은은하고	青葱樹隱滄江曲
붉게 칠한 다락 흰 성가퀴 곁에 빽빽하구나.	紅粉樓稠白堞旁.
편지 전해 줄 변방 기러기[156] 드문 것 안타깝고	却恨音書稀塞雁
꿈속의 넋 화로 향기에 감도는가 의심되네.	已疑魂夢繞爐香.
애달퍼라 이 밤 관등놀이 파하고 나니	可憐此夕觀燈罷
비단 주렴에 걸린 달 고향의 것과 같네.	月挂細簾似故鄉.

156 편지……기러기 : 기러기는 편지를 전한다는 使者이다.

1-48

귀로에 평산 칠현을 넘으며

歸踰平山漆峴

차라리 오각수[157]를 건널지언정	寧渡烏脚水
이 고개 넘을 생각 부디 말지니.	愼勿踰玆峴.
내일 아침에 도성 들어가면	明朝入京城
검게 변한 누런 적삼에 앞 다투어 웃으리.	爭笑黃爲椽.

157 오각수(烏脚水) : 중국 漳州 근처에 있다는 물 이름으로, 물이 워낙 더러워서 이곳을 건너면 발이 온통 새까맣게 변했다는 데서 그 이름이 생겼다.

1-49

서경잡절158 【열다섯 수】

西京雜絶 【十五首】

주나라에 백마 타고 조회한 지159 천년이 지났건만　朝周白馬已千秋
양복의 누선160 닿은 물가 아직 남아 있네.　楊僕樓船尙有洲.
대동강 물 도도히 주야로 흐르는데　浿水湯湯流日夕
헌우초161 풀빛 사람을 수심에 젖게 하네.　薛芋艸色使人愁.

전하는 말에 석굴은 기린마 낳은 곳이요162　傳言石窟産麒麟

---

158 서경잡절(西京雜絶) : 『한객건연집』에는 같은 제목으로 제1·3·6·9·13수 등 5수와 함께 또 다른 시 1수가 수록되어 있다. 또 『箋註四家詩』에는 청나라 사람 李調元의 "성당인의 풍격이 있다.[有盛唐人風格.]", 潘庭筠의 "당음에 핍진해서 영탄을 그칠 수 없으니, 반드시 후세에 전해질 것이다. 여섯 수 모두 그러하다.[逼眞唐音咏歎不已, 必傳. 六首俱是.]"라는 評語가 붙어 있다.

159 주(周)나라에……지 : 殷나라 武王 때 조선에 봉해진 箕子가 周나라에 조회했다는 기록이 『史記』 卷38 「宋微子世家」에 보인다. 또 『詩經』 「周頌 有客」에 "객이여, 객이여, 백마를 타고 왔네.[有客有客, 亦白其馬.]"라는 구절이 있는데, 주나라에 의해 宋에 봉해진 微子가 주나라에 조회 가면서 백마를 타고 간 사실을 읊었다. 李瀷은 箕子 역시 周나라에 조회 갈 때 微子와 마찬가지로 백마를 타고 갔을 것으로 추측하였다(『星湖僿說』 卷3 「天地門 水根木幹」). 흰색은 은나라를 상징하는 색이다.

160 양복(楊僕)의 누선(樓船) : 양복은 漢나라 武帝 때의 장군이다. 南越이 반란을 일으켰을 때 樓船將軍에 임명되어 공을 세우고 將梁侯에 봉해졌다. 『史記』 卷115 「朝鮮列傳」에 의하면 元封 2년(B.C.109)에 누선장군 양복이 5만의 군사를 거느리고 齊 땅을 출발하여 발해를 건너 王儉城을 공격했다고 한다.

161 헌우초(薛芋艸) : 『한객건연집』에는 "『遼史』에 헌우초가 패수 가에 자란다고 하였다.[遼史, 薛芋生浿江上.]"라는 주석이 있다.

162 석굴은……곳이요 : 東明王의 사적을 읊었다. 석굴은 평양 대동강 가에 있는 麒麟窟을 가리킨다. 「이십일도회고시」 自註에 "기린굴은 평양부 九梯宮 안의 부벽루 아래에 있는데, 동명왕이 여기에서 기린마를 길렀다. 세간에 '동명왕이 기린마를 타고 이 굴로

『북사』에 수신에 대한 기록 분명하다네.[163]	北史分明記隧神.
횃불 든 어린 중 놀라 말하기를	持炬僧雛驚出語
선서[164]가 사람에게 마구 달려든다 하네.	有如仙鼠亂投人.
을밀대 서쪽으로 봄 햇살 기우는데	乙密臺西春日曛
선연동의 풀들 치맛자락마냥 곱구나.	嬋娟洞裏艸如裙.
가련하구나, 오늘 서쪽에서 노니는 나그네	可憐今日西游客
소소소의 무덤에서 또 애끊는 마음이라네.[165]	又斷情腸蘇小墳.
한가로이 노니는 자제들 버들그늘 속에서	游閒子弟柳陰中
술내기로 다투어 작은 각궁[166] 잡는구나.	賭飮爭持小角弓.

들어갔다가 땅속에서 朝天石으로 나와 승천하였다.'라고 전한다."라고 하였다.

163 『북사(北史)』에……분명하다네 : 隧神(襚神)은 고구려에서 숭배되었던 동굴의 신이다. 『三國史記』 卷32 「祭祀」에서 『後漢書』를 인용하여 "高句麗는 귀신과 사직과 영성에 제사 지내기를 좋아하였다. 10월에는 하늘에 제사 지내기 위하여 사람들이 많이 모였는데 이를 東盟이라 한다. 그 나라 동쪽에 큰 굴이 있는데 이를 수신이라 부른다. 역시 10월에 그 신을 맞이하는 제사를 지낸다."라고 하고, 또 『北史』를 인용하여 "고구려는 항상 10월에 하늘에 제사를 지냈는데, 淫祠가 많았다."라고 하였다. 동굴이 생명의 모태를 상징한다는 점에서 수신은 地母神이자 동명왕의 어머니인 柳花와 동일시되는 신격으로 여겨진다.

164 선서(仙鼠) : 박쥐의 별칭이다.

165 을밀대(乙密臺)……마음이라네 : 을밀대는 평양성 內城의 북쪽 將臺로 세워진 건물이다. 嬋娟洞은 평양성 七星門 밖에 있는 골짜기로, 평양 기생이 죽으면 모두 이곳에 묻혔다고 하여 붙여진 이름이다. 蘇小小는 南北朝 때 錢塘의 歌姬인데, 여기서는 기녀의 범칭으로 쓰였다. 『箋註四家詩』에는 "『한객건연집』 原註에, '을밀은 옛 仙人이다. 臺는 永明寺 남쪽에 있다. 嬋娟洞은 대의 서북쪽에 있으며, 즐비하게 늘어선 것은 다 고을 기생의 무덤이다.'라고 하였다. 살피건대 선연동은 七星門 밖에 있으며 기생이 죽으면 모두 이곳에 장사지냈다.[原註, 乙密古仙人也. 臺在永明寺南. 嬋娟洞在臺之西北, 纍纍皆府妓斜. 按嬋娟洞在七星門外, 妓死皆葬于此.]"라는 주석이 있다.

166 각궁(角弓) : 짐승의 뼈로 장식한 활이다.

이 풍속 어디서 유래했나 물어보니 借問此風何所自
소싯적 이름이 '주몽'인 동명성왕이라네.[167] 東明小號是朱蒙.

함구문 밖에 탄자 갖고 노는 아이 含毬門外挾彈兒
그 옛날 흥망의 일 전혀 알지 못한다네.[168] 終古興亡摠不知.
해는 지고 황폐한 성 꾀꼬리 보이지 않는데[169] 日落蕪城黃雀盡
기자궁 남쪽에서 기장만 무성히 자란 것 바라보네.[170] 箕宮南望黍離離.

배 깃발 나부끼며 성 밑에 모여드니 船旗獵獵聚城根

---

167 소싯적……동명성왕(東明聖王)이라네 : 朱蒙은 동명왕의 어릴 적 이름이다. 활 잘 쏘는 이를 善射라 하는데, 주몽은 善射者를 가리키는 夫餘語이다. 7세 때부터 弓矢를 自作하여 쏘면 백발백중이라 주몽이라고 일컬어졌다. 22세 때 沸流王과 활을 겨루는데, 100보 밖에 玉指環을 걸어두고 맞추었다는 일화가 전해진다.

168 함구문(含毬門)……못한다네 : 흥망의 일이란 고구려 제2대 왕인 琉璃王과 관련된 고사를 말한다. 함구문은 평양성 外城의 南門이다. 「이십일도회고시」 自註에 "유리왕은 휘가 類利이다. 처음 주몽이 부여에 있을 때 禮氏 여자와 혼인하매 태기가 있었다. 주몽이 떠나온 뒤에 아이를 낳았는데, 이가 유리이다. 그가 어릴 적에 언덕 위에 나가 놀면서 새를 쏘다가 잘못하여 물 긷던 부인의 물동이를 깨뜨리니, 부인이 이 아이는 아비가 없는 까닭에 이같이 억세고 사납다고 꾸짖었다."라고 하였다.

169 꾀꼬리 보이지 않는데 : 원문의 '黃雀盡'은 유리왕이 지은 「黃鳥歌」를 의식한 표현으로 보인다. 「이십일도회고시」 自註에, "유리왕은 두 부인을 두었는데, 한 사람은 禾姬로 鶻川人의 딸이고, 다른 한 사람은 雉姬로 漢人의 딸인데, 두 부인이 총애를 다투었다.……왕이 箕山으로 사냥을 나간 사이에 화희가 치희를 꾸짖기를 '너는 漢家의 婢妾인데 무례함이 어찌 그리 심하냐.' 하니, 치희는 부끄럽고 분하여 도망쳐 돌아갔다. 왕이 이를 듣고 말을 채찍질하여 쫓아갔으나 치희는 노하여 돌아오지 않았다. 왕이 이를 듣고 나무 아래에서 쉬다가 꾀꼬리가 날아 모여드는 것을 보고 느낀 바 있어 '훨훨 나는 꾀꼬리, 암수 서로 정답구나. 외로운 이내 몸은, 뉘와 함께 돌아갈꼬.[翩翩黃鳥, 雌雄相依. 念我之獨, 誰其與歸.]'라고 노래하였다."라고 하는 배경설화가 있다.

170 기자궁(箕子宮)……바라보네 : 기자궁은 그 옛터가 正陽門 밖에 있었다고 한다(『燃藜室記述』 別集 第19 「箕子朝鮮」). 기자가 주나라에 조회하러 가는 길에 은나라의 옛 궁궐터를 보니, 궁실은 이미 파괴되어 곡식이 자라고 있었다. 이에 고국의 멸망을 슬퍼하면서 지은 「麥秀歌」가 『史記』 卷38 「宋微子世家」에 실려 전한다.

이곳이 흡사 강남의 어느 마을인 듯. 此似江南何處村.
가을 지나 십 리 길에 연꽃 없어 아쉽지만 秋後恨無荷十里
대동문 이곳이 바로 용금문이로구나.[171] 大同門是湧金門.

저물녘 수문 동쪽에 물 긷는데 晩來汲水水門東
구부정히 지게 진 이 양쪽 물통에 드리우네. 擔子彎彎垂兩桶.
일찍이 이곳에 안동도독부[172] 있었기에 曾是安東都督府
지금까지 여전히 당풍이 남아 있구나. 至今猶自有唐風.

한 줄기 강 빛 푸르게 빛나는데 一路江光瑟瑟明
우거진 숲속에 말발굽 소리 경쾌하네. 葱蘢樹裏馬蹄輕.
진나라 현사는 다만 산음 길 사랑했지만[173] 晉賢只愛山陰道
장림 십 리 길[174]에 어찌 견주겠는가. 爭似長林十里行.

청류벽[175]에 불그스레 저녁 햇살 감도는데 淸流壁紫夕陽旋
전금문[176] 동쪽에서 홀로 뱃전에 기대었네. 轉錦門東獨倚舷.

171 대동문(大同門)……용금문(湧金門)이로구나 : '挹灝樓'라는 현판이 붙어 있는 大同門은 평양성 內城의 東門으로, 대동강 가에 있다. 용금문은 南宋의 行都인 臨安의 서쪽 성문으로, 西湖를 굽어보고 있다. 서호 연꽃은 유명한데, 柳泳의 「望海潮詞」에 "가을 내 계수나무 향기요, 십 리가 연꽃이로다.[三秋桂子, 十里荷花.]"라고 노래하였다.

172 안동도독부(安東都督府) : '安東都護府'를 말하는 듯하다. 안동도호부는 唐이 고구려를 멸한 후 평양에 설치하였다. 후에 고구려 부흥운동이 일어나자 옛 遼東城으로 옮겼으며, 다시 新城·平州·遼西로 옮겼다가 756년 이후 폐지되었다.

173 진(晉)나라……사랑했지만 : 山陰은 紹興府에 속한 晉나라 때의 고을이다. 산음에 사는 王徽之가 폭설이 내린 달 밝은 밤에 절경에 취하여 갑자기 배를 몰아 그의 친구 戴逵를 찾아갔던 고사가 있다(『世說新語』「任誕」).

174 장림(長林) 십 리 길 : 평양부 남쪽 栽松亭 주변의 솔숲을 말한다.

175 청류벽(淸流壁) : 평양 牡丹峯에 있는 긴 石壁이다.

짝지어 가는 행인 숲속에서 노래하고 兩兩行人歌樹裏
한 줄기 길이 실처럼 성천으로 뻗어 있네. 如絲一路走成川.

어린아이 떨이개 잡고 막 파리 쫓는데 小兒持拂正驅蠅
냉면과 삶은 돼지고기 값 오르기 시작하네. 冷麪蒸豚價始騰.
사월 초순이라 등시[177]도 파했기에 四月初旬燈市罷
가볍고 선명한 구란이 식단에 더해지네. 輕明鷗卵食單增.

느리고 빠른 풍악 속에 물결 거슬러 돌아오는데 凝絲急管溯洄歸
무람없이 눈길 던지는 미인 나란히 옷자락 깔고 앉았네. 偎皺紅娘僛坐衣.
이때 도리어 가까이 닿는 것 꺼려져서 此際倒嫌相襯切
누대 위에서 하염없이 바라보는 저 사람이 부럽다네. 羨他樓上望依依.

옅은 분에 가벼운 연지로 곱게 대충 단장하고 淺粉輕朱約畧粧
가뿐히 다만 예전 남색 치마 입었다네. 翛然只着舊藍裳.
영중 부중 안에서 부르는 전갈 없기에 營中府裏無呼喚
세마 타고 사뿐히 상당을 떠나네. 細馬捎捎去上堂.

채련곡 부르며 쪽머리 미인들 고개 숙이고 采蓮歌曲綠鬟低
관선이 넘실넘실 큰 방죽을 지나가네. 蕩漾官船過大堤.
절문에 이르자마자 나비처럼 흩어지매 初到寺門如蝶散

176 전금문(轉錦門) : 평양성 北城의 南門이다. 조선 시대에 청류벽 아래 대동강 뱃길과 연결되는 관문으로 사용되었다.

177 등시(燈市) : 사월초파일에 燈籠이 가득 켜진 저자를 이른다.

꽃 앞의 버들 너머에 일순간 어지럽네. 花前柳外一時迷.

물가 정자와 산 별업에서 하과[178]로 바쁜데 水檄山庄夏課忙
새로 지은 시 이십 운 금방 상자에 가득 찼다네. 新詩廿韻動盈箱.
만약에 평양의 선현전을 짓는다면 若修平壤先賢傳
첫 번째 올릴 사람은 황고집[179]이리라. 第一流人固執黃.

열수[180] 사이의 포의 두 사람 洌水之間二布衣
책 실은 배 출렁출렁 대동강 물은 짙네. 書船演漾浿流肥.
주인과 이별하며 거듭 사례하니 主人相別重重謝
홍주와 황연[181]에 실컷 취해 돌아가네. 紅酒黃烟醉飫歸.

번역 이현우

---

178 하과(夏課) : 여름철에 과거에 대비하여 詩賦를 익히는 공부를 이른다. 원래 고려 시대에 私學에서 실시한 여름철 교육 방법의 하나였는데, 오뉴월 사이의 50일 동안 절의 僧房을 빌려 門徒들을 합숙시켜 시부 짓기를 주로 하였다.

179 황고집(黃固執) : 조선 숙종 때 평양 출신의 黃順承을 말한다. 본관은 齊安, 자는 得運, 호는 執菴이다. 성품이 아주 강직하여 당시 사람들이 황고집이라 불렀다고 한다. 行義로 천거되어 敬陵參奉에 제수되었으며, 司䆃寺直長과 典牲署直長을 역임하였다(『陶菴集』 卷50 「直長執菴黃公行狀」).

180 열수(洌水) : 대동강의 고조선 때 이름이다. 烈水라고도 한다.

181 황연(黃烟) : 잎담배나 살담배를 말한다.

1-50

송경잡절【아홉 수】

松京雜絶【九首】

천문만호 모두 잿더미로 화했으나	門千戶萬揚成灰
넘치는 물, 쇠잔한 산에 봄은 또 오네.	剩水殘山春又來.
취적교 가로 답청하러 가고	吹笛橋邊踏靑去
예성강 가에 고기 잡고 돌아오네.[182]	禮成江上打魚回.

연로 희미해져 자줏빛 이끼 덮였어도	輦路依俙暗紫苔
행인들 모두 황폐한 대에 오르는 길임을 안다네.	行人盡解上荒臺.
누대 앞에서 어정어정 배회하며 떠나지 않음은	臺前倘不徘徊去
오직 송경에 산적 먹으러 왔기 때문이라네.[183]	只爲松京噉炙來.

182 취적교(吹笛橋)……돌아오네 : 『箋註四家詩』에, “『한객건연집』 原註에, ‘취적교는 개성부 서쪽에 있는데 옛날 신선이 피리를 불던 곳이라 하며, 예성강은 개성부 서쪽 30리에 있는데 송나라 사절단의 배가 이곳에 정박했기 때문에 그 맞이하는 예식이 이루어진 것을 이른 말이라고 한다.’라고 하였다. 살펴보건대 취적교는 지금 한양의 광통교와 같고, 속설로 전해오기를 고려의 전성기에는 인가가 조밀하였는데 매번 지방 수령이 출근할 때마다 하급 관리들이 그의 집을 찾지 못해 이곳에서 피리를 불어 알려주었다고 해서 다리 이름이 되었다고 한다. 예성강은 그 근원이 곡산 지역에서 시작해 나온다고 한다.[原註, 吹笛橋, 在開城府西, 古仙人吹笛處. 禮成江, 在開城府西三十里, 宋使船泊此, 謂其聘禮成也. 按吹笛橋, 猶今漢陽之廣通橋, 而俗傳高麗盛時, 人家稠密, 每守宰出, 官隸不知其家, 輒吹笛于此以通, 故名云. 禮成江, 源出谷山地云云.]”라는 주석이 있다.

183 오직……때문이라네 : 松都에 산적이 유명하였던 듯하다. 『靑莊館全書』 卷62 「西海旅言」 초5일 조에 다음과 같은 내용이 보인다. “말 역시 주저하는 듯하였으나, 나그네와 마부는 망국의 옛 도읍지를 지나며 슬퍼하는 뜻을 알지 못하고, 오로지 송도의 산적을 몇 꼬챙이쯤 먹을 수 있겠는가를 지껄일 뿐이었다.[馬亦爲之躑躅, 旅人僕夫, 不解歌禾咏麥, 只滿說松都散炙, 可嚼幾串.]”

맑은 시내 굽이굽이, 돌 삐쭉삐쭉　　清溪曲曲石嵯嵯
그 옛날 궁궐 속 완사계[184]임을 알겠네.　　知道宮中舊浣紗.
하얀 손 한 쌍 그 사람 떠나간 뒤로　　素手一雙人去後
몇 번이나 오열하며 새 물결로 바뀌었던고.　　幾番嗚咽換新波.

푸르고 푸름 오랜 세월 몇 사람이나 보았는가　　蒼蒼終古幾人看
한 조각 우뚝 솟은 촉막산[185]이라네.　　一片嵯峨蜀莫山.
요·송·금·원·명의 사신들　　遼宋金元明使者
지금에 차례대로 떠올리니 안광이 시려오네.　　於今次第眼光寒.

달호와 응방[186]은 덩굴 풀 속에 묻혔고　　獺戶鷹房蔓艸中
송상과 몽사는 연기처럼 허공 속에 사라졌네.　　宋商蒙使趁烟空.
가련토다 제국장공주[187]여　　可憐齊國長公主
패옥 소리 죽판궁[188]에 잠기었지.　　環佩聲沈竹坂宮.

---

184 완사계(浣紗溪) : 중국 浙江省 會稽縣 동남쪽에 있는 시내 이름인데, 춘추 시대 월나라의 미녀 西施가 그곳에서 빨래를 하였다 하여, 아름다운 여인들이 모여 노니는 물가를 뜻하는 말로 쓰인다. 여기서는 궁인들이 빨래하던 터를 가리킨다.

185 촉막산(蜀莫山) : 경기도 개성시와 개풍군에 걸쳐 있는 松岳山의 이칭이다. 扶蘇岬·鵠嶺·文崧山·神嵩·蜀幕 등으로도 불리는데, 신숭과 촉막은 『宋史』 卷487 「外國列傳 高麗」에 전거한 이름이다.

186 달호(獺戶)와 응방(鷹房) : 달호는 공물로 바칠 수달을 잡는 民戶이고, 응방은 매의 사육과 사냥을 맡은 관서로, 몽고의 매 요구에 대한 대책으로 설치되었다.

187 제국장공주(齊國長公主) : 齊國大長公主(1259~1297)를 가리킨다. 고려 忠烈王의 비이며, 忠宣王의 어머니이다. 중국 元나라 世祖의 막내딸로 원래 이름은 忽都魯揭里迷失이다. 죽은 뒤 원나라 成宗 때 安平公主에, 武宗 때 제국대장공주에 추봉되었다.

188 죽판궁(竹坂宮) : 고려 무인 집권기에 崔忠獻이 開京 竹坂洞에 지은 집을 가리킨다. 『고려사절요』 권15 「高宗安孝大王二」 정축 4년(1217) 조에 다음과 같은 내용이 보인다. “여름 4월에 왕이 竹坂宮으로 옮기었는데, 이 집은 충헌이 세운 것이었다. 이 때 술사가 말하기를, ‘松山(松岳)은 王氣가 다하려 하니, 마땅히 별궁으로 옮겨서 액을

저물녘 나무꾼 청석동에서 돌아오는데	晩樵靑石洞中歸
차가운 산 풀피리 소리 처량하고 구슬퍼라.[189]	凄咽寒山艸葉吹.
그 당시 밤에 사냥 끝낸 뒤	猶似當年宵獵罷
봉가이의 한 줄기 호적소리와 흡사하구나.[190]	一聲胡笛鳳加伊.

진홍 치마 붉은 저고리 매우 수수한데	茜裠紅袖太憨憨
짐 꾸리고 행전 차니 반쯤 남자의 모습이네.	裝束行纏半學男.
그릇되게 상인 따라 부인 노릇하는 처지라[191]	誤與商人持作婦
누각 안에서 밤마다 강남을 꿈꾼다오.	樓中夜夜夢江南.

풀어내야 한다.' 하여, 이를 따랐다.[夏四月, 移御竹坂宮, 乃忠獻所營也. 時術士云: 松山, 王氣將盡, 宜御別宮, 以禳之. 從之.]"

189 저물녘……구슬퍼라 : 靑石洞은 개성에서 평양으로 가는 길에 있다. 좌우의 산줄기가 험준한 협곡을 이룬 곳으로 북쪽을 방어하는 매우 중요한 요새였다. 『雅亭遺稿』 卷3 「癸巳春遊記」에 다음과 같은 내용이 보인다. "저녁에 靑石洞에서 잠을 잤다.……연암과 영재 두 분과 함께 길거리로 놀러 나오니 어떤 노인이 가야금을 타고 또 奚琴을 뜯으면서 노래를 잘 부른다. 다시 입을 오므려 잎피리를 불자 소리가 웅장하고 구슬퍼 바위와 숲을 메아리친다."

190 그……흡사하구나 : 鳳加伊는 고려 후기의 寵姬로 禑王의 총애를 받았던 9妃 3翁主의 한 사람이다. 賤隷 출신으로 권신 李仁任의 여종에게서 태어났다. 禑王이 이인임의 私第에 들렀을 때부터 총애를 받기 시작하여 1385년 개인의 여종으로서는 처음으로 肅寧翁主로 책봉되었다. 『東史綱目』 16 「丙寅十二年」 조에 다음과 같은 내용이 보인다. "西海道에 사냥하였다. 肅寧翁主·궁녀·기생들은 모두 남복을 하고 따랐고, 禑가 鳳加伊와 고삐를 나란히 잡고 말을 달렸다. 우는 스스로 笛을 불고, 부녀와 환관들은 노래를 불렀는데, 밤낮으로 그치지 아니하여 供費가 몇 만 냥이나 되므로 州郡이 떠들썩하였다."

191 그릇되게……처지라 : 원래는 기생이었는데, 장사꾼의 아내[商婦]가 된 여인을 가리킨다. 당나라 白居易가 潯陽에 귀양 가 있을 때, 潯陽江에서 비파소리를 들었다. 비파 타는 여인은 長安의 기생으로 商人에게 시집와서 남편이 장사하러 간 사이에 비파로 시름을 하소연하는 것이었다. 백거이는 여인의 비파 타는 소리를 듣고 「琵琶行」이란 시를 지어 주었다.

사랑스런 그대 한 쌍 댕기 한 자나 드리우고 오니 愛儂雙綬尺來垂
흡사 밭 가운데 흰 해오라기보다도 나은 듯. 洽過田中白鷺鷥.
한식날 성묘 가느라 쓴 삿갓 작은지라 寒食歸寧籉笠小
황폐한 성 성근 비조차 가리지 못하겠네.[192] 蕪城踈雨不禁吹.

딸랑딸랑 말방울소리 큰 길에 가득하고 郎當征鐸滿通衢
객점에 새벽닭 꼬끼오 운다네. 店舍晨鷄喔喔呼.
오정문[193] 동쪽 등불 그림자 어지러운데 午正門東燈影亂
어린 아이들 담바고[194] 사라 외치네. 小兒叫賣澹婆姑.

192 사랑스런……못하겠네 : 『한객건연집』에, “개성 여자들은 모두 삿갓[籉笠]을 썼고, 머리의 댕기가 특히 길었다.[松京女子, 皆戴籉笠, 髻綬特長.]”라는 주석이 있다.

193 오정문(午正門) : 개성시 勝戰洞에 있는 옛 성문터를 가리킨다. 개성 옛 성의 서쪽 대문으로 성문 가운데서 가장 크고 화려했다고 한다.

194 담바고[澹婆姑] : 『箋註四家詩』에, “『한객건연집』 原註에, ‘세속에서 담배를 담파고라고 한다.’라고 하였다. 살펴보건대 본래는 여송국에서 생산된 것으로 이름은 남령초이다. 처음에는 장주 사람이 해외에서 가져와 민 지방에 심었기 때문에 남초라 하였다. 요여로의 글에 ‘여송국에 풀이 있는데 이름을 담파고라고도 하고, 금록훈이라고도 하였다. 연기가 대롱 구멍을 따라 목구멍에 들어와 사람을 취하게 할 수도 있고, 또 남쪽 지방의 습기를 피할 수도 있으며 즙을 짜서 머리의 이를 죽이기도 한다.’라고 하였다.[原註, 俗號煙茶爲淡婆姑. 按本出於呂宋國, 名南靈草. 始漳州人, 自海外携來, 種於閩中, 故謂之南草. 姚旅露書, 呂宋國有草, 名淡巴菰, 一名金綠薰, 煙氣從管中入喉, 能令人醉, 亦辟瘴氣, 搗汁以毒頭虱.]”라는 주석이 있다.

1-51

반가운 비

喜雨

계사년(1773, 영조 49) 여름 가뭄이 들자 성상께서 찬을 줄이고 죄인을 풀어주며 단비가 내리기를 치성했다. 어가가 남쪽 교외에 거둥하여 농사일을 살펴보았는데 이튿날 아침 가랑비가 베 짜듯 쉼 없이 내렸다.

癸巳夏旱, 聖上減膳疏囚致甘澍. 駕幸南郊觀稼, 翌朝輕霏如織.

여름 이르도록 비가 안 와 고통 받으니	徂夏苦其雨
들판은 풀 한 포기 없이 참담하다네.	平原慘不毛.
늦게 옮겨 심은 모 어찌 푸를 것이며	晩秧焉用綠
밀밭도 물결치지 못하네.	小麥不能濤.
거리의 쌀값 처음에 저자에서 뛰어오르더니	街米初翔市
강가의 조운선 다시 묶여있네.	江租更滯艘.
고관들은 짐짓 근심하는 척하고	達官佯示慽
곤궁한 마을에선 이에 소요가 일어나네.	窮巷故相騷.
우선 재앙을 경계하는 말 내리고	暫以災祲警
실제로는 소의간식[195]의 노력을 더했다네.	實增宵旰勞.
진귀한 어찬 선재[196]에게 물리게 하고	珍飧却膳宰

195 소의간식(宵衣旰食) : 원문은 '宵旰'이다. 날이 새기 전에 일어나 옷을 입고 해가 진 뒤에야 늦게 저녁을 먹는다는 宵衣旰食의 준말로, 임금이 나라를 걱정하며 政事에 부지런한 것을 말한다.

가벼운 죄인 고요처럼 풀어주네.[197]	輕罪貸皐陶.
용에게 채찍질하는 위엄[198] 보이지 않았는데	龍未威鞭朴
귀신이 희생의 제물 먼저 흠향했네.	神先飫牲牢.
기괴한 구름 학 날개처럼 드리우더니	怪雲垂鶴翅
신령스러운 빗방울 청총마 기세[199]로 흩뿌리네.	神雨灑驄豪.
파초 잎에 점점이 떨어져 콩 볶는 소리처럼 들리고	蕉點聆疑炒
먼지 푸석푸석 일어남에 심한 누린내 느껴지네.	塵鬆臭劇臊.
어리석은 나방 시든 잎에 달라붙고	癡蛾挂晩葉
한기든 참새 우거진 쑥대 속으로 피하네.	寒雀避深蒿.
고인 물 거리에 흘러들고	停潦湛街巷
작은 물결 도랑에 찰랑거리네.	微波漾塹濠.
우의는 아전 만나 빼앗기고	雨衣遭吏褫
놓아둔 농기구 아이 시켜 가져오게 하네.	遺鐵任兒撈.
구름처럼 모여 호미 괭이 드니	雲集擧鋤鎛
새벽녘에 우모가 출행하네.[200]	星言出羽旄.

196 선제(膳宰) : 임금의 御膳을 맡은 관리를 가리킨다.

197 고요(皐陶)처럼 풀어주네 : 『書經』「虞書 大禹謨」에 "죄가 의심스러울 경우에는 가벼운 쪽으로 처벌하고, 공이 의심스러울 경우에는 중한 쪽으로 상을 준다.[罪疑惟輕, 功疑惟重.]"라고 하였는데, 범관인 皐陶가 舜임금의 好生之德을 찬양한 데서 나온 말이다.

198 용에게 채찍질하는 위엄 : 五方土龍祭를 가리킨다. 오방토룡제는 기우제를 열한 번 지내도 비가 오지 않을 때 열두 번째로 지내는 제사이다. 정3품을 祭官으로 삼고 흙으로 용을 만들어 동서남북 사방과 중앙의 길 위에 놓고 용을 채찍질하여 제사 지냈다.

199 청총마(靑驄馬) 기세 : 세차게 비가 내린다는 말이다. 청총마는 푸른색과 흰색의 빛깔이 뒤섞여 있는 말로, 御史나 守令들이 타는 말을 뜻한다.

200 새벽녘에 우모(羽旄)가 출행하네 : 우모는 깃털로 된 儀仗으로 임금의 행차를 가리킨다. 『詩經』「鄘風 定之方中」에 "단비가 이미 내리거늘 저 관인을 명하여 별을 보고 일찍 수레를 몰아 桑田에 멈추네.[靈雨旣零, 命彼倌人, 星言夙駕, 說於桑田.]"라고 하였다. 이 구절은 文公이 새벽에 일어나 어가를 준비하게 하고, 가서 위로하고 권면한 사실을 노래한 것이다.

『시경』에는 가뭄을 걱정하여 지은 것이 있고	周詩閔旱作
한나라 법률에서는 경작에 힘쓰는 것 포상하였네.[201]	漢律力田褒.
시원한 꿈결 개구리 떼와 통하고	凉夢通蛙部
새벽녘 빗소리 말구유에 뒤섞이네.	晨聲雜馬槽.
처마 흔적으로 물 흐른 지 오래됨을 알겠더니	簷痕認舊注
모래 위에 새 빗방울 사랑스럽네.	沙色愛新淘.
담장의 이끼 살며시 옮겨가 덮었고	墻蘚暗移蝕
섬돌 위의 난초 고요히 이슬 맺혀 윤기 나네.	堦蘭靜結膏.
정적 속에 무르익은 살구 떨어지고	幽翛墜爛杏
물안개 사이에 털복숭아 젖어 있네.	霏靄濕毛桃.
잎사귀 적실 땐 소리 작게 들리더니	瀉葉聞猶小
담을 타고 흐를 땐 오히려 높아 보이네.	依垣見乃高.
뿜을 때는 응당 가늘기 어렵거늘	噴應難許細
실 같은 빗줄기는 과연 누가 뽑아낸 것인지.	絲是果誰繅.
비치는 해와 어지러이 서로 얽히기도 하고	映日紛相織
이리저리 부는 바람에 다시 휘감기네.	縈風却被綯.
꾀꼬리 한가로이 나란히 앉아있고	栗留閒並坐
하루살이 이리저리 떼 지어 노네.	渠略恣羣遨.
아이는 좋아라 생지를 두드리고	兒好搗生紙
아내는 이불 적셔 빨래할 일 생각하네.	妻思潤澣袍.
기쁨이 온 왕도 안에 솟아오르기에	喜騰輦轂下
공손히 부드러운 붓으로 시를 짓네.	恭賦吮柔毫.

201 한(漢)나라……포상하였네 : 한나라 때 농업을 장려한 제도를 지칭한다. 예컨대 力田科는 관리 임용 제도로 농업을 장려하기 위해 경작에 힘쓰는 사람을 천거하여 관리로 삼고 부역을 면제해 주었다(『漢書』「食貨志」).

1-52

중하에 강산의 관에 머물면서 잇달아 잡체시를 짓다【열 수】

仲夏留薑山館中 聯賦雜體【十首】

먼 산봉우리 개인 하늘 비단 창에 푸르고　遙峯霽色綺疏青
온종일 마음 모아 작은 정자에 앉아있네.　鎭日凝情坐小亭.
달팽이 비 내린 난간으로 올라가니 은빛 절로 빛나고
蝸上雨欄銀自耀
좀벌레 책 더미 속으로 달아나니 종이 가루 조금씩 떨어지네.
蟫逋午卷粉微零.
꽃이 한창 조용히 피었으니 누가 볼 것이며　花方暗展云誰見
새가 어찌 진실로 말하랴마는 나에게는 들리는 듯.　禽豈眞言在我聽.
술에 흠뻑 취하면 본래 흥취 사라지고　酒到沈酣元沒趣
「주관」[202]의 은미한 뜻이 부평초 같음을 깨닫네.　周官微意悟浮萍.

나는 용 같은 성품이라 푸른 하늘 사랑하고[203]　我如龍性愛空青
장마 뒤라 나무 빛깔 윤기 띤 채 정자로 들어오네.　樹色經霖潤赴亭.
옛 책 열 권을 차 마신 뒤에 펼지니　古卷十弓茶後展
고운 꽃 몇 조각 꿈속에 떨어지네.　閒花數片夢中零.
한가히 거처함에 참새가 문도됨을 보게 되고　閒居雀可門徒視

---

202 「주관(周官)」: 『서경』의 편명으로 주나라의 관직 제도를 기록한 것이다. 여기서는 벼슬길에 나아가는 것을 말한다.

203 나는……사랑하고 : 송나라 때 錢易가 지은 『南部新書』에 "용의 성품은 거칠고 사납다. 蜜蠟을 두려워하고, 대나무와 푸른 하늘을 사랑한다.[龍性麁猛, 畏蠟, 愛竹及空青.]"라는 구절이 있다.

유쾌할 땐 개구리 울음소리 양부의 가락처럼 듣는다.[204]
快事蛙當鼓部聽.

개울가 집 은근히 서늘해도 여름 가까워오니　　澗戶微凉槐夏近
유유한 자연의 변화에 버들개지 부평초되네.　　悠悠物化絮爲萍.

시를 지을 땐 소서[205]를 종지로 삼고　　爲詩宗小序
예를 익혀 어버이 사랑하네.　　讀禮愛高堂.
아름다운 이야기로 여름 더위 보내고　　佳話消庚暑
나지막이 시 읊조리며 저녁 서늘함을 좇네.　　微吟趁夕凉.
자운은 적막을 달게 여겼고[206]　　子雲甘寂寞
계포는 애써 이름 알리는 것 싫어했네.[207]　　季布厭悠揚.
벼루 북쪽에 파리가 잠깐 오고　　硯北蠅來乍
주렴 남쪽에 제비가 길게 지나가네.　　簾南燕度長.
유유자적 한가로이 지내노라니　　優游聊復爾
저술하는 일 감히 마땅하다고 말하랴.　　述作敢云當.

---

204 개구리……듣는다 : 『南齊書』 卷48 「孔稚珪列傳」에 "南齊의 孔稚珪는 성품이 疏放하여 집 뜰에 풀이 무성히 자라 개구리가 울어 댈 정도였다. 이에 어떤 사람이 '陳蕃을 본받고자 하는가?' 하고 묻자, 공치규가 '나는 이 개구리 울음으로써 兩部鼓吹를 삼으려 한다. 하필 진번을 본받겠는가.'[我以此當兩部鼓吹, 何必期效仲擧.]"라고 하였다. '양부고취'란 앉아서 음악을 연주하는 坐部와 서서 음악을 연주하는 立部의 악기를 통틀어서 연주하는 것으로서 기세가 성대한 음악을 뜻한다.

205 소서(小序) : 『시경』의 각 편 머리에 붙인 서문이다. 大序와 小序의 구별이 있다.

206 자운(子雲)은……여겼고 : 자운은 한나라 문장가인 揚雄의 자이다. 양웅의 「解嘲」에 "적막이야말로 덕을 지키는 집이 된다.[惟寂惟寞, 守德之宅.]"는 말이 보이고, 「解難」에도 "적막을 주인으로 삼는다.[寂寞爲尸.]"는 말이 보인다(『漢書』 卷87 「揚雄傳」).

207 계포(季布)는……싫어했네 : 계포가 사람들에게 두터운 신망을 받았음을 말한다. 曹丘가 계포에게 말하기를 "황금 100근을 얻는 것이 계포의 승낙을 한 번 얻는 것만 못하다.[得黃金百斤, 不如得季布一諾.]라고 하였으니, 족하는 어떻게 이러한 명성을 양초 지역에서 얻으셨소?"라고 한 데서 온 말이다(『史記』 卷100 「季布列傳」).

땅 가득 홰나무 꽃 떨어지고 　 滿地槐花落
번갈아드는 바람에 혜초 잎 빛나네. 　 翻風蕙葉光.
평소 마음은 성현의 서적 궁구하는 것이지 　 素心究墳典
기상[208]에 기록되기를 원하지 않았네. 　 不願記旂常.
서로 헤어진 지 사흘이 넘었는데[209] 　 相別非三日
여전히 담을 마주 대한 듯 부끄럽네.[210] 　 猶慙似面墻.

한번 돌아갈 날 생각해 보니 　 試爲歸日想
말없이 벌써 애틋해지네. 　 無語早依依.
글씨 자국에 정해진 약속 담겨있고 　 書滴含潮信
담황색 주렴에 석양빛이 반쯤 걸렸네. 　 緗簾半夕暉.
어린 대나무 어제 옮겨 심은 것이요[211] 　 竹娟經昨醉
어린 새는 처음 나는 것 익히네. 　 禽嫩習初飛.
저물녘 원추리 꽃 핀 길을 거니는데 　 晚步萱花逕

---

208 기상(旂常) : 交龍을 그린 기를 '旂'라 하고, 해와 달을 그린 기를 '常'이라 한다. 또한 나라에 勳功 있는 사람의 이름도 기에다 쓴다.

209 서로……넘었는데 : 삼국 시대 吳나라 魯肅이 呂蒙의 등을 두드리면서 학식이 몰라보게 진보했다고 칭찬하자, 여몽이 "선비는 사흘만 헤어져 있어도 눈을 씻고 다시 보게 되는 법이다.[士別三日, 卽更刮目相待.]"라고 대답한 고사를 가리킨다(『三國志』 卷54 「吳書 呂蒙傳」).

210 여전히……부끄럽네 : 학문을 하지 않으면 담장을 마주하고 선 것처럼 눈앞이 꽉 막혀 아무런 이치도 알지 못한다는 뜻이다. 공자가 아들 伯魚에게 "너는 周南과 召南을 배웠느냐? 사람으로서 주남과 소남을 배우지 않으면 마치 담장을 마주하고 선 것 같다.[女爲周南召南矣乎. 人而不爲周南召南, 其猶正牆面而立也與.]"라고 한 데서 온 말이다(『論語』 「陽貨」).

211 어린……것이요 : 竹醉日에 대나무를 옮겨 심은 것을 가리키는 듯하다. 송나라 范致明의 「岳陽風土記」에 "5월 13일은 이른바 龍生日로 대나무를 심기에 알맞으니, 『齊民要術』에서 이른바 죽취일이다.[五月十三日謂之龍生日, 可種竹, 齊民要術所謂竹醉日也.]"라고 하였다.

향기 열어 나비 또한 드무네.　香殘蝶亦稀.

흰 꿩 마주하여 춤추는 모습 매우 좋고　白鷴對舞殊好
노랑나비 짝지어 나는 자태 몹시 경쾌하네.　黃蝶雙飛許輕.
장맛비[212] 서늘하여 꿈이 깨니　梅雨凄凄夢斷
보릿가을[213] 날마다 시름 자아내네.　麥秋日日愁生.

원추리 잎 무거운 이슬에 옹긋쫑긋 하고　萱葉紛披露重
회향은 가벼운 바람에 잔다랗게 떨어지네.　茴香細墜風輕.
홀연 삼경의 구중[214]처럼　忽似三逕求仲
다시 동쪽 이웃 이생을 맞이하네.　更邀東隣李生.

훈풍[215] 부는 5월 보름이나 지났고　薰風五月半
홰나무 꽃 우물 난간을 덮었네.　槐花覆井欄.
낮 꿈 깨우는 이 없는데　午夢無人撼
이따금 새소리와 더불어 까무룩 거리네.　時與鳥聲殘.

시름 속에 단옷날 지내는데　愁裏端陽過
접시꽃 이미 울타리를 굽어보네.　茙葵已瞰欄.
투호하는 한낮 고요하고　投壺白日靜

---

212 장맛비 : 원문의 '梅雨'는 매실이 누렇게 익는 계절인 초여름에 내리는 긴 장맛비를 가리킨다.

213 보릿가을 : 원문의 '麥秋'는 보리가 익는 계절인 음력 4~5월을 가리킨다.

214 삼경(三逕)의 구중(求仲) : 三逕은 隱者의 처소를 가리키고, 求仲은 한나라 때의 隱士이다. 漢나라 때 은사인 蔣詡가 자기 집 대나무 밑에 세 오솔길[三逕]을 내놓고, 친구인 求仲과 羊仲 두 사람하고만 서로 종유했던 고사에서 유래하였다(『三輔決錄』「逃名」).

215 훈풍(薰風) : 첫여름에 부는 훈훈한 동남풍이라는 뜻으로, 음력 5월을 달리 부르는 말이다.

높은 누각의 화살 소리 들릴락 말락.　高閣矢聲殘.

한 쌍의 학 한적한 뜰에서 춤추는 모습 어여쁜데　可憐雙鶴舞閒庭
우뚝 솟은 아름다운 나무에 한낮에 해 걸려있네.　好樹亭亭白日停.
장맛비 성글어져도 돌아가지 못하니　梅雨踈時歸未得
텅 빈 서재 이끼 빛은 푸른 구리녹[216]과 같으리.　空齋苔色似銅青.

나푼나푼 또다시 나푼나푼　翩翩復翩翩
그대와 더불어 서로 오간다네.　與君相往還.
내 시는 맑고도 곱고　我詩淸以婉
그대 글씨는 아름답고 우아하다네.　君筆都且閒.
들짐승 중에는 공공이 있고　獸亦有蛩蛩
날짐승 중에는 만만이 있다네.[217]　鳥亦有蠻蠻.
원컨대 저 둘처럼 짝지어 다니며　願得比二者
우주 사이를 소요할 수 있었으면.　消遙宇宙間.

216 푸른 구리녹 : 원문의 '銅青'은 '銅綠'이라고도 하는데, 구리가 酸化하여 겉에 녹색으로 돋는 물질을 말한다.

217 들짐승……있다네 : 서로 의지하는 동무가 있음을 말한다. 蛩蛩은 蛩蛩巨虛라는 잘 달리는 짐승이다. 『淮南子』「道應訓」에 "북방에 짐승이 있는데 그 이름은 蹷이다. 앞발은 쥐처럼 짧고 뒷발은 토끼처럼 길어서 빨리 걸으면 넘어지고 달리면 뒤집어진다. 늘 공공거허를 위하여 감초를 가져다주는데, 궐에게 위협이 있을 때마다 공공거허가 짊어지고 달아난다.[北方有獸, 其名曰蹷, 鼠前而菟後, 趨則頓, 走則顚, 常爲蛩蛩駏驉, 取甘草以與之, 蹷有患害, 蛩蛩駏驉必負而走.]"라는 내용이 보인다. 蠻蠻은 황하 서쪽의 崇吾山에 사는 새이다. 물오리와 같은 모양인데, 눈과 날개가 하나밖에 없어서 한 쌍이 합쳐야 날 수 있다(『山海經』「西山經」).

1-53

몽답정[218]에서 더위를 피하다

避暑夢踏亭

소요하노라니 해 저물어	消搖白日晩
푸른 연잎에 바람 서늘하네.	蕭散綠荷風.
나는 새 연못을 반으로 가르고	度鳥分塘半
노니는 물고기 연잎 동쪽에 있네.[219]	游魚在葉東.
저녁 이내 기이한 빛 발하고	夕嵐揚異彩
관각은 옅은 붉은색 드러내네.	官閣露微紅.
저 멀리 옷 입은 모습 보이더니	遠遠生衣色
사람들 푸른 숲 속으로 돌아가네.	人歸碧樹中.

번역 전수경

218 몽답정(夢踏亭) : 조선 영조 때 訓將 金聖應이 지은 작은 정자이다. 昌德宮 북쪽 北營에 위치하였는데, 주변에는 연못이 있어 경치가 빼어났던 곳이었다. 현재는 '夢踏亭'이라고 석각으로 새겨진 돌이 남아있다. 『영조실록』 35년(1759) 2월 3일 기사에, "訓將金聖應이 北營에 작은 정자를 한 채 지었는데, 내가 大報壇에서 바라보고 이름을 夢踏亭이라고 내려주었으니 이를 걸게 하라.[訓將金聖應, 於北營作一小亭, 予於大報壇望見, 賜號夢踏亭, 以揭之矣.]"는 내용이 보인다.

219 노니는……있네 : 前漢 때 古詩인 「江南」에 "물고기가 연 이파리 동쪽서 놀고, 물고기가 연 이파리 서쪽서 노네.[魚戲蓮葉東, 魚戲蓮葉西.]"라고 하였다.

1-54

「적간관연가」를 지어 잠부에게 주다[220]

赤間關硯歌贈潛夫

돌이 있어 돌이 있어 有石有石
왜의 산에서 난다네. 出於倭中之山.
재질은 차거[221]와 같고 質如硨磲
빛깔은 마간석[222]과 같다네. 色如馬肝.
왜의 공인이 산에 들어가 倭工入山
울퉁불퉁하지 않은 곧은 돌 캐어 내어 伐取其貞不頑.
표면을 대략 갈고 그 이마 오목하게 파내니 略礱其面窪其額
돌에 박힌 무늬는 작은 고리와도 같아라. 暈如肉小之環.
방합과 강요주[223]를 조각해 새기고 刻成蚌蛤江瑤柱
솟아난 물결 골짝을 이뤄 둥글게 흐르게 했네. 周以洶湧澒洞瀾.
지난날 조선 사신 가벼운 배 타고 갔던 일 생각나니 憶昔三韓使者乘輕舸
하늘가에 물결은 넘실넘실 출렁출렁거렸지. 溶溶漾漾天際間.
백금을 주고 비전[224] 저자에서 사 百金買此肥前市

220 「적간관연가(赤間關硯歌)」를……주다 : 일본에서 들여온 벼루에 대해 읊은 노래이다. 적간관은 일본의 지명으로 지금의 시모노세키 부근이다. 이곳에서 나는 벼루가 이름났는바, 李裕元의 『林下筆記』 「東方器物」조에 기록이 보인다. 潛夫는 李書九의 사촌 아우인 李鼎九로 잠부는 그의 자이다.

221 차거(硨磲) : 西域에서 생산되는 玉 종류의 돌이다.

222 마간석(馬肝石) : 벼루를 만드는 데 쓰는 붉은 빛깔의 돌을 말한다.

223 방합(蚌蛤)과 강요주(江瑤柱) : 방합은 민물조개이고, 강요주는 꼬막을 말한다.

224 비전(肥前) : 일본 규슈의 사가현 지역을 말한다. 통신사 일행이 지나가던 지역의 하나

파도치는 만 리 길 탈 없이 돌아왔네.	波程萬里無恙還.
무슨 인연으로 내 친구의 수중에 들어와	緣何落在故人手
동그라니 궤석 서안 사이에 오래 놓여있는가.	團團長置几案間.
내가 보고 그걸 갖고 싶어 하자	我見欲有之
친구는 몹시 곤란한 안색 보이네.	故人頗色難.
미불은 옷소매에 벼루 감춘 적 있고225	米顚藏衣袖
동파는 벼루 바닥에 침 뱉기도 했었지.226	東坡唾硯顔.
옛사람도 이랬거늘 나야 하물며 어떠리	古人如此何況我
휙 낚아채 뛰어가다 걸음 비틀거렸네.	攫取而走步蹣跚.
이 벼루 색깔 이미 붉은데	此硯色旣赤
이를 얻기도 이처럼 어렵기에	所以得之如是艱
적간관이란 그 이름 괴이할 것 없도다.	無怪其名赤間關.

이다.

225 미불(米芾)은……있고 : 원문의 '米顚'은 송나라의 서화가 米芾의 별칭으로, '미치광이 미불'이라는 의미이다. 벼루에 특별한 취향이 있어 『硯史』라는 책을 짓기도 하였다. 徽宗 때 書學博士가 되었는데, 휘종이 미불을 불러 御榻에 놓인 端溪硯으로 글씨를 쓰게 하였는데, 글씨를 쓴 뒤 미불이 휘종에게 단계연을 하사해 줄 것을 청하여 허락을 받자 단계연을 품고 달려가니 남아있던 먹물이 도포의 소매를 적셨다는 고사가 전한다(『春渚記聞』 卷7 「米元章遭遇」).

226 동파(東坡)는……했었지 : 宋나라 周穜은 米芾과 친했는데 어느 날 미불이 벼루 하나를 자랑하자 주동이 그 벼루를 감상하다가 물 대신 침을 뱉어 먹을 갈았고 이에 미불이 벼루가 더러워졌다면서 주동에게 벼루를 주었다는 고사가 周煇의 『淸波雜志』 卷5에 보인다. 주휘는 주동의 증손자인데, 『청파잡지』의 위 일화 마지막에, "침을 뱉은 일은 吳虎臣의 『漫錄』에 東坡의 일로 잘못 기록되어 있다.[唾硯事, 吳虎臣漫錄, 誤書爲東坡.]"라는 기록이 붙어 있다. 오호신은 송나라 吳曾으로 호신은 그의 자이며, 『만록』은 오증의 『能改齋漫錄』을 말하는데, 『능개재만록』에서 蘇軾이 벼루에 침을 뱉은 일화는 찾지 못했다.

1-55

강산과 함께 「반가운 비」 시의 운을 나누어 차운하다[227] 【세 수】

同薑山分次喜雨韻 【三首】

문 한가로워 돌에 이끼 자라고	門閒長石髮
너럭바위 석양빛 물가 수초 위로 오르네.	盤晩上溪毛.
숨은 해에 천뢰 소리 들리고[228]	隱日聞天籟
앓은 뒤라 초 땅의 파도 떠오르네.[229]	痾餘憶楚濤.
거미는 고기 잡듯 날아올라 그물을 짜고	蛛漁飛設網
개미는 먹이 나르는 양 흙에서 배를 띄우네.	螘餉陸行艘.
『이아』 참고하며 한가로이 물고기·벌레 주석하고[230]	閒註蟲魚雅
원망 실어 「이소」의 향초를 읊조리네.[231]	怨吟香艸騷.
발 내리니 정신이 잠시 편안해지고	下簾神暫逸
부채 부치며 그 일이 수고롭다 말하네.	搖扇事云勞.
때때로 다시 그대와 함께 했던 자리 떠올리니	時復懷君坐
멀리 떨어져 마음에 절로 울기 맺히네.	遐心自鬱陶.

227 강산(薑山)과…… 차운하다 : 「반가운 비[喜雨]」는 앞의 1-51번 시를 말한다. 앞의 시는 5언 36구로 되어 있는데, 여기서는 5언 12구의 시 3수로 차운하였다.

228 숨은……들리고 : 天籟는 자연의 소리를 말한다. 『莊子』「齊物論」에 "네가 지뢰는 들었으나 천뢰는 듣지 못했다.[女聞地籟, 未聞天籟矣.]"라는 구절이 보인다.

229 앓은……떠오르네 : 미상이다.

230 『이아(爾雅)』……주석하고 : 『이아』는 13경의 하나인데, 물고기·벌레 등에 관한 훈고·주석이 실려 있다.

231 원망……읊조리네 : 초나라 屈原은 「離騷」에서 여러 향초를 들어 자신의 고결함을 노래하였다.

높의 의기 형제보다 낫고　　高義邁同袍
친밀한 즐거움 부부[232]보다 더했지.　　密歡逾共牢.
투호할 때 반드시 예로써 하였고　　投壺必以禮
술잔 치켜들면 호기롭다 말할 만했네.　　揚觶已云豪.
여름 과일로 씻은 복숭아[233]를 먹고　　夏果嘗桃膽
복날 장국으로 누린 개고기를 끓였지.　　伏羹調犬臊.
작은 창 환해져 대나무 비쳐들고　　小窗晴映竹
깊은 골목 어두운데 쑥 향기 스며드네.　　深巷冥穿蒿.
한가로이 양중과 구중의 오솔길[234] 열고　　閒闢羊求逕
고요히 장주 혜시처럼 물 관조하네.[235]　　靜觀莊惠濠.
버드나무 못에 새로 빗줄기 지나가　　柳塘新過雨
물가의 푸른 마름 건져 올릴 만하네.　　漪藻綠堪撈.

깊숙한 집에서 날로 게을리 보내느라　　深院日成嬾
저물녘 주렴 높이 걷어 올리지 않네.　　晚簾褰未高.
살구 밭에선 열매 터는 소리 요란하고　　杏園喧剝果
누에치는 집에선 고치 켜는 소리 들리네.　　桑戶響抽繅.
가는 풀 얽혀 베어내기도 어렵고　　細艸紛難薙

232 부부 : 원문은 '共牢'인데, 부부와 같이 밥을 먹는 친한 사이를 지칭한다. 『禮記』「昏義」에 "한 그릇에 음식을 함께 먹고, 한 잔에 술을 함께 마신다[共牢而食, 合巹而酳.]"라는 구절이 있다.

233 씻은 복숭아 : 원문은 '桃膽'인데, '膽'은 씻다, 닦다의 뜻이다. 『禮記』「內則」에 '복숭아를 씻는 것을 膽한다고 한다.[桃曰膽之.]'라는 구절이 있다.

234 양중(羊仲)과 구중(求仲)의 오솔길 : 은자가 다니는 길을 말한다. 양중과 구중에 대해서는 앞의 1-52번 시 214번 주석 참조.

235 고요히……관조하네 : 莊子와 惠施가 물을 바라보며 '물고기의 즐거움[魚之樂]'에 대해 논쟁했다는 기록이 『장자』「秋水」에 보인다.

무잡한 가지 뒤엉켜 새끼마냥 되었네.　冗枝交似綯.

책을 펼쳐서는 흔연히 고인을 벗 삼고　臨書欣尙友

걸음 내디디면 응당 먼 데까지 노닐었다네.　布武當遐遨.

광주리 안에는 안회의 밥[236]　簞裏顔回飯

문지방 곁에는 자로의 도포[237]　桁邊子路袍.

동방에 선비 한 사람 있어　東方有一士

시 읊는 괴로움 눈썹에 드러난다네.　吟苦落眉毫.

---

236 안회(顔回)의 밥 : 안회는 거친 밥을 먹으면서도 안빈낙도했다. 공자는 "한 그릇의 밥과 한 바가지의 물로 누추한 시골에 사는 것을 사람들은 그 근심을 견뎌 내지 못하는데, 안회는 자신의 즐거움을 바꾸지 아니하니, 어질구나 안회여.[一簞食一瓢飮, 在陋巷, 人不敢其憂, 回也不改其樂, 賢哉回也.]"라고 칭찬했다(『論語』「雍也」).

237 자로(子路)의 도포 : 자로는 누추한 옷을 입고도 자존감을 잃지 않았다. 공자가 이르기를 "해진 솜옷을 입고 여우 갖옷, 담비 갖옷 입은 사람과 같이 서 있어도 부끄러워하지 않는 사람은 자로뿐이로다.[衣敝縕袍, 與衣狐貉者, 立而不恥者, 其由也與.]"라고 한 데서 온 말이다(『論語』「子罕」).

1-56

연암 · 강산 · 잠부[238]와 더불어 몽답정[239]에 모이다 【두 수】

與燕巖薑山潛夫 集夢踏亭 【二首】

애처로운 매미 소리 그치지 않고	哀蟬響不斷
외로운 구름 그림자 쉬이 사라지네.	孤雲影易無.
샘물 빛깔 비온 뒤라 새롭고	泉色雨餘新
연꽃 향기 해 저물어 기이하게 풍겨오네.	荷香晩來殊.
일 없는데 다시 잊으려는 마음 일어나	無事復可忘
느긋하게 드넓은 숲을 향하네.	悠悠向平蕪.

높이 뻗은 연잎 때때로 기울어지고	荷葉高時傾
떨어진 연꽃 곳곳에서 하늘 올려다보네.	荷花落處仰.
미풍이 연못에 다 불지 않았는데	微風不滿塘
연 위의 물방울 바로 흩어져 사라지네.	荷珠正跳蕩.
그윽한 새가 연 밭 속에 날아들자	幽鳥入荷裏
거꾸로 뒤집혀 기우뚱 서로 향한다.	倒挂斜相向.

238 잠부(潛夫) : 李書九의 사촌 아우인 李鼎九로, 잠부는 그의 자이다.

239 몽답정(夢踏亭) : 앞의 1-53번 시 218번 주석 참조.

1-57

의기 있는 무인의 만시를 대신해 짓다

代人輓武人有意氣者

무과 급제 그래도 세상에서 선망하고　武科猶世豔
중수의 나이[240] 또한 사람으로 드문 일　中壽亦人希.
두 가지를 공이 모두 가졌더니　二者公皆有
아아, 일이 이미 그릇되고 말았네.　嗟哉事已非.
병법을 논함은 누가 가장 묘했던가　談兵誰最妙
위난을 구제함은 옛날에도 드물었네.　急難古還稀.
궁하고 가난한 친구 몇 사람이　幾箇窮寒友
일시에 눈물로 옷깃을 적셨던가.　一時淚滿衣.

240 중수(中壽)의 나이 : 오래 사는 것을 가리키는데, 60세부터 90세까지 그 칭하는 범위가 다양하다. 王充은 『論衡』에서 "상수는 90세, 중수는 80세, 하수는 70세이다.[上壽九十, 中壽八十, 下壽七十.]"라고 하였다.

1-58

당 앞의 두 가지 사물을 두고 연암을 위해 짓다

堂前二物 爲燕巖賦

잘 자란 나무 당당히 서 있어 칭송할 만하니 堪稱好樹在亭亭
봄과 여름 사이 어느 것인들 푸르지 않으랴만 春夏之交孰不靑.
구관조 눈처럼 튀어나온 혹 때로 술잔처럼 보이고 鴝眼瘿成時似棬
거미줄 같은 오래된 무늬 일찌감치 병풍감으로 여겨졌네. 蛛絲紋老早思屛.
현구가 꿈을 인도하니 여기가 어느 나라런가[241] 玄駒引夢斯何國
백서가 정기 나눠받으니 단지 한 별이었네.[242] 白鼠分精只一星.
당에 올라 이 나무 칭찬하던 객[243] 되었던 일 생각하노라니 憶作升堂譽樹客

241 현구(玄駒)가……나라런가 : 현구는 개미를 말하는데, 깜깜한 땅속을 치달린다는 뜻에서 붙여진 이름이다. 淳于棼이란 사람이 槐木 아래에서 술에 취해 잠깐 누워 잠든 사이, 槐安國의 駙馬가 되어 南柯의 태수로 삼십 년 동안 있으면서 온갖 부귀영화를 누렸는데, 꿈을 깨고 보니 괴안국은 바로 괴목의 남쪽 가지 밑에 있는 개미구멍이었다는 이야기가 唐나라 李公佐의 「南柯太守傳」에 나온다.

242 백서(白鼠)가……별이었네 : 『藝文類聚』 卷88 「木部上 槐」에 "춘추설에서 이르기를 '홰나무는 허성의 정령이다.'라고 하였다.[春秋說曰, 槐木者虛星之精.]"라는 내용이 보이고, 『五洲衍文長箋散稿』 「人事篇 鳴槐響豆辨證說」에 "늙은 쥐와 늙은 홰나무는 모두 허성의 정령이다. 그러므로 쥐는 밤에도 볼 수 있다. 사람이 홰나무 열매를 장복하면 밤에도 글을 읽을 수 있다.[老鼠老槐, 皆虛星精, 故鼠能夜視. 凡人久服槐子, 可夜讀書.]"라는 내용이 보인다. 虛星은 28수의 하나이다.

243 나무 칭찬하던 객 : 원문은 '譽樹客'인데, '나무를 칭찬하다[譽樹]'는 고사가 『春秋左氏傳』 昭公 2년에 보인다. 晉나라의 韓宣子가 노나라를 방문했을 때 연향을 마치고 季武子의 집에서 모였는데 계무자의 집에 아름다운 나무가 있었다. 한선자가 그 나무를 칭찬하자 계무자가 말하기를 "이 나무를 잘 가꾸고 키워 그대의 후의를 잊지 않겠다."라고 하였다. 여기서는 연암의 집을 방문했을 때를 회고한다는 말로 보인다.

간절한 마음 전해줄 시구 없음이 부끄러웠노라.	媿無詩句贈丁寧.

【늙은 홰나무[老槐]】

허공에 스치는 두어 잎 개(个)자 모양 푸른데	數葉捎空个字青
숲 너머에 어렴풋한 띳집 하나.	依依林外一茅亭.
새로 생긴 무늬 눈물자국 같아 직접 닦아줄 만하고	新斑似淚堪親拭
마른 대 꺼풀, 밟는 이 없어도 또한 들리는 듯하네.	乾籜非跫也錯聽.
나날이 그늘 넓혀 집 절반이나 덮었고	日日移陰猶半戶
해마다 죽순 틔워도 마당 가운데엔 이르지 않네.	年年抽笋未中庭.
오월 훈풍에 심하게 나부끼지만	薰風五月離披甚
어느 줄기가 홀로 깨어 있는지 알지 못하네.	不識何竿是獨醒.

【어린 대나무[穉竹]】

1-59

담원 팔영[244]

澹園八詠

담헌 홍대용이 연행 가서 여러 명사들과 교유하고 돌아왔는데 얼마 뒤에 분하 곽집환 봉규가 그의 시 「담원 팔영」을 부쳐오고 화답을 구했다.

洪湛軒大容游燕中, 多友其名士而歸, 尋有汾河郭執桓字封圭, 付寄其澹園八詠求和.

소심거 素心居

소리[245]는 나다니기 위함 아니거늘	素履非爲往
소금이라 꼭 소리 낼 필요 있으랴.	素琴何必音.
소심이라 다른 근심 없기에	素心無他慮
흰 구름만 내 가슴에 비껴 있네.	白雲橫我襟.

244 담원 팔영(澹園八詠) : 홍대용이 1766년(영조 42) 연행했을 때 북경에서 郭執桓(1746~1775)의 벗인 鄧師閔과 교분을 맺었는데, 곽집환이 등사민을 통해 澹園을 읊은 시를 조선 문인들에게 전하며 화답시를 지어 줄 것을 부탁한 일이 있다. 담원은 곽집환의 부친 郭泰峯의 거처이다. 이에 화답하여 박지원, 유득공, 박제가 등이 「담원 팔영」을 지었다. 분하는 산서성을 지나는 강 이름인데, 여기서는 곽집환의 출신지를 의미한다. 곽집환의 자는 봉규, 호는 半迂·東山·繪聲園 등이다. 유득공은 「분하 곽봉규에 대한 만시」를 짓기도 하였다(『泠齋集』 卷2).

245 소리(素履) : 본분에 따라 행함을 말한다. 『주역』 「履卦 初九」에 "본분대로 해 나가면 허물이 없다.[素履往無咎.]"라고 하였다.

내청각 來靑閣

산의 푸르름 온다고 말할 만하니　　可道山翠來
눈길이 가기 때문이라네.　　爲緣眼光去.
가지도 않고 다시 오지도 않는데　　不去復不來
서로 만나는 곳 어디일는지.　　相逢是那處.

감영지 鑑影池

물로 인해 나의 그림자 얻고　　因水得我影
그림자 보고 내가 웃고 있음 안다네.　　見影知我笑.
묻노니 나는 어찌하여 웃는가　　問我笑何爲
개인 구름 더욱 절묘하다네.　　晴雲更絶妙.

비하루 飛霞樓

산의 얼굴 엷은 푸른빛으로 변하고　　山顔化輕碧
소나무 몸통 반쯤 붉음을 드러냈네.　　松身露半紅.
종일토록 머무름이 없으니　　盡日無住著
어느 나무엔들 미풍이 불지 않으랴.　　何樹不微風.

송음정 松陰亭

소나무 어느 시대에 심은 것인가　　松爲何代樹
이에 기댄 집에 오늘날 사람이 산다네.　　屋因今人有.
송화 가루 띳집 처마 덮고　　黃粉蓋茅簷
푸른 파도 종이창으로 밀려오네.　　綠濤傾紙牖.

어화헌 語花軒

꽃이 어떤 것인지 알지 못했는데	不識花何物
본디 미인의 넋이라고 하네.	元是美人魂.
돌로 이연년의 누이[246]를 조각한 듯 고우나	石刻延年妹
잠자코 있을 뿐 어찌 말할 수 있으랴.	默默那得言.

소월대 嘯月臺

누대 올라 한번 길게 휘파람 불고	登臺一長嘯
달 바라보며 오래도록 서성이네.	望月徘徊久.
길게 이어지는 여향 어떠한가	餘響遲如何
세상 사람들 이제사 고개 돌리네.	世人纔回首.

유춘동 留春洞

꽃 시들어 나비 머물지 않고	花殘蝶不住
잎 어두워 꾀꼬리 드물어지네.	葉暗鶯初稀.
봄빛이 유완과도 흡사해[247]	春光似劉阮
골짜기 나가 돌아감만 생각한다네.	只思出洞歸.

246 이연년(李延年)의 누이 : 漢나라 이연년의 누이로 絶色이었던 李夫人을 말한다. 이부인은 武帝의 총애를 독차지하였으나, 일찍 죽고 말았다. 이에 무제는 그의 화상을 그려 甘泉宮에 붙여 놓고 항상 그리워했다(『史記』 卷125 「佞幸列傳」).

247 봄빛이 유완(劉阮)과도 흡사해 : 유완은 위진 시대 죽림칠현 가운데 劉伶과 阮籍 두 사람을 병칭한 말인데, 그들은 특히 술을 즐겨 마시고 放達하기로 유명했다. 봄빛이 화창하다는 의미인 듯하다.

1-60

잠부[248]의 「매미를 읊다」 시에 화답하다 【두 수】

和潛夫詠蟬 【二首】

매미 소리 지난해와 흡사하고	聲聲似往歲
나무마다 광채 넘쳐남 있다네.	樹樹有餘暉.
끝내 앉아서 울려고 하지 않고	未肯音終坐
사람 손닿을까 먼저 근심해 날아가 버렸네.	先愁手到飛.
어느 잎새에 몸을 가릴 건가	自將何葉翳
옛 나뭇가지로 돌아가길 바라는 듯하네.	如慕舊枝歸.
본래 굼벵이의 자질이지만	本是蝤蠐質
가을 오면 옆구리에 기관이 생긴다네.[249]	秋來脇有機.

거미줄에 낚아 채임 또한 곤경이요	蛛絲搶亦困
사마귀 다리 들어 덤벼듦도 근심된다네.	螂臂奮堪愁.
잠깐 앉았다가 사뿐히 날아가더니	少坐仙然擧
여음 길게 빼는 듯 거둬들이네.	餘音引以收.
가지에 붙어 있을 때 그 마음 적막하기만 하더니	攀枝意寂寞
나무 뚫을 때 그 사취 바람처럼 맹렬하다네.	穿樹跡颼飀.
탁한 물 마시는 것보다 훨씬 낫기에	絶勝黃泉飮
오직 흰 이슬만 구할 줄 안다오.	惟知白露求.

번역 한영규

248 잠부(潛夫) : 李書九의 사촌 아우인 李鼎九로, 잠부는 그의 자이다.

249 가을……생긴다네 : 가을이 되어 매미가 세차게 우는 것을 비유한 말로 보인다. 매미는 배 부분의 共鳴室을 증폭시켜 소리를 낸다고 한다.

1-61

귀뚜라미【네 수】

蟋蟀【四首】

이 곤충을 아끼고 즐기는 마음 있으니	昆蟲入愛玩
만물에 대해 기심 잊지 못함이라.[250]	於物未忘機.
구멍 차지해 수염 흔들며 말하려다	控穴搖鬚語
사람 보자 부끄러워 생각 바꿔 돌아가네.	羞人轉腦歸.
회랑 그늘에선 신 끄는 소리인양 사락거리고	廊陰颸曳履
이끼 빛에는 옷을 걷듯 반짝인다네.	苔色映摳衣.
곳곳에 들리는 소리 서로 흡사한데	到處聞相似
먼 곳에 많고 가까운 곳에는 도리어 드물구나.	遠稠還近稀.
쌀쌀한 바람이 다리 부비는 것 도와주고	凄風助腿激
차가운 이슬로 목마름 대비하네.	酸露備喉乾.
소나무 시렁 너머에서 노래 부르고	唱喏松棚隔
약 찧는 절구에서 편히 의탁하며	依歸藥臼安.
북에선 게을리 베 짜는 아낙 놀라게 하고[251]	梭驚紅婦嬾

250 만물에……못함이라 : 만물을 동등하게 대하지 못하고 호오가 존재한다는 말이다. 機心은 사사로운 목적을 이루기 위해 교묘하게 도모하는 마음이다. 바닷가에서 아무런 기심도 없이 날마다 갈매기와 벗하며 친하게 지내던 사람이 부친의 부탁을 받고 갈매기를 잡으려는 마음을 갖게 되자 갈매기들이 벌써 알아채고는 그 사람 가까이 날아오지 않았다는 이야기가 전한다(『列子』「黃帝」).

251 북에선……하고 : 귀뚜라미의 별명인 '促織'을 염두에 둔 표현이다. 『箋註四家詩』에 "『詩經』의 疏에 '귀뚜라미가 울면 게으른 아낙이 놀란다.[詩疏, 里語曰促織鳴懶婦驚.]'라는 속담이 있다."라는 주석이 있다. 원문의 '紅婦'의 '紅'은 '工'의 뜻으로 쓰였다.

다듬잇돌에선 멀리 추운 데 있는 사람 생각게 하네.	砧憶遠人寒.
밤새도록 부질없이 읊조리더니	竟夜吟徒爾
아침 오자 이어지던 소리 잦아드네.	朝來屬者殘.
또렷또렷 그 소리 더욱 애절해	的的聲逾切
가만히 듣다가 한밤중에 이르렀네.	潛聽到夜分.
사람들은 귀뚤귀뚤 운다고 하지만	人雖謂喞喞
저 녀석은 분명히 하는 말 있으리.	渠必有云云.
서로 찾고 대답하는 소리임은 이미 알건만[252]	已識相求應
원망하고 무리 지으려 함 아닌 줄 어찌 알랴.[253]	安知不怨羣.
내 집 문 가까이 처량하게 우는 소리	凄涼近我戶
어인 일로 차마 듣기 어려운 걸까.	何事不堪聞.
수염과 다리 모두 가을이 시킨 것이라	鬚腿皆秋使
귀뚤귀뚤 그 소리[254] 절로 금치 못하네.	軋鴉自不禁.
싸움은 응당 평소의 뜻 아닐지며[255]	鬥應非素志

베 짜는 여인을 '紅女'라고 한다.

252 서로……알건만 : 『周易』「乾卦 文言」에 "같은 소리끼리 서로 응하고, 같은 기운끼리 서로 찾는다.[同聲相應, 同氣相求.]"라는 구절이 있다

253 원망하고……알랴 : 귀뚜라미의 울음이 시를 읊는 것인지도 모른다는 말이다. 원문의 '怨'과 '群'은 『論語』「陽貨」에서 공자가 제자들에게 시의 효용을 말하며, "시는 마음을 감발시킬 수 있으며, 정치를 살필 수 있으며, 무리 지을 수 있으며, 원망할 수 있다.[詩, 可以興, 可以觀, 可以群, 可以怨.]"라고 한 구절을 원용한 표현이다.

254 귀뚤귀뚤 그 소리 : 원문의 '軋鴉'는 노 젓는 소리인데, 여기서는 귀뚜라미 울음을 형용한 말이다.

255 싸움은……아닐지며 : 『箋註四家詩』에 明나라 陸粲의 『庚己編』의 내용을 인용해, 귀뚜라미 싸움을 좋아한 相城의 劉浩가 귀뚜라미로 변한 큰 벌[蜂]을 얻었고 그 귀뚜라미가 싸움에서 늘 이겼다는 이야기를 소개하였다. 또 『稗雅』를 인용해, 吳나라 사람들

농 안에서 어찌 참다운 소리 내랴.[256]	籠豈有眞音.
돌 틈에 의지해있자 윤기 더하고	石隙依來潤
이끼 가에 뛰어다니자 그 빛 깊어지네.	苔光躍處深.
시인은 세모에 상념에 잠겨	詩人歲暮思
뒷짐 지고 당 앞[257]을 거닌다오.	負手行堂襟.

이 크고 힘센 귀뚜라미를 길들여 싸움을 시켰다는 이야기도 소개하였다.

256 농(籠)……내랴 : 『箋註四家詩』에 宋나라 顧文薦의 『負暄雜錄』의 내용을 인용해, 開元 연간에 宮中 여인들이 귀뚜라미를 잡아 농에 넣어두고 밤새 그 소리를 듣는 풍속이 있었으며 민간에서도 이를 모방했다는 이야기를 소개하였다.

257 당 앞 : 원문은 '堂襟'인데, 襟이 옷의 앞자락에 있으므로 물체의 앞부분을 가리키는 말로 쓰인다. 『箋註四家詩』에는 "당의 북쪽을 배라 하고, 당의 남쪽을 금이라 한다.[堂北曰背, 堂南曰襟.]"라는 주석이 있다.

1-62

무관이 거북이 한 마리를 기르기에 빌려와 구경하고 등에 시를 써서 돌려주다

懋官養一龜 假玩書背以還

기식 조절하며[258] 먹을 것 찾지 않기에	引氣不求食
가난한 선비 곁에 두기에 제격이라네.	宜留貧士邊.
부질없이 꼬리 끌 날 생각하니[259]	空思曳尾日
머리 내놓는 해 누가 보게 되랴.	誰見出頭年.
객은 보더니 연적(硯滴)인가 의심하고	客眄疑書滴
아이는 놀라며 솔연[260]과 비슷하다 하네.	兒驚類率然.
비단 끈으로 너를 묶어놓았으니	綵繩爲縻爾
어진 주인 만난 걸 크게 축하한다네.	多賀主人賢.

258 기식(氣息) 조절하며 : 원문의 '引氣'는 고대 양생술의 하나로, 자신의 뜻으로 기운을 조절해 혈맥을 통하게 하고 정신이 충만하게 하는 것을 말한다.

259 부질없이……생각하니 : 거북이가 사람 손에서 벗어나 원래 살던 곳으로 돌아가고 싶어 할 것이라는 말로 보인다. 楚나라 왕이 莊子에게 정치를 맡기려고 사신을 보내자, 장자는 초나라에 죽은 지 3천 년 된 거북을 廟堂에 보관하고 있는 것을 비유로 들며 "죽어서 뼈다귀로 남아 귀하게 되려 하겠는가. 아니면 살아서 흙탕물 속에 꼬리를 끌고 싶어 하겠는가.[寧其死爲留骨而貴乎, 寧其生而曳尾於塗中乎.]"라고 하며, 벼슬을 사양한 고사가 있다(『莊子』「秋水」).

260 솔연(率然) : 큰 뱀의 일종이다. 『孫子』「九地」에 "용병을 잘하는 사람은 비유하자면 率然과 같다. 솔연은 상산에 사는 뱀이다. 머리를 치면 꼬리가 이르고 꼬리를 치면 머리가 이르며, 가운데를 치면 머리와 꼬리가 모두 이른다."라고 하였다. 여기서는 거북이가 똬리를 튼 뱀과 비슷하다는 말로 보인다.

1-63

초가을 담헌 거사의 원정에서[261]

初秋湛軒居士園亭

과분하게 인정해 아름다운 손님이라 하시고	過認爲嘉客
겸손히 칭하여 누추한 집이라 하시네.	謙稱有弊廬.
섬돌 서쪽으로 감히 황급히 올랐더니[262]	堦西敢遽上
자리 왼쪽 공연히 비워둠에 놀랐네.[263]	席左驚徒虛.
물결은 맑아 우물 들여다보는 듯하고	波炯訝窺井
모래는 깨끗해 뜨락에 침 뱉기도 아까워라.	沙晴惜唾除.
철금으로 한가로움 스스로 즐기고[264]	鐵琴閒自弄

261 담헌 거사(湛軒居士)의 원정에서 : 담헌 거사의 원정은 홍대용의 서울 집인 '乾坤一草亭'에 있었던 '留春塢'라는 정원을 말한다. 건곤일초정은 남산 기슭 永禧殿 북쪽에 있었는데, 현재의 중구 저동 중부경찰서 자리이다. 또 당시 홍대용은 유춘오에서 樂會를 자주 열었다고 하는데, 『燕岩集』 卷3 「여름날 밤잔치의 기록[夏夜讌記]」에 樂會의 모습이 그려져 있다. 유득공의 이 시는 『湛軒書』 外集 부록의 「乾坤一草亭題詠」에 차운시로 수록되어 있는데, 그 차운시는 이 시보다 몇 구절이 더 있고 구절의 배열도 차이가 있다. 「건곤일초정제영」에 차운한 이들은 李鼎祜·이덕무·박제가·유득공·李淞·金在行과 청나라의 孫有義 등 모두 7명이다. 한편, 건곤일초정이라는 말은 두보의 「모춘에 양서에 새로 빌린 초가에 쓰다[暮春題瀼西新賃草屋]」라는 시의 제3수에 "이 신세는 헝클어진 두 귀밑이요, 천지간에는 단 하나 띳집이로다.[身世雙蓬鬢, 乾坤一草亭.]"라는 구절에서 따온 것이다.

262 섬돌……올랐더니 : 『禮記』 「曲禮 上」에 "주인은 동쪽 계단으로 나아가고 객은 서쪽 계단으로 나아간다. 객이 만약 지위가 낮으면 주인의 계단으로 나아간다. 주인이 固辭한 뒤에 객은 다시 서쪽 계단으로 나아간다.[主人就東階, 客就西階. 客若降等, 則就主人之階. 主人固辭, 然後客復就西階.]"라는 구절이 있다. 서쪽 계단으로 나아감은 존귀한 객에 대한 주인의 예우를 말한다.

263 자리……놀랐네 : 자리 왼쪽을 비워 둔다는 것은 賢士를 예우함을 말한다. 전국 시대 魏公子가 上席인 왼쪽 자리를 비워 두고 隱士 侯嬴을 예우했다는 고사가 전한다(『史記』 卷77 「魏公子列傳」).

피리로 울적함을 이어 토해내는데 　金管鬱仍噓.
석양빛은 언뜻언뜻 주렴을 비추고 　斜照穿簾乍
미풍은 드문드문 경쇠를 스치네. 　微風拂磬疎.
채마 밭 가꾼 것은 물을 일 아니지만[265] 　圃應非所問
나무는 참으로 칭찬할 만하네.[266] 　樹是眞堪譽.
세속과는 일찌감치 길을 달리했고 　與俗分鑣早
명예에 임해서는 천천히 고삐 잡으니[267] 　臨名攬轡徐.
한가로이 노닐면서 세월 보내며 　優游以卒歲
창화함도 도리어 나와 함께 한다네. 　倡和還同予.

264 철금(鐵琴)으로……즐기고 : 철금은 洋琴·歐邏琴·歐羅鐵絃琴·歐羅鐵絲琴 등으로 불리는 악기로, 대나무 채로 현을 두드려 연주한다. 현은 주석과 철의 합금으로 만든다. 홍대용은 철금의 연주에 뛰어난 재주를 지녔는데, 박시원이 청나라 尹嘉銓에게 홍대용의 철금에 대한 재주를 말하는 대목이 『熱河日記』「亡羊錄」에 보인다.

265 채마……아니지만 : 홍대용이 채마 밭을 잘 가꾸어 놓았다는 말의 반어적 표현이다. 물을 일이 아니라는 것은 채마 밭을 가꾸는 것이 儒者의 본령이 아니라는 말이다. 『論語』「子路」에 공자의 제자 樊遲가 농사짓는 법을 배우기를 청하자, 공자가 "나는 노련한 농부만 못하다.[吾不如老農.]"라고 하고, 채마 밭 가꾸는 것을 배우기를 청하자, "나는 노련한 菜農만 못하다.[吾不如老圃.]"라고 한 말을 원용한 것이다.

266 나무는……만하네 : 홍대용 집의 정원에 나무가 잘 자라있다는 말이다. 춘추시대 晉나라의 韓宣子가 노나라를 방문했을 때 季武子의 집의 아름다운 나무를 칭찬했던 고사가 전한다(『春秋左氏傳』「昭公 2年」). 앞의 1-58번 시 243번 주석 참조.

267 명예에……잡으니 : 명예를 추구하는 일에 조급해 하지 않았다는 말로 보인다.

1-64

가을 다듬이 소리

秋砧

다듬이 소리가 가을 온 뒤 많아지니	鳴砧秋後密
응당 온갖 벌레의 마음 얻으리.	應得百蟲情.
갑자기 빨라지니 팔놀림 더한 줄 알겠고	頓急知添臂
드문드문 들리다가 촉급한 소리로 바뀐다네.	將稀更數聲.
가늘게 이어지는 여음 들은 적 없어라	未聞餘響裊
오직 두드릴 때의 맑음만을 일삼아서라네.	惟事卽時淸.
하룻밤 생각이 처량도 한데	一夜凄凄意
짙은 서리 한성에 가득 내렸네.	繁霜滿漢城.

1-65

웅주의 공북루에서[268]

熊州拱北樓

중양절 지난 뒤 애써 누각에 올라	重陽過後强登樓
슬픈 관악 느린 현악으로 빗속에서 놀았네.	哀管凝絲雨裏游.
쌍수라 산성은 백 치[269] 남짓 되고	雙樹山城餘百雉
웅주라 도독부는 천 년이나 되었지.	熊州都督已千秋.
검붉은 갈까마귀와 흰 기러기 창주의 정취요[270]	鴉紅雁白滄洲意
대추 빛 땅 단풍 빛 하늘은 석양의 시름일세.	棗地楓天落日愁.
눈에 가득한 산천이 옛 나라가 아니기에	滿目山川非故國
북쪽에서 온 나그네 한이 끝이 없네.	北人多是恨悠悠.

268 웅주(熊州)의 공북루에서 : 웅주는 公州의 옛 이름이다. 공북루는 公山城의 북문이다. 공산성은 백제 때는 熊津城으로 불렸고 고려 때 공산성으로 불리다가, 李适의 난 때 인조가 피신하여 성 안 두 그루 나무 아래에 머무른 뒤로 '雙樹山城'으로 불리게 되었다(『萬機要覽』 軍政篇4 「忠淸道」). 유득공은 26세 때인 1773년(영조 49) 가을에 공주를 유람한 적이 있고, 이듬해인 1774년 봄에 사마시에 합격한 뒤 다시 공주로 내려와 한참 동안 머물렀던 것으로 보인다. 여기에 대해서는 송준호, 「유득공의 시문학 연구」, 동국대 박사학위논문, 1983, 20~22쪽; 김영진, 「유득공의 생애와 교유, 연보」, 『대동한문학』 27집, 2007, 18쪽 참조. 이 시는 그 무렵 지은 것으로 보인다.

269 백 치(百雉) : 성곽의 길이가 삼백 丈이라는 말이다. '치'는 성곽의 길이와 높이를 표시하는 단위로, 1치는 길이 3장 높이 1장을 말한다.

270 검붉은……정취요 : 아름다운 새가 날아다니고 錦江을 끼고 있는 공북루 주변의 경치가 훌륭하다는 말이다. 滄洲는 물가에 위치한 隱士의 거처를 말하는데, 삼국 시대 魏나라 阮籍이 지은 「爲鄭沖勸晉王箋」의 "창주에 임해 지백에게 인사하고, 기산에 올라 허유에게 읍을 한다.[臨滄洲而謝支伯, 登箕山而揖許由.]"라는 구절에서 나왔다(『文選』 卷20). 완적 시에 나오는 지백과 허유는 모두 舜임금 때의 高士이다.

1-66

여관의 밤

旅夜

긴긴 밤 풍등 빛 한 점이 푸르니	遙夜風燈一點青
숲 속 작은 방에 조용히 글 읽는 소리.	依林小閣靜書聲.
감영과 이어진 들판엔 갈까마귀와 기러기 깃들고	栖鴉落雁連營野
어가 머물렀던 성[271]엔 붉은 나무와 노란 꽃.	紅樹黃花駐蹕城.
역로에서 서신 전한 지 닷새가 되었고	驛路傳書須五日
망루에서 부는 호각 삼경을 향해가네.	譙樓吹角向三更.
찬 이불 덮고 변함없이 창밖 보며 누웠다가	冷衾依舊看窓臥
타향임을 깨닫고서 다시 한 번 놀라네.	覺道他鄉更一驚.

271 어가(御駕) 머물렀던 성 : 이괄의 난 때 인조가 公山城에 머물렀던 일을 말한다. 앞의 1-65번 시 268번 주석 참조.

1-67

쌍수성 이십 운을 지어 무관과 강산에게 부치다

雙樹城二十韻 寄懋官薑山

금강 물 이름 따라 아름답고	錦水因名麗
공산은 글자 그대로 푸르구나.272	公山作字靑.
동으로 출정했을 땐 설인귀가 부를 열고273	東征開薛府
남으로 순수했을 땐 신흠이 명을 새긴 곳.274	南狩勒申銘.
바람 불고 비 내리는 중양절	風雨重陽日
강호에 객성 하나 떴는데275	江湖一客星.

272 공산(公山)은……푸르구나 : '공산'이라는 이름은 산의 모양이 '公'자처럼 생겨서 붙여진 것이라고 한다. 『한객건연집』에 "공주에 公자 산이 있다.[公州有公字山.]"라는 주석이 있다.

273 동으로……열고 : 백제를 멸망시킨 당나라가 웅진에 도독부를 설치했다는 말이다. 『한객건연집』에 "당나라가 百濟를 무너뜨릴 때 薛仁貴가 도독이 되어 진압하였다.[唐滅百濟, 薛仁貴爲都督鎭之.]"라는 주석이 있다.

274 남으로……곳 : 『한객건연집』에 "쌍수정비는 상촌 申欽이 지은 것이다.[雙樹亭碑, 申象村欽所撰.]"라는 주석이 있다. 남으로 순수했다는 것은 李适의 난을 피해 인조가 공산성으로 피신한 것을 말한다. 이괄의 난이 평정된 뒤 신흠이 그 사실을 자세히 기록했는데, 이후 1668년(현종 9)에 비석을 세워 신흠의 글을 새겨 넣었다. 현재 그 비석이 공산성에 남아 있다. 그런데 신흠의 아들 申翊聖의 『樂全堂集』 권7에 수록된 「雙樹亭記」의 내용이 공산성에 남아 있는 비석의 내용과 동일한 것으로 보아, 실제로는 신익성이 대신 쓴 것으로 보인다.

275 강호에……떴는데 : 중양절에 쌍수성을 방문했다는 말이다. 客星은 일시적으로 나타나는 떠돌이 별인데, 여기서는 나그네 신세인 유득공 자신을 가탁한 것이다. 漢武帝 때 張騫이 뗏목을 타고 한 달 넘게 거슬러 올라가다가 어떤 城市에 도착하니, 한 여인은 방 안에서 베를 짜고 한 남자는 소를 끌고 銀河의 물을 먹이고 있었다. 장건이 어느 곳인지를 물었다가 "成都의 嚴君平에게 가서 물어보라."라는 대답을 듣고 돌아와서 엄군평에게 물으니, "모월 모일에 客星이 견우직녀성을 범했는데, 바로 이 사람이 은하수에 당도한 때였구나."라고 했다는 전설이 있다(『博物志』).

아름다운 물가에 하얀 초가집 많고　滄洲多白屋
가을 나무숲에 붉은 정자[276] 드러나 보이네.　秋樹露紅亭.
개공처럼 맞아주지만 기이한 계책 없고[277]　迎蓋無奇策
유표에게 의탁하자니 나의 묘령이 한탄스럽네.[278]　依劉歎妙齡.
셋방에서 경서를 이리저리 펼쳐 놓고　橫經於子舍
승청에서 함께 글을 짓기도 하며[279]　爲記與丞廳.
따뜻하게 진번의 걸상에 앉기도 하고[280]　暖擁陳蕃榻
싸늘하게 만분의 병풍에 들기도 했지.[281]　寒棲滿奮屛.
원대한 유람 끝내 한만해지고[282]　遠游終汗漫

276 붉은 정자 : 雙樹亭을 지칭한 것으로 보인다.

277 개공(蓋公)처럼……없고 : 개공은 漢나라 惠帝 때 黃老의 학술에 정통했던 사람인데, 曹參이 齊나라 정승으로 있을 때 개공의 治國說을 듣고 政堂을 비워 그를 머무르게 한 고사가 있다(『史記』 卷54 「曹相國世家」).

278 유표(劉表)에게……한탄스럽네 : 유표에게 의탁한다는 것은 권세 있는 자에게 의탁하는 것을 말한다. 삼국 시대 魏나라 王粲이 17세 때 黃門侍郎에 제수되었으나 董卓의 난으로 西京이 소란하자 취임하지 않고 荊州로 가서 유표에게 의탁한 고사가 있다(『三國志』 卷21 「魏書 王粲傳」).

279 셋방에서……하며 : 이 구절과 아래의 두 구절은 모두 시를 지어 보내는 이덕무·이서구와 함께 보낸 서울 생활을 회고한 내용으로 보인다. 丞廳은 縣丞이 거처하는 廳舍를 말하는데, 여기서는 本廳에 딸린 청사를 의미한 것으로 보인다.

280 따뜻하게……하고 : 이덕무·이서구와 서로 잘 대접해 주었다는 말이다. 陳蕃의 의자는 좋은 대접을 받는 것을 말한다. 後漢의 진번이 태수로 있으면서 다른 빈객은 모두 사절하고 徐穉가 올 때에만 의자를 내려놓았다가 그가 가면 다시 올려놓은 고사가 있다(『後漢書』 卷53 「徐穉傳」).

281 싸늘하게……했지 : 이덕무·이서구와의 서울 생활을 회고한 내용인데, 바람을 막지 못해 추위에 떨며 잠을 청하기도 했다는 말이다. 滿奮의 병풍은 병풍이 없다는 말이다. 晉나라 滿奮은 바람을 매우 두려워하였는데, 武帝가 유리로 만든 병풍을 치고 앉아 있자 병풍이 없는 것으로 착각해 두려운 기색을 지었다는 고사가 있다(『世說新語』 「言語」).

282 원대한……한만해지고 : 천하를 유람하려던 생각이 등한해졌다는 말이다. 원대한 유람은 남아가 견문을 넓히기 위해 천하를 유람하는 것이다. 屈原이 조정에서 쫓겨난 뒤 『楚辭』 「遠遊」를 읊어 仙人들과 함께 천지 사방을 빠짐없이 유람하고자 하는 뜻을 드러낸 데서 나온 말이다(『楚辭』 卷5). 또 司馬遷이 20여 세에 천하를 유람하고자 하

장대한 뜻 날로 시들어 가다가	壯志日飄零.
낙엽에 놀라 새처럼 깃들이니	驚葉投如鳥
나그네 등불 반딧불처럼 싸늘하네.	羈燈冷似螢.
해원했다고 어찌 재자이랴	解元豈才子
시의는 경전 공부와 다르다네.283	時義異窮經.
군의 수령들과 잠깐 만남 많았고284	郡宰多傾盖
친지들은 우연히 만난 사람이 태반이라오.285	親知半會萍.
옛 성에서 한가로이 말고삐에 내맡기고	古城閒縱轡
남쪽 포구에서 함께 배를 띄우니	南浦共揚舲.
단풍은 스님 몇 남은 절간에 불타고	楓烘殘僧寺
갈대는 기러기 앉은 물가에 밝네.	蘆明落雁汀.
벗을 생각하며 달 뜬 정자에 오르고286	遲朋臨月榭

는 뜻을 품고 중국 각지를 돌아다녔던 것을 비유하는 말로도 쓰인다.

283 해원(解元)했다고……다르다네 : 생원시에 합격했으나 大科에 급제하기에는 능력이 부족하다는 의미로 보인다. 해원은 鄕試에 장원한 것을 말하는데, 여기서는 유득공이 1774년 생원시에 합격한 것을 말한다. 『한객건연집』에 "이해 내가 예조의 시험에서 해원이 되었다[是歲, 予爲禮曹解元.]"라는 주석이 있다. 『司馬榜目』에는 유득공이 생원시에 3등 5위로 합격한 기록이 보인다. 時義는 현실 정치에 대한 견해를 서술하는 科擧 시험 문제의 하나로, 여기서는 大科의 시험 과목인 策問을 일컫는 듯하다.

284 군의……많았고 : 나그네로 떠돌며 고을 수령들과 잠깐 만나 교유를 맺은 사람이 많았다는 말이다. 원문의 '傾盖'는 '수레 덮개를 기울인다'는 말로, 길가에서 만나 잠깐 수레를 세우고 이야기하는 것을 말한다. 『史記』 卷83 「鄒陽列傳」에 "흰머리 되도록 오래 사귀어도 처음 본 사람처럼 느껴질 때가 있고, 수레 덮개를 기울이고 잠깐 이야기했지만 오랜 벗처럼 느껴지는 경우도 있다.[白頭如新, 傾盖如故.]"라는 말이 있다.

285 친지들은……태반이라오 : 원문의 '會萍'은 부평초처럼 떠다니다 우연히 서로 만나게 된 것을 말한다. 당나라 王勃의 「滕王閣序」에 "물에 뜬 부평초처럼 서로 만났으니, 모두 타향의 나그네로다.[萍水相逢, 盡是他鄕之客.]"라는 구절이 있다.

286 벗을……오르고 : 원문의 '遲朋'은 '벗을 기다리다' 또는 '벗을 그리워하다'라는 의미이다. 『箋註四家詩』에, "『廣韻』에서 遲를 待라고 하였다.[遲, 廣韻待也.]"라는 주석과 "지는 사와 같다.[遲, 猶思也.]"라는 주석을 소개하였다. 원문의 '月榭'는 달을 감상하는

기생 끼고 바람 부는 창에 기대며 攜妓倚風欞.
가을 물에 그리운 이 찾아 거슬러 오르니[287] 秋水伊人溯
외로운 구름은 옛 나라에 머물러 있네.[288] 孤雲故國停.
퉁소 소리는 들 학 내려옴 이끌고 簫牽野鶴下
노랫가락은 물가 고기 듣는 것 허여하네. 歌許渚魚聽.
돛을 내린 저물녘 방초 우거진 물 가 帆落芳洲晚
초동 돌아오는 어둑한 대숲 길. 樵歸竹路暝.
회포를 풀어 한 번 호탕해지고 散懷一浩浩
술에 취했다가 다시 정신이 맑아지네. 乘醉更泠泠.
울적한 심사 마음에 가득함 달래느라 愁緒理狼籍
시상(詩想)이 정밀[289]함에 드는데 詩思入鯽令.
벗들은 하늘 끝에 떨어져 있으니 故人天末隔
부질없는 읊조림 누구에게 듣게 할까. 曼詠孰令聆.

누대를 말한다.

287 가을……오르니 : 『詩經』「秦風 蒹葭」에 “갈대가 무성하여라, 이슬이 서리가 되었네. 이른바 저분, 물가 한쪽에 있도다. 물길 거슬러 올라가려 하나, 길이 막히고 머네.[蒹葭蒼蒼, 白露爲霜. 所謂伊人, 在水一方. 溯洄從之, 道阻且長.]”라고 한 구절이 있다. 이 시는 보고 싶은 사람을 만나지 못함을 아쉬워하는 노래이다.

288 외로운……있네 : 외로이 머문 구름을 보며 벗을 그리워한다는 말로 보인다. 머물러 있는 구름[停雲]은 벗을 그리워함을 상징한다. 陶潛이 「停雲」 시를 짓고 그 서문에서 “정운은 벗을 생각하며 지은 시이다.[停雲思親友也.]”라고 하였다(『陶淵明集』 卷1).

289 정밀 : 원문은 ‘鯽令’인데, 反切語로 ‘精’을 의미한다. 『箋註四家詩』에 다음과 같은 주석이 있다. “宋子京의 『宋景文筆記』에 이르기를 ‘孫炎이 반절어를 만들었는데 근본은 민간의 일상적인 말에서 나왔다. 그러므로 취는 鯽溜의 반절인데, 평범하여 지혜롭지 못한 자를 불즉류라고 했다. 단은 돌란의 반절이고, 精은 鯽令의 반절이고, 공은 굴롱의 반절이니, 이런 경우를 이루 다 거론할 수 없다.[宋子京筆記云, 孫炎作反切語, 本出於俚俗常言. 故謂就爲鯽溜, 凡人不慧者, 卽曰不鯽溜. 謂團曰突欒, 謂精曰鯽令, 謂孔曰窟籠, 不可勝擧.]” 송자경은 송나라의 宋祁로, 자경은 그의 자이다. 손염은 삼국 시대 魏나라의 학자로 『爾雅音義』를 지었다.

1-68

이 영장의 「웅주잡시」에 화답하다[290] 【일곱 수】

和李營將熊州雜詩【七首】

포의로 뜻 꺾인 채 더구나 외톨이 신세인데 布衣落拓況離羣
강좌의 제공들 누가 문사(文士)를 좋아하랴. 江左諸公孰好文.
한마디 말 나누고 응당 국사인 줄 알았기에 當以片言知國士
길게 읍하고 유독 장군과 함께 했네. 獨持長揖與將軍.
자운의 이름자 술잔 멈추어 물었고[291] 紫雲名字停盃問
백설의 노래[292] 가락 칼 두드리며 들었지. 白雪歌聲擊劒聞.
비단 등롱 든 몇 사람 취한 몸 부축해 가는 길 小隊紗籠扶醉路
겹겹의 붉은 나무에 달빛 어지럽구나. 兩重紅樹月紛紛.

붉은 촛불 꽃다운 자리로 곳곳에 머무니 紅燭華筵處處留
평지에 미루[293] 있음을 비로소 알겠네. 始知平地有迷樓.

---

290 이 영장(李營將)의……화답하다 : 유득공이 공주에 체류했던 1773년(영조 49)에서 1774년 무렵 公州營將을 지낸 인물은 李潤禧(1734~?)로 확인된다. 이윤희는 1773년 6월 20일에 공주 영장에 임명되었고 1774년 12월 18일에 內禁將이 되었다(『承政院日記』). 영장은 鎭營將으로 정3품이다. 한편, 『한객건연집』에는 「이 우장군에게 주다. 2수[贈李右將軍 二首]」라는 제목으로 이 시의 세 번째 수와 뒤에 나오는 1-72번 시 「14일 밤에 우영장이 불러 함께 술을 마시며[十四夜右營招飮]」라는 시가 실려 있다.

291 자운(紫雲)의……물었고 : 연회 자리에서 기생의 이름을 물었다는 말이다. 紫雲은 당나라 李愿의 家妓 이름이다. 杜牧이 洛陽 分司의 御史로 있을 때 이원의 집에 가서 기녀들을 바라보며 자운이 누구냐고 물었고, 자운을 보고서는 감탄하며 이원에게 자운을 달라고 했던 고사가 전한다(『唐詩紀事』「杜牧」).

292 백설의 노래 : 춘추 시대 楚나라의 가곡 이름으로, 고상한 노래나 시문을 가리키는 말로 쓰인다. 여기서는 기생의 노래 가락이 뛰어난 것을 말한 것으로 보인다.

293 미루(迷樓) : 隋나라 煬帝가 만년에 만든 매우 화려한 누각이다. 신선이 찾아와도 정신

구름 날고 비 뿌릴 때 등불 앞에 모이고	雲飛雨散燈前集
밤새 마시고 아침에 자며 달 아래 놀았지.	夜飮朝眠月下游.
작은 노여움 한마디로 녹임이 무에 어려우랴[294]	薄怒何難消片語
미혹한 정신에 눈동자 돌아가는 것 어쩔 수 없네.	癡魂無奈蕩回眸.
장군은 풍류 즐긴다는 비방 겁내하지 않으니	將軍不怕風流謗
강남에서 질탕하게 노닐며 또 이 가을을 보내네.	駘蕩江南又一秋.

해 떨어져 삼엄한 성에 북이 두 번 울리자	日落嚴城鼓二撾
푸른 깁 등롱 앞세우고 신나게 지나가네.	碧紗籠燭恣經過.
가벼운 옷 느슨한 띠 형남의 장군이요[295]	輕裘緩帶荊南將
고운 눈 긴 눈썹 초나라의 미녀로다.[296]	曼睩脩眉楚國娥.
미친 듯 수정 여의 잡고 춤추고	狂把水晶如意舞
술 취해 백옥 타호 두드리며 노래 불렀네.[297]	醉敲白玉唾壺歌.

이 혼미하게 될 것이라는 의미로 이름을 붙였으며, 지금의 江蘇省 서북쪽 교외에 그 터가 남아 있다고 한다.

294 작은……어려우랴 : '작은 노여움[薄怒]'은 宋玉의 「神女賦」에 "노기 띠고 작은 노여움으로 몸을 지키니 범할 수 없었네.[頩薄怒以自持兮, 曾不可乎犯干.]"라는 구절에 그 용례가 보이는데 巫山의 神女가 초나라 襄王에게 동침을 허락하지 않은 것을 읊은 부분이다.

295 가벼운……장군이요 : 가벼운 옷과 느슨한 띠는 戰陣 속에서 한가롭고 여유로운 장수의 풍도를 표현한 말이다. 荊南은 荊州를 말한다. 晉나라 武帝가 吳나라를 멸망시키기 위해 羊祜를 荊州都督으로 삼자, 양호는 형주의 襄陽에 주둔하면서 관대한 정치로 백성들의 마음을 얻었고 갑옷 대신 가벼운 옷에 허리띠를 느슨하게 하고 다녔다는 고사가 있다(『晉書』 卷34 「羊祜列傳」).

296 고운……미녀로다 : 楚나라 襄王이 高唐에서 놀다가 꿈에 하룻밤을 같이 보냈다는 巫山의 神女를 말하는 것으로 보인다. 이 신녀를 巫娥라고 한다. 여기서는 기생을 말한다.

297 미친……불렀네 : 공주 영장과 연회에서 질편하게 놀던 상황을 묘사한 것이다. 수정 여의는 수정으로 만든 여의를 말한다. 여의는 본디 등을 긁는 효자손의 일종이었다가 점차 법회 때 法師가 손에 드는 法具의 하나로 바뀌었으며, 선비들도 사용했던 것으로 보인다. 唾壺는 가래를 뱉는 병이다. 晉나라 때 王敦이 술이 거나할 때마다 曹操의

정이 솟구치면 자고로 우리와 같았나니	鍾情自古如吾輩
묻지 말라 까닭 없이 왜 소리치는지.	莫問無端喚奈何.
이곳 강호에서 기녀 싣고 다니노라니	從此江湖載妓行
해원[298]의 명성 따윈 한 푼 값도 안 되는 듯.	一文不直解元名.
호화로운 자리에서 장난삼아 금강무[299] 추고	豪筵戲作金剛舞
별채의 정원에서 직접 철적소리 연주해 보네.	別院親調鐵笛聲.
도엽 나루 앞의 왕자경이요	桃葉渡頭王子敬
연꽃 연못 속의 유기경이로다.[300]	荷花蕩裏柳耆卿.
서울의 벗들 자주 안부 물어오는데	京師故舊頻相問
떠난 뒤로 붓 놓았노라 대답한다오.	但道伊來廢筆耕.
적막한 이별 자리 한 곡조 노래 소리 울리는데	離筵寂寞一聲歌
주렴 앞 오죽에는 흰 이슬 많이도 내렸구나.	烏竹簾前白露多.
유벽거 타고 와 기쁨 길지 않았으니[301]	油壁車來歡未幾

"늙은 준마는 구유에 엎드려 있어도 천 리에 뜻이 있고, 기개 있는 선비는 늙어서도 장한 뜻이 그치지 않네.[老驥伏櫪, 志在千里. 烈士暮年, 壯心不已.]"라는 시구를 읊조리면서 鐵如意로 唾壺를 두드려 절주를 맞추다가 마침내 타호의 주둥이가 다 부서졌다는 고사가 있다(『晉書』 卷98 「王敦列傳」).

298 해원(解元) : 鄕試에 장원급제한 것을 말한다. 앞의 1-67번 시 283번 주석 참조.

299 금강무(金剛舞) : 佛家에서 추는 춤의 하나이다.

300 도엽(桃葉)……유기경(柳耆卿)이로다 : 기생을 데리고 좋은 경치 구경하며 지낸다는 말이다. 도엽 나루는 晉나라 王獻之가 애첩인 도엽을 전송한 나루터이다. 王子敬은 王獻之로, 자경은 그의 자이다. 연꽃 연못은 경치 좋은 곳을 상징한다. 柳耆卿은 송나라 柳永으로, 기경은 그의 자이다. 유영이 杭州의 풍경을 읊은 詞인 「望海潮」에, '가을날 계수나무 열매, 십 리에 걸친 연꽃[三秋桂子, 十里荷花.]'이라는 구절이 있다(『海塘錄』 卷25).

301 유벽거(油壁車)……않았으니 : 기생과의 만남이 길지 않았다는 말이다. 유벽거는 부인들이 타는 수레인데, 수레의 벽을 油漆로 장식하기 때문에 이렇게 불렀다. 여기서는

백단선 두드릴 제 그 원망 어떠하랴.[302] 白團扇拍怨如何.
광평의 심장 철석같다 말하지 마오[303] 廣平休道腸如鐵
반고도 오히려 눈물이 강하로 바뀌었다네.[304] 盤古猶然淚變河.
정녕 원앙을 물결 따라 가게 하니[305] 定使鴛鴦飄蕩去
부드러운 금강 물결이 밉기도 하구나. 生憎滑膩錦江波.

무람없이 지내노라면 끝내 미운 사람 되니 相狎終爲可厭人
무리 중에 누가 담담히 가까이 할 사람인가. 衆中誰是澹然親.
영각[306]의 밤에 촛불 밝혀 거듭 불렀고 紅燭重招鈴閣夜
옥경의 봄날에 이원에서도 한 번 보았지.[307] 梨園一面玉京春.

기생이 타고 온 수레를 말한다.

302 백단선(白團扇)……어떠하랴 : 기생도 이별을 슬퍼할 것이라는 말이다. 晉나라의 中書令 王珉은 평소 백단선을 즐겨 들고 다녔다. 왕민이 형수의 시녀인 謝芳姿를 사랑했는데, 이 일이 발각되어 사방자가 왕민의 형수에게 모진 매를 맞은 뒤 왕민을 위해 白團扇歌를 지어 불렀다는 고사가 전한다.

303 광평(廣平)의……마오 : 철석같은 심장을 지닌 사람도 이별 앞에서는 마음이 흔들릴 것이라는 말이다. 광평은 당나라 玄宗 때 廣平郡公에 봉해진 宋璟을 가리키는데, 강직한 성품 때문에 '鐵心石腸'이라 일컬어졌다. 그가 지은 「梅花賦」에 대해 당나라 皮日休는 철심석장을 지닌 송경이 아름답고 화려한 「매화부」를 지을 줄 몰랐다고 칭찬하였다(『唐文粹』 卷6 「桃花賦」).

304 반고(盤古)도……바뀌었다네 : 조물주도 눈물을 흘렸으므로, 자신도 눈물을 흘릴 수밖에 없다는 말이다. 盤古는 천지가 개벽할 당시에 맨 먼저 나와서 세상을 다스렸다는 중국 신화 속의 인물로, 최초의 인간인 동시에 세상을 창조하는 조물주의 역할을 수행했다고 한다. 일명 混沌氏라고도 한다. 任昉의 『述異記』에 "선유들의 설에 반고씨의 눈물이 강하가 되었다고 한다.[先儒說, 盤古氏泣爲江河.]"라는 구절이 보인다.

305 정녕……하니 : 기생이 배를 타고 떠나간다는 말로 보인다. 원앙은 기생을 의미하는 말로 쓰인다.

306 영각(鈴閣) : 장수나 지방 장관이 집무하는 곳을 말하는데, 여기서는 李營將의 館所를 가리킨다.

307 옥경(玉京)의……보았지 : 기생을 처음 만났던 때를 회상한 말이다. 玉京은 白玉京의 준말로 天帝 혹은 신선이 머무는 곳을 말하는데, 여기서는 公州를 일컫는 말로 쓰인

주랑의 돌아봄 많이 입은 건 거문고 곡조 때문 아니요308 偏蒙郎顧非琴曲
너의 사랑 내가 받은 건 돌아오는 술잔 숨겨준 것.309 私荷伊憐匿盞巡.
낭예와 부화는 모두가 거짓이라 하지만 浪蘂浮花都是假
소리마다 다시 진진을 불러본다네.310 聲聲試復喚眞眞.

살결과 머리털 저마다 다른 벽옥의 나이311인데 膚髮參差碧玉年
정은 있지만 욕심 없기에 냉랭하게 대했다네. 有情無欲只泠然.
조금 취했을 땐 붉은 홍시 애써 찾아주었고312 微酡苦索紅沈柹
잠시 헤어질 땐 하얀 종이 가볍게 접어주었지.313 小別輕裁白硾牋.

듯하다. 梨園은 궁정에다 예능인들을 모아놓고 가무와 기예를 연습시키던 곳인데, 후대에는 연희를 펼치는 곳을 가리키는 말로도 쓰였다.

308 주랑(周郎)의……아니요 : 유득공이 기생을 자꾸 돌아본 것은 거문고 연주가 잘못되어서가 아니라는 말이다. 周郎은 三國 시대 吳나라의 周瑜를 가리킨다. 음악에 매우 밝아 술에 취한 뒤에도 잘못된 곡조를 연주하는 자가 있으면 반드시 돌아보았으므로, 당시 사람들 사이에 "곡조가 잘못되면 주랑이 돌아본다.[曲有誤, 周郎顧.]"라는 민요가 있었다고 한다(『三國志』 卷54 「吳書 周瑜傳」).

309 너의……것 : 미상이다.

310 낭예(浪蘂)와……불러본다네 : 기생과의 사랑이 이루어졌으면 좋겠다는 말이다. 浪蘂와 浮花는 모두 열매 맺지 못하는 꽃을 비유하는 말이다. 또 眞眞은 미인의 이름이다. 당나라 趙顔이 미인도 한 폭을 얻고 말하기를, "세상에는 이런 미인이 없다. 있다면 내가 아내로 삼겠다."라고 하니, 화상을 그린 화공이 "나의 그림은 神畵이고, 이 미인의 이름은 眞眞이오. 그 이름을 백 일 동안 밤낮으로 부르면 반드시 응답이 있을 것이니 응답이 있을 때 百家의 綵灰酒를 거기에 부으면 반드시 살려낼 수 있을 것이오."라고 하였고, 그의 말대로 한 결과 과연 그 여인이 살아났다고 한다(『說郛』 卷46上).

311 벽옥(碧玉)의 나이 : 어린 나이를 뜻하는데, 주로 16세 여인을 일컫는 말이다.

312 조금……찾아주었고 : 원문의 '沈柹'는 떫은맛을 줄이기 위해 물에 담가 우린 감을 말한다. 홍시는 숙취해소에 도움을 준다고 한다.

313 하얀……접어주었지 : 원문의 '硾牋'은 硾紙와 같은 말로, 매끄럽게 만들기 위해 다듬질 한 종이를 말한다. 신라 때부터 있었다고 하며 중국에서는 '고려지'라고 불렀다.

달빛 아래 만나면 마음 들떠 기뻤는데	月下相逢歡艸艸
무리 속에 말없이 있다 훌쩍 가버렸다네.	衆中無語去翩翩.
정 나누는 곳에서도 의심스런 지경 있으니	情場亦有危疑境
이 인연 좋은 인연이라 하기 어려우리.	難道斯緣是好緣.

번역 이성민

1-69

다른 사람을 대신하여 가선[314]에 쓰다【이 시 아래에 「우제가선」[315] 한 수를 써야 한다.】

代人題歌扇【此下當書又題歌扇一首】

몽롱한 잠결 속에 한 차례 닭 울음소리	矇朧睡裏一雞鳴
꺼져가는 등잔 내버려두고 다시 밝히지 않네.	棄置殘燈不復明.
또 한 번 북풍에 속임을 당했나니	又被北風欺負我
천천히 낙엽 몰아가며 치마 소리 내는구나.	徐驅黃葉作裠聲.

314 가선(歌扇) : 노래하거나 춤을 출 때 쓰는 부채이다.
315 「우제가선(又題歌扇)」 : 『영재집』 권5에 실려 있다.

1-70

의고잡곡[316] 【열 수】

擬古雜曲 【十首】

봄 숲 너머로 달 떠올라 月出春林外
영롱히 내 섬돌 비추는데. 玲瓏照我堦.
옥 같은 님 웃음 머금고 다가와 玉人含笑至
손잡고 함께 한가로이 거닌다오. 執手共徘徊.

봄날 아침 이슬 마르기 시작할 때 春朝露初晞
놀이는 꽃길을 재촉하네. 游戲速芳徑.
발걸음 진달래꽃[317] 앞에 이르자 行到山榴前
홀연 꽃과 함께 화사해진다오. 忽與花俱盛.

맑은 밤 잠 못 이루다 淸夜不能寐
가을 달빛 보고 싶어 思見秋月光.
쌍쌍이 치맛자락 쥐고 나가 雙雙攬裠出
나풀나풀 숲속 연못을 돈다오. 仙仙繞林塘.

상아 침상에 이리저리 뒤척이다가 輾轉牙床上
그리움에 새벽 북소리 듣는다네. 相思曉鼓鳴.

316 의고잡곡(擬古雜曲) : 옛 樂府의 雜曲을 모방하여 지었다는 뜻으로 우리나라 민요를 본 떠 지은 작품으로 보인다.

317 진달래꽃 : 원문 '山榴'는 '山石榴'의 줄임말로, 杜鵑花 즉 진달래꽃을 말한다.

맑은 바람은 내가 있는 곳을 위하여　　清風爲我地
먼저 사가사각 치마 소리 보내준다오.　　先送凍褰聲.

좋은 밤 붉은 촛불 태우노라니　　良夜燒紅燭
남은 빛 은은히 작은 뜰 비추네.　　餘光澹小庭.
창 사이 비추이는 한 쌍 그림자　　窓間有雙影
짤그락 짤그락 주사위[318] 소리.　　切切投瓊聲.

임자가 활시위 끝 화살이라면　　歡似弦頭矢
이 몸은 자석에 끌리는 바늘이라네.　　儂似磁邊鍼.
등잔 태우며 맑은 밤 새우노라니　　然燈達清夜
이제야 한마음 아님을 알겠소.　　始知非一心.

남들은 멋대로 소리치고 성내겠지만　　他人任叫嗔
마음 다잡아 늘 부드럽게 대한다네.　　秉心恒綽綽.
서방님 이 몸 괴롭히지 말라 타이르자니　　戒卿莫惱儂
맑은 눈물 말소리 따라 떨어진다오.　　清淚應聲落.

면벽한 듯 지낸 지 삼 년이요　　面壁成三年
금침(衾枕)을 따로 하니 천 리라.　　分衾作千里.
강물은 얼면 봄볕이나 기다리련만　　江氷待春陽
이내 신세 스스로 풀 길 다시는 없다오.　　無復自解理.

318 주사위 : 원문은 '投瓊'인데, 주사위를 지칭하는 '骰子'와 같은 의미로 쓰인다.

땅에 쓸리는 비단 치마 자락에　　冪地羅裳角
눈 돌리니 은비녀 반짝이네.　　轉眄銀釵光.
이 몸 조강지처라 하시면서　　云是儂粗粕
어찌 이다지도 사람의 애 끊는단 말이오.　　何足斷人腸.

섬돌 내려설 때 바람에 치마 젖혀져　　下堦風裳開
문득 서방님의 꾸지람을 들었네.　　忽聞郎彈糾.
어쩔 줄 몰라 얼굴 들지 못하니　　造次壞容光
술에라도 취한 듯 화끈거린다오.　　騰騰似被酒.

1-71

웅주 관사에서 세모를 맞이하다【다섯 수】

熊州館歲暮【五首】

강가 관문 향하여 누가 피리를 부는가	何人吹笛向江關
남국에서 포의는 여전히 돌아가지 못한다네.	南國布衣殊未還.
판자 집 인가의 연기, 쌓인 눈 너머 이어지고	板屋人烟連雪外
붉은 정자와 성가퀴, 구름 사이 반쯤 잠겨있네.	紅亭雉堞半雲間.
슬픔 머금은 입안엔 무엇인가 빠져있는 듯하고	悲含口裏斯何闕
마음이 맺혀있는 칼자루엔 다만 고리가 있다네.319	念結刀頭只是環.
공북루320에서 머리 돌리니 좋은 풍광이라	拱北樓中回首好
푸르고 푸른빛 고향 산과 같다오.	青青有似故鄕山.

붉은 매화 섣달을 맞아 반은 시들었건만	紅梅迎臘半凋殘
차령 이남321이라 그리 춥진 않네.	車嶺以南不甚寒.
백마강 물소리는 백제로 통하고	白馬江聲通百濟
옛 웅주 길은 삼한으로 이끄는데	古熊州路控三韓.
옛날에 막부를 설치한 당나라 도독이요322	舊開幕府唐都督

319 칼자루엔……있다네 : 칼자루 끝의 고리를 지칭하는 '環'자가 돌아간다는 뜻을 지닌 '還' 자와 발음이 같음으로 인해 '歸還'의 상징적 의미로 쓰였다.

320 공북루(拱北樓) : 公州 公山城의 北門이다. 앞의 1-65번 시 268번 주석 참조.

321 차령(車嶺) 이남 : 車嶺山脈은 충남 공주와 천안 사이에 가로 놓인 고개로 공주는 차령의 남쪽에 위치해 있다.

322 옛날에……도독(都督)이요 : 당나라 都督 薛仁貴가 백제를 멸망시킨 후 熊津都督府를 설치한 것을 말한다. 앞의 1-67번 시 273번 주석 참조.

새로 현가로 맞이한 송 판관이라네.[323]	新迓絃歌宋判官.
우스워라 개공이 한 일 전혀 없거늘	可笑蓋公無所事
부엌에 전하여 날마다 돼지 간을 허비한다오.[324]	廚傳日日費豬肝.

강가 고을에 앉아 저무는 한 해 한탄하노니	坐歎江鄉歲月闌
북풍에 눈발 날려 하루가 지루하네.	北風吹雪日漫漫.
살찐 말에 가벼운 가죽옷 입은 이의 객이 되어 많이 노닐었고	多從肥馬輕裘客
수염 많은 참군과 키 작은 주부와 어울려 즐거움 나누었지.[325]	聊與髯參短簿歡.
촛불 잡고 한가히 노닐다 섣달그믐 만나니	秉燭逍遙逢小除
잔 멈추고 서글피 장안을 떠올린다네.	停盃怊悵憶長安.

323 새로……송 판관(宋判官)이라네 : 송 판관은 당시 公州判官으로 있던 宋翼洙를 지칭한다. 송익수는 유득공과 교유가 많았던 宋俊載의 부친으로, 1773년 4월에 공주 판관으로 부임하였다. 絃歌는 琴瑟을 연주하며 노래하는 것으로, 禮樂으로 백성을 교화함을 뜻한다. 공자의 제자 子游가 武城 고을의 邑宰로 있으면서 현가로 백성을 교화하는 데 힘썼다는 고사가 전한다(『論語』「陽貨」). 宋俊載에 대해서는 뒤의 1-95번 시 387번 주석 참조.

324 우스워라……허비한다오 : 유득공 자신이 아무 하는 일 없이 지방 수령의 도움을 받고 있음을 표현한 것이다. 蓋公은 漢나라 惠帝 때 黃老의 학술에 정통했던 사람인데, 曹參이 齊나라 정승으로 있을 때 개공의 治國說을 듣고 政堂을 비워 그를 머무르게 한 고사가 있다(『史記』 卷54「曹相國世家」). 한편, 漢나라 때 개결한 성품으로 이름난 閔仲叔이 安邑에서 늙고 병들고 가난하여 고기를 얻지 못하고 매일 돼지 간 한 조각을 사서 먹었는데 푸줏간 주인이 싫어하였다. 이 소식을 들은 安邑 수령이 관리를 보내 매일 돼지 간을 공급하게 하자, 민중숙이 안읍에 누가 될 수 없다고 하여 다른 고을로 떠나갔다는 고사가 전한다(『後漢書』 卷53「周燮黃憲等傳序」). 후대에는 지방 관료로부터 생활의 도움을 받는 일의 전고로 사용되었다.

325 수염……나누었지 : 웅주 군영의 막료들과 어울렸다는 말로 보인다. 南朝의 宋나라 大司馬 桓溫의 막료 가운데 參軍 郗超는 수염이 많아 '髯參軍', 主簿 王珣은 키가 작아 '短主簿'로 불렸다고 한다(『通鑑節要』 卷28「晉紀」).

이 몸은 이미 양을 따르는 기러기와 기약했으니 此身已約隨陽雁
곧 봄바람 차차 돌아옴을 보게 되리라.[326] 卽見春風次第還.

나그네 마음은 쓸쓸히 세모를 맞이하여 客意蕭條與歲窮
고향 편지 한 장을 총총히 쓴다. 鄕書一紙寫怱怱.
묵은 빚에 괴로운 마음 문전 기러기 신세요 宿逋惱殺門前雁
객지 밥에 서글프니 행랑 아래 큰기러기 처지로다. 旅食悲哉廡下鴻.
동곽 사람 돌아가려는데 석 장의 눈이 내리고[327] 東郭人歸三丈雪
서호의 매화 소식은 첫 번째 바람이 전한다오.[328] 西湖梅信一番風.
가련하도다 이 밤 반딧불 촛불[329] 마냥 可憐此夜如螢燭
천리 밖 그리워 두어 점 붉게 빛난다오. 千里相思兩點紅.

중선의 사부[330] 어찌 거친 재주이랴 仲宣詞賦豈粗才

326 이……되리라 : 양을 따른다는 것은 태양의 볕을 따르는 대표적인 철새인 기러기를 지칭한다. 여기서는 겨울날 남쪽 공주로 왔다가 봄이 되면 다시 한양으로 돌아가겠다는 마음을 표현한 것이다.

327 동곽(東郭)……내리고 : 유득공이 서울로 돌아가지 못하고 다가오는 봄의 첫 절기를 맞이하고 있다는 뜻이다. 동곽의 사람은 齊나라의 東郭先生을 지칭한다. 가난한 처지에 왕의 초빙을 오래도록 기다리다 옷과 신발이 해져 정작 벼슬이 내렸을 때는 밑창이 없는 신을 신고 눈길을 걸어가야 했다는 고사가 전한다(『史記』 卷126 「滑稽列傳 東郭先生傳」).

328 서호(西湖)의……전한다오 : 서호는 송나라의 高士 林逋가 매화를 심고 학을 기르며 은거하던 곳이다. 첫 번째 바람은 꽃을 피우는 24번의 바람 중 小寒에 매화를 피우는 첫 번째 바람을 지칭한다. 여기서는 공주가 湖西지방이므로 서호라고 칭하여 매화가 피었음을 말한 것이다.

329 반딧불 촛불 : 미약한 빛을 뜻한다.

330 중선(仲宣)의 사부(詞賦) : 한나라 시대 '建安七子'로 유명한 王粲이 지은 「登樓賦」를 지칭한 것이다. 仲宣은 왕찬의 字이다. 「등루부」는 왕찬이 西京을 떠나 荊州의 劉表에 의탁해 있던 시절 성루에 올라가 고향을 그리워하고 시대를 한탄하는 마음을 표현한 작품이다.

세모에 누대 오르니 고향생각 절로 이네.	歲暮登樓歸思催.
옷에 붙은 묻은 때는 어머니의 근심이요	衣上多塵萱艸怨
시에 담긴 눈물자국은 죽지가의 슬픔이라.[331]	詩中有淚竹枝哀.
마음은 편지 한 장에 매달려 두둥실 떠나가고	心懸一札亭亭去
꿈결은 첩첩산중 스쳐 훨훨 돌아가네.	夢拂千山忽忽回.
도리어 타향에서 베푼 술자리에 위로 받나니	却慰他鄕排酒席
도소주[332]가 오히려 소년의 잔을 채우는구려.	屠穌猶是少年盃.

331 옷에……슬픔이라 : 孟郊의 「游子吟」을 전고로 인용하여 어머니가 계신 고향집으로 오래도록 돌아가지 못함을 표현한 것이다. 맹교는 「유자음」에서 길을 떠날 때 어머니가 지어준 옷에 대하여 "떠날 때 촘촘히 꿰매어 주심은, 더디 돌아올까 염려해서이겠지.[臨行密密縫, 意恐遲遲歸.]"라고 하여 어머님의 근심을 말하였다. 맹교의 작품은 고악부를 본떠 지은 것으로, 宋代 郭茂倩이 편집한 『樂府詩集』에 수록되기도 하였다. 이 때문에 유득공은 민요를 뜻하는 竹枝歌라고 칭한 것이다. 원문의 '萱艸'는 어머니를 상징한다.

332 도소주(屠蘇酒) : 설날에 무병장수를 기원하기 위해 마시는 약주로, 첫새벽에 가족이 의관을 정제하고 모여 마시는데 나이가 어린 사람부터 마신다(『荊楚歲時記』).

1-72

십사일 밤 우영에서 초대하여 술을 마시다[333]

十四夜右營招飮

하사[334] 중엔 지금 사군과 같은 자 없으니	下士無如今使君
돈독한 시재 홀로 지닌 우장군[335]이라네.	敦詩獨有右將軍.
꿀물에 저민 귤은 세 마디 크기요	淹沈蜜氣柑三寸
기름 향 발라 구운 고기는 백 근이라.	薰灼油香肉百斤.
말 위에서 호탕하게 백면서생을 맞이하고	馬上麤豪迎白面
술자리에서 시 지으며 붉은 치마를 가까이 하네.[336]	飮中文字近紅裙.
대통교[337] 너머 돌아오는 길	大通橋外歸時路
낮은 달 옅은 노란 빛이 반쯤 취한 얼굴 비춘다.	低月微黃照半醺.

333 십사일……마시다 : 이 시는 『한객건연집』에는 「이 우장군에게 주다. 2수[贈李右將軍二首]」라는 시의 제2수로 실려 있다. 앞의 1-68번 시 주석 참조. 右營은 公州에 설치한 충청도의 우영을 지칭한다. 임진왜란과 병자호란 이후 조선은 각 지역 주요 군사 거점에 鎭營을 설치하고 營將을 임명하였는데, 지역별로 前營 · 後營 · 左營 · 右營 · 中營의 5개를 설치하는 것이 원칙이었다. 충청도의 경우 전영은 洪州에, 좌영은 海美에, 중영은 淸州에, 우영은 公州에, 후영은 忠原, 즉 지금의 忠州에 설치하였다.

334 하사(下士) : 고대 관료 작위 중 아래 등급을 지칭하는데, 여기서는 지방관을 뜻한다.

335 우장군(右將軍) : 공주 영장 李潤禧를 말한다. 앞의 1-68번 시 290번 주석 참조.

336 술자리에서……하네 : 시를 지으며 기생을 가까이 한다는 말이다. 붉은 치마[紅裙]는 아름다운 여인이나 기생을 지칭한다. 당나라 韓愈는 「醉贈張秘書」에서 장안 부호의 한량들을 조롱하여, "시 지으며 술 마실 줄 모르고, 오직 붉은 치마에 취할 줄만 안다.[不解文字飮, 惟能醉紅裙.]"라고 하였다.

337 대통교(大通橋) : 공주에 있던 백제 때의 다리로, 현재 그 초석이 남아 있다.

1-73

북쪽으로 돌아가는 날 김·윤 등 여러 선배의 동년회[338] 운을 받들어 수창하다

北歸日 奉酬金尹諸先輩同年會韻

강호는 곳곳에 있지만 친구는 드문데	江湖滿地故人稀
북녘 손님 이제 기러기 따라 돌아간다네.	北客初隨一雁歸.
큰 술잔 들며 옛 역사 적시었고	大白盃中澆古史
옅은 홍진 속에 새 옷 입어보았네.[339]	軟紅塵裏試新衣.
입신하려는 사람 응당 바다처럼 많으리니	立身應在人如海
뜻을 얻었다해 어찌 말처럼 빨리 달릴 수 있으랴.	得志寧爲馬似飛.
가련하다 동년의 먼 훗날의 뜻	憐爾同年他日意
청운의 길 내 달릴 때 서로 그리워하리라.	雲衢馳逐共依依.

338 동년회(同年會) : 같은 해에 과거에 합격한 사람들의 모임을 말한다.

339 큰……입어보았네 : 동년회의 사람들과 술을 마시며 역사를 토론하고 공주의 번화가를 돌아다니며 노닐었다는 말이다.

1-74

소완정 거사[340]의 학이 우물에 빠져 죽었기에 만시를 짓다【두 수】

素玩亭居士鶴墜井輓【二首】

평원군집 앞 골목에 쑥대만 길게 자랐는데	平原門巷長蓬蒿
떠나지 않고 맞이하는 건 우객 무리뿐이었다오.	不去惟應羽客曹.
깜짝 놀라 일어나 오동잎 지는 가을 우물가에서	驚起梧桐金井畔
바람 맞으며 야인 모수[341]를 한 번 곡한다오.	臨風一哭野人毛.
대대로 살던 운하, 구고에서 그리워하니[342]	家世雲霞憶九皐
태선을 굳이 비유하자면 고귀한 수선과도 같다네.[343]	胎仙强比水仙豪.
생각건대 그대 물결 밟을 버선 필요 없음은	料君無一凌波襪
한평생 행실이 고상했으리라 생각했기 때문이라네.[344]	已慮平生擧趾高.

340 소완정 거사(素玩亭居士) : 李書九의 별호이다. 박지원이 「素玩亭記」를 써주기도 하였다(『燕岩集』 卷3).

341 야인(野人) 모수(毛遂) : 우물에 빠져 죽은 학을 물에 빠져 죽은 야인 모수에 비유한 것이다. 平原君이 자신이 총애하던 毛遂가 우물에 빠져 죽은 줄 알고 하늘을 원망했는데, 사실은 이름이 같았던 野人이 물에 빠져 죽었다는 고사가 전한다(『西京雜記 卷6』).

342 구고(九皐)에서 그리워하니 : 구고는 水澤의 깊은 곳으로 학이 우는 곳을 지칭한다. 『詩經』 「小雅 鶴鳴」에 "학이 구고에서 울면 소리가 하늘에까지 들린다.[鶴鳴于九皐, 聲聞于天.]"라고 하였다.

343 태선(胎仙)을……같다네 : 胎仙은 학의 별칭이다. 예로부터 학은 神仙의 새로 '卵生'이 아니라 '胎生'이라 여겼기 때문이다. 水仙 중에는 屈原과 같이 물에 빠져 죽은 인물이 있으므로, 물에 빠져 죽은 학을 수선에 비유한 것이다.

344 생각건대……때문이라네 : 학을 女神 宓妃에 비유한 표현이다. 曹植이 지은 「洛神賦」에서 복비의 아름다움을 "물결을 밟는 가벼운 걸음, 비단 버선에서 먼지가 일다.[凌波微步, 羅襪生塵.]"라고 하였다. 여기서는 수선이 된 학이 버선이 없고, 또 평소에 발목을 세워 걷는 것을 비유해 말한 것이다.

1-75

백곡 초당[345]에 쓰다

題白谷艸堂

나는 일곱 살 때 어머니를 모시고 외가인 남양의 백곡으로 갔다가 열한 살 때 서울로 올라왔다. 올해 갑오년(1774, 영조 50) 봄에 사마시에 합격하고 외가의 산소에 성묘를 갔다. 그간의 세월을 헤아려보니 십육 년인데 골목길은 어린 시절 놀며 돌아다니던 모습 그대로였다.

余七歲時, 奉大夫人往外家南陽之白谷, 十一歲上京師. 今年甲午春中司馬, 往省外氏墳墓, 計其間十有六年, 閭巷依然童子時所游歷者.

나는 강랑[346]처럼 외가에서 자랐는데	我似江郎養外氏
십 년 만에 다시 찾은 그 마음 어떠하리오.	十年重過意如何.
죽마 타고 다니던 곳 원래 멀지 않았고	篠驂到處元非遠
종이 연 날리던 시절 정녕 잠깐세월이라.	紙鷂飛年定是俄.
묵묵히 떠올려보니 마을 집은 예전 그대로이고	默記門閭依舊向
놀라 보는 것은 형제자매 전보다 많아진 것이라네.	驚看弟妹比前多.
은근히 눈에 익은 어머니의 친정 가는 길	慇懃慣是歸寧路

345 백곡(白谷) 초당 : 백곡은 유득공의 외가가 있던 곳으로, 현재 경기도 화성시 마도면 백곡리 지역이다.

346 강랑(江郎) : 南朝 시대 梁나라의 江淹을 가리킨다. 강엄이 어려서 문장을 잘 지어 세상 사람들이 강랑이라고 칭하였는데, 만년에 오색 붓을 郭璞에게 돌려주고 나서 글재주를 잃었다고 전한다. 강엄이 어려서 외가에서 자랐다는 기록은 찾지 못하였다. 다만 13세에 아버지를 여의고 집이 가난하여 땔나무를 팔아 어머니를 봉양했다는 기록이 전한다(『南史』 卷59 「江淹列傳」).

어린 아들 난삼[347]이 연잎처럼 푸르다오.	小子襴衫綠似荷.

347 난삼(襴衫) : 초시인 생원시와 진사시에 합격하였을 때 입던 예복이다.

1-76

공산의 작은 정자에 다시 우거하다

重寓公山小亭

객으로 지내며 하는 일 없건만	爲客無所事
날마다 하는 일이란 사람들 소란 피하는 것.	日事避人喧.
풀빛은 남쪽 나라로 이어지고	艸色連南國
꾀꼬리 소리 고향 동산과 같다네.	鶯聲似故園.
새로 돋은 이끼 다니던 길 뒤덮고	新苔暗經處
옛 돌은 글자 새긴 흔적 보이네.	舊石逢題痕.
홀로 술 마심에 내 마음 따르나니	獨酌應隨意
누대를 내려올 땐 봄날 어두워지리.	下樓春日昏.

1-77

금강에 배 띄우고

泛錦江

금성348에 예로부터 전해온 풍악	錦城終古樂
피리소리 북소리 그칠 때가 없네.	簫鼓無時無.
저물녘 비에 돛 단 배 한 척 떠가고	暮雨一帆去
안개 낀 물결 십 리의 호수라네.	烟波十里湖.
연연해 오래 머문, 북에서 온 나그네	留連多北客
안온한 경치는 오추곡349과 흡사하다네.	駘蕩似吳趨.
누대 위 저물녘 고개 돌려보니	樓上晚回首
돌아가는 구름 그림자 또한 외롭구나.	歸雲影亦孤.

348 금성(錦城) : 公州를 지칭한다. 공산성과 공북루가 위치한 곳은 현재까지 錦城洞으로 칭해진다.

349 오추곡(吳趨曲) : 오나라, 즉 중국 남방의 경관을 읊은 노래를 지칭한다(『古今注』「音樂」).

1-78

봄날

春日

금강 물 넘실넘실 흘러가는데	錦水湯湯逝
나그네 신세는 아직 돌아가지 못하네.	客身殊未歸.
한가로이 폈던 꽃은 거의 다 스스로 떨어지고	閒花多自落
바람결에 나비는 끝내 헤어져 날아가네.	風蝶竟分飛.
고향 마을에선 서대초[350] 뽑을 텐데	故里抽書帶
남녘땅에 포의로 머물러 있네.	南關滯布衣.
고향 산 아득히 멀기에	家山迢遞絶
봄꿈에서도 아련하여라.	春夢亦依依.

350 서대초(書帶草) : 漢나라 鄭玄이 不其山 기슭에서 후학을 가르칠 때 자라났다는 풀로, 줄기가 부추처럼 길고 질겨 책을 묶는 띠로 사용하였다 한다.

1-79

공북루

拱北樓

풀빛은 모래톱 물가로 이어지고	艸色連洲渚
푸른 봄 곳곳마다 깊어간다.	靑春處處深.
강이 흘러가니 장탄식이 나오고	水流長太息
꽃이 피니 홀로 나직이 읊조린다.	花發獨沈吟.
옛 성가퀴는 두 나무를 둘러있고[351]	古堞縈雙樹
절집은 반 쯤 성긴 숲 너머 있다.	仁祠隔半林.
외론 구름은 쉼 없이 떠가니	孤雲去不息
어찌 돌아가고픈 마음 잡아두리오.	那得繫歸心.

351 옛……둘러있고 : 공산성은 백제 때는 熊津城으로 불렸고 고려 때 공산성으로 불리다가, 李适의 난 때 인조가 피신하여 성 안 두 그루 나무 아래에 머무른 뒤로 '雙樹山城'으로 불리게 되었다(『萬機要覽』 軍政篇4 「忠淸道」).

1-80

저물녘 금벽정352에 돌아와서

錦壁亭暮歸

금성은 어찌 그리 우뚝 솟았으며	錦城何兀兀
금수는 어찌 그리 도도히 흐르는가.353	錦水何洋洋.
그대와 함께 기약한 곳 어디던가	與子期何所
그리운 이 저 멀리 있네.	伊人在彼央.
쌍적354 비껴 불고 떠나니	橫吹雙笛去
성긴 빗줄기에 반쯤 펼친 돛단배로다.	疎雨半帆張.
말 쉬는 역참 아득히 그림처럼 보이고	馬店遙堪畵
아담한 강 푸르러 상수355에 견줄만하네.	娥潭綠比湘.
천천히 풀 밭 사이를 떠나	逡巡離艸際
물결 따라 갈매기 곁에 이르렀네.	飄蕩到鷗傍.
저물녘 물결 자줏빛 꽃 머금은 양	晩浪涵花紫
봄 강물에선 노란 달 솟아오른다.	春江湧月黃.
배 가득 잠든 취객	滿船眠醉客

352 금벽정(錦壁亭) : 공주 금강 가에 있던 정자이다.

353 금성(錦城)은……흐르는가 : 금성은 공주의 公山城을 지칭하고, 錦水는 錦江을 지칭한다.

354 쌍적(雙笛) : 이별과 그리움의 음악을 상징한다. 南朝시대 梁나라 簡文帝의 「生別離」에 "이별의 비파소리, 그리워하는 쌍적의 노래.[別離四弦聲, 相思雙笛引.]"라는 구절이 보인다.

355 상수(湘水) : 중국 揚子江의 지류로 洞庭湖를 경유하는 湘江을 지칭한다. 순임금의 두 왕비와 屈原이 투신자살하였다는 전설이 전해지는 강으로 중국 남방의 가장 아름다운 강으로 알려졌다.

자리에 둘러 앉은 홍랑.[356]	匝席坐紅娘.
무희의 옷소매 나부끼어 얼굴을 스치고	舞袖回吹面
노랫소리 구절마다 애간장을 녹인다.	歌聲句引腸.
날씨 쌀쌀하여 푸른 담요 덮고	天寒蒙翠被
바람 거세져 선녀의 치마 말아 쥔다.	風急攬仙裳.
강남의 즐거움이라 말할 수 있겠으나[357]	可道江南樂
어찌 고향생각을 금할 수 있으리오.	那禁憶故鄉.

356 홍랑(紅娘) : 중국 고전소설 『會眞記』에 등장하는 崔鶯鶯의 여종 이름으로, 주로 남녀 주인공의 인연을 매개하는 역할을 하는 여인을 지칭한다. 여기서는 뱃놀이에 따라온 기생을 말한 것으로 보인다.

357 강남의……있겠으나 : 중국의 강남은 산수경관과 문화유산이 아름다워 중국은 물론 조선에서도 시인묵객들이 가장 선망하는 명승지로 칭하였다. 여기서는 뱃놀이의 극진한 운치를 비유하는 말로 쓰였다.

1-81

조용히 지내며

靜居

집 떠난 나그네 남국에서 시름겨운데	游子悲南國
봄 경치는 지난 해와 같구나.	春光似去年.
꿈은 한가한 생각 따라 펼쳐지고	夢因閒思演
심사는 작은 근심에 이끌려가네.	腸爲小愁牽.
마음 기울여 나지막한 읊조림 되풀이 하고	屬意沈吟復
턱 괴고 가만히 완상함 즐기네.	支頤靜玩偏.
나비 빛깔 풀에 어른거려 취한 듯 보이고	蝶光依艸醉
꿀벌 모습은 꽃을 찾아 정신없이 앵앵거린다.	蜂態趁花顚.
긴 낮에 새 소리 거듭 이어지고	晝永禽聲疊
돌아온 봄에 나무 빛 이어진다.	春歸樹色連.
붉은 누각 속에서 사람을 기다리며	遲人紅閣裏
그림 난간 앞에 우두커니 서있네.	凝立畵欄前.

번역 이철희

1-82

웅주잡절【세 수】

熊州雜絶【三首】

문주왕이 도읍 세운 지 이미 천 년[358]	文周開國已千年
푸른 공자산[359]에선 두견새 우네.	公字山青啼杜鵑.
피리 불며 고란사 경내로 드니	吹篴皐蘭寺裏去
남부여[360]의 나무는 돛 앞에 저물었네.	南扶餘樹暮帆前.
쟁 타고 피리 부는 학당인	彈箏吹笛學唐人
도독부의 진영 앞엔 백제의 백성이라.	都督營前百濟民.
서라벌의 악공 서른여덟 명[361]	羅伐伶官三十八

358 문주왕(文周王)이……년 : 문주왕(재임 475~477)은 백제 22대왕으로, '汶洲'·'文園'·'文淵' 등으로도 불린다. 그가 재임하던 5세기 후반에 도읍을 이곳에 정하였다. 참고로 『新增東國輿地勝覽』 卷17 「公州牧」에 "본래 백제의 熊川으로 문주왕이 북한산성에서 이곳으로 옮겨 도읍하였다가 聖王에 이르러 南扶餘로 옮겼다."라고 하였다. 또 신라 景德王이 웅천에서 熊州로 고쳤으며, 고려 태조 23년(940)에 公州로 바꿨다고 한다.

359 공자산(公字山) : 공주의 진산인 公山을 말한다.

360 남부여(南扶餘) : 백제의 다른 이름이다. 538년에 성왕이 도읍을 웅천에서 泗沘城으로 옮긴 뒤 중흥의 기치를 내걸고 '남부여'라고 국호를 바꿨다. 이 국호는 백제가 멸망할 때까지 쓰였다.

361 악공 서른여덟 명 : 중국에 가서 唐樂을 배워 온 악공들을 말한다. 『新增東國輿地勝覽』 卷17 「公州牧」의 '풍속' 조에 "남자는 箏과 피리[笛]를 좋아하고, 여자는 가무를 좋아한다"고 하고, 그 풀이에 "신라 문무왕 때에 당나라 劉仁軌가 백제를 격파하고 熊津府城에 주둔할 때 당나라 악공도 따라 왔었다. 왕이 星川·丘日 등 38명에게 명하여 당에 가서 唐樂을 배우게 하였던 바, 이때부터 고을 사람들이 음악을 잘하였다."라고 하였다.

맑고 차가운 소리 웅주 나루에 남았어라. 泠泠遺響在熊津.

상사의 서덜[362] 위에서 퉁소를 불고 相思磯上坐吹簫
여기의 연못[363]에 화선을 띄웠네. 女妓潭中駐畵橈.
마점에서 외상술 마시다 늦게 돌아오는데 馬店賖醪歸去晩
사송정[364] 가까워 비가 흩뿌리네. 四松亭近雨飄瀟.

---

362 상사(相思)의 서덜 : 이 지역에 '相思磯'라는 고유 장소가 있는 것으로 판단되나 확인되지 않는다.

363 여기(女妓)의 연못 : 역시 이 지역에 '女妓潭'이라는 고유 장소가 있는 것으로 판단되나 확인되지 않는다.

364 사송정(四松亭) : 공주시 월송동 금강 근처에 있던 정자이다. 언제 누구에 의해 세워졌는지 불분명한데, 여주이씨 李尙毅(1560~1624)가 지었다는 설과 1701년 충청도관찰사 李震休가 건립했다는 설이 양존하고 있다. 李重煥의 『擇里志』에도 언급되어 있다.

1-83

단양잡절【세 수】

端陽雜絶【三首】

이러구러 때는 여름 오월	苒苒時當夏五
점차 시절은 그네 탈 때가 닥쳤네.	看看節迫秋千.
누대 앞 해는 저물고 사람들 돌아가니	樓前日暮人散
남은 분 잔향엔 애잔함이 묻었네.	墜粉遺香黯然.
보리 익는 계절이라 새 술 빚기 좋고	麥秋好釀新酒
여름 홰나무 아래 한가로이 고서 뒤적이네.	槐夏閒繙古書.
한낮 들창의 빛은 붉게 빛나고	日午窓光赫赤
석류꽃 만발하여 불타는 듯.	海榴花發焚如.
나무 사이 한 쌍의 나비 누가 보리오	樹間雙蜨誰見
풀 섶 은은한 향 홀로 맡네.	艸際微香獨聞.
낮잠 자는데 다시 부르는 사람 없고	午睡無人更喚
수렴에 비친 성근 비 어지럽기만.	暎簾疎雨繽紛.

1-84

사정에 쓰다

題䠶亭

높은 정자는 방초 언덕을 마주했고	高閣對芳岸
네모난 과녁은 저녁 바람 실컷 맞네.	方帿飽晚風.
날아가던 새 때때로 급히 달아나고	度禽時一急
시위 소리 맑은 하늘에 떨어지네.	弦響落晴空.

1-85

농 삼아 이 영장[365]에게 주다

戲贈李營將

청정한 개공의 집에서 일찍부터 조참에게 의지했고[366]
蓋堂淸淨早依參

현가 울리는 언언의 방에서 자주 담대멸명으로 맞이해 주었네.[367]
偃室絃歌屢迓澹.

비록 우번에게 지기가 한 사람 있다 하더라도[368] 縱有虞翻知己一

---

365 이 영장(李營將) : 公州營將 李潤禧(1734~?)를 말한다. 앞의 1-68번 시 290번 주석 참조.

366 개공(蓋公)의……의지했고 : 개공은 前漢 때의 高士이며, 曹參은 한나라 개국공신으로 유명하다. 개공은 黃老學에 밝았는데 조참이 齊나라의 재상이 된 뒤 그를 모셔와 治道에 대해 물었더니, '청정을 귀하게 여기면 백성들은 절로 안정된다.[貴淸靜而民自定.]'고 하였다. 이에 조참은 개공에게 자신의 正堂을 내어 주고 거처하게 하는 한편 그의 말을 따라 제나라를 잘 다스릴 수 있었다.

367 언언(言偃)의……주었네 : 언언은 공자의 제자 子游의 이름인데, 여기서는 이 영장을 빗대고 있다. 絃歌는 琴瑟을 연주하며 노래하는 것으로, 禮樂으로 백성을 교화함을 뜻한다. 자유가 武城 고을의 邑宰로 있으면서 현가로 백성을 교화하는 데 힘썼다는 고사가 전한다(『論語』「陽貨」). 澹臺滅明 역시 공자의 제자로 자는 子羽이다. 자유가 무성의 邑宰로 있을 때 공자가 인재를 얻었느냐고 묻자, 자유가 "담대멸명이란 자가 있는데, 샛길을 다니지 않으며 공무가 아니면 저의 방에 온 일이 없습니다.[有澹臺滅明者, 行不由徑, 非公事, 未嘗至於偃之室也.]"라고 대답한 일이 있다(『論語』「雍也」). 여기서는 유득공을 빗댄 말로 보인다. 앞 구와 이 구 모두 유득공이 공주에서 이 영장에게 의지하고 있음을 빗댄 표현이다. 특히 이 구는 이 영장이 유득공을 인재로 자주 만나주었다는 취지이다.

368 비록……하더라도 : 虞翻은 후한에서 삼국시대에 걸쳐 활약한 인물로, 자는 仲翔이다. 고매한 성품으로 吳나라의 孫策과 孫權 2대를 섬겼으며, 曹操가 초치했으나 응하지 않았다. 항상 직간으로 손권의 비위를 건드려 여러 지방으로 내쳐졌는데, 交州에 내쳐져서는 스스로 한탄하기를 "천하에 한 사람이라도 나를 알아준다면 한이 될 것이 없겠다.[使天下一人知己者, 足以不恨.]"고 하였다(『三國志 卷57 吳書 虞翻傳』).

하루 세 번 반성한 증자만 못하리.	不如曾氏省身三.
이군의 청망이여, 지금 말고삐 잡은 것 영광스럽고	李君淸望榮今御
유하혜의 유풍이여, 나의 지난날 부끄럽다네.[369]	柳惠遺風抱昔慙.
공연히 중선[370]에게 시구 지으라 했으니	空敎仲宣成賦句
누가 태사가 주남에 유체함[371]을 아쉬워하리오.	誰憐太史滯周南.

369 유하혜(柳下惠)의……부끄럽다네 : 유하혜처럼 원만한 성품을 지닌 이 영장에게 부끄럽다는 말이다. 유하혜는 춘추시대 魯나라 대부인데, 맹자는 그의 성품에 대해 "성인 가운데 和한 자이다.[聖之和者.]"라고 평한 바 있다(『孟子』「萬章 下」). 한편, 竹林七賢의 한 사람인 嵇康이 원만하지 못한 성격으로 참소를 당해 죽으면서 지은 「幽憤」에 "옛날에는 유하혜에게 부끄러웠고, 지금은 손등에게 부끄럽구나.[昔慙柳惠, 今愧孫登.]"라고 한 내용이 보인다(『晉書 卷49 嵇康列傳』).

370 중선(仲宣) : 삼국시대 魏나라 정치가이자 문장가인 王粲(177~217)의 자이다. 建安七子의 한 사람으로, 박학다식하였으며 문장이 일시에 제일이라 한 번 글을 지으면 고치는 일이 없었다고 한다. 왕찬이 董卓의 난리를 피하여 荊州의 劉表에게 가서 몸을 의탁하고 있었는데 유표에게 중용되지 못하자, 고향 생각이 절실해져 江陵의 城樓에 올라가서 고향 하늘을 바라보며 「登樓賦」를 지은 고사가 있다(『三國志』 卷21 「魏書 王粲傳」).

371 태사(太史)가 주남(周南)에 유체함 : 태사는 사마천의 부친인 司馬談이고, 주남은 洛陽이다. 사마천은 『사기』 「自序」에서 "한무제가 태산에 封禪할 때에 태사공 사마담이 주남에 유체한 관계로 참여하지 못한 것을 아쉬워하였다. 이 때문에 분통한 나머지 죽을 지경에 이르렀다.[是歲, 天子始建漢家之封, 而太史公留滯周南, 不得與從事, 故發憤且卒.]"라고 한 내용이 보인다. 이는 뛰어난 문사가 지방에 억류된 관계로 자신의 능력을 발휘하지 못한 상황을 빗대고 있다.

1-86

아침에 일어나

朝起

새가 우는 창밖에 해가 뜨니	禽鳴窓外日
사람들 객관 안에 앉을 때라.	人坐閣中時.
다시 연고 없는 꿈 헤아려 보고	更理無因夢
이내 짓지 못한 시 따져보네.	仍含未就詩.
묵은 연기 나지막한 풀밭에 흐르고	舊烟流短艸
남은 빗방울 높은 가지에서 빛나네.	殘雨映高枝.
넘치던 정 도리어 게을러져	情勝翻成嬾
아침마다 세수하고 씻음도 더디다네.	朝朝盥沐遲.

1-87

이과[372] 【세 수】

二瓜【三首】

손님 반상에 놓인 것 무엇인가　　客盤上何物
날마다 퍼런 이과를 보내오네.　　日送二瓜青.
울퉁불퉁한 게 속을 잔뜩 시원하게 하고　　碨礌撐膓冷
배어난 과즙의 진한 향 코끝을 자극하네.　　淋滲沒鼻馨.
묵은 외속은 앉은 자리에 달라붙어 있고　　舊瓤粘坐席
막 떼어낸 꼭지는 뜰 여기저기 흩어져 있네.　　新蔕散除庭.
제법 불룩하니 배 불러옴 느껴지니　　頗覺便便飽
오경을 담지 못함[373]이 부끄럽다네.　　慙非括五經.

손님 반상에 놓인 것 무엇인가　　客盤上何物
날마다 퍼런 이과를 보내오네.　　日送二青瓜.
저마다 생김새는 달라도　　箇箇形雖異
아침마다 그 수는 더하지 않네.　　朝朝數不加.
배불리 먹고 자면 학모[374]를 예방하지만　　飽眠防瘧母
찬 성질이라 비가[375]를 해칠 수 있다네.　　凉性損脾家.

---

372 이과(二瓜) : 조선 재래종 참외를 가리키는 듯하다. 일명 개구리참외라고 하는데, 색깔이 퍼렇고 표면이 울퉁불퉁하다.

373 오경(五經)을 담지 못함 : 유자로서 마땅히 五經으로 배를 불려야 하는데 지금 참외로 배를 불린 것에 대한 민망함을 표현한 것이다.

374 학모(瘧母) : 오래된 학질로 혈액순환이 되지 않아 겨드랑이 아래 부분에 어혈이 쌓여 생긴 덩어리를 말하는데, 여기서는 학질을 말한 것으로 보인다.

남쪽 음식 대부분 입에 맞지 않아	南食多非適
수심이 삼처럼 얽히고설키네.	愁心亂似痲.

이과가 얼마나 주렁주렁 달렸기에	二瓜何磊落
아침마다 손님 반상에 올라오나.	朝朝上客盤.
기르는 이 따지며 원망 많을 터요	菰人多責望
채소 농가 날마다 근심에 탄식하리.	蔬戶日愁嘆.
달고 싱거운지는 껍질을 살펴야 하고	甘澹歸皮相
설익고 잘 익음은 꼭지를 보면 알지.	生濃以蔕看.
배불리 먹고 나면 오줌보 자주 들썩거리니	飽餘胞數動
어디서 부유의 갓을 얻을까.[376]	安得腐儒冠.

375 비가(脾家) : 사람의 脾臟을 말한다.

376 어디서……얻을까 : 어디에다 오줌을 눌까라는 의미이다. 漢高祖 劉邦은 儒者를 좋아하지 않아 유관을 쓰고 찾아온 객이 있으면 그 갓에 오줌을 누어 더럽혀 망신을 주었다(『史記』 卷97 「酈生列傳」). 여기서는 참외를 먹으면 오줌이 마려운데 한고조가 유자의 갓에 오줌을 누듯이 할 수 있을까라고 한 것이다. 腐儒는 중의적 의미로 한고조의 입장에서 부유이지만, 한편으로는 쓸모없는 현재의 유자를 상징하는 것으로 판단된다.

1-88

빗속에 공북루에 올라

雨中登北樓

석양녘 외론 관문엔 저문 강이 열리니	孤關斜向暮江開
북객이 탄 배 며칠 만에 돌아왔네.	北客帆檣幾日回.
방초 물가 모래톱엔 누군가 홀로 가고	芳艸汀洲人獨去
화선의 퉁소와 북소리 비와 함께 들려오네.	畵船簫鼓雨俱來.
형남의 객수[377]를 이 누에서 시로 읊고	荊南旅思玆樓賦
하삭의 호탕한 정서[378] 이 자리 술잔에 담네.	河朔豪情卽席盃.
절길 나란히 말 타고 가는데 숲엔 해가 뉘엿뉘엿	寺路聯鑣林日晩
졸졸 어둑한 물길엔 파란 이끼가 잠겼어라.	涓涓暗水蘸靑苔.

377 형남(荊南)의 객수 : 형남은 荊州의 남쪽 일대를 지칭하는데 뒤에 南方의 범칭이 되었다. 예로부터 '荊南客'이라고 하여 남방에서 떠도는 객의 시름을 객수의 하나로 상정하곤 하였다. 이와 관련해서는 杜甫의 「秋日荊南述懷」가 유명하다(『杜少陵詩集』 卷21).

378 하삭(河朔)의 호탕한 정서 : 이른바 '河朔飮'의 고사로, 후한 말에 劉松이 袁紹의 아들들과 황하 이북 지역인 河朔에서 삼복에 더위를 피하려고 밤낮을 가리지 않고 술을 마셨는데, 이를 문학적으로 호탕한 정서에 비유하곤 하였다.

1-89

불어난 물을 보고

觀漲

말 타고 강가에 이르니	騎馬至江上
아득히 교외 반쯤이 잠겼구나.	悤悤覺半郊.
인가의 연기 예전과 다르고	人烟異舊望
수초는 온통 새롭구나.	水艸多新交.
마을은 교룡굴로 되어버렸고	墟落移蛟窟
돛배는 새 둥지를 스쳐지나가네.	帆檣拂鳥巢.
외려 부들과 갈대의 생각 일으키니	尙有蒲葦想
잠긴 버들가지 끝 물결 따라 일렁이네.	深柳泳殘梢.

1-90

강물 불어난 뒤 공북루에 올라

涨餘登北樓

갈매기 무리지어 갠 해질녘 하늘에 놀고　　鷗鳥羣羣戲晩晴
따스한 모래 언덕엔 여울소리 잠겼어라.　　日暝沙堤靜灘聲.
경수가 두 물길 이룸에 애초 탁함 꺼려했거니와[379]　　涇方兩涘初嫌濁
황하가 어찌 천년 만에 홀연 맑아졌다[380] 의아해하랴.　　河豈千年忽訝清.
가없이 노니니 참으로 우화등선이요　　浩浩然游眞羽化
가뿐히 서있노라니 이 몸 가벼워짐 느끼네.　　岙岙乎立覺身輕.
강물 흐름 속에 그리운 이 있을 필요 없거니　　中流不必伊人在
눈에 가득한 갈대가 절로 객정 일으키네.　　極目蒼葭自客情.

---

379 경수(涇水)가……꺼려했거니와 : 경수는 중국 甘肅省에서 발원한 물길로 陝西省에서 渭水와 합류한다. 경수는 맑고 渭水는 흐리기에 원래 청탁이 분명하나 합류하는 지점에서 청탁이 불분명해진다. 이를 두고 사물의 진위나 인품의 우열을 비유하기도 한다.

380 황하가……맑아졌다 : 황하는 항상 흐리기로 유명한 바, 여기서는 비가 내려 물이 불어난 금강을 황하가 갑자기 맑아진 것에 비유한 것이다.

1-91

배 안에서 잠자리를 읊다

舟中賦蜻蜓

잠자리 또 잠자리	蜻蜓復蜻蜓
금강 물가로 날아드네.	飛來錦水汀.
푸른 강 물결 파란 눈에 비치고	滄江映碧眼
밝은 햇살 금빛 날개에 수를 놓았네.	晴日纈金翎.
자태는 물고기 떼가 가듯 유연한데	態逼羣魚逝
마음은 외톨 제비와 함께 머무네.	情同片燕停.
나그네 마음 붙일 곳 없어	客心無住着
너 쫓아보나 휑하니 솟는구나.	應逐爾亭亭.

1-92

마곡 가섭암에서 준공의 시에 차운하다[381]

麻谷迦葉菴 次俊公韻

가마 타고 꼭대기에 오르니	籃輿上絶頂
이 암자 있을 줄 어찌 생각했으랴.	何意有玆菴.
나무에 의지해 띳집을 엮고	因樹結茅屋
샘물 끌어다가 석담을 만들었네.	引泉開石潭.
엷은 서리가 막 잎사귀에 내려앉고	霜輕初響葉
저물녘 산엔 또 이내가 자욱하네.	山晩更霏嵐.
가부좌한 채 유유히 지내는 마음	趺坐悠悠意
흰 구름 한 조각 남쪽으로 흘러가네.	白雲飛一南.

381 마곡(麻谷)……차운하다 : 迦葉菴은 계룡산 마곡에 있는 암자로, 언제 창건되었는지는 미상이나 오랫동안 폐사였던 것을 1447년 判教宗事 雲叟가 중창하였다. 1452년 서거정이 重建記를 남긴 바 있다. 현재는 麻谷寺의 속암으로 되어 있다. 俊公은 금강산에 주석했던 고승 俊大師를 지칭으로 하는 것으로 판단된다. 그에 대한 정보는 많지 않으나, 朴趾源은 「楓嶽堂集序」에서 내금강 白華菴에서 俊公을 직접 만났으며, 楓嶽大師 普印과 수창한 시를 보고 '시에도 능하고 불경 담론에도 능한 자'로 평가한 바 있다(『燕岩集』 卷7 別集).

1-93

궁원[382] 들판에서

弓院野中

물빛은 차츰 베고 남은 밭두둑에 이어지고	水光相次刈餘畦
얼키설키 띳집 푸른 시냇가에 자리했네.	壓壓茅茨駐碧溪.
최씨 강당[383]은 가을 나무들 속에 있고	崔氏講堂秋樹裏
향아의 깨진 비석[384]은 널다리 서편이라.	香娥斷碣板橋西.
어디서 온 잔단 말이기에 휘잉 울어대고	何來眇馬蕭蕭語
앵무새도 아니건만 울음소리 또렷하구나.	不是言禽了了啼.
적막한 사방 들녘 홀로 떠나노라니	四野蕭條還獨去
목면 꽃 피어 사람 향해 있구나.	木綿花發向人低.

382 궁원(弓院) : 조선 시대 공주목 북쪽 40리 쯤에 있었던 역원이다.

383 최씨(崔氏) 강당 : 궁원에 있었던 崔道觀의 강당을 가리킨다. 兪肅基의 『兼山集』 卷12 「崔進士道觀哀辭」에 따르면, 공산의 궁원에 최씨 집안이 집성촌을 이루고 있으며, 여기에 강당이 있어 학도들이 수업을 하고 있다고 하였다. 아울러 이곳 출신으로 崔道觀과 그의 족숙 崔益禎이 文學과 行誼로 이름이 났다는 정보도 있다. 한편 『순조실록』 1819년(순조 19) 3월 14일 기사에는 공주의 정랑 崔益恒과 그의 아들 도관·迪觀·遠觀·運觀 등 5부자의 효행을 장려하여 각각 정려와 증직, 復戶한 사실이 나와 있다.

384 향아(香娥)의 깨진 비석 : 弓院 주변에 누군가의 열녀비가 깨진 상태로 남아 있어서 이렇게 표현한 듯하다.

1-94

소사[385] 들판에서

素沙野中

옥수수 우거진 밭 속 작은 길 나 있어	蜀黍田深細路通
잎사귀 소리 모두 수놓은 깃발 바람인 양.	葉聲皆作繡旗風.
천천히 말 몰아가는 유유한 나그네	徐驅匹馬悠悠客
홀연 팔진 속을 뚫고 지나가는 듯하구나.[386]	忽似穿過八陣中.

385 소사(素沙) : 현재의 천안시 稷山 북쪽에 있던 '素沙坪'으로, 공주에서 천안으로 오는 길에 있다.

386 홀연……듯하구나 : 丁酉再亂 때의 素沙坪에서 있었던 전투를 염두에 둔 표현이다. 1597년에 왜군이 공주를 거쳐 직산까지 북상했을 때 명나라 摠兵 楊鎬가 이끄는 원병이 왜군과 격전을 벌여 패퇴시킨 전투이다. 이 소사평전투는 평양전투, 행주대첩과 함께 육상 3대첩으로 알려져 있다. 앞 구의 '수놓은 깃발 바람'도 이 전투를 연상시킨다.

1-95

과거 보러 도성에 들어가 송 주서[387]에게 부치다

赴擧入都 寄宋注書

집 앞 우뚝 솟은 나무 낙엽 날리기 시작할 때	堂前高樹葉飛初
우리 한가로운 창에 기대 각자 글 지었지.	雙倚閒窗各著書.
행실은 효렴 같은데 계리를 지냈고[388]	跡似孝廉隨計吏
논의는 『염철론』[389] 아니지만 과거에 올랐지.	論非鹽鐵上公車.
오사모 일찍 걸어두고 돌아가 봉양하려했건만	烏紗早挂便歸養
유연 마르자마자 기거주가 되었지.[390]	鍮硯纔乾注起居.

387 송 주서(宋注書) : 宋俊載(1748~?)를 가리킨다. 본관은 驪山이고, 자는 士彦, 호는 芝圃이며, 부친은 宋翼洙, 부인은 李瀰의 딸이다. 1774년(영조 50)에 문과에 급제하였다. 1776년(정조 1)에 李健源 · 趙憲喆 등과 함께 翰林會圈에 선발되어 召試에 응시하라는 명을 받았으나, 외지에 있다는 핑계로 부름에 응하지 않아 임금의 진노를 사게 되었다. 처음에는 체포하라는 명령이 내려졌지만, 이후 석방하여 응시하게 하였다. 그러나 율시에 대한 답안지에 틀린 점이 많아 자질을 의심받고 한직으로 물러났다. 1790년(정조 14)에 陽德縣監으로 재직 중, 관서암행어사 李冕膺이 그의 선정을 보고하였고, 1792년(정조 16)에는 都堂錄에 선발되었다. 承政院 假注書 · 淳昌郡守 · 持平 등을 역임하였다.

388 행실은……지냈고 : 행실로 보면 더 높은 자리에 올라야 하나 하급직에 머물러 있다는 뜻이다. 孝廉은 과거제도가 본격화되기 이전 관리를 임용하는 과목 가운데 하나로 효행과 청렴을 겸비한 이에게 주어졌다. 計吏는 회계 관리나 관원의 성적을 조사, 기록하는 하급 관리를 말한다. 참고로 注書는 조선 시대 7품직으로 史草를 정리하는 관원이었다.

389 『염철론(鹽鐵論)』 : 前漢의 桓寬이 정리한 책으로, 제명은 '소금과 철의 전매 제도'를 뜻하는 것이지만, 한나라의 정치와 경제 · 도덕 등 그 내용이 대단히 광범위해 정치논쟁서로 유명하다.

390 유연(鍮硯)……되었지 : 과거에 합격하자마자 승정원 假注書에 임명되었다는 말이다. 유연은 먹물을 담아 두는 놋쇠 벼루로, 예문관 檢閱과 승정원 注書가 御前에 나아갈 때면 반드시 지참하였다. 起居注는 임금의 좌우에서 임금의 언행을 기록하는 관직으로, 승정원 가주서의 별칭이다.

슬프구나 강남과 강북으로 헤어져 있어　　怊悵江南江北別
가을 되어 그리운 이 마음 어이 하랴.　　秋來相憶定何如.

1-96

북쪽으로 돌아온 날 주서 강산391의 시에 차운하다

北歸日 次薑山注書韻

우뚝한 백탑 조계392에 여전하고 稜稜白墖舊曹溪
죽리393의 새벽 등불 속 다시 닭소리 들리네. 竹里晨燈復聽鷄.
수레 안 옥 같은 이 낙양으로 들어오는 걸 보고 玉貌車中看入洛
직하에서 현담 나누며 제 땅에서 노닐던 일 추억하네.394
玄談稷下憶游齊.
경연에서의 일 기록함 동필395로 따르고 診筵紀事隨彤筆
승정원에서 내린 교서 자니396로 받든다네. 喉院宣敎奉紫泥.
새 봄에 휴가 얻으면 사초 기록함 멈추고 休暇新春圖史靜
하루 종일 담박히 지내며 수레 발길 사양하리. 蕭然竟日謝輪蹄.

391 주서(注書) 강산(薑山) : 薑山은 李書九를 말한다. 1774년에 이서구가 假注書로 임명되었다.

392 조계(曹溪) : 지금의 서울 인사동 일대이다. 圓覺寺가 있었기에 '大寺洞'이라고도 한다. 유득공이 白塔詩社의 일원으로 이 일대에서 활동했던 흔적이라 하겠다.

393 죽리(竹里) : 竹洞을 말한 것으로 보인다. 현재 중구 을지로2·3가와 수표동 일대로, 이 일대에 대나무와 대그릇을 피는 竹廛이 있어서 붙여진 이름이다.

394 수레……추억하네 : 옛날 洛陽과 齊 땅에서 있었던 일을 지금 돌아온 한양의 공간으로 비유한 것으로 판단된다. 즉 낙양은 한양이며, 稷下는 도성 안 사직단 일대로 상정된다. 참고로 직하는 전국시대 때 齊나라 도성인 臨淄의 稷門 부근의 지역으로 宣王이 이곳에 學宮을 세우고 학자들을 불러 모아 우대하였으므로 한때 천하 학자들의 활동의 중심지였다.

395 동필(彤筆) : 사관이 쓰는 붓을 말한다.

396 자니(紫泥) : 임금의 조서를 말한다. 옛날 竹簡 등을 사용했을 때 서신이나 조서를 끈으로 묶고 그 매듭을 진흙으로 봉하고 인을 찍었는데, 황제나 임금의 경우 자줏빛 진흙을 사용한 데서 나왔다. '紫泥封'·'紫泥書'라고도 한다.

1-97

정월 대보름에 짓다 【두 수】

上元 【二首】

새벽 북소리에 놀라 잠 깨 집집마다 기지개켜는데 曉鼓驚眠院院興
무슨 연유로 찬 쓰르라미 마냥 조용하기만 한지. 緣何含默似寒蟪.
아침 되어 너나없이 더위 판다며 朝來賣暑無分別
낭군처럼 나를 불러도 내 응하리 않으리. 歡喚儂時儂不膺.

전날 밤 달빛이 구분이나 둥글기에 前宵月色九分圓
이날이 있다 여겼거늘 억지로 잠자리에 든다네. 謂有玆辰强就眠.
단장한 여인네 풍설 몰아쳐 모두 흩어지니 散盡紅粧風雪裏
으레 노는 일이건만 어찌 하늘이 관여하나. 等閒游事底關天.

1-98

임기를 마치고 북으로 돌아가는 우영장[397]을 보내며

送右營將瓜遞北還

날라리 소리 울려 퍼지자 금성 분주한데	凝笳吹出錦城催
멀리 이어진 역로의 나무들 경치 이뤘네.	驛路迢迢樹色開.
봄이 온 한가로운 병영엔 실버들 돋아나고	春後閒營餘細柳
눈 남은 높은 누각엔 찬 매화 아직도 피어있네.	雪殘高閣尙寒梅.
십주 병마의 부신 교환하고[398] 떠남에	十州兵馬交龜去
백제 산하를 두엇 기마로 돌아가네.	百濟山河數騎回.
남국의 포의 아직도 돌아가지 못하여	南國布衣歸未得
방주에서 객 떠나보내는 마음 가없어라.	芳洲送客思悠哉.

번역 정환국

397 우영장(右營將) : 公州營將 李潤禧(1734~?)를 말한다. 이윤희는 1773년 6월 20일에 공주 영장에 임명되었고 1774년 12월 18일에 內禁將이 되었다(『承政院日記』).

398 부신(符信) 교환하고 : 원문은 '交龜'로, 監司나 兵使, 水使가 교체될 때 서로 부신을 주고받던 일을 말한다. 부신의 외형이 거북처럼 생긴 데서 유래한 말이다.

1-99

새봄에 송 주서 형제와 함께 봉황산에 올라 바라보다[399]

新春同宋注書昆季 登眺鳳凰山

한가로운 관아에 해가 조금 길어지고	閒衙日稍永
설렁줄[400]도 고요한 동헌.	鈴索靜東齋.
훤칠한 여러 낭관 모였는데	鵠峙諸郎並
곧이어 두 나그네도 함께 하였네.	蟬聯二客偕.
복건 쓰고 골목길 지나	幅巾穿委巷
편복으로 큰길을 건너	便服越通街.
꽃 핀 오솔길로 붉은 옷 하인들이 인도하고	芳徑導朱隸
먼 숲에 이르러 푸른 옷 기생들 대동하였네.	遙林帶綠娃.
속세 떠난 마음에 먼저 봉우리에 오르고	逸情先陟巘
그윽한 뜻 일어 홀로 언덕길 거니니	幽意獨緣厓.
지친 몸엔 부끄럽게도 구슬 같은 땀방울 흐르는데	委頓慙珠汗
날씬한 여인들 강단 있어 사뿐히 몸을 가누네.	輕盈强嫩骸.
세찬 바람에 비단 장막 들썩이는데	凌風綃幕擧
형초 깔아[401] 아름다운 자리 마련하네.	班艸繡筵排.

399 새봄에……바라보다 : 송 주서는 宋俊載(1748~?)를 말한다. 앞의 1-95번 시 387번 주석 참조. 鳳凰山은 공주시 반죽동에 있는 산이다. 봉황산의 남쪽으로는 서열봉과 일락산이 위치해 있으며, 북쪽으로는 시가지를 지나 곰나루와 금강이 자리하고 있다.

400 설렁줄 : 처마 끝에 매달아 놓은 방울인 설렁에 연결된 줄이다. 이 줄을 당기면 방울이 울리는데, 아랫사람을 부를 때 당겼다.

401 형초(荊草) 깔아 : 원문은 "班艸"인데, "班荊"과 같은 말이다. 班荊은 陶淵明의 「飮酒」의 "형초 깔고 소나무 아래 앉아, 몇 잔 기울이니 벌써 다시 취하네.[班荊坐松下, 數斟已復醉.]"에서 유래한 표현으로, 벗을 만나 회포를 푼다는 뜻을 나타내는 전고로 쓰였다.

이내 기운에 붉은 소매 빛바래 보이더니	嵐氣凋紅袖
아침 햇살이 푸른 비녀를 반짝이게 하네.	朝暉爛翠釵.
오래된 군영 버드나무에 의지해 있고	晩營依細柳
먼 누각 푸른 회나무 사이에 숨어 있는데	遙閣隱蒼槐.
곰나루는 외로운 연기에 휩싸여 있고	熊渡孤烟覆
계룡산 마루엔 얇은 눈 덮여 있네.	雞岑薄雪埋.
잦아드는 노랫가락에 천천히 얼굴 가리더니	歌殘徐掩扇
따뜻한 술잔, 웃으며 신발에 담아 전하네.[402]	盃暖笑傳鞋.
점심으론 붉은 쌀밥 짓고	午飯蒸紅粒
봄 국에는 달래를 넣네.	春羹糝白荄.
들판의 부뚜막은 예쁜 돌로 쌓고	露廚支錦石
맑은 화덕엔 향기로운 땔감 모아 넣으니	淸爨拾香柴.
고아한 풍치, 호쾌한 음주에서 보게 되고	雅致看酣飮
은미한 말로 유쾌한 해학 엮어내네.	微詞屬善諧.
어느덧 먼 조망에 눈길 맡기고	於焉寄遠眺
애오라지 다시 외로운 감회 펴노라.	聊復寫孤褱.
위엄과 지략으로 여전히 그 법도 전해지니	威畧猶傳軌
순결하고 충성스러웠던 계백 장군을 홀로 조문하네.	精忠獨吊堦.
푸른 산 공(公) 글자[403] 모양 밖에	靑山公字外
금강 물굽이 흐르는 기슭	流水錦之涯.
백제는 황량한 폐허일 뿐인데	百濟荒墟已

402 신발에 담아 전하네 : 술자리의 놀이 중에 술잔을 여인의 신발에 담아 돌리는 행위를 가리킨다.

403 푸른 산 공(公) 글자 : 公山은 산의 모양이 '公' 자처럼 생겨서 붙여진 것이라고 한다. 앞의 1-67번 시 272번 주석 참조.

삼한 땅 모두 낙조에 잠겼네. 三韓落照皆.
산하는 이미 적막하거늘 山河已寂寞
풍광은 공연히 맑고도 아름답구나. 風日漫淸佳.
누가 다시 천추의 뒤에 誰復千秋後
우리들의 이 유람을 이야기할까. 玆游說我儕.

1-100

크게 탄식하고 거듭 탄식하며 작별하는 이에게 주다

浩歎重浩歎贈別

크게 탄식하고 거듭 크게 탄식하노니	浩歎重浩歎
크게 탄식하며 이 말을 펼치노라.	浩歎陳此辭.
나그네가 건강한들 병든 것보다 못하고	客健不如病
나그네가 기뻐한들 슬퍼함보다 못하네.	客歡不如悲.
비로소 알았네, 나그네 되어 배부름이	始知爲客飽
집에 돌아가 굶주림 못하다는 것을.	不如歸家飢.
기억하노니 지난 계사년(1773) 가을	憶昔癸巳秋
말을 몰아 멀리 남녘으로 갔었지.[404]	驅馬遠南之.
남쪽으로 가서 차령을 넘으니	南征度車嶺
금강 물 맑고도 잔잔한데	錦水淸且漪.
강물 가운데에서 한번 머리를 돌리니	中流一回首
산천이 나그네 그리움 일으켰네.	山川動客思.
나에게 묻노니, 어디로 가는가	問我何所適
천릿길 가서 바야흐로 의탁한 곳은	千里方投知.
금강가에 새로 부임한 태수[405]	錦上新太守
깨끗한 다스림을 편다 이름이 났네.	號爲淸淨治.

404 기억하노니……갔었지 : 유득공은 26세 때인 1773년(영조 49) 가을에 공주를 유람한 적이 있고, 이듬해인 1774년 봄에 사마시에 합격한 뒤 다시 공주로 내려와 한참 동안 머물렀던 적이 있다.

405 새로 부임한 태수 : 송준재의 부친 宋翼洙를 가리키는 듯하다. 송익수는 1773년 4월에 公州判官에 제수되었다.

나를 보자 이끌어 자리에 앉혀	見我延之坐
두 번 세 번 술잔을 권하였고	再三勸酒卮.
해가 이울자 묵는 곳을 묻더니	日斜問所館
정갈하게 치워 창틀을 밝혀주었네.	瀟洒明窓楣.
이불 펼쳐 새 자리에 깔고	鋪衾置新床
옷을 걸며 오래된 시렁 털어 내었네.	懸衣拂古椸.
행장 속에서 붓과 벼루를 꺼내어	裝中解筆硯
자리 한 켠 책상에 놓아두었네.	坐邊安書丌.
총명한 두 아이가	明眸二小童
번갈아 수건이며 주전자 받들고	番次奉巾匜.
관아 주방에서 제철 과일을 보내니	官廚送時果
잘 익은 감이 붉기도 하였네.	淹柹爛紅滋.
날마다 스무 개씩 먹으니	日噉二十顆
진하고 부드러워 향이 뱃속에 스며들었는데	濃脆香沁脾.
귤을 가슴에 품은들406 멀어 어찌 할 수 없어	褢橘遠無奈
이를 대해도 문득 기쁘지 않았네.	對此輒不怡.
비바람 속에 중양절이 지나고	風雨過重陽
단풍나무 국화가 무성하게 되어갈 제	楓菊向參差.
홀로 쌍수정407에 올라	獨上雙樹亭
두루 백제의 터를 바라보았네.	周覽百濟基.

406 귤을 가슴에 품은들 : '懷橘故事'를 떠올린 것이다. 중국 삼국시대 陸績이 잔칫집에서 귤을 보고는 어머니에게 드리고 싶어 품에 넣었다고 한다.

407 쌍수정(雙樹亭) : 충남 공주시 산성동 公山城 내에 있는 누정이다. 공산성은 백제 때는 熊津城으로 불렸고 고려 때 공산성으로 불리다가, 李适의 난 때 인조가 피신하여 성 안 두 그루 나무 아래에 머무른 뒤로 '雙樹山城'으로 불리게 되었다(『萬機要覽』 軍政篇4 「忠淸道」).

고삐를 흔들며 옛 성을 나가서는　揚鑣出古城
말에서 내려 황량한 비석도 읽노라니　下馬讀荒碑.
차가운 강물은 허물어진 성첩을 안아 흐르고　寒江抱殘堞
가을 잎은 위태로운 가지에서 떨어졌네.　秋葉下危枝.
아침이면 나가 강변 교외에 노닐다가　朝出游江郊
저녁 때 돌아와 시서를 읽으니　暮還讀書詩.
그렇게 지내다 이른 봄 온 것을 보고　淹留見早春
과거에 응시코자 서울로 왔네.　應試來京師.
대강대강 경전의 뜻을 엮어　荒唐綴經義
경황없이 유사에게 제출했거늘　蒼茫付有司.
내 이름이 이백 명 안에 드니　名廁二百列
이는 요행이요 원래 대단한 것 아니었네.[408]　幸也元非奇.
비단 두건은 백마 위에 빛나고　錦帕輝白馬
난삼[409]은 꾀꼬리와 견줄 만했으니　襴衫賽黃鸝.
길가의 먼지 자욱하게 날리고　街塵軟紅飛
강가의 버들 짙푸르게 드리웠지.　河柳深青垂.
대궐 문에서 사은을 마치고　天門謝恩罷
종종걸음으로 대궐 앞 큰길로 내려와　躞蹀下雲逵.
놀아와서는 북당에 올라　歸來上北堂
두 번 절하고 어머님을 기쁘게 해드렸네.　再拜悅親慈.
숙부[410]께서 관서 지역을 유람하느라　叔父游關西
거기 머무르심이 바로 이때였는데　留滯當是時.

408 내……아니었네 : 유득공이 1774년(영조 50)에 생원시에 합격한 것을 말한다.
409 난삼(襴衫) : 초시인 생원시와 진사시에 합격하였을 때 입던 예복이다.
410 숙부 : 幾何室 柳琴(1741~1788)을 가리킨다.

이 소식 듣고서는 기뻐 잠 못 들어 聞報喜不寐
가상히 찬탄하노라, 한 폭 편지 주셨네. 嘉歎尺書貽.
답서로 말씀드리길, “아저씨 뵙지 못해 書言不得見
떨쳐 날아가고 싶지만 제 몸은 매인 것 같습니다.” 奮飛身如縻.
동쪽으로 혜화문을 나서 東出惠化門
푸르고 뾰족한 산들을 뚫고 지나갔네. 行穿碧嵾嵯.
온 산에는 팥배나무 꽃 피었는데 滿山棠梨花
한식날 맞아 고아로서 절을 올리고[411] 冷節拜孤兒.
근기 지방의 외가 일족을 방문하였다가 畿縣訪外黨
구불구불 다시 남쪽으로 향하였네. 逶迤復南爲.
봄날 교외 땅 십리에 비가 내려 春郊十里雨
검은 두건은 젖어 반쯤 기울었네. 烏巾墊半攲.
저녁 무렵 천안 군수 찾아가니 暮叩天安宰
무릎을 맞대고 앉았으나 서글픔이 쏟아졌네. 膝席愁淋漓.
숯을 빌어 여관방에 돌아와서 乞炭歸店舍
화롯불에 옷을 쬐며 펼쳐 널어놓았네. 燎衣張離披.
아침 되어 금강 물을 건너는데 朝來渡錦水
맑은 날의 풀들, 푸름이 물빛과 어우러졌네. 晴艸綠交湄.
진장은 내가 왔다는 말 듣고서 鎭將聞我至
나와서 맞이하니 퉁소며 북이며 악대가 따라왔네. 出迎簫鼓隨.
마구간의 준마도 끌고 왔는데 牽來櫪上驄
아름다운 여인도 태워왔네. 倒把佳人騎.
떠들썩하게 마을 지나며 喧轟過閭里

411 고아로서 절을 올리고 : 유득공의 부친 柳璔은 1752년에 세상을 떠났다.

쑥스럽게 사례하느라 몸 가누기 어려운데　　慙謝形難持.
울타리엔 일제히 구멍이 뚫리더니　　藩籬一時破
부녀자들 빽빽이 모여 훔쳐보았네.　　森森婦女窺.
작은 방 다시 청소하고　　重掃一小堂
예전처럼 서재 장막 드리웠더니　　依舊下書帷.
시절은 홀연 다시 바뀌어　　時序忽復改
마당의 나뭇잎에선 가을바람 소리 울렸네.　　庭葉響秋颸.
이때 송자[412]가 문과에 올라 돌아와　　宋子登科歸
유람하며 다시 서로 어울렸으니　　游事復相追.
금벽[413]이라 이름난 정자에 오르고　　錦壁登名亭
마곡[414]이라 그윽한 절을 찾았네.　　麻谷尋仁祠.
붉은 누대엔 가객의 노랫소리 울려 퍼지고　　朱樓囀歌客
화려한 배에선 무희가 너울너울 춤추었네.　　畫舫飄舞姬.
나는 듯한 말엔 짙게 화장한 여인 빗겨 타고　　飛騎亘嚴粧
가벼운 가마엔 훤칠한 자태가 어울렸네.　　便輿妥丰姿.
숲의 열매 주워 내게 던지고　　林果拾投我
단풍 가지 꺾어 그대에게 주었지.　　楓枝折贈伊.
돌아와서도 황홀한 마음 가시지 않아　　及歸多恍惚
하염없이 풍악 소리 들리는 듯하였네.　　長似聞彈吹.
이로부터 유람도 그만 물리어　　從玆厭游覽
애오라지 다시 유희를 일삼고자 하여　　聊復事戲嬉.

---

412 송자(宋子) : 앞의 1-95번 시 387번 주석에 보이는 宋俊載를 가리키는 듯하다. 宋俊載는 1774년에 문과에 급제하였다.

413 금벽(錦壁) : 공주의 금강을 굽어보는 자리에 錦壁亭이 있었다고 한다.

414 마곡(麻谷) : 공주 북쪽에 자리한 麻谷寺를 말한다.

별원으로 허리 가는 미인들 불러들이고	別院招細腰
작은 전각에서 만나자 눈썹 긴 여인과 약속하였네.	小閣期修眉.
긴 초 불꽃이 아직 꺼지지 않고	高燭暈未已
초승달 그림자 바삐 옮겨가는데	纖月影屢移.
주렴 밖 인기척에 깜짝 놀라니	簾外驚至矣
방 안에선 애타게 기다리고 있었네.	堂中苦俟而.
비스듬히 서 있음은 또한 어째서인가	斜立且云胡
뒤섞여 앉으니 위아래 구분이 없었네.	雜坐無等夷.
따뜻한 화롯불에 소 염통 구워 먹고	煖爐燒牛心
향기로운 막걸리엔 계피도 담갔네.	芳醪浸桂皮.
맛난 안주 집느라 팔뚝 스치고	珍核掠過臂
가득 찬 술잔 권하여 턱 앞에 내밀며	深盃勸到頤.
그윽한 농담 때때로 주고받다가	雅謔時相逼
은미한 말이 점차 감당하기 어려워졌네.	微詞漸難支.
귓속말로 부러 감추는 모습도 드러내고	付耳偏示諱
발그레한 얼굴로 서로 사사로운 마음 발했네.	頩顏互發私.
치마와 비녀에 교태를 다했고	情態究裙釵
고운 단장에 정성을 담았네.	精微入粉脂.
즐거이 노닌 일 날마다 이와 같은데	歡笑日如此
밤이 얼마나 깊었는지 놀라 묻곤 하였네.	驚問夜何其.
한밤중에 묵묵히 스스로 생각해보니	中宵默自念
서글프기도 우습기도 하였네.	慽慽仍嘻嘻.
처음엔 심히 낯빛 엄숙했는데	始也甚色莊
중간에 홀연 정신이 나갔고	中焉忽神癡.
처음 발길 들일 땐 스스로 부끄럽기도 하더니	初蹈亦自媿

오래 물드니 다시 의심하지 않았네.	久染還不疑.
겉으론 화살이 시위 떠난 듯 행세했지만	陽爲矢離弦
속으론 바늘이 자석에 끌리듯 하였네.	暗若鍼引磁.
나는 지금 나그네 되었기에	我今爲旅人
좋은 벗들과 멀리 떨어진 처지라.	良友多遠離.
스스로 정력[415] 없음 한탄하거니와	自悼無定力
또 따끔한 충고도 듣지 못했네.	又不聞箴規.
돌이켜 여괘 육효의 뜻[416] 생각해보니	回思旅六義
자질구레한 일들 심히 가소롭네.	鄙瑣深可嗤.
정신은 말라 바싹 고갈되고	精神渴爲習
학업은 황폐해 묵정밭 같아졌네.	學業荒如菑.
즐거움에 빠져 돌이킬 줄 몰랐기에	留連不知返
아슬아슬 위태로운 상태였네.	岌岌乎其危.
아침에 송자에게 이 마음 털어놓자	朝爲宋子道
묵묵히 둘이서 부끄러워하였네.	默默雙忸怩.
맑은 새벽 말에게 꼴 먹이고서	淸晨秣吾馬
말머리 나란히 북을 향해 달렸네.	聯鑣向北馳.
여인들 무리 지어 멀리 전송 나와	羣娥遠相將
전송하길 금강 물가에서 하였네.	相將錦之涯.
금강 물 넘실넘실 흐르는데	錦之水湯湯
고개 숙여 줄줄 눈물 흘렸다오.	低頭泣漣洏.

415 정력(定力) : 번뇌와 망상을 제거하는 힘을 뜻하는 佛家의 용어이다.

416 여괘(旅卦) 육효(六爻)의 뜻 : 『周易』 旅卦(䷷)는 나그네를 뜻하는데, 六爻의 효사는 "새가 둥지를 불태우니 나그네가 먼저는 웃고 뒤에는 울부짖는다. 소를 함부로 하여 잃으니 흉하다.[鳥焚其巢, 旅人, 先笑後號咷. 喪牛于易, 凶.]"이다.

굳게 마음먹어 뒤도 돌아보지 않고　凝然不顧視
가자, 가자 오직 이 생각으로　行行念在玆.
가고 가서 날마다 멀어지니　行行日以遠
그 후련함 그물 속 기러기가 풀려난 듯했네.　浩若鴻決羅.
저 멀리 도성 문 바라보이는데　依依望都門
봄날 버들은 푸르게 하늘하늘.　春柳綠絲絲.
옛집 바야흐로 보일락 말락 하니　老屋方隱見
마음은 급하거늘 짜증스레 몸은 느렸네.　意促嫌身遲.
사립문 들어서자 절로 웃음이 나와　入門油然笑
화목한 기운 초가집에 가득하였네.　和氣藹茅茨.
유람하고 돌아온 자식을 온 가족이 보고는　盡室看游子
모습이 어찌 그리 여위었는가 하네.　形容一何羸.
술 받아와 한낮 갈증 풀어주고　賖酒解午渴
반찬을 더하느라 저녁 짓기도 잠시 멈추었네.　添湌停夕炊.
서로들 말하길 처마의 까치 깍깍 울더라　競道簷査鵲
다투어 말하길 거울에 거미가 매달려 있더라417　爭言鏡縋蟢.
자질구레한 말 전부 믿지는 못하겠지만　細瑣雖不信
주거니 받거니 또한 빠뜨림 없었네.　酬答亦無遺.
늘어져 있어도 잠은 오지 않고　圉圉仍不寐
말똥말똥 그만 피곤함도 잊고 말았네.　惺惺頓忘疲.
아침에 일어나 집을 살펴보니　朝起視堂宇
지붕 모서리 여기저기 기울고 부서져　屋角多傾虧.
기와는 날아가 다시 짚으로 이었으며　瓦飛更結茅

417 거울에……있더라 : 거미를 나타내는 한자는 '蟢'인데 그 음이 '희'여서 '喜'와 통용된다.

담장은 부서져 울타리로 묶어 놓았네.	墻破爲縛籬.
한가한 날에 서화를 펼쳐놓고	暇日陳書畫
장황에 엉긴 먼지 떨어버렸네.	凝塵拂粧池.
이 즐거움보다 더한 즐거움 없거니	玆焉樂莫樂
지난날 어이하여 이를 버려두었나.	昔何斯違斯.
친지와 벗들 번갈아 찾아가	親朋迭相過
봄나들이 가자, 신발 끈 묶고서는	游春結履綦.
북쪽 계곡으로 붉은 도화 찾아가고	北溪尋緋桃
남쪽 동산에서 흰 배꽃 감상하였네.	南園賞雪梨.
심오한 담론 나누느라 옥주[418]를 세우고	玄談竪玉麈
기묘한 글씨 쓰매 굳건한 붓을 뽑았네.	妙翰抽毛錐.
내가 돌아온 지 며칠이나 되었다고	我歸能幾日
그대는 또한 남녘으로 향하는가.	君又向南陲.
쓸쓸히 남은 한 포의	蕭蕭一布衣
표표히 가는 한 편비.[419]	飄飄介褊裨.
이별은 매양 마음을 놀래키니	離別每驚心
바람 맞으며 눈물을 흩날리네.	臨風雪涕洟.
멀리 고개 너머 구름 바라보니	遙望嶺外雲
세월은 흘러 벌써 두 해가 되었네.	荏苒今二朞.
뿔뿔이 동쪽으로 서쪽으로 헤어지니	落落東復西
다시 만날 날을 어이 기약하리오.	會合安可期.

418 옥주(玉麈) : 자루를 옥으로 만든 먼지떨이를 말한다. 晉代 淸談家들이 애용했던 소품이라고 한다.

419 편비(褊裨) : 조선 시대 각 營의 副將을 이르는 말이다. 구체적으로 누구를 가리키는지는 미상이다.

원래 나그네 된 자는	由來爲客者
쉬이 사람들에게 속임 당하는 법	易爲人所欺.
나그네 되어 밥을 먹기보단	爲客如吃飯
집에 돌아와 죽을 먹는 게 낫다네.	歸家寧飮糜.
나그네 되어 비단 옷 입기 보단	爲客如衣縠
집에 돌아와 거친 옷 입어야 하리.	歸家且衣絺.
크게 탄식하고 이 말을 펼치노니	浩歎陳此辭
이 말 하며 백번이나 한숨 쉬게 되네.	此辭當百噫.

번역 김용태

1-101

『능엄경』[420]【이하 7수는 권2의 「澮社夜飮」 아래에 있어야 한다.】

楞嚴經【此下七首 當在第二編澮社夜飮下】

유자가 불교의 경전을 읽는 일	儒生讀佛典
묻노니 무엇과 비슷한가	借問何所似.
예로부터 강한 적 깨뜨리려면	古來破勁敵
나를 알아야 상대를 안다고 했지.	知己合知彼.
한 명의 첩자 행장 꾸려 보내며	治送一諜者
그 표리를 궁구해오라 일렀네.	謂言窮表裏.
생각지도 않게 적진이 아름다워	何意敵中佳
꽃과 달에 비단을 두른 듯하네.	花月擁羅綺.
미혹됨에 빠져 돌아올 줄 모른다면	迷蕩不知返
고국이 어디에 있다 하랴.	故國何處是.
이 때문에 정부자께서는	所以程夫子
음탕한 소리와 어지러운 미색에 견주었다네.[421]	淫聲亂色比.

420 『능엄경(楞嚴經)』: 우리나라 불교의 근본이 되는 경전 가운데 하나로, 조선 시대 성리학자들이 가장 많이 읽은 불경의 하나이다.

421 이……견주었다네 : 『論語』 「爲政」의 "이단을 전공하면 해로울 뿐이다.[攻乎異端, 斯害也已.]"에 대해 程子는 "佛氏의 말은 楊朱와 墨翟에 비해 더욱 이치에 가까우니 그 해로움이 더욱 심하다. 배우는 자는 마땅히 음탕한 소리와 아름다운 미색으로 여겨 이를 멀리해야 할 것이다. 그렇지 않으면 차츰차츰 그 속으로 빠져 들어갈 것이다.[佛氏之言, 比之楊墨, 尤爲近理, 所以其害爲尤甚. 學者當如淫聲美色以遠之. 不爾, 則駸駸然入于其中矣.]"라고 하였다(『論語集註』).

1-102

조 충의공의 철여의에 대한 노래[422]

趙忠毅公鐵如意歌

송 주서[423] 집에 보관된 철여의 한 가지는 연경 시장에서 사온 물건인데, 한 자 여덟 치 남짓 된다. 그 명에, "갈고리에 바늘이 없고 모가 났지만 다치게 하지 않으며[424] 노래하고 춤출 때 이것을 휘두를만 못하니, 참으로 군자의 물건이다. 조남성이 기해년(1599) 맹춘에 만들다."라고 하였는데, 모두 서른한 자의 소전으로 썼다. 오악의 진경, 비낀 달과 북두성 및 남두성, 그윽한 난초와 나는 듯한 말의 형상이 뒤섞여 주위를 장식하였다. 『청시별재』[425]를 보니 "한기는 자가 기무(其武)로 「조충의공철여의가」를 지었다."라고 하였다. 그가 형용한 것이 아마 바로 이 물건인 듯하여 느낌이 있어 짓는다.

---

422 조 충의공(趙忠毅公)의……노래 : 조 충의공은 명나라의 정치가이자 문학가인 趙南星을 가리킨다. 河北省 高邑縣 출신으로, 자는 夢白, 호는 儕鶴, 별호는 淸都散客이다. 萬曆 2년(1574) 과거에 급제하여 조정에 출사하였고 부정한 청탁을 거절하다가 魏忠賢의 미움을 받아 좌천된 뒤 임지에서 죽었다. 崇禎 초에 忠毅란 시호를 하사받았다. 鐵如意는 철로 만든 如意를 말한다. 여의는 본래 손이 닿지 않는 곳을 긁을 수 있도록 만들어 사람의 뜻대로 된다는 의미로 여의라는 이름을 얻었고, 이후 군사를 지휘하거나 몸을 방어하는 용도로 사용되었다.

423 송 주서(宋注書) : 宋俊載(1748~?)를 가리킨다. 앞의 1-95번 시 387번 주석 참조.

424 모가……않으며 : 『禮記』「聘義」에 "옛날에 군자는 덕을 옥에 비유했다. 온윤하며 윤택한 것은 인이고, 진밀하며 굳센 것은 지이며, 모나면서 다치지 않는 것은 의이다.[夫昔者君子比德於玉焉, 溫潤而澤, 仁也, 縝密以栗, 知也, 廉而不劌, 義也.]"라고 하였다.

425 『청시별재(淸詩別裁)』 : 본래의 서명은 『國朝詩別裁集』으로 『淸詩別裁集』이라고도 한다. 청대 중국 시인의 시를 모은 것으로 沈德潛이 편찬했다. 모두 36권으로 996명이 지은 3,952수의 시가 수록되어 있다.

宋注書家藏鐵如意一條, 燕市物也. 長尺有咫, 銘曰, 其鉤無鐖, 廉而不劌, 以歌以舞, 以不若是折, 唯君子之器也. 趙南星己亥孟春製. 共三十一字小篆書. 五岳眞形, 斜月星斗, 幽蘭飛馬之狀, 錯落圍布. 及閱淸詩別裁, 有韓騏字其武, 作趙忠毅公鐵如意歌. 其所容寫, 疑卽此物也, 感而賦.

동남쪽 보배로운 기운 파리똥 묻은 채 잠겼다가　東南寶氣沈玉蠅
관악기 부서지는 소리에 엄릉을 시름겹게 했네.[426]　楚竹碎聲愁嚴陵.
송자의 집에 있는 한 줄기 철여의　宋子堂中一條鐵
몽백의 이름과 자 얼음처럼 맑구나.　夢白名字淸如氷.
동토에서 뒤늦게 태어난 선비 풍천을 꿈꾸다가[427]　東土後生風泉夢
맑고 얕은 봉호에 차가운 밤 기대었네.[428]　淸淺蓬壺寒夜憑.
가지 꽃 땅에 가득해 화귀와 이야기하여[429]　茄花滿地禾鬼語

426 관악기……했네 : 명나라 光宗의 죽음과 조남성의 처지를 비유한 구절이다. 원문의 '楚竹'은 湘妃竹 또는 斑竹을 가리키는 말이다. 순임금이 죽자 두 왕비가 찾아와 울면서 눈물이 대숲을 물들이니 대나무가 모두 아롱졌다는 고사가 있다. 嚴陵은 嚴光의 이칭으로 後漢을 건국한 光武帝의 벗임에도 출사하지 않고 은거로 일관한 인물이다. 여기서는 반죽으로 광종의 죽음을 묘사하고 엄광을 조남성에 비유한 것으로 보인다.

427 풍천을 꿈꾸다가 : 풍천은 『詩經』의 편명인 匪風과 下泉의 준말이다. 이 두 편은 모두 周나라 왕실이 점점 쇠약해지는 것을 개탄하며 과거에 번성했던 주나라의 역사를 추억하는 내용이다. 여기서는 조남성이 활약했던 명나라의 멸망에 대한 감회를 가리킨다.

428 맑고……기대었네 : 조남성 사후 오랜 세월의 변화와 자신의 처지를 돌아본 구절로 보인다. 蓬壺는 蓬萊山의 이칭으로 전설 속의 바다에 있던 신선의 산을 뜻한다. 晉나라 葛洪의 『神仙傳』 「麻姑」에, "마고가 스스로 다음과 같이 말했다. '만나 본 이래로 벌써 동해가 세 번 뽕밭이 되었고 지난번 봉래에 이르러보니 물이 얕아졌소이다. 지난번 만났을 때보다 얕은 것이 대략 절반이 되니 아마도 장차 다시 육지가 될 것입니다.'[麻姑自說云, 接侍以來, 已見東海三爲桑田, 向到蓬萊, 水又淺于往者會時略半也. 豈將復還爲陵陸乎.]"라는 내용이 있다.

429 가지……이야기하여 : 明 熹宗의 유모 客氏가 魏忠賢과 결탁하여 東林黨을 음해한 사실을 말한 구절로 보인다. 명나라 희종은 황제에 오르고 난 뒤에도 어릴 적 자신을

쇠약해진 동림에서 군자의 붕당 되었다가[430]　零落東林君子朋.
대동의 수졸 연조의 선비라[431]　大同戍卒燕趙士
취한 채 철여의 떨쳐 울울한 마음 풀어냈도다.　醉拂如意開陰凝.
오호라, 철여의가 뜻대로 되지 않으니　嗚呼如意不如意
허탈한 웃음과 화난 꾸짖음 가슴에 얽혀버려　嘻笑怒罵輪囷膺.
강남의 안씨 집안 아들에게 넘겨주자　寄與江南顏氏子
피를 뒤집어쓴 호위군 요망한 혼 솟구쳤네.[432]　血濺緹騎妖魂騰.
구멍 없는 벽력부[433] 되어　化爲無孔霹靂斧
궁문의 돌기둥 깨부수니 귀석이 무너졌고[434]　擊碎閹碑龜趺崩.

키워준 유모 객씨를 계속 떠받들었고, 위충현은 이러한 사실을 알아 객씨를 이용해 동림당을 희종으로부터 멀어지게 했다. 원문의 '禾鬼'는 위충현의 성씨인 '魏'를 破字한 것으로 '禾'는 '委'의 오기인 듯하다. 『明史』 권30 「志第六 五行三(金土)」에, "萬曆 말년에 어떤 道士가 저자에서 다음과 같이 노래했다. '委鬼가 머리에 닥쳐 앉았고 茄花가 땅에 두루 피어나네.' 북쪽 사람들은 客을 楷라고 읽고 茄로 다시 음이 변하여 위충현과 객씨의 조짐이 된다.[萬曆末年, 有道士歌於市曰, 委鬼當頭坐, 茄花遍地生. 北人讀客爲楷, 茄又轉音, 爲魏忠賢客氏之兆.]"라고 하였다.

430 쇠약해진……되었다가 : 조남성이 몸담았던 동림당을 묘사한 구절이다. 동림당은 중국 명나라 말기에 정계와 학계에서 활약하며 東林書院을 중심으로 정치활동을 전개했다. 군자의 붕당이 되었다는 말은 동림당의 올바른 처신을 지칭한 표현이다.

431 대동(大同)의……선비라 : 조남성은 위충현에 의해 대동으로 좌천된 뒤 그곳에서 병으로 죽었다. 燕趙는 전국시대 연나라와 조나라를 뜻하는 말로 대동이 있던 곳을 말하는데, 이 지역은 예로부터 비장한 노래를 부르며 비분강개한 마음을 과시하던 선비가 많았다.

432 강남의……솟구쳤네 : 강남의 顏氏 집안 아들은 顏佩韋를 가리킨 것으로 보인다. 명나라 天啓 6년(1626), 위충현 일파의 관리가 소주에 이르러 동림당 대신 周順昌을 체포하자 분노한 군중들이 호위병 두 명을 때려 죽였다. 이에 안패위를 위시하여 楊念如 · 沈揚 · 馬傑 · 周文元 등 5명이 군중을 대신해 옥에 갇혔다가 처형되었다(『明史』 卷245 「周順昌列傳」).

433 구멍 없는 벽력부(霹靂斧) : 전설상 雷神이 우레를 칠 때 사용하는 돌도끼를 말하며 여기서는 조남성의 철여의에 비유했다.

434 궁문의……무너졌고 : 청나라 康熙帝 때 어사 張瑗이 碧雲寺에 있는 魏忠賢의 무덤을 뭉개기를 청하고 그 비석을 넘어뜨려 깨뜨렸다(『香祖筆記』 卷1).

잔학했던 파괴가 변천을 겪으니[435] 神焦鬼爛龍漢劫
날아서 푸른 바다를 지나 신사(神蛇)를 쫓았구나.[436] 飛過滄溟逐神螣.
오호라, 뜻대로 해도 뜻과 같지 않으니 嗚呼如意不如意
천계의 판탕[437] 일찍이 생각 말게나. 天啓板蕩休憶曾.

---

435 잔학했던……겪으니 : 위충현의 전횡으로 조남성을 위시한 동림당이 축출된 과정을 말한 듯하다. 원문의 '神焦鬼爛'은 '귀신이 불에 타버린다'는 의미로 잔혹한 화계를 당해 많은 사람이 죽은 것을 말한다. 한유의 「陸渾山火皇甫湜用其韻」에 "끊어진 듯 높이 둘러 사방의 담을 태우니, 귀신이 불에 타서 도망갈 문 없다.[截然高周燒四垣, 神焦鬼爛無逃門.]"라고 하였다. 또 원문의 '龍漢劫'의 龍漢은 도교에서 일컫는 원시천존의 연호 가운데 하나로 五劫 가운데 始劫을 뜻하는 말이다. 세상이 한번 뒤집어져 큰 변화를 겪었음을 의미한다. 명나라가 무너지고 청나라가 들어섰음을 의미하는 듯하다.

436 날아서……쫓았구나 : 神蛇는 구름을 일으키고 비를 부르는 신령스런 동물이다. 철여의가 우리나라로 넘어오게 된 과정을 형용한 구절인 듯하다.

437 판탕(板蕩) : 정치가 혼란하거나 사회가 어지러운 현실을 가리킨다. 『詩經』「大雅」의 「板」과 「蕩」 두 편이 周 厲王의 무도한 정치를 풍자한 데서 유래했다.

1-103

제야에 송 주서[438]의 시에 차운하다

除夜次宋注書韻

춘첩자 모든 집 사립문에 이미 붙어 있는데	春帖千家已板扉
작은 매화는 추위에 눌려 꽃망울조차 영글지 못했네.	小梅寒勒吐微微.
어느새 장년이라 먼저 술 마심 사양하고[439]	居然壯齒辭先飮
어린 아이 마음마저 사라져 입던 옷 찾는다네.	除却童心索舊衣.
어느 해인지 따질 것 없으니 달력 없어도 괜찮고	不識何季無曆可
여느 날 저녁과 같기에 시도 짓지 않는다오.	卽同凡夕作詩非.
책상의 서적 만 권이라 사람 늙어감 꺼리게 되고	牀書萬卷慊人老
때를 놓쳐 세월과 어긋남 부질없이 탄식하네.	空歎蹉跎歲月違.

438 송 주서(宋注書) : 宋俊載를 가리킨다. 앞의 1-95번 시 387번 주석 참조.

439 어느새……사양하고 : 정월 초하룻날 屠蘇酒를 마시던 풍속을 말한 것이다. 도소주는 설날에 무병장수를 기원하기 위해 마시는 약주로, 첫새벽에 가족이 의관을 정제하고 모여 마시는데 나이가 어린 사람부터 마신다(『荊楚歲時記』).

1-104

겨울 밤 무관과 약조하여 박차수를 방문하였는데, 마을에서 시를 배우러 온 어린 아이들이 많았다

冬夜期懋官 訪朴次修 里中多學詩童子

이르는 곳마다 쓸쓸하고 고요해 사립문 잠겼는데　蕭閒到處板扉深
맑은 밤 잠들지 못해 다시 한 번 방문한다네.　清夜無眠更一臨.
눈 덮인 집 푸른 등불 아래 어떤 처사인가　雪屋燈青何處士
달 뜬 거리의 하얀 옷 입은 아이들 마치 관음보살 같네.[440]　月街衣白似觀音.
술자리 앞에서 일시에 흩어질 땐 바로 남쪽 마을이었는데　尊前一散纔南里
술 깬 뒤 바야흐로 놀라니 어느새 북쪽 숲이로구나.　醒後方驚是北林.
오하의 제군들[441] 도리어 오래 이별할지라도　吳下諸君還別久
수염 희게 물든 훗날에는 서로 즐겨 찾으리라.　染鬚他日好相尋.

440 달……같네 : 아이들의 모습을 觀世音菩薩에 비유한 것이다. 관세음보살은 항상 흰 옷을 입고 연꽃 속에 앉아있으므로, 白衣觀音·白衣仙人·白衣大士 등으로 불린다.

441 오하(吳下)의 제군들 : 오하는 吳나라 땅을 가리키는 말로, 예로부터 명사가 많은 곳으로 회자된 지역이다. 여기서는 유득공의 벗을 지칭한 말로 추정된다.

1-105

지포[442]가 마련한 자리에서 남쪽으로 돌아가는 가기를 전송하다 【세 수】

芝圃席上 送歌妓南歸【三首】

남매 피는 시절이라 눈발 뒤섞여 날리는데 臘梅時節雪交飛
촛불 밝힌 깊은 창에 웃음과 말소리 나지막이 들리네. 燭火深窗笑語微.
그대 여항의 마을에서 오래도록 부침함이 가엽나니 憐汝浮沈閭里久
병풍 가에 걸어둔 푸른 웃옷 눈에 들어온다. 屛邊看掛綠袿衣.

몇 년이나 괴로워하며 그리운 마음 부치다가 幾年辛苦寄相思
이제서야 등불 앞에서 모두 말하게 되었구나. 會有燈前說盡時.
창졸간에 만난 자리인지라 잠시 할 말을 잊었는데 刱卒逢場成小噤
뒤늦게 놀란 마음 진정되자 눈물 거듭 흐른다네. 晩來驚定淚頻滋.

필마로 험한 길 납설[443] 내리는 날 떠나고 疋馬崎嶇臘雪天
높다란 돛배에서 편지 받으면 또한 새해이리라. 峭帆逢雁又新秊.
눈물자국 이로부터 마를 날 없으리니 淚痕自此無乾日
한 번 만남이 마침내 한 번의 이별자리 되었구나. 一見終爲一別纏.

번역 김세호

442 지포(芝圃) : 宋俊載(1748~?)의 호이다. 앞의 1-95번 시 387번 주석 참조.
443 납설(臘雪) : 납일에 내리는 눈으로, 납일은 동지 이후 셋째 戌日이다.

『영재집(泠齋集)』

권2

冷齋集

『영재집』 권2

유성(儒城) 유득공(柳得恭) 혜보(惠甫)가 짓다.

고금체시(古今體詩) 198수이다.

2-1

김일여[1] · 윤증약[2]과 함께 도화동에서 나비를 읊다 【두 수】

與金逸如尹曾若桃花洞咏蝶 【二首】

바람 불고 비 내리는 푸른 시내 물가에　　風風雨雨碧溪濱

1 김일여(金逸如) : 金思義(1753~?)로, 본관은 慶州이고, 逸如는 그의 자이며, 호는 爾雅宕主人이다. 戶曹正郞과 羅州牧使 등을 역임하였다. 이덕무가 輪回梅를 만들자 좋은 술 한 병으로 윤회매 한 가지를 사주었다고 한다(『青莊館全書』 卷10 「和爾雅宕主人輪回梅韻兼示鄭耳玉」, 卷62 「輪回梅十箋」).

2 윤증약(尹曾若) : 尹可基(1745~1801)로, 본관은 坡平이고, 曾若은 그의 호이다. 서얼 출신으로, 朴趾源을 위시한 연암그룹과 친밀하게 교유하며 시를 주고받았다. 1801년에 일어난 흉서 사건의 주모자로 지목되어 처형되었다.

복사꽃 좇아 바삐 오니 골짜기 안 봄이로구나.	忙趁桃花洞裏春.
골짜기 안에 복사꽃 일천 그루 피었는데	洞裏桃花一千樹
사람은 나비 따라 가고 나비는 사람 따르네.	人隨蝶去蝶隨人.
사람들 오고 가고 나비는 쌍쌍으로 날아	人來人去蝶雙飛
호랑나비 흰 옷 입은 사람 곁에 훨훨 춤추네.	蝴蝶翩躚人白衣.
나비 가루 옷 향기 뒤섞여 구분할 수 없고	蝶粉衣香渾不辨
바람 불어 지는 꽃과 함께 훨훨 나는구나.	落花風裏共霏霏.

2-2

윤회매【다섯 수】

輪回梅【五首】

청장거사가 밀랍을 녹여 매화를 만들고 다음과 같이 말했다. "벌이 꽃을 채집해 꿀을 만들고 꿀이 밀랍을 이루며 밀랍이 다시 꽃이 되었으니 이것이 윤회매이다."

靑莊居士鎔蠟爲梅花, 其言曰, 蜂採花爲蜜, 蜜生蠟, 蠟復爲花, 此輪回梅也.

촛농이 언덕을 이루니 향긋한 밤 길고	燭淚成堆芳夜長
늘어진 산호 얼어붙은 듯 만 가지 누렇구나.	倒珊瑚凍萬條黃.
왕씨 집안 자제 기특한 생각 없기에	王家子弟無才思
매화 만들지 않고 봉황만 만들었다네.[3]	不鑄梅花鑄鳳凰.

막고야산 봄빛이 신선의 집으로 돌아와[4]	藐姑春色返仙家
얼음 자태 조용히 지키려 붉은 비단 가렸지.	靜護氷姿隔絳紗.
운치 다하고 향기 사라져 지게미 남았건만	韻歇香消糠粃在
감히 말하노니 빚은 것 바로 중화로구나.[5]	敢言陶鑄是重華.

3 왕씨(王氏)……만들었다네 : 왕씨 집안 자제는 南北朝時代 王僧虔을 말한다. 왕승건이 어렸을 때 밀랍 촛농을 모아서 鳳凰을 만들자 백부 王弘이 칭찬했던 고사가 전한다(『南齊書』 卷33 「王僧虔列傳」).

4 막고야산(藐姑射山)……돌아와 : 매화의 모습을 선녀에 비유한 것이다. 막고야산은 신화에 나오는 산의 이름이다. 『莊子』 「逍遙游」에 "藐姑射의 산에 神人이 사는데 살결이 빙설처럼 깨끗하고 아리땁기가 처녀와 같다.[藐姑射之山有神人居焉, 肌膚若冰雪, 綽約若處子.]"라고 하였다. 전하여 선녀를 가리키는 뜻으로 쓰인다.

5 감히……중화(重華)로구나 : 중화는 본래 舜임금을 찬양한 말로 여기서는 밀랍매의 아름다움을 표현한 구절이다. 『莊子』 「逍遙遊」에, "막고야산의 神人은 먼지와 때, 쭉정

호리병에 새로 꽂은 몇 가지 고우니　　膽甁新挿數枝嫣
달 지고 삼성 비끼니 바로 후천이로구나.[6]　　月落參橫是後天.
누가 옛 벌을 보내 와서 너를 부르게 할까　　誰遣舊蜂來詔汝
한순간 꽃술에 이르러 처연함을 깨달을 텐데.　　一時低瓣悟凄然.

밀랍 꽃 곱고 맑아 늦봄에도 아리땁건만　　蠟花姸淨媚餘春
영석[7]처럼 고운 자태 진짜 아닐까 염려되네.　　英石輕盈恐未眞.
한 무제와 임포는 참으로 어리석은 생각 지녀　　漢武林逋癡絶想
매부인이니 이부인이니 하며 견주었지.[8]　　梅夫人比李夫人.

영롱하여 수정인이라 부름이 합당한데　　玲瓏合喚水晶人
지금도 몸은 지난봄에 기대어 있구나.　　現在身憑過去春.
진짜 밀랍 돌고 돈들 어찌 비루함 있으리　　眞蠟回回何陋有
많은 생에 왕생의 인연 맺기를 바란다오.　　多生願結往生因.

이와 겨 같은 것을 가지고도 요순을 빚어낼 수 있는 분이다.[是其塵垢粃糠, 將猶陶鑄堯舜者也.]"라고 하였다.

6 달……후천(後天)이로구나 : 원문의 '參橫'은 參星이 기울었다는 말로 깊은 밤을 가리킨다. 삼국시대 위나라 曺植의 「善哉行」에 "달이 지고 삼성이 기우니, 북두성 비스듬히 놓여 있구나.[月沒參橫, 北斗闌干.]"라고 하였다. 후천은 先天과 반대되는 말로 여기서는 輪回하여 세상에 태어난 매화를 형용한 표현으로 보인다.

7 영석(英石) : 중국 廣東省 英德縣에서 생산되는 돌의 일종이다. 색깔이 다양하고 모양이 기이해 장식용으로 애용된다. 큰 것은 정원에 쌓아 石假山을 만들고 작은 것은 궤안이나 화분 등을 장식한다.

8 한 무제(漢武帝)……견주었지 : 李夫人은 漢나라 李延年의 누이인데 한 무제의 총애를 받았다. 송나라 蘇軾의 「岐亭道上見梅花戲贈季常」 시에 "반혼향이 영남의 매화로 들어갔네.[返魂香入嶺頭梅]"라고 하였는데, 그 주에 "이부인이 죽자 한 무제가 몹시 그리워한 나머지 方士로 하여금 반혼향을 만들게 하여 피우니, 이부인이 강림하였다."라는 내용이 보인다. 반혼향은 매화의 이칭으로 쓰인다(『東坡詩集註』 卷25). 林逋는 宋나라의 시인으로, 평생 은거하며 매화를 부인으로 삼고 학을 아들로 삼아 '梅妻鶴子'로 불린다(『夢溪筆談』 人事2).

2-3

이 시랑의 송산별업에서[9]

李侍郎松山別業

새벽수레로 쓸쓸히 동쪽으로 가니	晨駕悄東徂
언덕과 습지 어찌 그리도 아득한가.	原隰何悠哉.
저 멀리 아련하게 비탈진 언덕 넘자	依依越陂坨
숲속의 가옥들 차례차례 나타나네.	林屋相次開.
계절은 어느덧 다시 바뀌었고	時序忽復易
녹음 우거져 지난번과는 다르구나.	繁陰異昔來.
못의 연 줄기 들쭉날쭉 자라나	池荷向參差
새로 돋은 연꽃대 푸른 술잔 펼친 듯하다.	新房散綠杯.
높이 올라 맑은 시 읊조리며	登高發淸賦
고금에 뛰어난 재사들을 논했지.	終古言美才.
바라건대 공을 따라 노닐며	願言從公游
좋은 우정 남은 생애 길이 이어지기를.	惠好永遺埃.

9 이 시랑(李侍郎)의 송산별업(松山別業)에서 : 이 시랑은 누구인지 정확하지 않다. 시랑은 參判의 별칭이다. 송산은 楊州 芙蓉山 남쪽의 松山을 말한 것으로 보인다.

2-4

심확사의 『국조시별재』10에 제하다 【네 수】

題沈確士國朝詩別裁 【四首】

강운루에서 크게 고하를 선별해	絳雲樓選太昂低
종담과 같은 무리를 나란히 지워 없앴네.	同輩鍾譚抹撥齊.
반 구로 스스로 취하고 버림을 적었기에	半句自家書得否
성명이 『별재』의 표제 머리에 남았도다.11	姓名留冠別裁題.

【전수지(錢受之)】

국화 빼어나고 난초 꺾여버린 구월에	菊秀蘭摧九月時
삼한의 사신이 한가로이 시를 읊었도다.	三韓使者等閒詩.
심양의 감옥 안 석양 속 나그네는	瀋陽獄裏斜陽客
신성이 부친 말 알았을까 몰랐을까.12	寄語新城知不知.

【왕이상(王貽上)】

10 심확사(沈確士)의 『국조시별재(國朝詩別裁)』 : 심확사는 沈德潛(1673~1769)으로, 確士는 그의 자이고, 호는 歸愚이다. 盛唐詩의 복고를 주장하며 格調說을 창시한 인물이다. 『국조시별재』는 그의 저술로 『淸詩別裁集』이라고도 한다. 처음에는 996명의 시인이 지은 3,952수를 채록했고 이후 乾隆帝의 명으로 錢謙益·吳偉業 등의 시를 산삭해 32권으로 수정하였다. 전자가 『국조시별재』이고 후자가 『欽定國朝詩別裁』이다. 작자의 이름 아래 小傳이 있고 시 뒤에는 비평이 달려 있다.

11 강운루(絳雲樓)에서……남았도다 : 청나라 錢謙益이 明나라 시인의 시를 뽑아 『列朝詩集』을 편찬하고, 몇몇 시에 짧은 비평을 붙인 사실을 읊은 것이다. 전겸익은 명말청초의 문인으로 자는 受之, 호는 牧齋이고 강운루는 전겸익의 藏書樓의 이름이다. 鍾譚은 명나라 말기 竟陵派의 대표적 문학가인 鍾惺과 譚元春의 병칭인데, 전겸익은 경릉파의 문학을 '狹窄'하다고 비판하며, 문학은 형식보다 내용을 중시해야 한다고 주장했다. 전겸익은 『국조시별재』 권1의 첫머리에 이름이 기록되어 있다.

12 국화……몰랐을까 : 金尙憲이 1626년(인조4) 명나라에 사행하여 지은 「次吳晴川大斌

남시북송 당나라 진의에 가까워　　南施北宋逼唐眞
명나라 말기 초음을 한번 새롭게 바꾸었네.　　明季噍音一變新.
금원의 한창 왕성한 기운 조금 띠었으나　　畧帶金源方旺氣
요컨대 대력 이후의 사람은 아니라네.[13]　　要非大曆以還人.

【시상백·송옥숙(施尚白·宋玉叔)】

영락한 동림당 몇몇 남방의 인재들이　　零落東林幾楚材
백년 만에 당 이루어 차가운 재 되살렸네.　　百年鉤黨蕩寒灰.
의연한 박학홍사 있었으니　　依然博學鴻詞在
모두 지난 강희 기미년의 일이로다.[14]　　總向康熙己未來.

【주석창 등 여러 사람[朱錫鬯諸人]】[15]

번역 김세호

韻」이라는 시가 청나라 시인 王士禎에게 칭찬받은 사실을 읊은 것이다. 이 시의 첫 구절은 김상헌이 지은 시의 한 구절이다. 왕사정은 「戲倣元遺山論詩絶句」라는 32수의 연작시 중 제29수에서, "옅은 구름 가랑비 내리는 소고사, 국화 피고 난초 시든 팔월이라. 조선 사신 지은 시구 기억하나니, 과연 성률을 아는 동국의 시였지.[淡雲微雨小姑祠, 菊秀蘭衰八月時, 記得朝鮮使臣語, 果然東國解聲詩.]"라고 하였다. 瀋陽의 감옥은 병자호란이 끝난 후 김상헌이 심양에 억류된 것을 말하고 新城은 왕사정의 출신지이다. 왕사정의 자는 貽上, 호는 阮亭·漁洋山人이다. 본래 이름은 禛이었으나 雍正帝의 이름과 같아서 士正으로 개명했고 이후 乾隆帝에게 士禎이라는 이름을 하사받았다. 청나라 초기 시풍을 확립한 대표적인 시인으로 神韻說을 주창하였다. 만년에 선셤익의 지우를 받아 朱彝尊과 함께 '南朱北王'으로 일길어졌나.

13 남시북송(南施北宋)……아니라네 : 施閏章과 宋琬이 청나라 사람이지만 盛唐의 시풍을 추구했음을 읊은 것이다. 시윤장은 安徽 宣城 출신으로 자는 尚白, 호는 愚山·蠖齋이고, 송완은 山東 萊陽 출신으로 자는 玉叔, 호는 荔裳이다. 남시북송은 시윤장과 송완을 일컬으니, 왕사정이 이들 문집을 정리하며 시윤장과 송완을 대비시켜 '남시북송'이라 지목한 데에서 유래하였다. 이들은 盛唐詩를 중시했고, 특히 杜甫·王維·孟浩然을 전범으로 삼았다. 명나라 말엽 竟陵派는 촉급한 소리인 噍音을 활용한 節奏를 많이 구사했는데, 시윤장과 송완이 등장하여 청나라 초기의 시단을 변화시켰다. 金源은 金나라의 별칭으로 여기서는 청나라를 가리킨다. 大曆은 唐나라 代宗의 연호로 문학사에서는 이때를 中唐 초기로 본다. 대력 이후의 사람이 아니라는 말은 中唐 이전의 시풍을 견지한 사람이라는 말이다.

14 의연한……일이로다 : 청나라 朱彝尊이 康熙 己未年(1679)에 博學鴻詞科에 합격한 사실을 말한다. 주이준은 浙江省 출신 문인으로, 자는 錫鬯, 호는 竹垞이다. 박학하고 시문에 뛰어나 왕사정과 함께 '南朱北王'이라 일컬어졌고, 詞는 南宋 문인 姜夔의 영향을 받아 浙西詞派의 창시자라 불렸다.

15 주석창……사람 : 주이준을 위시한 강남의 문인들을 가리킨다.

2-5

시위를 나서 이 시랑을 방문하다[16]

出試闈 歷訪李侍郎

가련하게도 비파 들고 또 제나라를 노닐어[17]	可憐操瑟又游齊
「장양부」[18] 지어 바치니 아직 해 지기 전일세.	獻賦長楊日未西.
보옥 품었다 해서 감히 화씨처럼 곡할 수 있으랴[19]	褢璧敢爲和氏哭
색동옷 입고 돌아가 어린 아이처럼 울어야 하리.[20]	曳斑歸作小兒啼.
중양절 지나갔으나 국화꽃 남아 있는데[21]	重陽節過黃花在

16 시위(試闈)를……방문하다 : 과거 시험을 마친 뒤 이 시랑을 방문해 지은 시이다. 試闈는 선비를 시험 보이는 곳으로, 동남쪽은 門이라 하고 서쪽은 闈라 한다. 이 시랑은 미상인데, 앞의 2-3번 시에 나오는 인물과 동일 인물로 보인다.

17 비파……노닐어 : 시대에 맞지 않는 문장으로 과거에 낙방했다는 말이다. 당나라 때 陳商이 世人들에게 맞지 않는 난해한 문장을 즐겨 쓰자, 韓愈가 「答陳商書」에서 "齊王은 피리를 좋아하는데 제나라에 벼슬을 구하는 자가 비파를 들고서 3년 동안이나 문 앞에 서 있었지만 들어갈 수가 없었다.[齊王好竽, 有求仕於齊者, 操瑟而往立王之門, 三年不得入.]"라고 한 고사가 있다.

18 「장양부(長楊賦)」 : 前漢 말의 학자이며 문인인 揚雄이 지은 賦이다. 漢나라 成帝가 일찍이 熊羆虎豹 등의 수많은 짐승을 長楊宮의 射熊館에 넣어 두고 사방으로 그물을 쳐 놓고는 胡人들에게 그 짐승들을 손으로 때려잡게 하고 이를 구경하면서 중국의 호화스러운 유희를 과시하였다. 이때 양웅이 임금을 시종하여 그 광경을 보고는 이 글을 지어 임금을 풍간하였다는 고사가 있다(『漢書』 卷87 「揚雄傳」). 여기서는 과거 시험장에서 읊은 자신의 부를 말한다.

19 보옥……있으랴 : 화씨(和氏)는 춘추 시대 초나라 사람 卞和를 말한다. 변화가 박옥을 얻어 厲王에게 바쳤는데, 여왕은 가짜라고 의심하여 그의 왼발을 베었고, 武王도 알아보지 못한 채 오른발을 베었다. 그 뒤 文王이 즉위하자 변화가 박옥을 안고서 사흘 밤낮을 통곡하여, 문왕이 玉人에게 가공하게 하니 과연 寶玉이었다는 고사가 있다(『韓非子』 卷4 「和氏」).

20 색동옷……하리 : 楚나라의 효자인 老萊子가 일흔 살이 되어서도 어버이를 즐겁게 해 드리기 위해 색동옷을 입고 어린아이 놀이를 하고 일부러 넘어져서 어린아이가 우는 시늉을 했다고 한다(『小學』 「稽古」).

몇 달 동안 시름 깊이 붉은 휘장[22] 드리웠다네. 數月憂深絳帳低.
알아주는 벗 모두 다 현달한 것은 아니니 不必知音皆顯達
피리 소리 들으며 맑은 시내 따라 내려가길 원하노라.
願聞吹笛下清溪.

【공은 이때 발에 병이 있었다.[公時有足疾]】

---

21 중양절(重陽節)……있는데 : 晉나라 陶淵明이 9월 9일 중양절에 마실 술이 없어 하릴없이 국화꽃만 따고 있던 중에, 刺史인 王弘이 白衣人에게 술을 주어 보내 취하게 했다는 고사가 있다(『宋書』 卷93 「隱逸列傳 陶潛」). 여기서는 중양절에 국화주를 마시지 못하고 아쉽게 국화 옆을 지나가기만 한 것을 의미한다.

22 붉은 휘장 : 붉은 비단으로 만든 휘장으로 서당이나 스승을 뜻한다. 후한의 馬融이 높은 당상에 앉아 붉은 휘장을 드리우고 생도를 가르쳤던 고사가 전한다(『後漢書』 卷60上 「馬融傳」).

2-6

곡식을 꾸다

貸粟

유림이 집안 다스림 강론하지만	儒林講齊家
세속에는 집이 윤택함 드물다오.	世俗希潤屋.
저 반포하는 새[23] 보고	瞻彼反哺鳥
대경할 녹봉[24] 없음 탄식 한다네.	嗟無代耕祿.
글 읽는 소리 자주 흐트러지니	讀書聲屢改
이 먼저 마음이 어지러웠음이라.	先已亂心曲.
책장 덮고 크게 한 번 탄식하고는	掩卷一浩歎
장차 벗에게 편지를 보내려 하네.	將與故人牘.
감히 안공의 쌀 구걸[25]이 아니라	非敢顔乞米
장주의 곡식 꾸기[26]를 바람일세.	所願莊貸粟.

23 반포(反哺)하는 새 : 까마귀는 새끼가 장성하면 도로 먹이를 물어다가 늙은 어미를 먹여 주어 은혜를 갚는다. 그래서 反哺鳥라 하고, 효성스런 새라 하여 孝鳥라고도 한다.

24 대경(代耕)할 녹봉 : 관리가 농사를 지어 수확하는 대신 녹봉으로 생활하는 것을 말한다. 『禮記』「王制」에, "제후의 하사는 상농부에 비교되어 녹봉으로 상농부가 농사짓는 것을 대신하기에 충분하다[諸侯之下士, 視上農夫, 祿足以代其耕也.]"라고 하였다.

25 안공(顔公)의 쌀 구걸 : 안공은 魯郡公에 봉해진 당나라의 顔眞卿을 가리킨다. 그가 李太保에게 "생계를 꾸리는 데 졸렬해서 온 집안이 죽을 먹고 있는데 그렇게 몇 달이 지나는 동안 지금은 이마저도 떨어졌으니 참으로 걱정이 되어 애가 탈 뿐이다.[拙於生事, 擧家食粥, 來已數月, 今又罄乏, 實用憂煎.]"라는 내용의 편지를 보내어 쌀을 구걸한 고사가 있다(『顔魯公集』 卷11「書帖 乞米帖」).

26 장주(莊周)의 곡식 꾸기 : 장주가 집이 가난하여 西河의 縣令 監河侯에게 곡식을 꾸러 갔는데 그가 세금을 거두면 三百金을 빌려주겠다고 하자, 수레바퀴에 고인 얕은 물속에서 말라 죽어가는 붕어에게는 약간의 물만 부어주면 살 수 있다고 대답한 涸轍鮒魚의 이야기를 남기며 거절했다고 전한다(『莊子』「外物」).

빌려주는 것은 양서가 되고	與爲陽而舒
구하는 것은 음축이 된다오.[27]	求爲陰而縮.
글자를 놓으려니 안색이 서글프고	下字色怊悵
글을 엮으려다 남몰래 주저한다네.	遣辭潛躑躅.
참으로 두려운 것은, 이 벗이	誠恐此故人
쌀 한 섬을 그냥 보내줌일세.	白與租一斛.
그리하면 훗날 또한 무슨 면목으로	後日亦何顔
대문에 이르러 다시 번거로운 말 하겠는가.	踵門云再瀆.
가난을 구제하는데 빌려줌이 좋은 것이니	救貧貸爲善
그냥 줌은 참으로 계속하기 어려운 법.	與之良難續.
친한 벗들에게 말 전하노니	寄語諸親串
이 도를 일찍 아는 것이 마땅하다오.	此道知宜夙.

27 빌려주는……된다오 : 사물의 이치가 양에서 펴지고[陽舒], 음에서 수축하는 것[陰慘]을 말한다. 후한 張衡의 「西京賦」에, "사람이 양의 때에 있으면 서창하고, 음의 때에 있으면 참담하다.[夫人在陽時則舒, 在陰時則慘.]"라고 한 데서 온 말이다. 여기서는 경제적으로 넉넉하여 곡식을 빌려주는 것과 가난하여 꾸는 것을 각각 양서와 음축으로 비유하였다.

2-7

지포자와 함께 부용봉정사에서 글을 읽다[28] 【다섯 수】

與芝圃子讀書于芙蓉峯精舍【五首】

번잡한 도성을 떠나	謝彼京洛紛
차가운 산모퉁이에 거처 얻었네.	得棲寒山隅.
문은 구양수를 읽고	文讀歐陽子
시는 범석호[29]를 사랑했지.	詩愛范石湖.
진실로 관각의 재목[30] 아닌데	良非館閣材
우러러 군자다운 유자[31]에게 부끄럽다오.	仰慙君子儒.
재능 있는 선비와 함께 함이 기쁘니	欣與才彥共
말하는 바가 다 정주라오.	所說皆程朱.
큰 깨달음에 살며시 미소 짓고	超悟泠然笑

28 지포자(芝圃子)와……읽다 : 지포자는 宋俊載(1748~?)를 가리킨다. 본관은 驪山이고, 자는 士彥, 호는 芝圃이며, 부친은 宋翼洙, 부인은 李瀰의 딸이다. 1774년(영조 50)에 문과에 급제하였다. 1776년(정조 1)에 李健源 · 趙憲喆 등과 함께 翰林會圈에 선발되어 召試에 응시하라는 명을 받았으나, 외지에 있다는 핑계로 부름에 응하지 않아 임금의 진노를 사게 되었다. 처음에는 체포하라는 명령이 내려졌지만, 이후 석방하여 응시하게 하였다. 그러나 율시에 대한 답안지에 틀린 점이 많아 자질을 의심받고 한직으로 물러났다. 1790년(정조 14)에 陽德縣監으로 재직 중, 관서암행어사 李冕膺이 그의 선정을 보고하였고, 2년 후 都堂錄에 선발되었다. 承政院 假注書 · 淳昌郡守 · 持平 등을 역임하였다. 여기서 芙蓉峯精舍는 楊州 芙蓉山의 정사를 가리키는 것으로 보인다.

29 범석호(范石湖) : 宋나라 때 시로 이름이 높았던 范成大를 말한다. 석호는 그의 호이다.

30 관각(館閣)의 재목 : 관각은 승문원 · 성균관 · 홍문관 등 문한이 뛰어난 문인 학자들이 모여 있는 곳으로, 여기서는 관각을 빛낼 만한 뛰어난 재주를 뜻한다.

31 군자다운 유자(儒者) : 『論語』「雍也」에, 공자가 제자 子夏에게 "너는 군자다운 유자가 될 것이요, 소인과 같은 유자는 되지 말지어다.[女爲君子儒, 無爲小人儒.]"라고 말한 구절이 있다.

하는 말마다 어리석은 이 깨우쳐 준다네.　　擧言開蒙夫.
장년의 나이가 정녕 애석하니　　壯年端可惜
뜨락의 나무 잎 지는 소리 구슬프다오.　　哀葉響庭株.

이지러진 달 차가운 못에 잠겨 있고　　缺月沈寒塘
위태로운 잎 높은 가지에서 떨어지네.　　危葉下高枝.
북산 싸리나무의 뜻은 개탄스럽고[32]　　慨歎山杻義
문장의 바탕은 적막하기만 하구나.　　寂寞文藻基.
옛 사람을 생각해 보건대　　言思古之人
시가에 능한 객을 사랑하였지.　　愛客工歌詩.
품은 회포 채찍이라도 잡고 싶지만[33]　　結褱在執鞭
간절한 마음뿐 다시 무얼 할 수 있으리.　　耿耿復何爲.

차가운 산 하나같이 비껴 있고　　寒山一以橫
황량한 들판 이에 맞닿아 있네.　　荒原與之接.
서리 맞은 숲 선명히 눈에 들어오고　　歷歷霜林別
저물녘 집은 아련히 겹겹으로 이어졌네.　　依依暮屋疊.
맑고 옅은 외로운 연기 있더니　　明澹孤烟在

---

32 북산(北山)……개탄스럽고 : 『詩經』 「小雅 南山有臺」에, "남산에는 산가죽나무가 있고 북산에는 싸리나무가 있도다. 즐거운 군자여 어찌 미수하지 않으리오. 즐거운 군자여 덕음이 이에 무성하도다.[南山有栲, 北山有杻. 樂只君子, 遐不眉壽. 樂只君子, 德音是茂.]"라는 구절이 있는데, 군자의 장수를 축원하는 말이다. 여기서는 부질없이 나이 먹어 감을 한탄하는 의미인 듯하다.

33 채찍이라도 잡고 싶지만 : 『論語』 「述而」에, "부가 만약 인위적으로 구할 수 있는 것이라면 말채찍을 잡는 천한 일이라도 내가 또한 하겠다마는, 만약 인위적으로 구할 수 없는 것이라면 나는 내가 좋아하는 일에 종사하겠다.[富而可求也, 雖執鞭之士, 吾亦爲之, 如不可求, 從吾所好.]"라는 공자의 말이 나온다.

아스라이 돌아가는 새 날갯짓 급하구나.	滅沒歸翼急.
슬프구나, 농사짓는 몸인지라	惻愴農家子
한참 동안 먼 들녘에 서 있다오.	移時遙野立.

객이 밭두렁으로부터 이르러	客從田間至
무릎 꿇고 하는 말 진찬이라 하기에 부족하다오.	跪言不足珍.
떡은 농가에서 마련한 것이고	餠是農家爲
닭이 작아 상에 올리지 못해 아쉽다오.	雞小恨未陳.
그대의 글 읽는 소리 들으니	聞子讀書聲
이로써 오늘의 위로가 되었소.	持以慰玆辰.
스스로 숙덕[34] 아니라 부끄럽지만	自慙非宿德
찾아온 야인에게 넉넉히 대접할 줄 안다오.	厚餽來野人.
거칠게나마 고인의 글 읽었으나	粗讀古人書
황량한 마을이라 수탉[35]조차 부족하다.	荒村缺司晨.
힘껏 농사지음은 예로부터 권장하던 바이나	力田古所奬
종유하여 배움이 참으로 쉽지만은 않구려.	游學良苦辛.

된서리 내리는 시월 시작되니	緐霜十月交
농부는 때 맞춰 못할까 염려한다오.	農夫念靡及.
맑은 아침 일어나 새벽밥 먹는데	淸晨起蓐食
밤새도록 절구 찧는 소리 들었다오.	終夜聞舂粒.
땔나무 베어 도성에 내다 파느라	伐薪賣京國

34 숙덕(宿德) : 덕망이 높은 선비를 의미한다.

35 수탉 : 원문은 '司晨'으로, 새벽을 알리기 위해 먼저 우는 닭을 뜻한다.

산골 부엌엔 낙엽만 수북하다오.	山廚足黃葉.
밤길 가는 것 감히 꺼리지 않으니	宵征不敢憚
성긴 별이 반쯤 갓을 비춘다오.	殘星照半笠.
군자[36]가 되지 못하였기에	不得爲君子
고생이 참으로 몸에 익었다오.	辛苦良所習.
낫 쥐고 들녘 가운데 있자니	操鎌在中野
삭풍만 쓸쓸히 불어온다오.	朔風來蕭颯.
사람은 멀어지고 해오라기 한 마리 우뚝한데	人遠一鷺峙
밭두둑 밝아지니 만 번을 거듭 본다오.	畦明萬鑑疊.
사립문에 인적 끊어지자	柴扉斷人蹤
울 끝에 잠자리만 오뚝 서 있구려.	籬末蜻蜓立.

36 군자(君子) : 여기서는 넉넉한 경제력을 갖추어 독서에만 전념하는 사람을 뜻한다. 野人은 그렇지 못해 생계를 꾸려가며 재야에서 학문에 힘쓰는 사람을 의미한다.

2-8

전가잡영【다섯 수】

田家雜詠【五首】

된서리 내린 높은 나무 지붕 끝 환히 비추고 酣霜高樹屋頭明
해 떨어진 거친 동산엔 참새소리뿐. 日落荒園鳥雀聲.
시든 잎 놀란 새 날갯짓에 때 이르게 떨어져 내리는데 病葉强隨驚翼散
붉은빛 자줏빛 번뜩이는 모습이 도리어 무정하구나. 翻紅閃紫却無情.

한낮 햇살 따스히 비추고 새벽엔 된서리 내리니 午暉舒暵曉霜玄
그야말로 전가에서 벼 타작할 철이로다. 恰是田家打稻天.
울 아래 물가에서 쓱싹 낫을 가는데 霍霍磨鎌籬底水
몇 가지의 진한 단풍잎 곱게 비추어 있네. 數枝楓老鑑嫣然.

집 깊이 화로에 둘러앉아 밤은 재 속에서 터지고 深屋圍爐栗爆灰
아이들 수수께끼 푸는 소리 우레처럼 시끄럽구나. 兒郎打謎鬨如雷.
갓만 있고 띠가 없다니 너무나도 알 수 없는 말인데 有冠無帶瞢騰絶
울타리 가 홍두깨를 웃으며 가리키네. 笑指籬邊紅稻堆.

장작불 타 들어가 붉은 기운 일렁이는데 燒殘榾柮氣騰紅
떠들썩한 웃음 거침없는 말소리 밤든 집에 가득하네. 轟笑麤談夜屋中.
탁주 석 잔에 호환도 무릅쓰고 가니 濁酒三盃衝虎去
한 수풀 바람에 패랭이 너울거리는구나. 婆娑笠子一林風.

초가 두어 집에 비 맞은 낙엽 쌓여 있고	三兩茅茨雨葉中
차가운 산 밤나무 숲 자리 휑하구나.	寒山一帶栗林空.
가을바람 또한 떨어지는 잎 가련히 여기는지	秋風也自憐搖落
몇몇 담쟁이덩굴[37]에 푸르름을 남겨 두었네.	留得青青幾宛童.

37 담쟁이덩굴 : 원문은 '宛童'으로 寄生樹를 말한다. 郭璞은 『爾雅』 「釋木」에, "기생수는 일명 담쟁이덩굴이다.[寄生樹, 一名蔦.]"라는 주를 단 바 있다. 女蘿라고도 한다.

2-9

일표정[38]

一瓢亭

시내길 돌아오는 나무꾼 저물녘 피리 소리 시름겨운데 溪路樵歸晩笛愁
마른 연잎만 눈 가득 아련히 가을을 겪고 있네. 枯荷極目黯經秋.
흰 구름 붉게 물든 나무 가에 새로 지은 정사요 白雲紅樹新精舍
해 진 푸른 산은 옛 견주[39]라네. 落日靑山故見州.
이끼 자욱한 길, 사공이 기생 데리고 놀던 곳이오[40] 苔暗謝公携妓徑
낙엽 흩날리는 누대, 손초가 글 읽던 곳이라.[41] 葉飛孫楚讀書樓.
일표정 너머 물이 넘실대니 一瓢亭外洋洋水
모두 시옹 떠나간 후 흐름일세. 摠是詩翁去後流.

38 일표정(一瓢亭) : 경기도 양주 芙蓉山에 있던 정자 이름이다.

39 견주(見州) : 경기도 양주의 옛 이름이다.

40 사공(謝公)이……곳이오 : 사공은 東晉 때 名臣인 謝安으로, 그가 會稽의 東山에 은거할 때 항상 기생을 끌고 산에 올라 노닐었다는 고사가 전한다(『晉書』 卷79 「謝安列傳」).

41 손초(孫楚)가……곳이라 : 손초는 晉나라 사람으로 고상한 뜻을 품고 會稽山에 은거하면서 독서하였다. 그는 10여 년 동안 산수를 유람한 뒤 산림에 은거하려고 마음먹었던 처음의 뜻을 마침내 이루게 되었다는 내용으로 「遂初賦」를 지어 자신의 뜻을 드러내기도 하였다(『晉書』 卷56 「孫楚列傳」).

2-10

밤에 앉아 지포자와 옛 일을 이야기하다【여덟 수】

夜坐與芝圃子話舊【八首】

된서리 내린 늙은 계수나무 함께 더위잡고 올라	玄霜桂老共攀株
강물에 임하고 산에 오르되 뜻은 외롭기만 하구려.	臨水登山意轉孤.
살랑대며 물고기 다가오니 난간 맑게 울리고	策策魚來淸檻響
구구대며[42] 닭이 내려와 사립문가 저녁 울음 우네.	朱朱鷄下晚扉呼.
푸른 등불에 『주역』 읽는 사람 옥처럼 맑고	燈靑讀易人如玉
파란 연잎에 가을 지나며 이슬은 진주 같다오.	荷綠經秋露有珠.
한가로이 옛 유람 말하노라니 딴 세상만 같은데	閒說舊游如隔世
부용봉 작은 봉우리에 어느새 달이 떠올랐네.	芙蓉峰小月須臾.

간간히 손 내저으며 동쪽 도성 나서니	偶然揮手出東都
「여구곡」 부르지 마소 「백구」일지니.[43]	莫唱驪駒是白駒.

42 구구대며 : 원문은 '朱朱'로 닭을 부르는 소리를 말한다. 닭의 별명이기도 하다. 『風俗通』에, "닭을 부를 때 주주하는데, 속설에 '옛날 朱公이란 사람이 변하여 닭이 되었기 때문에 주주하고 부른다.'고 한다."라고 하였다.

43 「여구곡(驪駒曲)」……「백구(白駒)」일지니 : 「여구곡」은 逸詩의 편명으로, 송별할 때 부르는 노래이다. "검정 망아지 문밖에 있고 마부 모두 대기하네. 검정 망아지 길 위에 있고 마부 멍에 올리었네.[驪驅在門, 僕夫具存. 驪驅在路, 僕夫整駕.]"라고 하였다. 「백구」는 『시경』 「소아」의 편명으로, "희고 깨끗한 망아지가 내 밭 곡식 먹었다 핑계 대고, 발과 고삐 묶어 놓고서, 이 아침을 길게 늘이어, 귀한 우리 이 손님을 더 놀다 가시게 하리라.……희고 깨끗한 망아지가 저 빈 골짜기에 있다. 싱싱한 풀 한 다발을 주노니 그 사람은 옥처럼 맑도다.[皎皎白駒, 食我場苗. 縶之維之, 以永今朝. 所謂伊人, 於焉逍遙.……皎皎白駒, 在彼空谷. 生芻一束, 其人如玉.]"라고 하여, 어진 이를 떠나지 못하게 만류하는 뜻을 노래하였다. 여기서는 백구곡을 불러 어진 이를 떠나지

연하가 속세의 병과는 다름을 비로소 믿게 되고[44]	始信烟霞非俗疾
산택이 본디 청수하기만 함은 아니라오.[45]	非關山澤雅淸癯.
유랑은 옥동으로 유독 완조를 이끌었고[46]	劉郎玉洞偏携阮
두씨는 서당에서 몰래 소순흠을 엿보았지.[47]	杜氏書堂竊覘蘇.
여기 양주 지남에 지난 날 꿈은 사라지고	此過揚州無舊夢
한가한 피리소리 북소리만 강호에 가득하구나.	等閒簫鼓滿江湖.

못하게 할 것이니 송별할 때 부르는 「여구곡」을 부르지 말라는 의미이다.

44 연하(烟霞)가……되고 : 마치 고질병 환자처럼 산수에 중독되어 결코 빠져나올 수 없다는 뜻이다. 唐나라 田遊巖이 벼슬을 그만둔 뒤에 온 가족을 데리고 태백산에 들어가 20여 년 동안 은거하다가 뒤에 箕山으로 들어가자, 高宗이 그를 불러 산속 생활이 어떤지를 물어보니, 그가 대답하기를, "신은 산수를 좋아하는 병이 이미 고황에 들고 안개와 노을에 고질병이 들었는데, 성상의 시대를 만나 다행히 소요하고 있습니다.[臣泉石膏肓, 煙霞痼疾, 旣逢聖代, 幸得逍遙.]"라고 한 데서 나온 말이다(『新唐書』 卷196 「隱逸列傳 田遊巖」).

45 산택(山澤)이……아니라오 : 漢나라 司馬相如가 일찍이 천자가 仙道를 좋아하는 것을 보고 생각하기를, '역대 신선들이 서로 전해 가면서 산택 사이에 거주한 이들은 형용이 몹시 파리했으니, 이것은 제왕이 하고자 하는 신선이 아니다.[列仙之傳居山澤間, 形容甚癯, 此非帝王之仙意也.]'라 하고, 마침내 「大人賦」를 지어 올렸다는 데서 온 말로, 형용이 파리한 것은 隱士를 가리킨다(『史記』 卷117 「司馬相如列傳」). 여기서는 산택에 사는 사람이 반드시 형용이 파리하기만 한 것은 아니라는 의미이다.

46 유랑(劉郎)은……이끌었고 : 유랑은 후한 明帝 때의 劉晨을 말한다. 유신이 阮肇와 함께 天台山 桃源洞에 들어가서 약초를 캐다가 선녀를 만나 반년을 살았다는 고사가 전한다(『幽明錄』).

47 두씨(杜氏)는……엿보았지 : 두씨는 송나라 재상 杜衍을 말한다. 그의 사위 蘇舜欽이 두연의 집에 식객으로 있었는데, 매일 저녁 독서할 때 술 한 말을 기준으로 삼았다. 두연이 몰래 엿보니, 소순흠은 『漢書』 「張良傳」을 읽다가 자객이 秦의 황제를 철퇴로 치는 장면에 이르자 손을 만지면서, "애석하다. 맞지 않았구나." 하며, 큰 술잔 가득히 한 잔을 마시고, 또 장량이 "처음에 臣은 下邳 땅에서 시작하여 留 땅에서 上과 만났습니다. 이는 하늘이 저를 폐하께 내린 것입니다." 한 데 이르자 또 책상을 어루만지며 "군신이 서로 잘 만나기가 이처럼 어렵구나." 하고는 다시 큰 술잔으로 한 잔 술을 들이켰다. 이에 두연은 웃으며 "이와 같이 먹는 술이라면 한 말도 많은 것이 아니겠구나."라고 한 고사가 전한다(『中吳紀聞』 卷2).

동쪽 고을 예로부터 푸른 산 길게 이어져	東州終古碧山長
서쪽 누대에 한가로이 잠들어 은낭[48]에 기대 있구나.	閒睡西樓又隱囊.
새로 푸른 등불 밝혀 고사의 전을 읽고	新著青燈高士傳
오래도록 단풍나무 기대어 은사의 집 자리하고 있네.	舊因紅樹隱君堂.
흰 구름 속 어디에 있는지 알지 못하겠나니	不知何處白雲裏
그리운 이 가을 물 가운데 있다는 것일세.[49]	所謂伊人秋水央.
작은 산창에서 날마다 부지런히 주석 다노니	細瑣山窗修日注
은대에서 기거랑의 붓놀림과 같구려.[50]	銀臺餘筆起居郎.

눈에 비추고 반딧불 가져와 글 읽는데[51]	書床照雪嗣秋螢
낙엽 지는 소리 잦아드니 정자에 기대어 보네.	落木聲殘見倚亭.
원지는 오늘날에도 소초가 아니었고[52]	遠志如今非小艸

48 은낭(隱囊) : 주머니 모양으로 된 몸을 기대는 도구인데 靠枕이라고도 한다. 여기서는 깊은 산중에 은거하여 사는 지포자의 모습을 우회적으로 표현한 것이다.

49 그리운……일세 : 만나고 싶은 사람을 만나지 못하게 됨을 애석하게 여긴 것이다. 『시경』「秦風 蒹葭」에, "긴 갈대 푸르른데, 흰 이슬이 서리가 되었네. 이른바 그 분이, 저 물가의 한쪽에 있도다. 물결을 거슬러 올라 따르려 하나, 길이 막히고 멀도다. 물결을 따라 내려가 따르려 하나, 완연히 물 가운데 있도다.[蒹葭蒼蒼, 白露爲霜. 所謂伊人, 在水一方. 遡洄從之, 道阻且長. 遡游從之, 宛在水中央.]"라고 한 데서 온 말이다.

50 은대(銀臺)에서……같구려 : 은대는 승정원의 별칭이고, 起居郎은 군주의 언행을 기록하던 벼슬이다. 여기서는 지포자가 날마다 저술에 힘쓰는 것을 마치 은대에서 임금의 언행을 빠짐없이 기록하는 기거랑처럼 한다는 것을 비유한 것이다.

51 눈에……읽는데 : 晉나라의 車胤과 孫康이 젊었을 때 집이 몹시 가난하여 기름을 마련할 수 없으므로, 차윤은 여름밤에 반딧불[螢] 주머니를 만들어 그 불빛으로 글을 읽고, 손강은 겨울밤에 눈[雪] 빛으로 책을 비추어서 열심히 읽었다는 고사가 전한다.

52 원지(遠志)는……아니었고 : 東晉 때 謝安이 오랫동안 은거하다가 조정의 부름을 받고 세상에 나가 당시 권력자인 桓溫의 관속이 되었는데, 마침 어떤 사람이 환온에게 바친 약초 가운데 遠志가 있었다. 환온이 사안에게 묻기를, "이 약은 小草라고 부르기도 하는데, 왜 하나의 약에 두 이름이 있는 것입니까?" 하니, 사안이 미처 대답하지 못하였다. 그러자 곁에 있던 參軍 郝隆이 서슴없이 대답하기를, "이 답은 매우 간단합니

소미성은 예로부터 한사의 별이었지.53 少微終古是寒星.
용호의 승강은 『참동주』이고54 龍升虎降參同註
충어의 주석은 『이아경』일세.55 蟲疏魚箋爾雅經.
먼 훗날 누가 함께 은거하던 곳56 전하랴 後日誰傳偕隱處
견주 동북쪽 만 척 청산이라오. 見州東北萬峰青.

일찍이 문장을 배워 직하57의 숲에 노닐었는데 早學雕龍稷下林
서리 맞은 연잎 지난날 청금58마냥 주름졌구나. 霜荷皺似舊青衿.
갓끈 휘날리고 신 끌면서 오히려 상송 노래했고59 飄纓曳履猶商頌

다. 산속에 있으면 원지라 하고 산 밖에 나오면 소초라고 부릅니다." 하자, 사안이 매우 부끄러워하는 빛이 있었다 한다(『世說新語』「排調」). 여기서는 지포자가 사안처럼 젊은 날의 원대한 뜻을 바꾸지 않고 여전히 품고 있음을 말한 것이다

53 소미성(少微星)은……별이었지 : 소미성은 처사 즉 벼슬에 나아가지 않고 은거한 덕망이 높은 선비를 뜻하는데, 이 별이 빛나면 처사가 세상에 나오고 빛을 잃으면 처사가 죽는다고 한다.

54 용호(龍虎)의 승강(升降)은 『참동주(參同註)』이고 : 용호의 승강은 도가의 호흡 수련법이고, 『참동주』는 魏伯陽이 지은 『參同契』이다. 『참동계』는 『주역』을 토대로 水火·龍虎·鉛汞 등 도가의 수련 방법에 대해 말하였다.

55 충어(蟲魚)의 주석은 『이아경(爾雅經)』일세 : 『이아』는 13경의 하나로 가장 오래된 字書이다. 모두 19권으로 되어 있는데, 천문·지리·음악·器材·초목·鳥獸·蟲魚 등에 관한 고금의 문자를 설명하였다.

56 함께 은거하던 곳 : 원문은 '偕隱'으로, 晉나라의 介子推가 세상이 무도함을 비판하고 은거하려 하자, 그의 모친이 "나도 너와 함께 숨어 살리라." 하고, 마침내 함께 숨어 살다 죽은 고사에서 온 말이다(『春秋左氏傳』 僖公 24年).

57 직하(稷下) : 전국 시대에 齊宣王이 학자를 우대하자, 당대의 학자들이 모두 모여들어 성황을 이루었던 제 나라의 도시 이름이다. 여기서는 선비들이 도성에 모여 들어 문장과 학문을 강론하던 곳을 비유한 말이다.

58 청금(青衿) : 儒生을 뜻한다. 『詩經』「鄭風 子衿」에, "푸르고 푸른 그대의 옷깃이여, 길고 긴 나의 마음이로다.[青青子衿, 悠悠我心.]"라는 구절이 있는데, 『毛傳』에서, "청금은 푸른 깃이니, 학자가 입는 것이다.[青衿, 青領也, 學子之所服.]"라고 하였다.

59 갓끈……노래했고 : 曾子가 衛나라에 있을 때 사흘이나 불을 때지 못하고 십 년 동안 새 옷을 해 입지 못하는 극빈한 생활 속에서도 "신발을 끌고 상송을 노래하니 그 소리

삿갓 쓰고 수레 탈 때도 더욱 월음 읊조렸네.[60] 戴笠乘車更越吟.
고요히 책상 지켜 검은 것 만들지만 아직도 희었으며[61] 寂寂書牀玄尙白
바쁘게 다니다가 묵자의 온돌 처음 검어졌다오.[62] 棲棲客堗墨初黔.
주인 정자에서 물 바라볼 때 많으니 主人亭館多臨水
찬 물고기 나와 정히 거문고 소릴 듣게 하네. 定使寒魚出聽琴.

홀연히 들리는 피리 가락 남쪽에서 듣던 것 같은데 忽聞吹笛似南州
지금 기댄 누대는 옛날 기댄 누대와 다르구나. 今倚樓非昔倚樓.
낙엽이 유독 나그네 심사 어지럽히니 黃葉偏能紛客緖
청당이 사람 근심 치유한다[63] 말하지 마오. 靑棠休說療人愁.

가 천지간에 가득 차면서 마치 금석에서 나오는 소리와 같았다.[曳縰而歌商頌, 聲滿天地, 若出金石.]"라는 고사가 전한다(『莊子』「讓王」).

60 삿갓……읊조렸네 : 삿갓 쓰고 수레 타는 것은 신분의 귀천을 떠나 사귀는 것을 말한다. 『風土記』에, "경은 비록 수레를 타고 나는 삿갓을 썼지만, 훗날 만나면 수레에서 내려 읍할 것이요, 나는 걷고 그대는 말을 탔지만 언젠가 만나게 되면 당신이 말에서 내려야 할 것이오.[卿雖乘車, 我戴笠, 後日相逢下車揖. 我步行, 君乘馬, 他日相逢君當下.]"라는 구절이 있다. 越吟은 고향을 그리워하면서 부르는 슬픈 노래를 말한다. 전국 시대 월나라 사람 莊舃이 초나라에서 벼슬하다가 병이 들자 자기도 모르는 사이에 월나라 노랫가락을 읊조렸다는 고사에서 나왔다(『史記』 卷70 「陳軫列傳」).

61 검은……희었으며 : 전한 말엽 哀帝 때 董賢·傅晏·丁明 등이 권세를 잡아 이들에게 빌붙는 자는 출세하였는데, 揚雄이 당시 『周易』을 모방하여 『太玄經』을 저술하고 있으면서 이들에게 빌붙지 않자, 사람들이 그를 조롱하여 "검은 것을 만들지만 아직도 희다.[玄之尙白.]"라고 하였다. 이는 양웅이 『태현경』을 짓고 있으나 아직도 벼슬하지 못한 것을 조롱한 것이다. 즉 『태현경』은 '玄'한 이치를 담은 것인데 이것을 완성하지 못해 아직도 그 빛이 희므로 작위가 없다는 뜻이다(『漢書』 卷87 「揚雄傳 下」).

62 묵자(墨子)의……검어졌다오 : 사방을 돌아다니다가 이제 겨우 정착했다는 말이다. 東漢 班固의 「答賓戲」에, "공자가 앉은 자리는 따스해질 틈이 없었고, 묵자의 집 굴뚝은 검어질 틈이 없었다.[孔席不暖, 墨突不黔.]"라는 구절이 있다(『文選』 卷45).

63 청당(靑棠)이……치유한다 : 靑棠은 靑堂으로 꽃나무 이름이다. 일명 合懽이라고도 한다. 합환하면 원망을 잊기 때문에 사람의 원망을 없애고자 할 때 청당을 준다고 한다

꿈속의 연잎 계수 우거진 서호 길이요 夢中荷桂西湖路
달 아래 갈대 무성한 이슬 내리는 가을이로다. 月下蒹葭白露秋.
오랜 세월[64] 슬픔과 기쁨 떠올리는 촟불 가물거리는 밤 小劫悲歡殘燭夜
십 년간 동문수학한 이 함께 노닐던 것 이야기하네. 十年同學話同遊.

동소문 동쪽에서 다시 동쪽을 향하니 東小門東更向東
한적한 신흥사 예전 함께 거처하던 곳이네. 新興蕭寺舊棲同.
작별한 지 며칠 만에 지난날 오하의 모습 아니고[65] 別來幾日非吳下
화답하는 이 없으니 또한 영중의 가락일세.[66] 和者無人又郢中.
도리어 견디며 지내자 부르짖는 한호와 같나니[67] 還似寒號得過鳥

(『古今注』「問答釋義」).

64 오랜 세월 : 원문은 '小刦'으로, 道家에서는 3천 6백 周이며, 佛家에서는 사람의 목숨이 8만 살부터 1백 년마다 한 살씩 줄어들어 열 살이 되기까지의 동안이나 또는 열 살에서 1백 년마다 한 살씩 늘어서 8만 살에 이르는 동안을 말한다.

65 오하(吳下)의 모습 아니고 : 갑작스럽게 진보한 학식을 칭찬하는 말이다. 『三國志』 卷54 『吳志』「呂蒙傳」에, "魯肅이 呂蒙을 만나서 '나는 그대가 武略만 있는 줄 알았는데 지금 학식까지 대단한 것을 보니 이전 오하의 그대가 아니다.'고 하자, 여몽이 '선비란 서로 헤어진 지 사흘만 되어도 학식이 몰라보게 달라진다.'고 했다." 하였다. 오하는 蘇州 일대를 말한다.

66 화답하는……가락일세 : 품격이 높을수록 사람들이 알지 못한다는 말이다. 『文選』「宋玉對楚王問」에, "한 사람이 郢中에 나가서 下里巴人 같은 낮은 곡을 부르자 따라 부르는 자가 수천 명이나 되더니, 陽春白雪 같은 높은 곡을 부르자 따라 부르는 자가 몇 명에 불과하더라."라고 하였다. 郢은 楚나라의 수도이다.

67 견디며……같나니 : 좋은 날이 오기를 기다리며 가난을 견딘다는 말이다. 寒號는 寒號蟲으로 鶡鴠이라고도 한다. 외형은 박쥐 같이 크고 겨울엔 바위 안에서 잠을 자는데 거꾸로 매달려 자며, 감자와 파초 등의 진액을 먹는다. 명나라 陶宗儀의 『輟耕錄』에, "오대산에 새가 있는데 한호충이라고 한다.……한여름이 되어 깃털이 찬란하게 생기면 스스로 자랑하기를 '봉황이 나만 못하지.'라고 하다가 겨울이면 털이 빠져 병아리 같아지니 스스로 말하기를 '견디고 지내자.'라고 한다.[五臺山有鳥, 名寒號蟲.……當盛暑時, 文采絢爛, 乃自鳴曰, 鳳凰不如我. 比至深冬嚴寒之際, 毛羽脫落, 索然如鷇雛,

유독 쇄길의 배 속 벌레를 가련히 여긴다오.[68]	偏憐瑣珪寄居蟲.
차가운 산 좀먹은 책이 오늘 밤 슬퍼 보이는데	寒山蠹笈悲今夜
집 주위 된서리 내린 단풍잎 붉게 흔들리네.	繞屋霜鳴聶聶紅.

단풍 물든 푸른 산 지난 날 독서하던 누대인데	紅葉靑山舊讀樓
대숲 서쪽 풍악 울리는 곳[69] 어느 고을일는지.	竹西歌吹問何州.
나무 열매에 무환자[70] 있음은 어여삐 생각되나	可憐木實能無患
사람 이름에 막수[71] 있다는 말 믿지 못하겠네.	不信人名有莫愁.
서리 맞은 감 붉은 숲 오늘 같은 때 없는데	霜柿丹林無此日
국화에 날아든 나비는 지난 가을 것만 같구나.	黃花粉蝶似前秋.
아가위 · 배 · 귤 · 유자를 함께 다 맛보니	樝梨橘柚同嘗遍
한결같이 시고 찬 맛 우리의 노닒이었지.	一味酸寒是薄游.

번역 손혜리

遂自鳴曰, 得過且過.]"라는 구절이 있다.

68 쇄길(瑣珪)의……여긴다오 : 쇄길은 瑣蛣로 海鏡이라고도 한다. 明나라 李時珍의 『本草綱目』 卷46 「海月」에, "해경은 일명 경어 · 쇄길 · 고약반이라고도 하는데 남해에서 난다. 두 쪽이 서로 합하여 모양을 이루고, 다리는 거울처럼 둥글며, 가운데는 매우 밝고 매끄럽다.……배에 기거충이 있다.[海鏡, 一名鏡魚, 一名瑣珪, 一名膏藥盤, 生南海. 兩片相合成形, 殼圓如鏡, 中甚瑩滑.……腹有寄居蟲.]"라고 전한다. 여기서는 유득공 자신과 지포자가 모두 한호충처럼 겨울에 헐벗어 봄이 오기만을 기다리는 한미한 처지로 쇄길의 배 속에서 기생하는 벌레조차 마치 자신들의 처지인 것 마냥 가엾이 여긴다는 의미이다.

69 대숲……곳 : 당나라 杜牧의 「題揚州禪智寺」에, "뉘 알랴 대숲 서쪽 길에, 풍악 울리는 곳이 양주인 줄.[誰知竹西路, 歌吹是揚州.]"라는 구절이 있다. 이 시로 인해 후인들이 그 곳에 竹西亭을 짓고 歌吹亭이라 부르기도 했으니, 揚州府 甘泉縣에 있다.

70 무환자(無患子) : 무환자과에 속하는 낙엽 활엽 교목으로, 재목은 여러 가지 기구를 만드는 데 쓰이고 열매는 장난감을 만들기도 한다.

71 막수(莫愁) : 南朝시대 梁武帝의 「河中之水歌」에 나오는 전설상의 미녀로 노래를 잘 불렀다고 전한다.

2-11

10월 26일 다시 동쪽 교외에 나가【두 수】

十月二十六日再出東郊【二首】

숲 까마귀 흐릿한 묵선 몇 점을 찍고	林鴉數點殘墨
시내 물새 떼 지어 날자 은 조각 부서지네.	溪鳥羣飛碎銀.
푸른 산 옛 길 적막하기만 한데	寂寂青山古道
경쾌한 흰 당나귀[72] 탄 이 누구런가.	翩翩白衛何人.

얼굴 희고 죽지 붉은 기러기 날아 내리고	正白斜紅雁落
주둥이 길쭉하고 꽁지 짧은 오리 나는구나.	前長後短鳧飛.
무논에 일렁이는 물결 거울처럼 맑은데	稻田清漲如鑑
봉우리에 흘러내리는 구름은 기묘하기도 하네.	峰墮雲流絶奇.

72 흰 당나귀 : 원문은 '白衛'인데, 衛는 당나귀의 별칭으로 쓰인다. 『爾雅翼』「釋獸」에 "당나귀는 별칭으로 衛라고 한다. 혹자가 말하길 '진나라 衛玠가 당나귀를 즐겨 타고 다녔기 때문에 이러한 이름이 생겼다.'고 한다.[驢一名爲衛. 或曰晉衛玠好乘之, 故以爲名.]"라고 한 것이 보인다.

2-12

오잡조령73 【다섯 수】

五雜組令【五首】

오잡조 씨줄과 날줄로 엮어나 보세	五雜組經與緯
오고 가는 해와 달74 보내노라니	往復來烏兎費
젊은 얼굴 시들기 전인데 어찌 할 수 없구려.	不得已朱顔未.
오잡조 화려한 색채가 사라졌다오	五雜組沒文彩
오고 가는 시골의 가난한 선비	往復來村措大
서로 짝하여 마주할 밖에 어찌 할 수 없구려.	不得已與相對.
오잡조 어찌 그리 문채가 빛나는가	五雜組何斑斑
오고 가는 산중의 호랑이 울음소리	往復來虎啼山
일찌감치 빗장 걸어 잠글 뿐 어찌 할 수 없구려.	不得已早上關.
오잡조 시름의 가닥을 자아나 보세	五雜組織愁緖

73 오잡조령(五雜組令) : 오잡조는 雜體詩의 일종으로 첫 구에서 '五雜組'란 글귀를 사용하기 때문에 붙은 명칭이다. 嚴羽의 『滄浪詩話』「詩體」에서 잡체시를 논하면서 오잡조를 하나의 시체로 들었는데, 전편은 三言六句로 이루어져 있고 '五雜組'로 첫머리를 시작한다고 하였다. '令'은 調의 일종으로 小令, 令曲이라고도 칭해지며, 대개 악조가 짧고 자수가 적은 편이다.

74 해와 달 : 원문은 '烏兎'인데, 신화에 해 속에는 세 발 달린 까마귀가 있고 달 속에는 옥토끼가 있다고 하여 해와 달을 지칭한다. 左太冲의 「吳都賦」에, "하늘에 올라 해와 달 속의 까마귀와 토끼를 잡고, 날짐승과 길짐승의 소굴을 모두 뒤진다.[籠烏兎於日月, 窮飛走之棲宿.]"라는 구절이 있다(『文選』 卷5).

오고 가는 흉중의 베틀 북 놀려 往復來胸中杼
아름다운 말 지을 뿐 어찌 할 수 없구려. 不得已爲綺語.

오잡조 아름다운 문사를 엮어나 보세 五雜組摛藻翰
오고 가는 옥 같은 팔뚝 바삐 놀려 往復來忙玉腕
또한 스스로 찬미할 뿐 어찌 할 수 없구려. 不得已又自贊.

2-13

동지에 짓다【두 수】

冬至【二首】

지난 해 긴긴 동짓날에는	去年長至日
이 시골 생활 말하기도 어려웠지.	難道此村中.
명권[75]으론 응당 녹봉 내릴 때인데	蓂卷應頒綠
황폐한 정자에 뉘라서 붉은 팥죽 보내주랴.	蕪亭孰餉紅.
뜨락 갈라지며 저물녘 우레 소리 울려오고[76]	庭龜雷奮夕
숲 쓸쓸한데 호랑이 바람[77] 불어오네.	林慘虎交風.
이 중에 산골 생활의 풍미 더해지나니	添箇山居味
희음[78]은 진한 술보다 담백하다오.	希音淡酒濃.

이리저리 떠도는 처지 참으로 이 같아	飄泊良如此
좋은 절기에 적막한 산골에 있구나.	佳辰寂寞村.

75 명권(蓂卷) : 冊曆을 뜻하는 말로, 蓂曆이라고도 한다. 蓂은 요임금 때 조정의 뜰에 났다는 瑞草를 가리킨다. 초하루부터 매일 한 잎씩 나오다가 보름이 지난 16일부터는 매일 한 잎씩 져서 그믐에는 다 떨어졌다고 한다.

76 뜨락……울려오고 : 冬至를 상징하는 『周易』「復卦」의 象에 "우레가 땅속에 있다.[雷在地中.]"라는 말이 있다. 여기에서 우레는 양의 기운이 처음 생겨나는 것을 상징하며, 우레가 땅속에 있다는 것은 동지에 처음 생겨난 양기가 아직은 미약하여 위력을 발휘하지 못하는 상태임을 말한다.

77 호랑이 바람 : 『주역』「乾卦 文言傳」에서 "구름은 용을 따르고 바람은 범을 따른다.[雲從龍, 風從虎.]"라고 하였는데, 이 말을 빌려와 동지에 만물이 변화의 기미를 드러냄을 비유한 것이 아닌가 한다.

78 희음(希音) : 너무 커서 소리가 없는 음을 가리킨다. 『老子』에 "지극히 큰 음은 소리가 없다.[大音希聲.]"라는 구절에서 인용한 말이다.

나그네 신세로 주나라의 세수[79]를 맞고	客中姬歲首
책 속에서 소옹의 천근[80]을 본다네.	書裏邵天根.
이르는 곳마다 차갑다는 탄식을 발하게 되니	到處嗟來冷
뉘 집에서 따스한 온기 갖춤에 감탄하랴.	誰家咄辦溫.
은미한 양의 기운 아끼고 보호할지니	護惜微陽意
겨울 산에 가만히 사립문을 닫는다.	寒山靜掩門.

79 주(周)나라의 세수(歲首) : 원문은 '姬歲首'인데, 周나라는 姬姓의 왕조로 子月로 歲首를 삼았다. 음력으로 동짓달을 子月이라 한다.

80 소옹(邵雍)의 천근(天根) : 소옹은 「觀物吟」에서 "천근 월굴 한가로이 왕래하노라니, 삼십육궁이 온통 봄이로구나.[天根月窟閒往來, 三十六宮都是春.]"라고 하였다. 여기에서 천근은 음에서 양의 기운이 싹트는 復卦 및 동지와 관련되는 것으로 소옹은 이를 보는 것이 자연 만물의 이치를 아는 핵심이라고 여겼다고 한다. 朱子는 邵雍의 학문을 찬미하면서 "손으로 월굴을 만지고, 발로 천근을 밟았도다. 고요함 속에 고금을 넘나들고, 취한 중에 건곤을 보았도다.[手深月窟, 足躡天根. 閑中今古, 醉裏乾坤.]"라고 하였다.

2-14

물고기를 살펴보다【다섯 수】

觀魚【五首】

연못 안에 심은 것 무엇이기에　　池中何所種
물고기가 연꽃보다도 많은가.　　魚子多於蓮.
여위었구나, 몸 구부린 드렁허리[81]　　瘁矣鞠躬鱔
튼실하구나, 목 움츠린 편어.[82]　　强哉縮項編.
물살에 떠서 햇빛에 비친 모습 날씬하더니　　泛時和影狹
한 번 뒤척이자 온 몸 드러나 보이네.　　翻處混身偏.
맛난 미끼 아직 던지지도 않았는데　　未便投香餌
물가가 일시에 암담해지는구나.　　磯頭一黯然.

못 가에서 물고기 보는 곳　　潭上看魚處
수시로 발자국 소리 조심조심 온다네.　　時時不敢跫.
홀연 사내아이처럼 하나하나 오더니　　忽來兒一一
어찌 계집아이처럼 쌍쌍이 가는가.　　何去婢雙雙.
우연히 부딪히자 서로 괴이히 여기더니　　偶觸如相怪
한창 장난치다 도리어 놀라는구나.　　方嬉却自雙.
호량의 즐거움[83] 또한 즐길 만하거늘　　濠梁差可樂

81 드렁허리 : 뱀장어와 비슷하게 생긴 물고기로 일생 동안 논과 호수 및 하천에 서식한다. 낮에는 진흙 속과 돌 틈에 숨어 있다가 야간에 작은 동물과 물고기를 잡아먹는다.

82 편어(鯿魚) : 원문은 '縮項鯿'으로 목을 움츠린 편어라는 뜻이다. 목이 짧은 물고기로 민물에 사는 방어나 병어 따위를 말한다.

83 호량(濠梁)의 즐거움 : 호량은 濠水 위의 다리로, 莊子와 惠子가 한가로이 노니는 물

장한은 가을 강가에 부질없이 감회 일으켰네.[84] 張翰謾秋江.

그대 집 푸른 옥처럼 맑은 못 君家碧玉沼
연과 마름 또한 곱게 자랐구려. 荷芰更亭亭.
서남북 두루 노닐며 游匝西南北
몸은 을병정을 갖추었구나.[85] 身兼乙丙丁.
헐떡이는 붕어 적시는 물[86]이면 충분하니 所須沾鮒涸
바닷물 치며 삼천 리 나는 곤[87]을 어찌 바라리오. 何意擊鯤溟.
가만히 듣기에 반찬으로 올린다 하니 側聽加餐飯

고기를 보며 물고기의 즐거움을 보는 이가 알 수 있는지에 관해 논쟁을 한 곳이다. 莊子가 "피라미가 나와서 한가로이 놀고 있으니, 이것이 바로 물고기의 즐거움일세.[鯈魚出游從容, 是魚樂也.]"라고 하자, 惠子가 "그대는 물고기가 아닌데 어떻게 물고기의 즐거움을 알겠는가.[子非魚, 安知魚之樂也.]"라고 하였다. 이에 莊子가 "그대는 내가 아닌데 내가 물고기의 즐거움을 모르는 줄 어찌 아는가."라고 하니, 혜자가 "나는 그대가 아니므로 진실로 그대를 알지 못하니, 그대는 물고기가 아니므로 그대가 물고기의 즐거움을 모르는 것은 분명하네."라고 하였다(『莊子』「秋水」). 여기서는 단순히 물고기를 구경하는 즐거움의 의미로 쓰였다.

84 장한(張翰)은……일으켰네 : 晉나라 江東의 吳中 사람 장한이 洛陽에 들어가서 齊王 冏의 東曹掾으로 벼슬살이를 하던 중에, 어느 날 갑자기 가을바람이 일어나자 자기 고향의 순챗국과 농어회가 생각나서 말하기를 "인생은 자기 뜻에 맞게 사는 것이 중요한데, 어찌 수천 리 밖에서 벼슬에 얽매여 명예와 작록을 구하겠는가.[人生貴得適意, 何能羈宦數千里以要名爵乎.]"라고 하고는, 즉시 벼슬을 그만두고 고향으로 돌아갔던 고사가 전한다(『晉書』 卷92 「文苑列傳 張翰」).

85 몸은 을병정을 갖추었구나 : 『箋註四家詩』 주석에서 『爾雅』를 인용하여 "물고기 머리를 甲, 물고기 배를 乙, 물고기 꼬리를 丁이라 한다."고 풀이한 것이 보인다.

86 헐떡이는……물 : 『莊子』「外物」에 수레바퀴에 패인 웅덩이 속에서 헐떡이는 물고기가 한 되나 한 말의 물이라도 우선 얻어, 목숨을 부지하려고 한다는 涸轍鮒魚의 이야기가 나온다.

87 바닷물……곤(鯤) : 『莊子』「逍遙遊」에, 북해에 鯤이라는 물고기가 있는데 그 물고기가 변하여 붕새가 된다고 하였으며, 또 "붕새가 남쪽 바다로 옮겨 갈 때에는 물결을 치는 것이 삼천 리요, 회오리바람을 타고 구만 리를 올라가 여섯 달을 가서야 쉰다.[鵬之徙於南冥也, 水擊三千里 摶扶搖而上者九萬里, 去以六月息者也.]"라고 하였다.

미천한 몸 감히 비린 내 살을 아끼리오.　微軀敢惜腥.

생기 넘치는 모습 가만히 살펴보느라　靜觀多活潑
네모난 못 난간 가에 다시 기대었네.　方沼更欄邊.
살랑살랑 노니는 놈에 당당히 뽐내는 놈들　策策堂堂者
의기양양 뽐내기도 하고 비실대는 모습도 있구나.　洋洋圉圉然.
물결에 떠있을 땐 아스라이 먼 곳 그리는 마음이요　泛情知縹緲
물속 깊이 잠겼을 젠 더욱 어여쁜 자태라오.　沈態陡嬋娟.
처지를 바꾸어보면 무엇과 비슷하랴　易地還何似
구름 하늘에서 노니는 솔개[88] 있구나.　雲天有戾鳶.

그대의 비늘 갈기 적은 것을 보니　見君鱗鬣小
어느 날에야 우레 바람 타고 오르랴.　何日挾風雷.
가녀리고 아리따운 여인인 듯 보이다가　若女嬌無力
잘 생기고 수염 많은 사내[89]인 양 하구나.　如人美且偲.
교룡이 낚아채 갈 만하고　蛟龍擬捽去
방어가 편지를 전해 주기도 하겠네.　魴鱮寄書來.
시든 연 주변에서 팔딱이며 놀더니　潑剌枯荷畔
고개 숙이고 다시 물결 거슬러 올라가네.　低頭更溯洄.

88 구름……솔개 : 『詩經』 「大雅 旱麓」에 "솔개는 하늘에서 날고, 물고기는 못 속에서 뛰노누나.[鳶飛戾天. 魚躍于淵.]"라는 구절이 있는데, 이는 天機가 자연스럽게 유동하여 만물이 화락한 경지를 가리킨다. 앞 구절의 시상을 이어받아 못 속의 물고기나 하늘의 솔개가 모두 만물이 화락한 경지를 나타낸다는 뜻이다.

89 잘……사내 : 『詩經』 「齊風 盧令」에 "사냥개 방울이 딸랑딸랑, 그 사람 아름답고 인자하도다. 사냥개 방울이 겹이니, 그 사람 아름답고 구레나룻 많도다. 사냥개의 사슬고리가 이중이니, 그 사람 아름답고 수염이 많도다.[盧令令, 其人美且仁. 盧重環, 其人美且鬈. 盧重鋂, 其人美且偲.]"라고 하였다.

2-15

세모에 읊다【다섯 수】

歲暮吟【五首】

세모에 산중에서 지내는 나그네	歲暮山中客
외로운 회포 계수나무 가지[90]에 의탁하네.	孤懷托桂枝.
산봉우리 비 내릴 무렵에 푸르고	峯青雨黑際
어옹의 머리 횃불 밝힐 때 희네.[91]	漁白樵紅時.
밭가에서 술 마음껏 마시고	痛飮田間酒
말위에서 시를 나직이 읊조리네.	微吟馬上詩.
황량한 들판 너머 홀로 가나니	獨行荒野外
정녕 나는 누구이더냐.[92]	端的我爲誰.

동쪽 봉우리의 푸르름 다하지 않았는데	東峰碧未已
한가한 날 조용히 지내는 마음이라.	閒日燕居情.
안개 낀 집에는 시상이 담담하고	烟屋淡詩意
비 내리는 누각에 글 읽는 소리 잠긴다.[93]	雨樓沈讀聲.

90 계수나무 가지 : 隱士가 머무는 곳을 말한다. 淮南王의 문객 小山이 지은 「招隱士」에 "계수나무 가지를 잡고 하릴없이 머무네.[攀援桂枝兮聊淹留.]"라고 한 데서 유래하여, 은자가 사는 곳을 의미하게 되었다(『楚辭章句』 卷12).

91 산봉우리……희네 : 이 두 구절은 李德懋가 『淸脾錄』에서 유득공의 시가 근세의 절품이라고 평하면서 소개한 시구의 하나이다.

92 나는 누구이더냐 : 白居易의 「自在」에 "스스로 묻나니 나는 누구이길래, 어찌해 홀로 편히 지내는가.[自問我爲誰, 胡然獨安泰.]"라는 구절이 있다(『白氏長慶集』 卷63).

93 안개……잠긴다 : 이 두 구절 또한 이덕무가 『淸脾錄』에서 뛰어나다고 소개한 시구의 하나이다.

그윽한 샘물 땅에서 솟아나고　　暗泉吹壤出
희미한 돌길 이끼 덮인 채 비끼었네.　　微磴冒苔橫.
앞길을 배회하다 돌아오는데　　前路徘徊罷
벗 한 사람 만나기 어렵구나.　　難逢一友生.

석양 무렵 산기슭에 어스름 깔리는데　　向夕山根黝
동쪽 봉우리엔 햇살 다 사라지지 않았네.　　東峯未斂暉.
주렴 걷힌 누각에 나그네 하나 앉아 있고　　樓開一客坐
무너진 담벽 너머 나무꾼 몇 사람 돌아가네.　　牆缺數樵歸.
나무 가득 덮은 서리 까마귀 깨끗도 한데　　全樹霜鴉澹
한 가지에 앉은 겨울 참새는 살이 통통하구나.[94]　　單枝雪雀肥.
정을 품고 보니 참으로 서글픈지라　　含情端惻愴
고개 돌려도 다시 아련히 생각나는구나.　　回首更依依.

차가운 겨울 산의 오두막 한 채　　寒山一白屋
숨어사는 군자의 거처라 하네.　　云是隱君居.
작록 따윈 모두 업신여기며 지내고　　爵祿都輕日
의관은 몹시 헌걸차던 애초 그대로라네.　　衣冠甚偉初.
짙은 빛깔의 나뭇잎 차갑게 시들었는데　　冷燃殷色葉
『초사(楚辭)』를 굶주린 채 읽는다네.　　飢讀楚聲書.
누구에게 이 기나긴 그리움을 부칠런가　　孰寄長相思
연못 속엔 잉어[95]가 쌍쌍이 노니는구나.　　池中雙鯉魚.

---

94 나무……통통하구나 : 이 두 구절 또한 이덕무가 『淸脾錄』에서 뛰어나다고 소개한 시구의 하나이다.

95 잉어 : 기러기와 함께 소식을 전해 주는 매개로 잘 등장하며, 그 자체로 서신을 의미하

저 멀리 안개 속에 날 저물어가는데　望望烟光暮
차가운 겨울 산에 피리 하나 들었네.　山寒一笛拈.
게으른 닭은 횃대를 흘겨보고　倦雞斜睨架
저물녘 참새는 처마 위로 날아든다.　昏雀仰飛簷.
방 안에는 서책을 쌓아두고　屋裏黃堆卷
숲에서는 흰 낫을 찼네.　林間白帶鎌.
문득 나무꾼의 가슴 속에서　却於樵子裏
시상 일어 가느다란 눈썹에 오른다.　詩意上眉纖.

기도 한다. 『樂府』 「相和歌辭 飮馬長城窟行」에 "길손 먼 곳에서 와서, 내게 잉어 한 쌍 주었지. 동자 불러 삶게 했더니, 배 속에 한 자 편지가 들어 있구려.[客從遠方來, 遺我雙鯉魚. 呼童烹鯉魚, 中有尺素書.]"라고 하였다.

2-16

화로에 둘러 앉아[96]

圍爐

내 들으니 변방 고을의 사내들	我聞邊郡士
활 끼고 빙 둘러 사슴 잡는다네.	挾弓圍射鹿.
곤륜산의 불[97]처럼 훨훨 타올라	大擧崑岡火
참으로 구천 그루 나무[98] 뽑을 듯.	眞拔九千木.
재 사위어 돌이 이에 드러나는데	灰殘石乃出
큰 거북이 볕 쬐고 있는 듯하구나.	有似穹龜曝.
사슴 고기 찢기를 마치 비단 찢듯 하여	裂鹿如裂帛
푸르스름한 핏방울 뚝뚝 떨어져 날린다네.	血飛靑淥淥.
붉디붉어 열기 아직 남아 있는데	赫赤有餘威
검정 그을음 함께 뒤집어쓰고 있구나.[99]	與之相冒黷.
뼈에 붙은 고기 뜯어 먹다가	連筋帶骨喫

96 화로에 둘러 앉아 : 『한객건연집』에는 제목이 '圍爐五十韻'이라 되어 있다. 『箋註四家詩』에는 이 시에 대해 "기세가 우뚝하여 창공을 받칠 듯하며, 아득히 펼쳐진 대작이다. 한껏 펼쳐서 끝내 바름으로 돌아갔으니, 이것이 시인의 뜻일 것이다.[氣勢突兀撑靑空, 渾渾大篇. 極力鋪長, 而卒歸于正, 此詩人之旨.]"라는 李調元의 평, "한유와 맹교의 연구와 흡사하여 기이함을 다투어 자랑하며 뜻을 다해 재주를 부린 것이 또한 법식으로 삼기에 족하다.[似韓孟聯句, 爭奇炫異, 極意纂才, 亦足以訓之.]"라는 潘庭均의 평이 소개되어 있다.

97 곤륜산(崑崙山)의 불 : 원문은 '崑岡火'인데, 『書經』 「胤征」의 "곤강에 화염이 치솟아 옥석이 모두 탄다.[火炎崑岡, 玉石俱焚.]"라는 구절을 인용한 것이다.

98 구천 그루 나무 : 원문은 '九千木'인데, 『楚辭』 「招魂」에 "한 사나이 있어 머리는 아홉 개인데, 하루에 나무 구천 그루를 뽑는다.[一夫九首, 拔木九千些.]"라고 하였다.

99 검정……있구나 : 『한객건연집』에는 이 다음에 "그을음 푸른 숲에 진동하고, 기름 냄새 붉은 산에 가득하여라.[焦熬震翠林, 膏薌藹丹麓.]"라는 구절이 추가되어 있다.

한 순간에 꿀꺽 삼켜버리네.	雄呑不瞬目.
번장사[100]를 쳐다보고 껄껄 웃노니	仰笑樊壯士
칼 뽑은 것 참으로 못난 짓이라 하네.[101]	拔劍眞碌碌.
못난 선비 이 일을 흠모하였는데	腐儒慕此事
솥의 제도 도록[102]에 실린 것과는 다르다네.	鼎制超圖錄.
그 모습 관이라면 어사의 철관[103]이고	冠是御史鐵
삿갓이라면 병거의 입곡[104]과는 다르다오.	笠非元戎轂.
윗면의 테두리와 구멍[105] 정연하여 아름다운데[106]	肉好圐圙面

100 번장사(樊壯士) : 漢 高祖 劉邦의 무장인 樊噲를 가리킨다. 項王과 한 고조가 일찍이 鴻門에서 회합하여 함께 술을 마셨는데, 연회 도중에 范增이 項莊에게 명하여 劉邦을 죽이려고 하자, 項伯이 일어나서 칼춤을 추면서 몸으로 유방을 가렸고, 최후에는 樊噲가 칼을 들고 뛰어들어 혼란을 일으켜 시간을 벌어 주자 유방은 그 틈을 타서 무사히 탈출하였다. 이때 번쾌가 머리털을 곤두세우고 눈을 부릅뜬 채로 항왕의 앞에 들어서자, 항왕이 번쾌의 모습을 보고 "장사로다, 술을 내려라.……돼지 어깨를 내려라.[壯士, 賜之巵酒,……賜之彘肩.]"라고 명하여, 번쾌가 다 마시고 나자, 또 항왕이 "장사는 더 마실 수 있겠는가?[壯士, 能復飮乎.]"라고 하니, 번쾌가 대답하기를, "신은 죽음도 피하지 않은 터인데, 잔술이야 어찌 사양할 것이 있겠습니까.[臣死且不避, 巵酒安足辭.]"라고 했다는 일화가 있다(『史記』 卷7 「項羽本紀」).

101 내 들으니……짓이라 하네 : 처음부터 여기까지의 내용은 이 시의 첫머리에서 '我聞'이라 하여 작자가 전해들은 변방 지역의 사슴 사냥 풍습에 대해 말한 것이다.

102 도록(圖錄) : 고대 청동기 등 기물에 대해 그림을 그리고 해설한 책을 말한다. 송나라 王黼 등이 편찬한 『博古圖錄』이 가장 널리 알려져 있다.

103 어사의 철관(鐵冠) : 어사가 쓰는 관은 철로 기둥을 세웠는데, 강직하고 꼿꼿하여 굽히지 않는 것을 상징한다고 한다.

104 입곡(笠轂) : 『春秋左氏傳』 宣公 4년 조에 "또 한 대의 화살을 쏘니, 수레의 끌채를 지나 입곡에 꽂혔다.[又射, 汰輈, 以貫笠轂.]"라 하였고, 그 주에 "兵車에는 일산[蓋]이 없으므로, 지위 높은 자가 타면 옆에서 사람이 笠을 들고 호위한다."고 하였다.

105 테두리와 구멍 : 원문은 '肉好'인데, '肉'은 음이 柔이며 본래 동전의 外邊, 곧 바깥 테두리를 뜻하고, '好'는 동전의 구멍을 뜻한다. 여기에서는 화로의 테두리와 구멍을 지칭하는 것으로 보인다. 『爾雅』 「釋器」에 "고리의 구멍이 가의 테두리보다 갑절이 되는 것을 '원'이라 하고, 테두리와 구멍이 같은 것을 '환'이라 한다.[好倍肉謂之瑗, 肉好若一謂之環.]"라고 하였다.

옆면은 음과 양으로 오목하고 불룩하구나.	陰陽凹凸腹.
용[107]을 만든 사람 누구이던가	作俑者誰歟
어진 정치에 어찌 희생[108]을 말했던고.	仁政奈觳觫.
전단은 놀랍게도 밤에 소꼬리에 불을 놓았고[109]	咄哉夜縱單
이목은 흔연히 날마다 소를 잡아 대접했다네.[110]	欣然日椎牧.
크게 썬 사슴 고기[111] 오랜 시간 못가니	軒鹿不多時

---

106 정연하여 아름다운데 : 원문은 '囫圇'인데, 정연한 모습을 말한다. 元나라 張可久의 「沉醉東風 氣毬」에 "태초의 원기 혼돈스러움 지녔는데, 가죽 주머니에 담겨 정연한 모습이 보기좋구나.[元氣初包混沌, 皮囊自喜囫圇.]"라고 하였다.

107 용(俑) : 장례에 쓰는 나무로 만든 허수아비를 말한다. 『孟子』 「梁惠王 上」에 "중니께서 말씀하시기를 '처음으로 용을 만든 자는 아마 후손이 없을 것이다.'라고 하였으니, 이는 사람을 형상하여 장례에 사용하였기 때문이다.[仲尼曰, 始作俑者, 其無後乎. 爲其象人而用之也.]"라고 하였다.

108 희생 : 원문은 '觳觫'으로 죽음이 두려워 벌벌 떠는 모양을 가리킨다. 제 선왕은 희생에 쓰이기 위해 도살장에 끌려가는 소가 벌벌 떠는 것을 보고 양으로 바꾸라고 하였다. 이를 두고 맹자는 "그것은 바로 차마 하지 못하는 마음의 발로"라고 하였다. 또 "측은해하는 마음은 인의 단서이다.[惻隱之心仁之端.]"라고 하였다(『孟子』 「梁惠王 上」).

109 전단(田單)은……놓았고 : 전국 시대 燕나라 昭王이 명장 樂毅를 시켜 齊나라를 공격하게 했는데, 제나라 湣王은 도망가고 거의 멸망할 지경에까지 이르렀지만, 전단이 卽墨城을 끝까지 고수하여 마침내 연나라를 물리쳤다. 이때 전단이 천여 마리의 소에 붉은 옷을 입히고 뿔에 칼날을 매단 뒤, 소꼬리에 갈대를 묶어 불을 붙여서 성 밖으로 내몰아 연나라 군사를 크게 격파하였다(『史記』 卷82 「田單列傳」).

110 이목(李牧)은……대접했다네 : 趙나라의 명장인 이목이 북쪽 변방에서 匈奴와 대치하고 있을 적에 흉노가 쳐들어오면 그때마다 싸우지 않은 채 피하기만 하면서 날마다 군사들에게 소를 잡아 먹이고 상을 내려 주었는데, 군사들 가운데 백금을 상으로 받은 군사들이 5만 명이나 되었다. 그러자 군사들이 상을 받고서 한 번도 흉노와 싸우지 않았으므로 점점 흉노와 싸워 보고 싶어 하는 마음이 들었다. 그러던 차에 흉노의 單于가 쳐들어오자, 이목은 이들 군사를 거느리고 나가 싸워 일거에 흉노를 들이쳐서 대승을 거뒀다. 이에 흉노가 10여 년 동안이나 조나라 북방을 침입하지 못하였다(『史記』 卷81 「李牧列傳」).

111 크게……고기 : 원문은 '軒鹿'인데, 여기에서 軒은 크게 썬 고기 조각을 말한다. 『禮記』 「內則」에 "날고기를 가늘게 썬 것이 膾, 크게 썬 것이 軒이다.[肉腥, 細者爲膾, 大者爲軒.]"라고 하였다.

토사에 재어 하룻밤 묵혀 두어야 한다네.[112]	淹冤宜經宿.
아침 시장에 급히 가 더 달라 하고[113]	朝市急求益
「곡풍」에서 맛난 채소 쌓아두었다 노래했네.[114]	谷風歌旨蓄.
도라지의 묵은 뿌리 삶고	陳根瀹桔梗
무의 새싹을 잘라 내오네.	新芽剪蘿葍.
버섯을 잘게 찢어 내놓고	割獻大耳蕈
녹두[115]를 움켜쥐어 오네.	捽來小頭菽.
물가의 미나리 모조리 베어오고	刈盡芹泮波
총령의 파[116] 뿌리째 베어 왔다네.	削到蔥嶺禿.
계란 두 개 때문에 구변 등용 안했고[117]	橫賦奪苟變

112 토사(冤絲)에……한다네 : 토사는 메꽃과의 한해살이 기생 식물로 새삼이라고도 한다. 『淮南子』 「說山訓」에 "천 년 묵은 소나무의 밑에는 복령이 있고 위에는 토사가 있다.[千年之松, 下有茯苓, 上有冤絲.]"라고 하였다. 한편 『한객건연집』에는 이 다음에 "기름기 널리까지 진동하고, 산초 향내 자욱히 퍼졌구나.[浹洽油膩氣, 黯淡椒葷馥.]"라는 구절이 추가되어 있다.

113 더 달라 하고 : 後漢의 高士 嚴光에게 司徒 侯霸가 侯子道를 보내 초청하였는데, 엄광이 다른 얘기만 하면서 입으로 간단히 대답하자 후자도가 보고할 말이 별로 없는 것을 혐의하여 몇 마디만 더 해 달라고 요청하니, 엄광이 "채소를 사면서 더 달라고 떼쓰는 격이다.[買菜乎, 求益也.]"라고 핀잔을 준 고사가 晉나라 皇甫謐의 『高士傳』에 보인다.

114 「곡풍(谷風)」에서……노래했네 : 『詩經』 「邶風 谷風」에 "내가 맛있는 채소를 저장해 둠은 또한 겨울을 대비하기 위해서이다.[我有旨蓄, 亦以御冬.]"라고 한 것을 말한다.

115 녹두 : 원문은 '小頭菽'인데, 『箋註四家詩』에 "지금 속명으로 녹두이다.[今俗名菉豆也.]"라는 주석이 있다.

116 총령(蔥嶺)의 파 : 총령은 印度에 있는 산 이름으로 釋迦가 이 산에서 수행했다 한다. 여기에서는 총령의 '蔥'자가 파를 의미하기에 유희적으로 쓴 것으로 보인다.

117 계란……안했고 : 子思가 衛나라에 있을 적에 苟變이란 사람을 위나라 임금에게 천거하면서 그가 장수가 될 만한 재목이라고 하자, 위나라 임금이 말하기를, "나도 그가 장수의 재목이 된다는 것은 알지만, 그가 일찍이 관리로 있을 때 남의 계란 두 개를 먹은 일이 있기 때문에 쓰지 않는다."라고 하니, 자사가 이르기를, "성인이 인재를 등용하는 것은 목수가 나무를 쓰는 것과 같아서 장점만 취하고 단점은 버립니다. 그런데

고사리는 백이 숙제 굶주림 구해주었지.[118] 餓菜求夷叔.
가지런히 차려내니 초저녁이 되어 整頓及初夜
눈 쌓인 집에 등불 푸르게 빛나네. 燈靑雪圍屋.
주인은 냉랭한 기색이 없으나 主人無冷意
오신 손님 염치없어 하네.[119] 來客似熱屬.
진중자는 거위 아니라 생각했고[120] 仲知非鶂鶂
자사는 번거롭게 절함을 꺼려하지 않았지.[121] 思不憚僕僕.
밥상에 음식 가득 올라왔는데 闌干滿案來
목숙이 아니라서 정말 기쁘다네.[122] 喜甚非苜蓿.

남의 계란 두 개를 먹었다 하여 干城 같은 장수를 버리는 것은 이웃 나라에 알릴 수 없는 일입니다."라고 한 것을 가리킨다(『孔叢子』「居衛」).

118 고사리는……구해주었지 : 『한객건연집』에는 이 다음에 "떡과 국수와 밥 이 세 가지는 스님들도 갖추어 먹는다네.[餠麵飯三者, 能辦一白足.]"라는 구절이 추가되어 있다.

119 염치없어 하네 : 원문은 '熱屬'이다. 삼국 시대 魏나라 程曉의 「嘲熱客」에 "지금 삿갓 쓴 이가, 더위를 무릅쓰고 남의 집을 찾아왔네. 주인이 손님 왔다는 소리를 듣고, 이 일을 어쩌나 이맛살을 찡그리네.[只今襬襶子, 觸熱到人家, 主人聞客來, 嚬蹙奈此何.]"라고 하였다.

120 진중자(陳仲子)는……생각했고 : 전국 시대 齊나라의 진중자는 어머니가 주는 음식과 형의 저택을 不義한 물건이라고 하여 물리치면서 於陵에 은거하며 자신은 짚신을 삼고 아내는 길쌈을 하여 청빈한 생활을 하였다. 진중자가 어느 날 형의 집에 갔을 때, 어떤 사람이 오리 한 마리를 그의 형에게 주자 진중자가 얼굴을 찌푸리며 말하기를, "꽥꽥 우는 것을 어디에다 쓰려고 하는가"라고 하였다. 그 뒤에 어머니가 그 오리를 잡아 음식을 해 주어서 진중자가 먹고 있을 때, 마침 형이 밖에서 돌아와 보고 말하기를, "그것이 바로 꽥꽥 우는 오리의 고기이다."라고 하자, 진중자가 밖으로 나가 토하였다고 한다(『孟子』「滕文公 下」).

121 자사(子思)는……않았지 : 魯나라 繆公이 子思를 존경하여 사람을 시켜서 문안하게 하고 삶은 고기를 자주 보냈다. 그러자 나중에 자사는 생각하기를, 삶은 고기가 자기로 하여금 번거롭게 자주 절하게 하니 군자를 봉양하는 예가 아니라고 여겼다.[子思以爲鼎肉使己僕僕爾亟拜也, 非養君子之道也.]"는 말이 『孟子』「萬章 下」에 보인다. 여기에서는 자사가 삶은 고기를 받으면서 절을 하는 것만을 차용하였다.

122 목숙(苜蓿)이……기쁘다네 : 목숙은 牛馬의 사료나 비료의 재료로 많이 쓰이는 콩과의 식물이다. 당나라 때 東宮侍讀으로 있던 薛令之는 동궁의 관원들이 냉대를 받자 울분

차례차례 자리에 오르더니	登筵始秩秩
순식간에 화로 가에 오밀조밀 앉았네.	圍爐倏簇簇.
활활 타오르는 불길 화아[123]가 나는 듯	燁爆火蛾飛
번쩍이는 숯가루[124]는 바닥에 엎드려 있네.	燿燦炭獸伏.
젓가락 한 쌍을 빌려 집고서	箸捻借一雙
갓까지 벗어재낀 사람 대여섯이라.	冠礙免五六.
모두들 호시탐탐 노려보며	衆視耽耽然
먹고 싶은 마음이 간절하구나.	羣意匆匆欲.
고기 베면서 꾸짖은 이 동방삭이고[125]	割臠誚執戟

에 복받쳐 "아침 해 둥실 떠올라 선생의 밥상 비추네. 밥상에 무엇이 있는가, 늘 목숙만 뒹구네. 밥은 푸석하여 숟가락질 어렵고 국은 멀건하여 젓가락질 쉬워라. 조석만 근근이 도모할 뿐 무슨 수로 세한을 넘길까.[朝日上團團, 照見先生盤. 盤中何所有. 苜蓿長闌幹. 飯澀匙難綰, 羹稀箸易寬. 只可謀朝夕, 何由度歲寒.]"라는 내용의 「自悼」 시를 벽에 써놓았다. 이를 본 당 현종이 곧바로 "딱따구리는 부리가 길고 봉황은 날개가 짧도다. 추위를 견디는 소나무 계수나무가 싫다면 따뜻함 좋아하는 뽕나무 느릅나무 따라가도 좋으리.[啄木嘴距長, 鳳凰毛羽短. 若嫌松桂寒, 任逐桑楡暖.]"라는 내용의 화답시를 그 옆에 쓰자, 설령지는 병을 핑계로 사직하고 고향으로 돌아갔다고 한다(『古今事文類聚』 後集 卷39 「技藝部」).

123 화아(火蛾) : 정월 대보름에 부녀자들이 색종이로 풀벌레나 호랑나비 모양으로 만든 장식물을 火蛾兒라고 한다. 이것을 머리에 꽂으면서 봄을 기다리던 풍속이 있었다. 『古事比』 卷1 「時序」에 "정월 15일에는 화아아를 만들어 꽂고, 기장떡을 먹는다.[造火蛾兒, 食玉粱糕.]"라고 하였다. 여기에서는 활활 타오르는 불길을 화아에 비유한 것으로 보인다.

124 숯가루 : 원문은 '炭獸'이다. 『晉書』 卷93에 "羊琇는 景獻皇后의 從弟로 성품이 매우 사치스러웠는데, 당시 낙양에 숲이 적어 숯이 곡식처럼 귀하였으나, 양수는 숯가루를 만들어 이것으로 짐승의 모양을 만들었다."라고 하였다.

125 고기……동방삭(東方朔)이고 : 원문 '執戟'은 執戟郎으로 불리었던 東方朔을 말한다. 한번은 伏日에 황제가 從官들에게 고기를 하사했는데 太官丞이 날이 저물도록 오지 않아 고기를 나누어 가질 수 없었다. 이에 동방삭이 검으로 자기 몫의 고기를 자르고 동료 관원들에게 "복날에는 일찍 돌아가야 하니 하사한 고기를 가지고 가겠소."라고 하고는 고기를 가지고 가버렸다. 太官이 이 사실을 상주하여 황제가 동방삭에게 자책하게 하니, 동방삭이 "검으로 고기를 베었으니, 그 얼마나 씩씩한가. 벤 고기가 많지

고르게 나누어 준 이 진평이었다네.[126]	分均仗冠玉.
사람들 모두 삶은 고기 든 이윤이요[127]	人皆割烹賢
누군들 제기 든 신주[128] 아니겠는가.	孰非尊俎祝.
끓는 국에 손가락 데어[129] 놀라고	盛沸驚染指
조금 기울이다가 솥을 엎을까 조심하네.[130]	微欹戒覆餗.

않으니, 또 얼마나 청렴한가. 돌아가 아내에게 주었으니, 또 얼마나 어진가."라고 하였다(『前漢書』 卷65 「東方朔傳」).

126 고르게……진평(陳平)이었다네 : 원문의 '冠玉'은 모자를 장식한 아름다운 옥을 말한다. 미남으로 소문났던 漢나라 진평에 대해서 周勃과 灌嬰 등이 "진평이 비록 외모는 잘 생겨서 관을 장식한 옥과 같다고 할 수 있지만, 속마음까지 꼭 그렇다고 보장할 수는 없다.[平雖美丈夫, 如冠玉耳, 其中未必有也.]"라고 말한 기록이 보인다. 진평이 마을 제사를 끝내고 고기를 균등하게 나누어 주자 마을의 父老들이 칭찬을 하였는데, 진평은 이 칭찬의 말을 듣고는 "내가 천하의 재상이 되면 지금 고기를 나누어 준 것처럼 공평한 정치를 할 것이다."라고 다짐했다는 고사가 있다(『史記』 卷56 「陳丞相世家」).

127 사람들……이윤(伊尹)이요 : 이윤은 商나라를 건국한 湯王의 신하이다. 『史記』 卷3 「殷本紀」에 의하면, 이윤이 탕왕을 성군으로 만들고 싶어도 방법이 없자 有莘氏의 媵臣이 된 뒤에 "솥과 도마를 지고 찾아가서 음식 요리를 가지고 탕왕을 설득하여 왕도에 이르게 했다.[負鼎俎, 以滋味說湯, 致于王道.]"라고 하였는데, 『孟子』 「萬章 上」에는 "이윤이 요순의 도를 가지고 탕왕에게 요구했다는 말은 들었지만, 음식 요리를 가지고 요구했다는 말은 듣지 못했다.[聞其以堯舜之道要湯, 未聞以割烹也.]"라고 맹자가 반박한 말이 보인다. 여기에서는 사람들이 모두 고기를 먹고 있다는 의미로 쓰였다.

128 제기 든 신주 : 원문은 '尊俎祝'이다. 『莊子』 「逍遙遊」에 "요리하는 사람이 주방에서 일을 잘 처리하지 못한다고 해서, 시동이나 축관이 제기를 뛰어넘어 와서 그 일을 대신할 수는 없는 일이다.[庖人雖不治庖, 尸祝不越樽俎而代之矣.]"라는 말이 보인다. 여기에서 신주가 제기를 들고 있다는 것은 모두들 맛있게 먹고 있음을 의미한다.

129 손가락 데어 : 원문의 '染指'는 손가락에 찍어 맛을 본다는 말이다. 춘추 시대 楚나라 사람이 鄭나라 靈公에게 자라를 바쳤다. 마침 子公이 子家와 함께 입궐하였는데, 자공의 식지가 움직이자 자공이 반드시 특별한 진미를 먹게 될 것이라고 했다. 자가로부터 이 이야기를 들은 영공이 자공에게는 자라 요리를 주지 않자, 자공이 노하여 솥에 손가락을 담가 맛보고 나갔다는 고사가 전한다(『春秋左氏傳』 宣公 4年). 여기에서는 손가락이 끓는 국에 닿아 놀란다는 의미이다.

130 조금……조심하네 : 솥을 엎는다[覆餗]는 것은 『周易』 「鼎卦 九四」에 "솥의 다리가 부러져서 공상에게 바칠 음식을 엎었으니, 그 얼굴이 무안하여 붉어짐이니, 흉하도다.[鼎折足, 覆公餗, 其形渥, 凶.]"라고 한 데서 나온 말이다. 한편, 『한객건연집』에는 이 다

끝에서 거슬러 올라 가운데에 이르면서 溯洄及中央
주변에 붙은 고기 실컷 먹는다네. 爛漫修邊幅.
한 점 한 점 공들여 말고 펴면서 片片勞卷舒
가벼이 엎었다 뒤집었다 하네. 輕輕一反覆.
거칠면서도 부드러운 맛을 알고자 하면 欲知鬆軟味
응당 반쯤 익혀 먹어야 하리. 應在半生熟.
그 모습은 서합[131]과 마찬가지이며 其象爲噬嗑
그 점괘로는 대축[132]을 얻는다네. 其占得大畜.
냄새로 주문[133]의 열기 깨닫고 臭覺朱門熱
효능은 황기의 빠름에 견줄 만하네. 功比黃芪速.
이마 불거진 채택[134]이 기뻐 날뛰며 취했고 魋顔喜躍取

음에 "귀하고 천한 것을 어찌 논하랴, 강한 자와 약한 자가 고기 다투네.[貴賤何論體, 强弱或爭肉.]"라는 구절이 추가되어 있다.

131 서합(噬嗑) : 『周易』의 괘명으로 이빨로 깨문다는 의미이다. 「噬嗑卦 六五」에 "육포를 깨물어 황금을 얻었으니, 貞固하게 하고 위태로운 마음을 지니면 허물이 없을 것이다.[噬乾肉, 得黃金, 貞厲, 无咎.]"라는 말이 보인다.

132 대축(大畜) : 『周易』의 괘명으로 "집에서 먹지 않게 되면 길하다.[不家食吉.]"라 하였으며, 그 주에서 "집에서 먹지 않게 되면 길하다고 한 이유는 국가가 현인에게 봉록을 주어서 길러 주기 때문이다.[不家食吉, 養賢也.]"라는 말이 보인다.

133 주문(朱門) : 杜甫의 「自京赴奉先縣咏懷五百字」에 "부귀한 사람의 집에선 술과 고기 썩어 가는데, 거리에는 얼어 죽은 사람이 뒹구네.[朱門酒肉臭, 路有凍死骨.]"라는 구절이 있다. 여기에서는 진동하는 고기 냄새로 그 광경을 상상해 볼 수 있다는 의미이다.

134 이마 불거진 채택(蔡澤) : 전국 시대 燕나라의 변사 채택이 불우했던 시절에 당시 관상을 잘 본다고 이름이 높았던 唐擧를 찾아가서 상을 봐달라고 청하였다. 당거가 한참을 찬찬히 뜯어보더니 웃으면서 "선생은 들창코[曷鼻]에 자라목[巨肩]에 불거져 나온 이마[魋顔]에 찌그러진 미간[蹙齃]에 휘어진 다리[膝攣]를 하고 있소. 내가 들으니 성인의 모습은 관상을 볼 수가 없다고 하던데, 아마도 선생의 관상이 이에 해당할 듯하오."라고 하였다. 채택이 장난치는 것인 줄 알면서 "부귀는 내가 본디 누리고 있는 것이고, 내가 알고 싶은 건 얼마나 장수하는가 하는 것이오.[富貴吾所自有, 吾所不知者壽也.]"라고 하였다. 그러자 당거가 "선생의 수명은 지금 이후로 43년이요.[先生之壽, 從今以往者四十三歲.]"라고 하였다 한다. 이에 채택이 "내가 고량진미를 먹고 준마를 타며

제비턱인 반초는 날아 고기 먹는다 으스댔네.135	燕頷誇飛蹴.
순의 음악136이 어찌 이보다 나을까	齊韶豈過此
노나라 계책137 누구에서 물어야 하나.	魯謀當問孰.
다행히 반중시 지은 여인네 있어	幸有盤中婦
양고기 천 근에 천 말의 술로 짝하였지.138	千斤配百斛.
굶주린 이들 무리지어 몰려오듯139 와서	惄如猶旅進

黃金印을 차고 군주의 앞에서 읍한다면 43년만 살아도 충분하다."라고 하였다. 그 뒤에 채택은 秦나라로 들어가 昭王에게 유세하여 마침내 정승이 되었다(『史記』 卷79 「蔡澤列傳」).

135 제비턱인……으스댔네 : 後漢 때 한 관상쟁이가 班超에게 말하기를 "그대는 제비의 턱에 범의 머리라, 날아서 고기를 먹는 상이니, 이는 곧 만리후에 봉해질 상이다.[燕頷虎頭, 飛而食肉, 此萬里侯相也.]"라고 하였다. 반초는 뒤에 과연 서역의 50여 나라를 평정하는 큰 공훈을 세워 西域都護가 되고 定遠侯에 봉해졌다고 한다(『後漢書』 卷77 「班超列傳」).

136 순(舜)의 음악 : 원문은 '齊韶'인데, 공자가 齊나라에서 순임금의 음악인 韶를 처음 듣고는 음악을 배우는 석 달 동안 고기 맛을 잊어버리고 "음악을 이렇게 아름답게 만들 수 있을 줄 생각하지 못했다."라고 하였다(『論語』 「述而」).

137 노(魯)나라 계책 : 원문은 '魯謀'인데, 齊나라가 노나라를 공격하자, 曹劌가 "고기를 먹는 자는 비루하여 원대한 계책을 낼 수 없다.[肉食者鄙, 未能遠謀.]"라고 하며 종군하기를 청하여 크게 이긴 일이 있다(『春秋左氏傳』 莊公 10年). 여기에서 고기 먹는 자란 高官을 말한다.

138 다행히……짝하였지 : 盤中詩는 晉나라 蘇伯玉이 蜀나라에 사신으로 간 뒤 오래도록 돌아오지 않자 그의 아내가 쟁반 가운데 써서 보냈다고 하는 시로, 回文詩의 시초로 알려져 있다. 그 중에 "임의 성은 소씨요, 그 이름은 백옥이라네. 재주도 많이 지녔고, 지혜와 꾀도 충분하지요. 장안에 집 두고서, 몸이 촉에 있다네. 말발굽 소리 얼마나 애석하리, 자주 돌아오지 못하시네. 양고기 천 근에다, 술이 또한 천 말. 그대의 말 살찌게 하려면, 보리며 오곡을 많이 먹이소.[姓爲蘇, 字伯玉. 人才多, 智謀足. 家居長安, 身在蜀. 何惜馬蹄, 歸不數. 羊肉千斤, 酒百斛. 令君馬肥, 麥與粟.]"라는 구절이 보인다. 『箋註四家詩』에는 이 다음에 "추위 물리치는 물소 뿔을 어디에 쓰랴, 鄒衍 가락연주했던 골짝 같은데.[何用辟寒犀, 恰似吹律谷.]"라는 구절이 추가되어 있다.

139 무리지어 몰려오듯 : 원문은 '旅進'인데, 특별한 식견이나 지조 없이 남이 하는 대로 휩쓸리는 것을 말한다. 『國語』 「越語 上」에 "나는 필부의 용맹은 원치 않고 대중과 진퇴를 함께하기를 원한다.[吾不欲匹夫之勇也, 欲其旅進旅退.]"라고 한 데서 유래하였다.

배불리 먹고는 시동[140]이 일어나듯 하네. 厭然方尸謖.
고기 굽는 이 도리어 근심스레 여기고[141] 執炙還可悶
남은 술로 서로들 목을 축이었네. 餘瀝宜相沃.
자라 국 마지막까지 또한 손 부르니[142] 黿羹亂尙招
양침의 원망 또한 풀게 하였네.[143] 羊斟怨亦復.
음식 나옴에 먹는 기세 이미 대단했는데 食進氣已勝
탕이 나오자 목욕하듯 땀 흘리는구나. 湯來汗如沐.
귤을 쪼개어 갈증 풀기에 바쁘고 劈橘忙解渴
차를 마시며 다시 독기를 제거하네. 啜茗更消毒.
음식 절제하라 성인 경계하셨고 節食聖人戒
그저 먹기만 하는 것 지사 부끄러워했지. 徒哺志士恧.
안연이 즐긴 바 한 바가지의 물에 一瓢顏所樂
거친 밥 먹고 팔베개 하며 자는 거였지.[144] 疏食肱亦曲.

140 시동(尸童) : 尸는 神主의 뜻으로, 옛날에는 동자를 깨끗이 목욕시켜 신위에 놓고 선조의 영혼을 대신하여 제사하였는바, 이를 시동이라 하였다.

141 고기……여기고 : 晉나라 顧榮이 동료들과 술자리를 벌였는데, 고기 굽는 사람을 보니 비범해 보였고 먹고 싶어 하는 기색이 있었다. 이에 고기를 잘라 준 일이 있었다. 훗날 고영이 趙王 倫의 長史가 되었는데, 패전하여 포로로 잡혀 죽게 되었을 때 그 자가 督率로 있었기에 마침내 죽음을 면할 수 있었다(『晉書』 卷68 「顧榮列傳」).

142 자라……부르니 : '자라 국'은 앞의 2-16번 시 129번 주석 참조. 여기에서는 자공에게 자라 요리를 주지 않은 鄭 靈公과 달리 얼마 안 남은 사슴 고기로 끓인 국을 함께 먹지고 손님을 부른다는 뜻이다.

143 양짐(羊斟)의……하였네 : 춘추 시대 宋나라 華元이 羊을 잡아 여러 사람을 대접하였는데, 그 御者 羊斟은 얻어먹지 못하여 불평을 품었다가, 그 뒤에 송나라와 鄭나라가 싸울 때에 양짐이, "전일에 양을 잡아 대접할 때는 당신의 마음대로 하였지마는, 오늘 전쟁에 수레를 모는 것은 내 마음대로 하겠다."하고는 화원이 탄 수레를 몰고 정나라 군중으로 달려 들어갔으므로 화원이 패하였다(『春秋左氏傳』 宣公 2年). 여기에서는 이 고사를 인용하여 양짐 또한 고기 국을 얻어먹고 화를 풀었다는 의미로 쓰였다.

144 안연(顔淵)이……거였지 : 『論語』 「雍也」에서 공자가 안연에 대해 "어질구나! 안회여. 한 그릇의 밥과 한 표주박의 물로 초라한 골목에 사는 것을 다른 사람들은 그 근심을

시를 지어 「내칙」[145]을 보충하여서 爲詩補內則

길이 내 스스로 권면하고자 하네. 永言以自勖.

번역 신익철

견디지 못하는데, 회는 자신의 즐거움을 고치지 않는다.[賢哉回也. 一簞食, 一瓢飮, 在陋巷, 人不堪其憂, 回也不改其樂.]"라고 하였다.

145 「내칙(內則)」: 『禮記』의 편명으로 가정생활에서 지켜야 할 도리와 부모를 봉양하는 규범 등과 함께 음식의 법도에 대한 내용이 담겨져 있다.

2-17

코 골며 잠자는 이【두 수. 이 시 다음에 「차운제송고신씨초당」146 한 수를 실어야 한다.】

鼾睡者【二首. 此下當書次韻題松皐申氏草堂一首】

벽을 사이에 두고 한 농부가 있어 코를 심하게 고는데 갖가지 소리가 갖추어지지 않음이 없다. 곤하게 잘 때는 반드시 한 번씩 기지개 켜는 소리가 허공 중에 널리 퍼져서 사방 이웃 모두가 그 소리를 듣는데 밤은 이미 3, 4경이 되었다.

間壁有一農夫善鼾, 衆音莫不具. 熟時必欠伸一聲, 悠泛空裏, 四隣皆聞, 則夜已三四更矣.

이불 밀치고 베개 내치며 몹시 뒤척이는데　　衾流枕汰劇縱橫
옆에 자는 아내와 아이 아랑곳없이 잘도 자네.　　連婦帶兒一望平.
밤이 깊어 처음 팔을 내뻗더니　　夜久初伸金色臂
절집 안에 설법소리 울려 퍼지는구나.147　　祇桓舍裏海潮聲.

솔바람 소리, 전나무에 비 내리는 소리인 양 익숙히 들리더니　　熟到松風檜雨鳴

146 「차운제송고신씨초당(次韻題松皐申氏草堂)」 : 『영재집』 권5에 실려 있다.

147 절집……퍼지는구나 : 원문의 '祇桓舍'는 제타[祇桓] 숲의 精舍, 즉 불교에서 僧院을 가리킨다. 원문의 '海潮聲'은 불교에서 설법하는 소리를 비유한 말이다. 『한어대사전』의 海潮音 항목에, "바닷물은 때를 살펴 이르는데, 그 소리가 宏大하므로 부처나 보살이 시기와 상황에 적절하게 설법하는 소리에 견주어 진다.[海潮按時而至, 其音宏大, 故以喻佛菩薩應時適機說法的聲音.]"라는 설명이 있다.

홀연 가을 학 추운 밤 경점[148]에 놀라 우는 소리 들려오네.

忽聞秋鶴警寒更.

침상에서 한창 책 읽다 놀라 머리 돌리니 牀書正讀驚回首

이야말로 인간 세상 제일의 소리라네. 此是人間第一聲.

148 경점(更點) : 조선 시대 성곽이 있는 곳에서 북과 징을 쳐서 시간을 알리는 夜時法의 시간 단위인 更과 點을 가리킨다. 하룻밤의 시간을 5경으로 나누고, 1경과 5경은 3점으로, 2경에서 4경까지는 5점으로 다시 나누어서, 경을 알릴 때에는 북을, 점을 알릴 때에는 징을 쳤다.

다대포 이 첨사[149]에게 부치다

寄多大浦李僉使

지난날 금성의 봄놀이 이야기 한적 많았는데　舊游多說錦城春
꿈속에 물가 떨어져 흰 마름꽃에서 헤매었네.　夢落汀洲迷白蘋.
한 번 누선 타고 푸른 바다로 떠나가니　一去樓船滄海上
응당 무계의 물가에서 옥피리 불리라.[150]　應吹玉笛武溪濱.
아직 화극과 청향의 시구[151] 듣지 못했는데　未聞畵戟淸香句
가벼운 갓옷에 허리띠 느슨히 맨 사람[152] 오래 헤어져있네.

149 다대포(多大浦) 이 첨사(李僉使) : 李潤禧(1734~?)를 지칭한 것으로 보인다. 이윤희는 1773년에서 1774년 사이에 公州 營將을 지내며 유득공과 교유하였다. 1775년(영조 51) 3월 5일에 다대포 첨사에 임명되었다(『承政院日記』). 다대포는 부산시 사하구 다대동에 있는 지명이다. 낙동강 하구 최남단에 있는 다대반도와 두송반도에 둘러싸여 있으며, 5개의 작은 小灣入으로 구성되어 있다. 조선 시대에는 多大浦鎭이라 일컬었는데, 압록강변의 滿浦鎭과 함께 국방의 요충지였다.

150 무계(武溪)의……불리라 : 무계는 南蠻에 있는 강 이름이다. 漢나라 때 복파장군 馬援이 이곳에서 남만을 격파하였다. 마원이 南征할 때 '武溪深'이란 노래를 지었는데, 그 내용 가운데 "가도 가도 끝없는 무계 골짜기, 새도 날지 못하고 짐승도 살지 못하는 곳, 아! 瘴毒 가득한 무계 골짜기여.[滔滔武溪一何深, 鳥飛不度, 獸不能臨, 嗟哉武溪多毒淫.]"라는 구절이 있다. 마원이 이 시를 짓고서 그의 門生 중에 피리를 잘 불었던 爰寄生에게 피리를 불어 和唱하게 하였다(『樂府詩集』 卷74 「雜曲歌辭 武溪深行」). 무계는 여기서는 궁벽한 변방인 다대포를 지칭한 것으로 보인다.

151 화극(畵戟)과 청향(淸香)의 시구 : 당나라 시인 韋應物의 「郡齋雨中與諸文士燕集」에, "호위병들 아로새긴 창 들고 삼엄하고, 연침에는 맑은 향기 어리었네.[兵衛森畵戟, 宴寢凝淸香.]"라는 구절이 있다. 화극과 청향은 관아에서 큰 일 없이 한가롭게 지내는 것을 의미한다.

152 가벼운……사람 : 晉나라 羊祜가 征南大將軍으로 대군을 거느릴 때 갑옷 대신 가벼운 옷을 입고 허리띠를 느슨하게 하고 다녔다[輕裘緩帶]는 고사가 전한다(『晉書』 卷34 「羊祜列傳」). 여기서는 다대포 첨사를 지칭한 말이다.

	久別輕裘緩帶人.
번거롭게 궁색함 알리던 예전과 다른데	煩報酸寒非昔日
동봉의 눈 덮인 집에서 평안히 지낸다오.	東峯雪屋穩棲身.

2-19

정릉동[153] 서쪽에서 밤에 모이다【이 시 다음에 「이시랑동장재부」[154] 한 수를 실어야 한다.】

貞西夜集【此下當書李侍郎東莊再賦一首】

다만 시 짓는 괴로움으로 허리 야위었는데	秖緣吟苦帶圍纖
반쯤 꺾인 검은 두건[155] 옛 비[156]에 젖었네.	半墊烏巾舊雨沾.
공무 마치고 붉은 휘장 드리운 채[157] 글 읽고	公退讀書方絳帳
객 이르자 주렴 넘어 달구경하네.	客來看月又緗簾.
이른 봄날 짧은 버들 무정하게 가늘고	春前短柳無情細
눈 온 뒤 먼 봉우리 매우 뾰족하네.	雪後遙岑極意尖.
진흙창 미끄러울 적엔 다닐 수 없으니	泥滑滑時行不得

153 정릉동(貞陵洞) : 조선 시대 漢城府 西部 皇華坊에 大貞陵洞과 小貞陵洞이 있었다.

154 「이시랑동장재부(李侍郎東莊再賦)」: 『영재집』 권5에 실려 있다.

155 반쯤……두건 : 後漢의 郭泰는 학식이 높아 수천 명의 제자가 따르고 있었다. 어느 날 비를 맞아 그가 쓰고 있던 두건의 한 쪽 귀가 꺾였다. 당시 그를 본 사람들이 곽태의 두건을 모방하여 모두 일부러 두건의 한 쪽 귀를 접어 쓰면서 그 두건을 '林宗巾'이라 일컬었다. 林宗은 곽태의 자이다(『後漢書』 卷68 「郭泰列傳」). 이후에 두건을 꺾어 쓴다는 말은 고상한 정취를 의미하는 말로 사용되었다.

156 옛 비 : 옛 벗을 의미한다. 당나라 杜甫의 「秋述」 시에, "내가 병으로 長安의 여관에 누워 있을 때, 장마가 져서 물고기가 생길 정도였고 푸른 이끼가 침상까지 올라왔다. 평상시에 오가던 벗들이, 예전에는 비가 와도 왔는데[舊雨來] 요즘은 비가 오면 오지 않는다.[今雨不來]"라고 하였다. 이후로 舊雨는 옛 벗을, 今雨는 새 벗을 가리키는 말로 사용되었다.

157 붉은……채 : 後漢의 馬融은 재능이 뛰어나고 박학하여 通儒라 일컬어졌고, 가르치는 유생들이 아주 많았다. 그의 일상은 호사스러웠는데, 항상 高堂에 앉아 붉은 비단 휘장[絳紗帳]을 드리우고 앞쪽에서 생도들을 가르치고 뒤쪽에는 女樂을 벌려놓았다고 한다(『後漢書』 卷60 「馬融傳」).

두 마리 새[158] 소리에 나그네 수심 더해지네.　　二禽言裏客愁添.

158 두 마리 새 : 催歸와 喚起를 가리키는 듯하다. 韓愈의 「贈同遊者」 시에, "일어나라 깨우니 창은 완전히 밝았고, 돌아가길 재촉해라 해는 지기 전일세.[喚起窗全曙, 催歸日未西.]"라는 시구가 있다. 그 주석에 喚起와 催歸는 두 마리 새 이름[二禽名]이라고 하였다. 최귀는 두견새를 가리킨다. 환기는 그 소리가 맑고 가냘프며 특히 봄날 새벽에 우짖는다. 그래서 중국의 강남지역에서는 이 새를 春喚 또는 報春鳥라 한다.

2-20

백탑 모임에서 밤에 술을 마시다【이 시 다음에 권1 끝의 일곱 수를 실어야 한다.】

塕社夜飮【此下當書上編末七首】

지금 안석에 기대있는 자 곧 지금의 나이러니 今之隱几是今吾
이미 지난 것 앞으로 올 것 눈에 보이지 않네. 已往方來眼看無.
실컷 밀랍 씹고[159] 나서 '담'자를 집고 爛嚼蠟來拈淡字
배불리 초 맛 본 뒤에 산도[160]를 그리네. 飽嘗醋訖作酸圖.
겨울 산 눈 온 뒤에 늘 무리지어 보이고 寒山雪後時時衆
조각달 매화가지 끝에서 밤마다 외롭다오. 片月梅梢夜夜孤.
한 해의 끝에 서로 만나 먼저 통음하나니 歲暮相逢先痛飮
봄 숲에서 술잔 들라 소리치는 제호[161] 기다릴 것 없다오. 不待春林喚提壺.

159 밀랍 씹고 : 無味한 것을 비유하는 말이다. 밀랍은 꿀에 비해 아무런 맛이 없기 때문이다. 그런데 여기서 밀랍을 씹는 행위는 이미 世味, 즉 세상의 쓰고 단 맛, 사람이 세상을 살아가며 겪는 온갖 경험을 잊어버려 세속을 벗어났다는 의미가 함축되어 있는 듯하다.

160 산도(酸圖) : 三酸圖를 가리킨다. 어느 날 蘇軾이 친구인 黃庭堅을 불러 함께 金山寺의 주지인 佛印 스님을 찾아가자, 스님이 반갑게 맞이하면서 桃花酸을 대접하였다. 세 사람은 한 솥에 들어 있는 도화산을 맛보고서 모두 얼굴을 찡그렸다. 삼산도는 이런 모습을 그린 병풍 그림이다. 소식은 유학자를, 불인은 불교를, 황정견은 도교를 상징하니, 세 종교의 길이 각기 다르지만 돌아갈 곳은 결국 하나라는 것을 일깨워주고 있다.

161 제호(提壺) : 새 이름이다. 그 소리가 '술병을 들라[提壺]'는 말로 들리므로 제호라 일컫는다. 提壺蘆·鵜鶘·사다새라고도 한다. 구양수의 「啼鳥」 시에, "다만 꽃가지 위의 제호로 내게 꽃 앞에서 술잔 기울이라 하네.[獨有花上提壺蘆, 勸我沽酒花前傾.]"라는 구절이 있다.

2-21

여름밤【다섯 수】

夏夜【五首】

비 내린 뒤 개구리 소리 이미 연못 그득하고	雨過蛙聲已滿池
어느새 지붕 머리 나뭇가지에 짙푸름 더해졌네.	頓添濃綠屋頭枝.
서늘한 구름 반 조각, 별빛 서너 개	凉雲半片星三四
갈대발 비껴 걷고 홀로 누워있을 때라네.	斜揭蘆簾獨臥時.
좋은 밤, 슬퍼하며 창문에 기대었는데	良宵悱惻據窓櫳
흰 갈포 검은 두건에 세찬 바람 불어오네.	白葛烏巾當陣風.
한 그루 오동나무에 곱게 새겨진 달	一樹梧桐工鏤月
누대 앞 담 모퉁이에 맑고 영롱히 빛나네.	樓前墻角淡玲瓏.
등불 가려 날아오는 벌레들 몰아내도 모여들고	翳燭飛蟲驅復生
은은한 빛 한 줄기 비껴 흙 담장 밝구나.	幽光斜界土墻明.
등나무 꽃 콩잎 무성히 어두운 곳에	藤花荳葉冥濛處
밤새도록 쓸쓸히 빗소리 머물러 있네.	一夜凄凄集雨聲.
개구리 맹꽁이 소리 잦아들고 약초에 윤기 흐르는데	蛙黽聲沈藥艸肥
달빛 어린 뜰에 때때로 홑옷 다리는 모습[162] 보이네.	月庭時見熨單衣.
온 하늘의 이슬 기운에 이처럼 시원한데	一天露氣凉如許

162 홑옷 다리는 모습 : 蘇軾의 「四時詞」 시에, "상아 상위에서 흰 손으로 겨울옷 다리네. [象床素手熨寒衣.]"라는 구절이 있다.

하얀 봉선화[163] 이슬 머금어 날리지 않네.　　白鳳仚花濕不飛.

저물녘 날아든 박쥐 텅 빈 대청 돌아들고　　昏飛蝙蝠遶虛廳
비 개어 이사 가는 두꺼비 젖은 뜰 지나네.　　晴徙蟾蜍過濕庭.
무너져 내린 담장 가엔 달빛 환히 비춰　　破敗墻邊多月色
박꽃 가지런히 하얀빛 또렷하구나.　　匏花齊發素亭亭.

163 봉선화(鳳仚花) : 『箋註四家詩』에, "꽃이 필적에 머리와 날개와 발이 모두 빼어나 마치 봉황과 같아서 金鳳花라는 명칭이 있다."라는 주석이 있다.

2-22

양화 나루[164] 【두 수】

楊花渡【二首】

강가에 깎아지른 푸른 봉우리 우뚝 솟았고[165]	江上峭峯碧兀兀
강에 서린 지난밤 하얀 안개 자욱하네.	江間宿霧白濛濛.
요란스런 매미 떼 언덕의 수양버들 덮었고	亂蟬一帶垂楊岸
부드러운 상앗대 울리며 돌아오니 그림 속이라.	柔櫓鳴歸罨畫中.
중국 시인 우전성	中國詞人尤展成
죽지사에서 유독 이 강 이름 말했지.[166]	竹枝偏說此江名.
빛나는 모래 가는 수초 끝없이 이어져	明沙細艸知何限
양화 나루 어귀 걷기에 좋아라.	好是楊花渡口行.

164 양화(楊花) 나루 : 현재 서울 마포구 합정동에 해당하는 지역으로, 조선 시대 이곳에 나루가 있었고 三鎭의 하나였던 楊花鎭이 있었던 곳이기도 하다. 한강 북쪽의 이 나루는 陽川과 江華 쪽으로 가는 교통의 요지였고, 삼남 지방에서 세금으로 거두어들인 쌀을 저장했다가 재분배하는 등의 일을 하던 중요한 곳이었다. 楊花津이라고도 하였다.

165 강가에……솟았고 : 현재 서울 마포구 합정동 한강 가에 있는 切頭山을 가리킨다.

166 중국……말했지 : 尤展成은 명말청초의 문학가인 尤侗(1618~1704)으로 전성은 그의 자이다. 우통의 『外國竹枝詞』에, "양화도 어귀 살구꽃이 붉다네.[楊花渡口杏花紅.]"라는 구절이 있다.

2-23

양천[167] 가는 길에서

陽川途中

해오라기 비오리, 말 앞에서 날아가고	鵁鶄鸂鶒馬前飛
길가에 이어진 갈대들 비 지나자 윤기 더했네.	一路蒹葭過雨肥.
돛배 뭍을 끼고 감돌아 떠가고	帆態低回穿陸去
강줄기 숲을 안고 사라졌다 흘러가네.	河身滅沒抱林歸.

167 양천(陽川) : 현재 서울 강서 지역의 옛 지명이다.

2-24

김포 가는 길에서

金浦途中

가을 맞은 갯버들 운치 소슬하고　　迎秋蒲柳韻蕭蕭
양 언덕 청니[168] 한 낮 썰물에 드러났네.　　兩岸靑泥落午潮.
김포 통진 작은 고을이라 하지만　　金浦通津如斗邑
무지개다리 반달 다리 허다하다네.　　飛虹偃月許多橋.

168 청니(靑泥) : 해양 퇴적물의 하나이다. 반 이상은 고운 가루의 진흙이며, 유기물과 광물 조각이 들어 있다. 청니가 푸른 빛깔을 띠는 것은 黃化鐵 때문이다.

2-25

갑곶진[169]

甲串津

갑곶진 나루터 날 개어 아름다운데 　甲津津口媚新晴
푸른 나무 붉은 정자 십리에 훤하다네. 　綠樹紅亭十里明.
진회하 도엽도[170] 보지 못했지만 　未見秦淮桃葉渡
이곳의 번화함 평양성에 견줄만하구나. 　繁華堪比浿江城.

169 갑곶진(甲串津) : 현재 경기도 김포시 월곶면에 위치한 강화대교 자리에 있었던 옛 나루터이다. 이곳은 예로부터 강화도의 관문 구실을 하였다.

170 진회하(秦淮河) 도엽도(桃葉渡) : 진회하는 중국 南京에 있는 강이고, 도엽도는 진회하에 있던 나루터이다. 진회하는 南京 문화의 발상지이다. 六朝 시기에 이 강을 중심으로 도시가 크게 발전하였다. 隋·唐 시기 이후로 점차 쇠락했지만 많은 시인과 문인들이 이곳에서 배출되었다. 宋나라 때 다시 강남 문화의 중심으로서 그 명성을 회복하기 시작했고, 明淸 시기에 가장 번성하였다.

2-26

강화도

沁州

저 멀리 보이는 외로운 섬 아득히 떠있고	望中孤島渺然浮
푸른 나무 숲속에 옥루 우뚝 솟았구나.	琪樹葱青聳玉樓.
연제의 우활한 선비들[171] 떠서 이곳에 왔다면	漂到燕齊迂怪士
돌아가 응당 봉린주[172] 보았다고 으쓱거리리.	歸應詑見鳳麟洲.

171 연제(燕齊)의 우활한 선비들 : 전국 시대 齊나라와 燕나라의 어리석은 方士들을 가리킨다. 당시 제나라와 연나라의 方士들은 신선술을 이용하여 혹세무민하였다. 이 때문에 제나라의 威王과 宣王, 연나라 昭王 때부터는 사람을 시켜 바다로 들어가 전설 속에 존재하는 三神山, 즉 蓬萊 · 方丈 · 瀛洲를 찾도록 하였다.

172 봉린주(鳳麟洲) : 道敎에서 말하는 바다 속의 仙境 가운데 한 곳이다. 바다 속의 선경은 十洲三島를 가리키는데, 십주는 祖洲 · 瀛洲 · 玄洲 · 炎洲 · 長洲 · 元洲 · 流洲 · 生洲 · 鳳麟洲 · 聚窟洲이고, 삼도는 蓬萊 · 瀛洲 · 方丈이다.

2-27

강화도에서의 이런 저런 감회 【네 수】

江都雜感 【四首】

날 갠 혈구[173]를 선창에 기대 바라보니　　穴口新晴倚客篷
푸른 나무 사이로 멀리 이궁[174] 들어오네.　　葱青玉樹望離宮.
돛은 조강[175]의 비에 반쯤 젖었고　　帆身半濕祖江雨
깃대는 손돌목 바람[176]에 온통 기울었네.　　幡脚全斜孫石風.
어부의 피리가락 바닷가 누대에서 들려오고　　漁笛樓臺滄海上
주막 깃발 흰 구름 싸인 성곽에서 펄럭이네.　　酒旗城郭白雲中.
저 멀리 갯가에서 마름노래 부르며 느지막이 돌아오고
菱歌極浦歸來晚
서쪽으로 지는 해 한 줄기 붉은빛으로 서서히 잠겨가네.
西日平沈一線紅.

173 혈구(穴口) : 강화군 선원면에 있는 산 이름이다. 혈구는 강화도의 이칭으로 쓰이기도 한다. 『世宗實錄』「地理志 江華都護府」에, 고구려 때 穴口郡이었다는 언급이 있다.

174 이궁(離宮) : 行宮 또는 별궁이라 한다. 임금이 외부로 거둥했을 때 머물던 궁이다.

175 조강(祖江) : 한강과 임진강이 만나는 한강 하류 끝의 한강 물줄기를 일컫는다. 경기도 김포시 월곶면 조강리 앞에 조강나루터가 있었다고 한다.

176 손돌목 바람 : 음력 10월 20일경에 부는 아주 매섭고 추운 바람을 말한다. 고려 때 뱃사공 손돌이 몽골군에 쫓겨 강화도로 피신하는 왕을 모시게 되었다. 손돌은 바가지 하나를 물에 띄우고, 그 바가지를 따라갈 것을 간언하나, 자신을 함정에 빠뜨리는 것으로 오해한 왕에게 참수를 당했다. 이후 죽은 손돌의 혼을 위로하기 위해 손돌의 묘를 만들고 제사를 지냈다. 손돌이 억울하게 죽은 곳이라 손돌목이라 부른다. 음력 10월 20일쯤 오는 추위를 죽은 손돌의 원혼이 바람과 추위를 몰고 온다고 하여, '손돌바람'과 '손돌추위'라고 한다.

푸른 산에 우뚝 솟은 봉수대 몇 곳인가　　青山幾處兀烽墩
뛰어난 풍광 예부터 북해[177]의 관문이라네.　　形勝由來北海門.
금성탕지로도 돌진하는 기병 막아내지 못하고　　未把金湯遮突騎
부질없이 화약 가지고 아들 따르게 했네.[178]　　枉將丸藥付迷豚.
황폐해진 성 물결만 일렁이고 어룡은 숨어있고　　荒城浪打魚龍偃
옛 보루 안개에 잠겼는데 황새 날아가는구나.　　古壘烟沈鸛鶴翻.
적막한 남루[179]에서 달빛 아래 술 마시며　　寂寞南樓觴月地
지금껏 사람들 선원[180]을 조문한다네.　　至今人自吊仙源.

갈까마귀 몇 마리 남장대[181]에 깃들었는데　　數點棲鵶南將臺
한 줄기 각성[182] 애달프구나.　　一聲聲起角吹哀.
몽골과 고려 싸움터엔 새벽 비 뿌리고　　蒙麗戰伐殘更雨
병자난리의 참화로 깃발 한 줌 재가 되었네.　　滿漢旌旗浩劫灰.

177 북해(北海) : 서해의 북쪽 바다를 일컫는다.

178 부질없이……했네 : 병자호란 당시 순절한 金尙容과 그의 손자 金壽全의 고사이다. 김상용은 1636년 병자호란이 일어나자 廟社의 신주를 받들고 빈궁·원손을 수행해 강화도에 피난 갔다. 그런데 이듬해 성이 함락되자 성의 南門樓에 있던 화약에 불을 지르고 순절하였다. 손자 김수전은 당시 13세였는데, 순절하는 할아버지를 따라 죽겠다고 간청해 불에 뛰어들었다는 말이 전해진다.

179 남루(南樓) : 江華城 南門樓를 가리킨다. 이곳은 병자호란 때 김상용이 순절한 곳이다.

180 선원(仙源) : 병자호란 때 강화성이 함락되자 순절한 金尙容의 호이다.

181 남장대(南將臺) : 강화산성에 있던 남쪽 장대를 가리킨다. 현재 강화군 강화읍 신문리에 있는 남산의 정상에 있다. 2008년 발굴조사와 기술자문회의를 거쳐 2010년 복원하였다. 장대는 군사를 지휘하는 장수가 올라서서 지휘할 수 있도록, 城·堡·屯·戍 등의 높은 곳에 돌로 쌓은 대이다.

182 각성(角聲) : 원문은 '角吹'이다. 각은 짐승의 뿔로 만든 취악기의 하나로, 주로 軍中에서 불었다. 만일 적의 침략이 있을 때, 안개와 구름, 비나 바람 때문에 봉수로 상황을 전달할 수 없을 경우 봉수대는 砲聲과 角聲[角吹]으로 주위의 주민과 수비 군인에게 急報를 알렸다.

만 번 꺾여도 물길 돌아감 여전히 발해이고　萬折水歸猶渤澥
한 돛단배로 바람 타고 등주 내주 갈 만하네.　一帆風去可登萊.
이 섬에 문무 관원으로 일찍이 몇 번이나 왔던가.　島中文武曾來幾
전횡[183]과 오백 인재에는 미치지 못했다네.　不及田橫五百纔.

포위된 성 안에서 술잔 돌린 이 누구던가[184]　圍城盃酒是誰歟
지난 일 가슴 아프지만 물어 볼 수 없네.　往事傷心莫問諸.
인화보[185] 갑곶진의 물결 목메어 우는데　寅浦甲津嗚咽水
정묘년 병자년 전쟁 때 시비 다투던 곳이었네.　丁和丙戰是非墟.
청향과 화극,[186] 방위 한가롭고　淸香畫戟閒兵衛

---

183 전횡(田橫) : 齊나라 狄縣 사람으로, 秦나라 말기 때 제나라의 왕이다. 본래 제나라 귀족 출신으로 陳勝이 봉기한 후에 형 田儋·田榮과 함께 진나라에 반기를 들고 독립하여 다시 제나라를 일으켰다. 漢 高祖 劉邦이 천하를 평정하자, 고조가 보낸 세객 酈食其를 삶아 죽여 버린 일 때문에 보복 당할 것을 두려워해서 빈객 5백여 명과 함께 海島, 즉 지금의 山東省 靑道의 田橫島로 도피하여 숨어 살았다. 이후 한 고조는 전횡이 반란을 일으킬까 우려하고 사람을 보내 이르길, 오면 왕후로 봉할 것이요, 안 오면 군사를 보내 공격하겠다고 하였다. 이에 전횡은 마지못해 상경하다가 漢王을 섬겨야 한다는 부끄러움 때문에 洛陽을 30여리 앞두고 자결했다. 전횡의 목을 고조에게 선한 누 부하를 비롯해서 섬에 남아 있던 500여 명도 전횡의 절개를 경모하여 모두 순사했다고 한다.

184 포위된……누구던가 : 병자호란이 일어나자 金慶徵은 江都檢察使에 임명되어 강화도 방어의 임무를 맡았다. 당시 강화도에는 왕실 사람들을 비롯해 전·현지 고관 등 많은 사람이 피난해 있었다. 하지만 김경징은 대군이나 대신들의 의견을 무시하고 모든 일을 독단적으로 처리하였다. 또한 강화도를 金城鐵壁이라 믿고 청나라 군사가 건너오지 못할 것이라 호언하며, 아무런 대비책도 강구하지 않은 채 매일 술만 마시는 무사안일에 빠져있었다. 그러다가 청나라 군사가 눈앞에 이르러서야 서둘러 방어 계책을 세웠다. 하지만 군사가 부족해 해안의 방어를 포기하고 강화성 안으로 들어와 성을 지키려 하였다. 그런데 백성들마저 흩어져 성을 지키기 어렵게 되자 나룻배로 도망해 마침내 성이 함락되고 말았다.

185 인화보(寅火堡) : 강화도에 있던 7개의 보루 가운데 하나로, 현재 강화군 양사면 인화리에 있다.

186 청향(淸香)과 화극(畫戟) : 앞의 2-18번 시 151번 주석 참조.

시냇가 새와 호수 물고기, 공문서 한산하네.　　　溪鳥湖魚冷簿書.

시야 다하는 곳 한 줄기 연기 바닷가 보루에서 피어나고

極目孤烟生海戍

줄풀과 부들 우거진 곳, 어부의 노래 소리만.　　　菰蒲深處有歌漁.

2-28

세심재[187]에서 쓰다 【네 수】

題洗心齋 【四首】

우뚝한 군영 속 관부 안	冠絶營中府裏
연못가 아련히 나는 듯한 정자.	臨池縹緲飛亭.
황량해도 오히려 머물고 싶거늘[188]	荒凉尙戀桑下
하물며 붉은 난간 비취빛 창임에랴.	何况朱欄翠櫺.
뜰에 비 내리고 바람 사위어 가는데	庭院雨淋風老
푸른 풀 눈에 가득 끝없어라.	何限滿目青蕪.
온통 쪽 풀 만 곡을 치대어	全似挼藍萬斛
마음껏 이리저리 칠한 듯하네.	盡情東抹西塗.
꽃 풀에 오가는 한 쌍의 나비	芳艸適來雙蜨
푸른 가지 많은 매미 차지했네.	翠柯仍領萬蟬.
완연히 타향의 경물인데	宛是殊方景物
난간에 기대어도 쓸쓸하지 않네.	憑欄底不悽然.

187 세심재(洗心齋) : 강화부의 官府 뒤쪽에 있던 건물이다. 1711년 강화 행궁을 중건하면서 행궁의 북쪽에 尺天亭과 세심재를 추가로 조성하였으나, 병인양요 때 모두 소실되었다고 한다.

188 머물고 싶거늘 : 원문의 '桑下'는 '桑下一宿之緣'의 준말로, 뽕나무 밑에서 하룻밤을 지낸 인연이란 뜻이다. 『後漢書』 卷30 「襄楷列傳」에, "佛法을 닦는 승려가 뽕나무 아래에서 사흘 밤을 계속 묵지 않는 것은, 시간이 흐름에 따라 애착이 생길까 두려워하기 때문이니, 이는 그야말로 精進의 극치라고 할 것이다.[浮屠不三宿桑下, 不欲久生恩愛, 精之至.]"라는 말이 있다.

알지 못해라, 오늘 저녁 어떤 저녁인가	不知今夕何夕
마침 술 무르익고 등불 푸르다네.	端然酒闌燈青.
풀숲 오솔길 돌아가는 사람들 멀리 가지 않아	芳徑人歸未遠
풀 사이 가물거리는 불빛, 별빛 같구나.	艸間殘炬如星.

번역 윤세순

2-29

남쪽으로 돌아가는 사람에게 주며 【두 수. 이 시 아래에 「송인심도유감」[189] 한 수를 실어야 한다.】

贈人南歸 【二首 此下當書送人沁都有感一首】

만났던 장소와 이별의 자리 눈앞에 스치는데	過眼逢場與別筵
길 떠나는 사람 눈물 쏟으매 또다시 가을이구려.	行人彈淚又秋天.
오늘밤 서쪽 당 위에 달빛 훤히 비추고	今宵練練西堂月
찌륵찌륵 귀뚜리 우는 소리 지난해와 흡사하네.	蟋蟀聲高似去年.

가을밤 촛불 심지 자르며[190] 시문에 이름 남기니	秋宵剪燭署瓊函
홍교[191] 다리 돌아 세 번째에 있는 집이라네.	家在紅橋轉第三.
가벼운 이슬 단감에 내리는 절기에 얘기꽃 피우노라니	滿說輕霜丹柿節
사람으로 하여금 금강 남쪽 갑절이나 생각나게 하는구려.	令人倍憶錦江南.

189 「송인심도유감(送人沁都有感)」: 『영재집』 권5에 실려 있다.

190 촛불 심지 자르며 : 당나라 李商隱의 시 「夜雨寄北」에 "그대에게 물으니 돌아올 기약 없고, 파산의 밤비만 가을 못에 넘치는구나. 어찌하면 함께 서창에서 촛불 심지 자르면서, 파산의 밤비 내리던 때를 얘기해 볼꼬.[君問歸期未有期, 巴山夜雨漲秋池. 何當共翦西窓燭, 却話巴山夜雨時.]"라고 한 데서 온 말이다. 무릎을 맞대고 밤새워 정담을 나눈다는 의미로 사용된다.

191 홍교(紅橋) : 한양의 새문안길과 종로 사이에 있던 다리이다.

2-30

동협으로 돌아가는 소완정 거사[192]를 송별하며 【두 수】

別素玩亭居士歸東峽 【二首】

동북쪽의 포천 고을 산골짝이 깊은지라	抱州東北峽山長
이른 새벽 또다시 행장 차려나서야 한다 하네.	見說凌晨又束裝.
애석하구나, 중추절 강석 여는 때 다가오는데	可惜中秋開講近
고당 중에 오경 생도 한 사람 줄어들겠구나.	五經生少一高堂.

동봉 병사[193]에 쑥대만 높이 자랐으리니	東峯丙舍長蒿萊
황폐한 오솔길 이중[194]을 기다려 열어야 하리.	荒徑應須二仲開.
가을 산 흩날리는 낙엽 속에 자중자애할지니	珍重秋山飛葉裡
여윈 황소 등에 탄 사람, 내 온 줄 알게나.	瘦黃犢背認吾來.

192 소완정 거사(素玩亭居士) : 李書九의 별호이다. 박지원이 「素玩亭記」를 써주기도 하였다(『燕岩集』 卷3).

193 병사(丙舍) : 원래 宮中의 제3등 舍를 이르는데, 산소 곁에 지어 놓은 廬幕을 말한다.

194 이중(二仲) : 漢나라 때 隱士인 羊仲과 求仲을 합칭한 말이다. 蔣詡가 일찍이 향리로 돌아가 은거하면서 荊棘으로 문을 막고 집안에 세 오솔길[三徑]을 내어, 오직 양중과 구중하고만 교유했다고 한다(『三輔決錄』 「逃名」).

2-31

새벽에 동쪽 교외를 나가며 말 위에서 지포를 그리워하며

曉出東郊 馬上褰芝圃

가련하다 이 신세, 아름다운 절기 중추절인데　可憐佳節屬中秋
동으로 도성문 나서나니 걸음마다 시름겹다.　東出都門步步愁.
길 떠나가는 사람 모랫길 가를 적막히 지나는데　寂寞行人沙路畔
나지막이 뜬 달 채전 밭머리에 흐릿하게 비추누나.　朦朧低月菜田頭.
컴컴한 호로동[195]에 황계[196] 소리 들리고　葫蘆洞黑荒雞唱
차가운 타락산[197]엔 괴이한 새 지저귀네.　酡酪山寒怪鳥啾.
다시 등잔 앞에서 서로 소매 부여잡은 이후에　恐復燈前相挽後
꿈속까지 날 좇아 양주 땅에 이를까 염려되네.　夢中追我到楊州.

195 호로동(葫蘆洞) : 壺洞을 말하는 듯하다. 호동은 서울 종로구 원남동과 이화동 일대에 있었던 마을로서 동네 모양이 호리병처럼 생긴 데서 이름이 유래되었다고 한다.

196 황계(荒雞) : 삼경 이전, 즉 새벽이 되기 전에 우는 닭이다. 그 소리는 보통 惡聲이라고 하여 주로 상서롭지 못한 조짐으로 받아들여졌다.

197 타락산(酡酪山) : 서울 종로구에 있는 駱山의 별칭으로, 駱駝山이라 불리기도 한다.

2-32

서쪽 교외에서

西郊

수양버들 제일가는 정자[198]에 소소히 날리는데	楊柳蕭蕭第一亭
가을바람 맞으며 말 탄 몇 사람 방초 들판 나가네.	秋風數騎出芳坰.
월왕암[199]은 석양빛 받아 희게 빛나고	越王巖帶斜陽白
고려 때 반송[200]은 옛 비 머금어 푸르네.	麗代松留古雨靑.
개미인 양 마소들 줄지어 고갯길 지나가고	如螘馬牛穿嶺路
새끼 거느린 거위 오리 떼 모래톱에 흩어져 있네.	將雛鵝鴨遍沙汀.
어떠한가, 연자루[201] 앞터에서	如何燕子樓前地
관령[202]이 모두 목불식정임과 견주어 보면.	管領人皆不識丁.

198 제일가는 정자 : 조선 시대에 한양 西池 가에 있던 天然亭을 가리키는 듯하다. 천연정은 慕華樓 부근에 있던 정자로, 한양 근교에서 제일 크고 연꽃이 많아 名士들이 이곳을 즐겨 찾았다고 한다.

199 월왕암(月王巖) : 西池 부근의 바위 이름인 듯하다. 柳琴의 「반지에서 연꽃을 감상하다[盤池賞蓮]」 시에 "버드나무 옆 갈대 울에 오얏나무 기울었고, 월왕암 위엔 석양이 비치네.[倚柳蒹籬李半頹, 月王岩上夕陽回.]"라고 하였다. 盤池는 西池의 별칭이다.

200 고려 때 반송(盤松) : 『新增東國輿地勝覽』에 의하면 西池 가에 盤松이 있어 수십 보를 덮었는데, 고려 임금이 일찍이 南京[漢陽]에 행차했다가 여기서 비를 피하였다는 얘기가 전한다.

201 연자루(燕子樓) : 조선 시대에 동대문의 訓練院 밖에 있던 누각이다. 지붕이 제비꼬리를 닮았다고 하여 연자루라는 이름이 붙었다고 전해진다.

202 관령(管領) : 조선 시대에 漢城府 五部의 각 坊 및 도성 주변 10리 안에 있던 각 里正과 같은 서열의 직임을 말한다. 力役 동원자인 일반 장정의 동태와 호구수를 파악하는 일을 담당하였다.

2-33

중양절 뒤 이틀이나 비바람이 처량하게 내려【두 수】

重陽後二日 風雨凄凄【二首】

원림 온 주변 이제 막 쓸쓸해지는데 一帶林園寥落纔
본디 전례에 따라 억지로 슬픔 일으키는 건 아니라네.[203] 元非隨例强悲哉.
푸르고 누른 잎 모두 바람 불어 떨어져 내리고 靑黃葉並風吹下
짙고 옅은 까마귀들 다 비에 젖어 날아드네. 濃淡鴉都雨拕來.
크게 불평명[204] 토로하며 술잔 당겨 들이키고 大不平鳴轟引白
몹시 무료해 앉아서 묵묵히 재 위에 글자 끼적이네. 極無聊坐默書灰.
미적거리다 등고절 맞이해 시구 짓지 못했거늘 因循未有登高句
초췌해진 지금은 시 짓는 재주마저 달아난 듯. 憔悴如今頓減才.

중양절 막 지나자 날마다 바람 불어 纔過重陽日日風
단풍나무 한 가지 완상하며 읊조리지 못했다네. 未經吟弄一枝楓.
거미줄에 걸린 병든 잎 창 너머에서 흔들리고 奄絲病葉隔窗裊
나비 그림자 어린 한가한 꽃 섬돌에 갇혀 있네. 蝶影閒花當砌籠.
누대에서 책 읽기 멈추자 저녁 기러기 떼 지어 가고 樓卷讀停行夕雁

203 전례에……아니라네 : 宋玉의 「九辯」 가운데 「悲秋」는 가을의 서글픈 정서를 노래한 작품으로 널리 알려져 있다. 그 첫 구는 "슬프다, 가을의 기운이여.[悲哉秋之爲氣也.]"라는 구절로 시상을 전개하는데, 이를 의식한 말인 듯하다.

204 불평명(不平鳴) : 불평한 심사를 시문으로 토로해 낸다는 의미이다. 韓愈의 「送孟東野序」에 "대저 만물은 평정함을 얻지 못하면 운다.[大凡物不得其平則鳴.]"라고 하는 구절에 나오는데, 흔히 詩文 짓는 것에 비유하는 말이다.

행랑채 다듬이가락 빨라지자 가을벌레 소리도 멎는구나.

廊砧調急罷秋蟲.

일어나 한가로이 정원을 살펴보노라니　　起來點檢閒庭院

몇 조각 이끼에 담홍빛 이파리 차갑구나.　　幾片苔光冷淡紅.

2-34

송·민 두 기주관[205]과 밤에 술을 마시며

與宋閔二記注夜飮

어진 두 사관 아직 은어[206] 차지 못했는데	兩賢臣未綰銀魚
둘 다 초연히 「수초부」 짓고자 한다네.[207]	各欲超然賦遂初.
감상 많은 시인들이라 가을 분위기를 타고	多感騷人秋氣得
번뇌 떨군 고사들이라 벼슬할 맘 없어져가네.	省煩高士宦情疎.
대궐[208] 연강에 맞추어 『주역』 풀이하고	楓宸趁講繙周易
괴원에선 일정 독촉하여 공문서 보낸다네.	槐院催程送隸書.
서리 내린 잎 날리는 소리 세상 생각 맑히는데	霜葉鳴邊澄世念
또렷이 깨어 마주 하노라니 밤 방안이 청허해지네.	惺惺相對夜堂虛.

205 송·민(宋閔) 두 기주관(記注官) : 송과 민은 누구를 지칭한 것인지 분명하지 않다. 기주관은 春秋館에 속해 政事를 기록하는 일을 맡은 정5품 벼슬이다.

206 은어(銀魚) : 당나라 때 정5품 이상의 관원이 허리에 차던, 은어 모양의 符信이다.

207 「수초부(遂初賦)」 짓고자 한다네 : 벼슬을 떠나려 한다는 말이다. 수초는 은거하여 처음에 가진 소원을 이루는 것을 말한다. 晉나라 孫綽이 젊었을 때 許詢과 함께 세속을 초탈하려는 뜻을 가지고 10여 년 동안 산수에 노닐며 「수초부」를 지어 자신의 만족스러운 삶을 표현하였다(『世說新語』 「言語」).

208 대궐 : 원문의 '楓宸'은 宮庭의 별칭이다. 宸은 北辰[皇帝]이 있는 곳으로, 漢나라 때 궁궐에 단풍나무를 많이 심어 '楓宸'이라 칭해지기도 했다.

2-35

가숙께서 연경으로 떠나기에 공손히 올리며[209] 【여섯 수】

恭呈家叔父游燕【六首】

고운 국화, 시든 난초 사신의 수레에 비치고	佳菊衰蘭映使車
옅은 구름 가랑비 내리는, 때는 늦가을.	澹雲微雨九秋餘.
한마디 시구 중원 땅에 전하고자 하는데	欲將片語傳中土
지북처럼 그 누가 다시 책에 실어 줄는지.[210]	池北何人更著書.
연막[211] 너풀거리며 만 리 길손 되어	蓮幕翩翩萬里賓
말고삐 쥐고 옥하[212]에서 봄날 노닐겠지요.	青絲遊騎玉河春.
긴 적삼 너른 소매 차림 괴이하게 여기지 말지니	長衫廣袖休相怪

209 가숙(家叔)께서……올리며 : 가숙은 유득공의 숙부인 柳琴(1741~1788)을 가리킨다. 유금은 자가 彈素, 호가 幾何室이며, 1776년 11월부터 1777년 4월까지 謝恩副使 徐浩修의 幕官으로 燕京에 다녀왔다. 이 시편 중 제1·3·4·5수 등 4수는 朴趾源의 『熱河日記』 「避暑錄」과 李德懋의 『淸脾錄』 「冷齋」에 각각 실려 있는데, 유득공이 병신년(1776)에 연경으로 떠나는 유금에게 준 시로 소개되어 있다. 유금이 청 문인들에게 이 4수를 소개하는 『청비록』 대목을 여기에 인용해 둔다. "탄소가 연경에 가서 綿州에서 吏部尙書를 지낸 李調元을 만나 이 시를 보이니, 이조원이 크게 칭찬하며 말하기를 '이야말로 훌륭한 문장이다.'라고 하고 인하여 벽에 붙여 놓았다. 潘秋庫[潘庭筠]도 이 시를 보고 칭찬하며, 또 자기의 시가 南施와 같다는 말을 기뻐하며 손수 베껴 가지고 갔다.[彈素入燕, 逢綿州李吏部調元示之, 吏部大加稱賞曰, 此眞文鳳, 因貼之座壁. 潘秋庫見此詩, 亦爲之推奬且喜, 似南施之語, 手自謄寫而去.]"

210 지북(池北)처럼……줄는지 : 지북은 청나라 문인 王士禛을 가리킨다. 그가 지은 筆記 『池北偶談』에 淸陰 金尙憲의 시 10여 聯句가 실려 있다. 앞의 2-4번 시 12번 주석 참조.

211 연막(蓮幕) : 변방에서 지휘관이 머물면서 군사를 지휘하던 幕府를 뜻한다. 南齊 때 王儉의 막부를 蓮花池라고 일컬은 고사에서 비롯된 것이다(『南史』 卷49 「庾杲之傳」).

212 옥하(玉河) : 북경에 있는 물 이름이다. 그 부근에 주로 조선 사신이 머무르는 관소인 玉河館이 있었다.

조선국 양화 나루 어귀 사는 사람이라 하겠지요. 稱是楊花渡口人.

글 읽다 눈물 흘리니 천추를 물들이고 看書淚下染千秋
물가에 다다른 시인 시름도 무한하다네.[213] 臨水騷人無限愁.
확사가 편집한 시집 엉성함이 불만이라[214] 碻士編詩嫌艸艸
『치청전집』[215]을 저를 위해 구해 주시길. 豸青全集若爲求.

연녹색 잎 진홍색 꽃, 때는 이월이라 淺碧深紅二月時
뽀얀 먼지 분답한 곳에서 고향의 꿈 이어졌다네. 軟塵如粉夢如絲.
항주가 낳은 뛰어난 선비 반향조[216] 杭州才子潘香祖
어여뻐라, 아름다운 시 남시와 흡사하다네.[217] 可憐佳句似南施.

---

213 글……무한하다네 : 이 두 구는 『청비록』 「豸青山人」에 의하면, 金益謙이 燕京에 갔을 때 鐵君(李鍇의 자)이 준 「秋山舊作」의 시어를 차용한 것이라고 하였다.

214 확사(碻士)가……불만이라 : 확사는 청나라 沈德潛의 자이다. 『國朝詩別裁』를 엮었는데, 乾隆帝의 명에 의해 兩朝에 걸쳐 활약했던 錢謙益 같은 사람의 시를 모두 빼버리고 새 판으로 印行한 바 있다. 앞의 2-4번 시 10번 주석 참조. 이덕무의 『入燕記下』에는 "처음에 지은 『국조시별재』에는 明末 遺民들의 시를 많이 수록하였는데, 두 錢氏의 시를 실은 것 때문에 다른 사람의 시까지 빼어 버리게 되었다. 지금 판본은 볼 만하지 않다.[初著別裁集,多載明末遺民, 坐載兩錢, 幷及於他人, 今本不足觀.]"라고 하였다. 유득공이 이른 '시집의 엉성함'이란 새 판본을 두고 한 말인 듯하다.

215 『치청전집(豸青全集)』 : 치청은 李鍇(1686~1755)의 호이며, 자는 鐵君이다. 李如松의 族曾孫으로, 조부대에 청에 항복하여 旗人이 되었으며 부친은 兵部侍郞 李輝祖이다. 만년에 盤山 豸青峯 밑에 은거하며 농사를 지었다. 저서에 『含中集』 등이 있다. 沈德潛의 『國朝詩別裁』에 "치청 산인은 勳臣의 후예로 의당 높은 벼슬에 있게 되었음에도 불구하고 부인과 함께 盤山에 은거하여 武攸緖의 유풍이 있었다.……그의 古奧하고 峭削한 서는 스스로 하나의 문호를 개척하여, 그 格이 높은 것은 杜甫에 근원하고 그 다음 것도 孟郊에 가깝다.[豸青山人係勳臣, 後當得大官, 乃偕其配, 隱於盤山, 有武攸緖風.……詩古奧峭削, 自闢門徑, 高者胎源杜陵, 次亦近東野.]"라고 하였다.

216 항주(杭州)가……반향조(潘香祖) : 潘庭筠을 말한다. 향조는 그의 호이며, 杭州 錢塘 사람이다.

217 어여뻐라……흡사하다네 : 南施는 명말 청초의 시인인 施閏章를 가리킨다. 앞의 2-4번

곽집환이란 한 시인이 있어	有箇詩人郭執桓
담원을 읊은 시 조선 땅에 널리 퍼졌다네.[218]	澹園聯唱遍東韓.
지금까지 삼년 동안 소식조차 끊어졌기에	至今三載無消息
유유히 흐르는 분수,[219] 꿈에 들어 서늘하다오.	汾水悠悠入夢寒.

연경 저택 등불 푸르고 사람 말소리 떠들썩하리니	燕邸燈青人語喧
강남, 강북에서 온 수레 얼마나 모였을지.	江南江北幾輶軒.
좌중에 성도의 객[220]이 있는지 묻고는	衆中問有成都客
그제야 조선국 열수 사람이 쓴 시 주시기를.	始贈朝鮮洌水言.

시 13번 주석 참조. 『청비록』에는 "이는 潘秋庳의 桃柳畫 족자에 쓴 시를 인용하여 읊은 것이다. 남시는 愚山 施閏章이다.[此用潘秋庳題桃柳小幅詩語也. 南施, 施愚山閏章也.]"라고 소개하였고, 『熱河日記』「피서록」에는, 1766년 洪大容이 연경에서 반정균에게 받은 "우리 집은 서호, 주변에 둘린 나무. 연녹색 잎과 진홍색 꽃, 때는 2월이라. 이런 고향 강남을 두고도 돌아가지 못하고, 뽀얀 먼지 분답한 곳에서 실낱같은 꿈꾸네.[吾家西子湖邊樹, 淺碧深紅二月時. 如此江南歸不得, 軟塵如粉夢如絲.]"라는 시를 소개한 다음, 이어서 유득공의 이 편을 수록하였다.

218 곽집환(郭執桓)이란……퍼졌다네 : 곽집환(1746~1775)은 청나라 山西 平河 사람으로, 자는 封圭·覲廷, 호는 半迂·東山·繪聲園이다. 시를 잘 지었으며 집이 대대로 부유하였다. 홍대용이 1766년(영조 42) 연행했을 때 북경에서 郭執桓의 벗인 鄧師閔과 교분을 맺었는데, 곽집환이 등사민을 통해 澹園을 읊은 시를 조선 문인들에게 전하며 화답시를 지어 줄 것을 부탁한 일이 있다. 담원은 곽집환의 부친 郭泰峯의 거처이다. 이에 화답하여 박지원·유득공·박제가 등이 「澹園八詠」을 지었다.

219 분수(汾水) : 중국 山西省 서남쪽에 있는 강이다. 곽집환의 집이 분수 인근에 있었다.

220 성도(成都)의 객 : 李調元을 가리키는 듯하다. 이조원은 蜀의 成都 일대의 錦州 사람이다.

2-36

연경에 가는 이를 전송하며 『우초신지』[221]를 구해오게 하다

送人赴燕求虞初新志

압록강 건너가는 그대 전별하노니	送君渡鴨水
융복 차림에 절풍건 썼네.[222]	戎服折風巾.
연경 저자에 가는 삼한의 객은	燕市三韓客
단정하고 씩씩하며 초인의 면모 지녔다네.[223]	齊莊一楚人.
한밤 자새원[224]에서 기러기 울음소리 듣고	聞鴻紫塞夜
봄날 옥하관에서 말 달리겠지.	躍馬玉河春.
『우초신지』의 이야기 절묘하니	絶妙虞初志
수진본 구해오라는 당부 잊지 마시길.	無忘寄袖珍.

221 『우초신지(虞初新志)』 : 명청 교체기에 安徽 출신 張潮가 엮은 소설, 필기류이다. 우초란 원래 漢武帝 때 천하를 돌며 기이한 소문을 채집하던 하급관리를 이른다.

222 융복(戎服)……썼네 : 융복은 帖裏, 광다회, 木靴, 筒箇, 笠, 環刀, 병부주머니로 구성된 의복을 뜻한다. 조선 시대에 문무관이 외국에 사신으로 파견될 때 착용하였다. 折風巾은 상고 시대 우리나라 冠帽의 하나로, 삼각형 모양으로 된 고깔 형태의 쓰개이다. 子弟軍官이 보통 이런 차림을 하고 가는데, 이를 말한 것으로 보인다.

223 초인(楚人)의 면모 지녔다네 : '楚人'은 屈原이나 宋玉 같은 비분강개한 초나라 시인으로, 여기서는 작자를 비유한 것으로 보인다.

224 자새원(紫塞垣) : 변방의 城을 뜻한다. 秦나라가 만리장성을 쌓을 때 그 흙이 모두 紫色이었고 漢나라 邊塞의 성도 그 흙이 자색이었기 때문에 생긴 말이다.

2-37

금영[225] 막부로 떠나는 객을 전송하며 【두 수】

送客錦營幕府 【二首】

장궁과 대우전[226]을 야윈 몸에 찼으니	長弓大羽瘦腰肢
지난날의 서생이 오늘은 건장한 남아로세.	昨日書生今健兒.
말 위에서 만났다 하여 그대 웃지 마시게나	馬上相逢君莫笑
세상의 어떤 일이든 감내하지 못하랴.	世間何事不堪爲.

양류지,[227] 죽지가[228] 부르는 소리 듣노라니	聽唱楊枝與竹枝
봄바람에 수심 겨워하는 대제아[229] 있구나.	春風愁殺大堤兒.
가벼운 비단 부채에 비껴 쓴 글씨	輕羅扇面斜行墨
태반이 당년에 유칠[230]이 지은 사라네.	太半當年柳七詞.

225 금영(錦營) : 충청도 감영을 말한다.

226 대우전(大羽箭) : 큰 깃을 댄 화살이다.

227 양류지(楊柳枝) : 당나라 때 유행하던 악곡 이름이다. 본래는 六朝의 「折楊柳」에서 유래하여 망한 隋나라를 조문하는 곡이었으나, 뒤에 버들가지에 가탁하여 정을 읊는 노래로 가사가 바뀌었다. 白居易의 歌妓인 樊素가 이 노래를 잘 불렀다고 한다.

228 죽지가(竹枝歌) : 巴蜀 일대의 민요 이름이다. 그 지방 풍물을 읊었는데 당나라 시인 劉禹錫이 建安에 갔을 때, 아이들이 이 노래를 부르는 것을 듣고 그 음조로 남녀의 연정, 지방의 풍속을 읊은 악부 「竹枝詞」를 지었다(『樂府詩集』 「近代曲辭 竹枝」).

229 대제아(大堤兒) : 大堤는 중국 襄陽의 堤名인데, 南朝 梁나라 簡文帝 蕭綱이 대제의 기녀를 읊은 「大堤曲」이 유명하다(『玉台新詠』 卷7 「雍州十曲 大堤」). 여기서는 기녀를 비유한 말인 듯하다.

230 유칠(柳七) : 北宋의 詞人인 柳永을 가리킨다. 형제간의 서열이 일곱 번째였으므로 유칠이라고 불렸다. 자는 耆卿이며, 벼슬은 屯田員外郎에 이르렀다. 歌詞에 능하여 敎坊의 樂工이 新腔을 얻게 되면 반드시 유영에게 가사를 요구하곤 하였다. 장례 치를 돈조차 없어서 기생들이 십시일반으로 추렴하여 장례를 치러 주고 묘소를 돌보았다고 한다. 저서에 『樂章集』이 있다(『尙友錄』 卷16).

2-38

동쪽 교외를 나가며 감회가 일어

出東郊感懷

십년 동안 애면글면 세상일에 얽혔다가	十載營營世故紛
명성에 홀렸음을 초연히 한 번 깨달았네.	超然一悟恍聲聞.
세월 보내기는 영숙의 『귀전록』[231]이요	光陰永叔歸田錄
마음먹기는 희지의 「서묘문」[232]이라네.	心事羲之誓墓文.
새 기러기 떼 모래밭에 점점이 날아들어 한강은 환한데	新雁點沙明漢水
헤진 갖옷에 눈 몰아치니 연경[233] 길은 어둑하리.	弊貂衝雪黯燕雲.
죽림정사에 봄소식 전해져서	竹林精舍春消息
산골 살구나무 가지 끝에 이 푼쯤 봄이 들었다 하네.	山杏枝頭已二分.

231 영숙(永叔)의 『귀전록(歸田錄)』 : 영숙은 歐陽脩의 자이다. 『귀전록』은 구양수가 致仕한 뒤에 田舍로 돌아가 지내면서 자기가 평소에 듣고 본 것들을 기록한 책이다. 여기서는 벼슬을 그만두고 전원으로 돌아가고 싶은 뜻을 나타낸 말이다.

232 희지(羲之)의 「서묘문(誓墓文)」 : 「서묘문」은 王羲之가 말년에 관직을 버리고 先塋에 가서 다시는 出世하지 않겠다고 다짐한 글이다.

233 연경(燕京) : 원문의 '燕雲'은 明代에 京都를 이르는 말이다. 여기서는 燕京을 가리키는 듯하다.

2-39

인일[234]에 강가의 이종동생 집을 찾아서

人日江上姨弟舍

진중한 새해 맞아 말 타고 찾아가는데	珍重新年跨馬尋
어부 초부와 나눈 이야기 모두 마음 한가롭게 하네.	漁樵問答摠閒心.
잔설 남아 있는 초가집엔 창고 가 밝게 들어오고	雪殘茅屋明倉畔
따뜻한 바람 부는 미나리 못엔 성곽 그늘 일렁이네.	風暝芹池漾郭陰.
거친 들판 수레 자국 게 지나간 듯 어지럽고	荒野車行紛似蟹
언 강에 서 있는 돛대 아득히 바늘인 양 보이네.	凍江檣立杳如鍼.
울타리 일대에 물 맑고 한가한 저 곳	繞籬一帶瀟閒地
그물 말리는 숲가 그대 집임을 알겠네.	知是君家曬網林.

234 인일(人日) : 음력 1월 7일의 별칭이다.

2-40

청산현[235] 관아로 떠나는 객을 전송하며

送客青山縣衙

구름 겹겹 쌓인 나무에 두견새 소리 시름겹고	雲木層層杜宇愁
푸른 산 끊이지 않고 남쪽 고을까지 에웠구나.	靑山不斷遶南州.
서울에서 한번 바라봄에 그 어디련가	漢京一望知何處
봄날 홀로 이백처럼 누대에 올라야 하리.[236]	獨上春風李白樓.
책방[237]의 글 읽는 소리 들리고 낮은 긴데	子舍書聲白日長
저물녘 바람이 대추꽃 향기 불어 보내리.	晩風吹送棗花香.
가을 지나 그대와 만날 곳에서	與君秋後相逢處
좋아라 누런 이 드러내고 실컷 웃어보세.	一笑偏憐露齒黃.

번역 이현우

235 청산현(靑山縣) : 충청도 옥천군 일대에 있었던 조선 시대의 고을이다.

236 구름……하리 : 이는 李白의 「황학루에서 광릉으로 떠나는 맹호연을 전송하며[黃鶴樓送孟浩然之廣陵]」와 같은 尤韻을 사용하였으며 시상도 비슷하다. 마지막 구는, 이백이 맹호연을 보낼 때처럼 자신도 높은 누대에 올라 벗이 가는 곳을 주시하겠다는 의미인 듯하다. 차용한 이백 시의 전문은 다음과 같다. "벗은 서쪽으로 황학루를 작별하고, 삼월의 연화 속에 양주로 내려가네. 외로운 돛배의 먼 그림자 푸른 하늘 속으로 사라지니, 보이는 건 하늘 끝에 맞닿아 흐르는 장강뿐이네.[故人西辭黃鶴樓, 煙花三月下揚州. 孤帆遠影碧空盡, 惟見長江天際流.]"

237 책방 : 원문의 '子舍'는 큰 방 곁에 딸린 조그만 방으로, 주로 지방관의 거처에 그 아들이 머무는 곁방을 가리킨다.

2-41

소완 거사의 「사묵가」[238]에 답하다

答素玩居士謝墨歌

나에게 한 덩어리 오래된 연묵이 있는데	我有一丸古烟墨
옥 무늬 은은히 이어져 무소뿔 문양[239] 이루었네.	玉理庚庚犀紋蹙.
평로성의 좋은 먹 예로부터 이름나[240]	平鹵佳産自古稱
이정규와 반곡[241]의 먹은 따질 것도 못된다네.	不數奚珪與潘谷.
오늘 아침 그대에게 보냈으니 기뻐함 알만도 한데	今朝贈君喜可知
시 지어 사례함이 어찌 그리 부지런한가.	作詩來謝何僕僕.
우리네 한평생 정히 먹을 몇 덩어리나 쓰려나	人生定費墨幾丸
써내려간 글씨 무려 억 만 자는 될 테지.	寫字無慮萬萬億.
아, 끝내 먹은 갈리어 없어질 터	嗟乎竟爲墨所磨
예로부터 인생은 백년도 채우지 못했다네.	古來人生不滿百.
내 그대에게 커다란 먹 가마를 열지니	我爲君開大墨窯

238 소완 거사(素玩居士)의 「사묵가(謝墨歌)」 : 소완 거사는 李書九의 별호이다. 「사묵가」는, 내용으로 보아 유득공이 이서구에게 먹을 보내자 이서구가 감사의 뜻으로 보내온 시를 말하는 듯하다.

239 무소뿔 문양 : 원문은 '犀紋'으로 뛰어난 먹의 形質을 비유한다.

240 평로성(平鹵城)의……이름나 : 元나라 陸友의 『墨史』 「高麗」 條에, 고려의 猛州·平鹵城·順州 지역에서 생산된 먹이 중국에 수출되어 그 명성을 얻었다고 기록되어 있다. 평로성은 咸鏡道 咸興에 있던 성이다.

241 이정규(李廷邽)와 반곡(潘谷) : 원문의 '奚珪'는 李廷邽를 가리킨다. 이정규는 南唐의 易水 사람으로 원래 이름은 奚廷珪였는데, 뒤에 이씨 성을 하사받고 이름을 고쳤다. 그가 만든 먹은 단단하기가 옥과 같은데, 印文에 '邽'자를 새긴 것이 가장 좋고, '圭'자를 새긴 것이 그다음이며, '珪'자를 새긴 것이 그다음이라고 한다(『墨史』 卷上). 潘谷은 宋나라 歙땅 사람으로 먹을 아주 잘 만들었다고 전한다.

무슨 수로 천하의 검정을 다 담아낼지.　何由括盡天下黑.
흑산의 흙을 굽고 흑수를 끓이니　燔燒黑山煮黑水
검중과 즉묵[242]에 연기 자욱하구나.　黔中卽墨烟漠漠.
상육의 씩씩한 용 전사하며 흘린 피요[243]　上六雄龍戰死血
북방 현무의 기괴한 어깨 죽지.　北方玄武醜肩髆.
흉노가 한을 포위할 적 정북방의 검은말　匈奴圍漢正北馬
하왕이 하늘에 제사 지낼 적 검은색의 송아지.[244]　夏王祭天純色犢.
제 환공과 진 문공의 검은 궁시[245]　齊桓晉文旅弓矢
공·후·백·자·남이 찼던 검은 옥.[246]　五等諸侯山玄玉.
양웅이 저술한『묵자서』[247]　揚雄之艸墨子書
노자의 현묘한 이치를 담은『도덕경』.　老氏玄玄道與德.

---

242 검중(黔中)과 즉묵(卽墨) : '검중'은 전국 시대 楚나라 땅으로 지금의 湖南省 완릉현의 서쪽에 있는 지명이고, '즉묵'은 전국 시대 齊나라 땅으로 지금의 山東省 동부에 있는 지명이다. 여기서는 검중의 '黔'과 즉묵의 '墨' 때문에 차용한 것으로 보인다.

243 상육(上六)의……피요 :『周易』「坤卦」에 "상육은 용이 들에서 싸우니, 그 피가 검고 누렇다.[上六, 龍戰于野, 其血玄黃.]"라고 하였다.

244 하왕(夏王)이……송아지 : 원문의 '純色'에서 純은 緇와 통용되어 검은색을 가리킨다. 또한 夏나라는 黑色을 숭상하였다.

245 제 환공(齊桓公)과……궁시(弓矢) :『左傳』僖公 28년 조에 "晉侯를 策命하여 侯伯으로 삼게 하고서, 大輅의 服裝과 戎輅의 복장과 彤弓 하나와 彤矢 백 개와 旅弓矢 천 개와……. [策命晉侯爲侯伯, 賜之大輅之服·戎輅之服·彤弓一·彤矢百·旅弓矢千…….]"라 하였는데, 이에 대한 註에 "旅는 黑弓을 가리킨다.……제후는 弓矢를 하사 받은 뒤에야 정벌을 마음대로 할 수 있다.[旅, 黑弓.……諸侯賜弓矢, 然後專征伐.]"라고 하였다.

246 공(公)……옥 : 원문의 '五等諸侯'는 公·侯·伯·子·男의 五等爵을 가리킨다. 원문의 '山玄玉'은 산의 빛깔처럼 검은색이 나는 옥을 말한다.『禮記』「玉藻」에 "천자는 백옥을 차고 玄組의 인끈을 늘어뜨리고, 公侯는 山玄玉을 차고 朱組의 인끈을 늘어뜨리며, 大夫는 水蒼玉을 차고 純組의 인끈을 늘어뜨리고, 世子는 瑜玉을 차고 綦組의 인끈을 늘어뜨린다.[天子佩白玉而玄組綬, 公侯佩山玄玉而朱組綬, 大夫佩水蒼玉而純組綬, 世子佩瑜玉而綦組綬.]"라고 하였다.

247 양웅(揚雄)이 저술한『묵자서(墨子書)』: 책명에 검은 색을 가리키는 '玄'이 들어가서『墨子書』라고 지칭한 것으로,『太玄經』을 가리킨다.

수나라 궁전[248]의 궁녀 얼굴색 창백해지리니	隋宮兒女顏色淺
모조리 실어온 나대[249] 천만 곡.	盡輸螺黛千萬斛.
그을음 반죽 이리저리 움켜쥐 큰 절구에 넣고서	拉雜摧燒入巨臼
일어나 천지를 보니 온통 새하얗구나.	起看天地茫茫白.
오손과 오만[250] 팔 휘둘러 찧으매	烏孫烏蠻奮臂杵
도읍 안의 얼굴 검은 이[251]가 와서 감독하네.	邑中之黔來監督.
큰 것은 커다란 비석이나 화표주[252]만하고	大如穹碑或華表
몹시 작은 것은 환규·궁규·포벽·곡벽[253]같다네.	絶小桓躬與蒲穀.
다만 내가 그대에게 반만 나누어 줌은	只我與君分一半
수레로 실어 보내면 집 가득 차 망가질까해서라네.[254]	車輸輦致塞破屋.

248 수(隋)나라 궁전 : 수나라 煬帝가 揚州로 내려올 때 세웠던 別宮을 가리킨다. 江都宮이라고도 한다.

249 나대(螺黛) : 옛날 부녀자들이 눈썹을 그릴 때 사용하는 일종의 검푸른 顏料로 소라 껍질처럼 생겼기 때문에 붙여진 이름이다.

250 오손(烏孫)과 오만(烏蠻) : '오손'은 西域의 오랑캐를 가리키고, '오만'은 고대 중국 西南 지역에 거주하던 소수 민족의 이름을 가리키는데, 여기서는 烏자 때문에 차용한 것으로 보인다.

251 도읍……이 : 춘추 시대 宋나라 공자 罕을 가리킨다. 皇國父가 宋나라의 太宰가 되어 平公을 위해 臺를 짓는 공사를 일으켜 추수를 방해하였다. 공자 한이 추수가 끝날 때까지 기다렸다가 공사를 하자고 건의하였지만 평공은 허락하지 않았다. 그러자 일을 하는 사람들이 "택문에 사는 얼굴 하얀 사람이 실로 우리의 이 공사를 일으켰고, 도읍 안에 사는 얼굴 검은 사람은 실로 우리의 마음을 위로하네.[澤門之晳, 實興我役, 邑中之黔, 實慰我心.]"라고 노래하였다고 한다(『春秋左氏傳』 襄公 17年).

252 화표주(華表柱) : 고대에 橋梁·궁전·성문·묘소 앞에 장식용으로 세워둔 거대한 돌 기둥을 가리킨다.

253 환규(桓圭)……곡벽(穀璧) : 모두 천자가 제후에게 頒賜한 瑞玉으로, 公은 桓圭, 侯는 信圭, 伯은 躬圭, 子는 穀璧, 男은 蒲璧을 지녔다(『周禮』「春官宗伯 大宗伯」).

254 수레로……망가질까해서라네 : 宋나라 태조가 일찍이 趙普와 의견이 대립되자 "어찌하면 桑維翰 같은 재상을 얻어 도모할 수 있으랴."라고 하였다. 이에 조보가 "상유한이 있더라도 폐하께서 쓰지 못했을 것입니다. 상유한은 돈을 좋아합니다."라고 하자, 태조는 "그의 장점만 쓰고 단점을 덮어주면 된다. 선비란 눈깔이 작아서 10만 관만 주면

바람 부는 창가에 걸터앉아 쓱쓱 짙게 갈아대니	風窓箕踞磨到濃
넘실대는 먹물 큰 바다[255]에도 대적할만하구나.	汪洋直與溟渤敵.
전서와 예서와 팔분과 비백과 초서를	篆隷八分飛白艸
마음껏 붓 휘둘러 한 방울도 남기지 말아야하리.	揮灑不復遺一滴.
세상의 아이들 쓸 먹이 없다 하여	世上兒子無所用
눈물 줄줄 흘리며 날마다 와서 곡하겠지.	涕泗汍瀾日來哭.
너희들은 울지 마라 먹[墨]은 또 있나니	汝輩勿哭墨自有
마묵과 즉묵과 오아묵이니라.[256]	馬墨鯽墨烏鴉墨.

집에 가득차서 망가질까 두려워한다."라고 하였다(『古今事文類聚』 續集 卷26 「塞破屋子」).

255 큰 바다 : 원문은 '溟渤'이다. 溟海와 渤海의 합칭으로 보통 큰 바다를 가리킨다.

256 마묵(馬墨)과 즉묵(鯽墨)과 오아묵(烏鴉墨)이니라 : 마묵은 馬黑이라고도 하는데, 말의 신장에서 나오는 물질을 지칭한다. 鯽墨은 오징어 먹물을 가리킨다. 烏鴉墨은 까마귀의 가죽과 털을 벗기고 구워서 만든 먹을 가리킨다(『普濟方』 卷333).

2-42

고청루에서 일찍 일어나다

孤靑樓早起

새하얀 털벙거지 눌러쓴 채 잠에서 막 일어나니	雪白氈冠睡起初
바람 맞은 듯 부스스한 머리 빗질을 할 수 없네.	颼颼風髮未堪梳.
채색 난간 가 네모난 연못에서	色欄干畔方塘裏
한 쌍의 금붕어 본다네.	去看一雙金鯽魚.

2-43

봄 나비

新蝶

담장 아래 환하게 아침 햇살 비추고	墻陰明淨射朝暾
총총 돋아난 풀 정원을 살포시 덮었네.	新草茸茸淺覆園.
날아드는 새하얀 외로운 나비는	飛來粉白伶俜蜨
동풍의 한 조각 넋이려나.	疑是東風一片魂.

2-44

한 객이 부용봉의 정사를 찾아왔기에 짓다

有客來訪芙蓉峰精舍

좁은 산길에서 우연히 만나 웃으며 마주하고 보니	相逢狹路笑相看
그 옛날 하남의 좌사와 반악 같지는 않다네.[257]	不復河南舊左潘.
부자가 본디 우공을 슬퍼하였거늘[258]	夫子元來悲右拱
옛 벗은 어찌하여 방관[259]을 썼는가.	故人何事着方冠.
비 내린 뒤 못물에 신록 일렁이고	雨餘池水搖新綠
봄날의 동풍 매서운 추위 누그러뜨리네.	春半東風減峭寒.
버들개지 날릴 때도 그대 있을는지	柳絮飛時君在否
석양녘에라도 장안에 이르러 있으리.	擬遮西日到長安.

【객은 누이의 상사가 있었다.[客有姊之喪]】

257 그……않다네 : 원문의 '左潘'은 중국 西晉의 문장가였던 左思와 潘岳을 가리키는 듯하다. 좌사와 반악은 당시 권력인 賈謐의 문객 二十四友의 일원으로 文才가 뛰어났다. 두 사람과 관련된 일화가 『世說新語』「容止」편에 전한다. 좌사는 생김새가 몹시 추하고 어눌하였다. 한번은 미남자 반악이 거리를 거닐 적에 여인들에게 환대를 받는 것을 보고 그를 흉내 내어 거리를 걸어 보았으나, 여인들이 다투어 침을 뱉는 바람에 풀이 죽어 돌아왔다고 한다.

258 부자(夫子)가……슬퍼하였거늘 : 右拱은 공수할 때 오른손을 위로 하는 것을 말한다. 『禮記』「檀弓 上」에 "공자가 문인들과 함께 서서 오른손을 위로 하여 拱手하자, 제자들도 모두 오른손을 위로 했다.[孔子與門人立, 拱而尙右, 二三子亦皆尙右.]"라 하였는데, 이에 대한 註에 "흉사에는 오른손을 위로 하니, 오른쪽은 음이기 때문이다. 길사에는 왼손을 위로하니, 왼쪽은 양이기 때문이다.[喪尙右, 右陰也. 吉尙左, 左陽也.]"라고 하였다.

259 방관(方冠) : 士人들이 便服에 쓰던 건으로, 方巾이라고도 한다. 윗부분이 사각으로 되어있고, 흑색의 베·모시·무명 등으로 만들었다.

2-45

시냇가에서 【두 수】

溪上【二首】

사립문 밖으로 걸어 나가다 步出柴門外
우연히 버들 심는 이 만났다네. 相逢種柳人.
심은 버드나무 열아홉 그루 種柳八九株
모두가 시내 물가에 늘어섰다네. 皆當溪水濱.
시냇물 굽이굽이 감돌아 흐르고 溪水屈繚流
양 언덕엔 파릇파릇 봄풀 돋았네. 兩岸新艸春.
안쓰럽구나, 뉘 집 딸인지 傷哉誰家女
시냇물에서 물고기 잡느라 애쓰는구나. 學捕溪中鱗.
가녀린 손으로 수초 건져 올리노라니 纖手承浮藻
앳된 얼굴 맑은 물에 비치었네. 朱顔鑑淸淪.
자라서는 끝내 초췌해질 터 行當遂憔悴
길이 이 산의 섶나무 져야 하리. 永負此山薪.
이미 남들의 안타까움 받지 못한 처지에 旣非人所惜
어찌 스스로 서시처럼 찡그리랴.260 安能自爲顰.

260 길이……찡그리랴 : 산골의 여자가 주목받지 못하고, 고생만 하고 지내는 것에 대한 안타까움을 표현한 구절이다. 越나라 미인 西施는 越王의 총애를 받기 전에 苧蘿山에서 장작을 팔았다는 일화가 전한다. 李白의 「鳴皐歌送岑徵君」에 "못생긴 모모는 비단옷을 입고, 아름다운 서시는 나뭇짐을 졌구나.[嫫母衣錦, 西施負薪.]"라는 구절이 보인다. 또 서시가 가슴 앓는 병이 있어 가슴을 움켜쥐고 얼굴을 찡그리면 그 모습이 너무 아름다워 동쪽에 살던 못생긴 여인이 이를 흉내 내었다는 고사가 있다.

선인인 양 푸른 명아주 지팡이 짚고	仙人綠藜杖
거사인 양 흰 털 모자 쓰고	居士白毛帽.
들 한복판 이리저리 거닐어도	婆娑在中野
좋다 말해 줄 이 아무도 없구나.	無人見謂好.
시골 마을 두셋 학동만	二三村學徒
앞서거니 뒤서거니 달리다	徐行或先導.
냇가 만나 뛰어넘으려 애쓰다가	逢川學超距
신 떨구고는 까르르 웃네.	墮履爲絶倒.
부싯돌 부딪쳐 들불 놓아도	敲石發野燒
한갓 장난이라 크게 해롭지 않다네.	聊戱非爲暴.
아득히 끝 간 데 없이[261] 거닐어도	徘徊莽無倪
꼴 베고 소치는 아이들 흔적도 없이 사라졌네.	樵牧跡如掃.
아득히 이내에 잠긴 나무에선	遠遠烟中樹
갈까마귀 소리 어렴풋 들려오는구나.	微聞烏鴉噪.

261 끝……없이 : 원문은 '無倪'로, 시작도 없고 끝도 없는 가없는 세계를 가리킨다. 李白의 「古風」에 "표표히 가없는 세계로 들어가, 머리 조아리고 옥황상제께 고한다.[飄飄入無倪, 稽首祈上皇.]"라는 구절이 있다.

2-46

이유각에서 낮잠 자다가

二酉閣午睡

약간 취해 까무룩 접리 비껴썼는데262	小醉岑岑側接䍦
해는 길어 정원에 아지랑이 아른거리네.	日長庭院弄游絲.
새소리 귀에 파고들어 게슴츠레 눈 떠보니	鳥聲徹耳慵擡眼
베갯머리 화병의 도화 한 가지 활짝 피었네.	枕畔甁桃笑一枝.

262 접리(接䍦) 비껴썼는데 : 접리는 두건의 일종인 白帽의 이름이다. 晉나라 때 풍류로 이름이 높던 山簡이 술을 좋아하여 매양 園池 가에 나가 술을 잔뜩 마시고 취해 돌아오므로, 당시 兒童들이 노래하기를 "산공이 어디로 나가는가, 고양지로 가는구나. 날 저물면 있는 술 다 마시고 돌아와, 곤드레가 되어 아무 것도 모른다오. 때로는 말을 타고 오면서, 하얀 접리관을 거꾸로 쓰기도 하네.[山公出何許, 往至高陽池, 日夕倒載歸, 酩酊無所知. 時時能騎馬, 倒著白接䍦.]"라고 하였다(『晉書』 卷42 「山濤列傳」).

2-47

신무문 밖에서

神武門外

살구 열푸르고 복숭아 잎 움트는데	杏子微青桃放笋
흰 모랫둑 밖의 두서너 인가.	白沙堤外幾人家.
이날에 노님 늦은 것 안타까워라	翻嫌此日來游晩
눈에 쓸쓸히 냉이꽃만 들어오네.	一望蕭蕭葶藶花.

2-48

남중유를 애도하는 만사[263] 【세 수】

輓南仲有【三首】

술병 들고 술통 끌어당겨[264] 남은 봄 읊조리는데	提壺挈榼咏殘春
울긋불긋 복사꽃 어지러이 자리에 점을 찍네.	紅碧桃花亂點茵.
상아 붓대 홀연 멈추고 비통에 잠김은	牙管忽停端惻惻
또한 지난해에 함께한 사람 떠났기 때문이라오.	又無一箇去年人.
한적한 뜨락 나날이 푸른 이끼 더해가고	閒庭日日綠苔侵
봄바람 영위 휘장[265] 깊숙이 불어오네.	吹盡東風繐帳深.
푸른 산 다 깎아 옥수를 묻으니[266]	斲盡青山埋玉樹

263 남중유(南仲有)를 애도하는 만사 : 南德隣(?~1777)을 애도하는 시로, 仲有는 그의 자이다. 『青莊館全書』 권11 「雅亭遺稿三」에는 「輓南仲有德隣」이 실려 있고, 『貞蕤閣集』에는 「南仲有德隣挽」이 실려 있어 남중유 역시 이들과 교유했던 인물로 추정되나, 더 자세한 인물 정보는 미상이다.

264 술병……끌어당겨 : 원문의 '提壺挈榼'은 竹林七賢의 劉伶이 지은 「酒德頌」에 출전을 두고 있다. "대인 선생이 있어……머물러 있을 때는 크고 작은 술잔을 손에 쥐고, 움직일 때는 술통과 술병을 몸에 지녀서, 오직 술만을 일삼거니, 어찌 그 밖의 것을 알겠는가.[有大人先生……止則操巵執觚, 動則挈榼提壺, 唯酒是務, 焉知其餘.]"라는 구절이 보인다. 또한 '提壺'는 새 이름으로 '提壺蘆'라고도 하는데, 그 울음소리가 '술병을 들라[提壺]'는 소리처럼 들려 붙여진 이름이다. 白居易의 「早春聞提壺鳥因題鄰家」에 "가을 원숭이 눈물 재촉하는 소리는 듣기 싫고, 봄새의 술병 들라 권하는 소리는 듣기 반갑네.[厭聽秋猿催下淚, 喜聞春鳥勸提壺.]"라는 구절이 있다.

265 영위(靈位) 휘장 : 원문은 '繐帳'으로 靈位에 치는 휘장을 이른다.

266 옥수(玉樹)를 묻으니 : 훌륭한 인재의 죽음을 비유한 말이다. 晉나라의 庾亮이 죽자 何充이 "옥수를 땅속에 묻으니 사람의 슬픈 정을 어찌 억제할 수 있으리오.[埋玉樹箸土中, 使人情何能已已.]"라고 탄식했던 고사가 전한다(『世說新語』 「傷逝」).

갈대[267]만 곳곳마다 무성히 숲을 이루었네. 蒹葭到處菀成林.

봄물 제오교[268]에 새로 불어나고 春水新添第五橋
살구꽃 핀 서옥엔 비 부슬부슬. 杏花書屋雨蕭蕭.
오색 양지석 이따금 쳐다보노라니 時看五色羊脂石
『급취장』 깨알 같은 글씨로 아로 새겨져 있다네.[269] 急就章成半米雕.

【군의 철필은 매우 정교하다.[君鐵筆甚妙]】

---

267 갈대 : 원문의 '蒹葭'는 흠모하는 이를 그리워함을 뜻한다. 『詩經』 「秦風 蒹葭」에 "갈대가 蒼蒼하니 흰 이슬이 서리가 되었도다. 이른바 저분이 저 물가의 한쪽에 있도다.[蒹葭蒼蒼, 白露爲霜. 所謂伊人, 在水一方.]"라는 구절에서 유래하였다.

268 제오교(第五橋) : 『영재집』 권1 「효경교 절구. 무관에게 화답하다[孝經橋絶句 和懋官]」에서 孝經橋를 제오교에 비유한 것으로 미루어 보건대, 효경교를 가리키는 듯하다. 효경교는 『新增東國輿地勝覽』 「漢城府」에 永豐橋로 기록되어 있다.

269 오색……있다네 : '羊脂石'은 海南에서 생산되는 보석이고, 『急就章』은 사람의 姓자와 物名을 부문별로 만든 책으로 『急就篇』이라고도 한다. 주석의 내용으로 보아 남덕린이 양지석에 급취장을 새겼던 것으로 보인다.

2-49

「낙화생가」를 지어 이부 주사 이우촌에게 부치다[270] 【우촌은 이름이 조원이고 자는 갱당이니 사천 나강 사람이다.】

落花生歌 寄李雨村吏部【雨村名調元 字羹堂 四川羅江人】

열매여 열매여 낙화생이여　　有果有果落花生
어디에서 얻었나 연경에서 얻었지.　　從何得之得燕京.
연경에는 시끌벅적 인산인해인데　　燕中擾擾人似海
우촌 선생 단연 빼어나고 뛰어났지.　　雨村先生秀而英.
선생은 촉 땅 선비로 시와 글씨에 공교로워　　先生蜀士工詩筆
소식(蘇軾) 부여잡고 양웅(揚雄) 끌어당겨 그 울림 크다오.　　攀蘇提揚大厥鳴.
지금 잠시 홍진 속 나그네로 지내며　　如今暫爲紅塵客
돌아갈 꿈 밤마다 청성[271]을 헤맨다오.　　歸夢夜夜迷青城.
정양문 밖 승장 거리에서[272]　　正陽門外繩匠巷

---

270 「낙화생가(落花生歌)」를……부치다 : 이우촌은 청나라 李調元으로, 우촌은 그의 호이다. 유득공은 연행에서 이조원을 직접 만나지 못하였고, 그의 사촌인 李鼎元을 1790년과 1801년 연행에서 두 차례 만나 교제하였다. 유득공의 숙부 柳琴이 1776년 연행에서 『한객건연집』을 이조원에게 소개하여 이조원과 四家(이덕무·유득공·박제가·이서구)가 인연을 맺을 수 있었지만, 직접 대면한 적은 없다. 『청장관전서』에 실려 있는 「柳彈素가 이우촌에게서 받은 낙화생을 보내오다[柳彈素琴饋李雨村所贈落花生]」 시로 미루어 1777년에 유금이 이조원에게 받은 낙화생을 가지고 귀국하였고, 이것을 보고 유득공이 이 시를 지어 이조원에게 보낸 것으로 추정된다.

271 청성(青城) : 青城山을 가리킨다. 중국 四川省 成都에 있는 산으로, 도교의 발흥지이며 五嶽의 으뜸으로 알려져 있다.

272 정양문(正陽門)……거리에서 : 정양문은 북경의 남문 이름이다. 繩匠 거리는 지금의 북경시 宣武門 밖 市口 거리의 골목을 말한다.

우거하며 저술하니 우경과도 같네.[273]	寓居著書同虞卿.
문전에 양화 나루 어귀 사는 나그네가	門有楊花渡口客
쾅쾅 탕탕 문 두드려[274] 이른 아침에 맞이했다네.	剝剝啄啄朝起迎.
손 맞잡고 한번 웃자 서먹함 사라졌으니	把臂一笑絶畦畛
온 천하 안팎이 모두 형제라오.	薄海內外皆弟兄.
선홍색 종이 위에 필담이 끊이지 않았고[275]	猩紅紙面霏談屑
푸른 벼루 못[276]엔 사귀는 정 깊어졌다오.	蝦青硯池湛交情.
남방의 이 특이한 열매 먹어보라 주는데	餽此南方之異菓
혜함조차 말문 막히고 육기도 놀랐으리.[277]	嵇含閔默陸璣瞠.
그 모양 협검두[278]와도 비슷하고	其形彷彿挾劒荳

273 우거하며……같네 : 전국 시대 유세객인 虞卿은 梁나라에서 궁한 시름 속에 빠져 困苦하게 지내면서 『虞氏春秋』를 저술하였다. 이에 대해 太史公이 말하기를 "우경도 곤궁한 시름이 없었더라면 또한 글을 저술해서 후세에 스스로 드러내지 못했을 것이다.[虞卿非窮愁, 亦不能著書以自見於後世矣.]"라고 하였다(『史記』 卷76 「虞卿列傳」).

274 쾅쾅……두드려 : 원문은 '剝剝啄啄'으로 손님이 와서 문을 두드린다는 뜻이다. 韓愈의 「剝啄行」에 "쾅쾅 탕탕, 객이 와서 문 두드리는데, 내가 나가서 응대하지 않으니, 객이 돌아가며 짜증을 내누나.[剝剝啄啄, 有客至門, 我不出應, 客去而嗔.]"라고 한 내용이 나온다.

275 필담이 끊이지 않았고 : 원문의 '談屑'은 이야기가 끊이지 않음을 비유하는 것으로, 두 사람이 만나 대화할 때 의기투합하여 화제가 끊어지지 않았다는 뜻이다. 『世說新語』 「賞譽」에 "호모언국은 가루처럼 아름다운 말을 토해내니 후진의 영수가 될 만하다.[胡母彦國吐佳言如屑, 後進領袖.]"라고 하였다.

276 푸른 벼루 못 : 원문의 '蝦青'은 새우의 한 종류인데, 여기서는 새우의 표면색인 푸른색을 비유한 것으로 보인다. 楊維楨의 「十月六日席上與同座客陸宅之夏士文及主人呂希尙希遠聯句」에 "青蝦 꼬리를 벗기니 파처럼 푸르다.[青蝦剝尾綠如蔥.]"는 구절이 보인다. '硯池'는 먹물이 고이는 벼루의 오목한 곳으로, 墨池라고도 한다.

277 혜함(嵇含)조차……놀랐으리 : 이 구절은 혜함이 지은 『南方草木狀』과 陸璣가 지은 『毛詩草木鳥獸蟲魚疏』에도 落花生의 이름이 없음을 말한다.

278 협검두(挾劒荳) : 작두콩으로 콩과의 한해살이 덩굴풀을 가리킨다. 『林下筆記』 卷11 「文獻指掌編」에서 『酉陽雜俎』를 인용하여, "樂浪에 협검두란 콩이 있어, 꼬투리가 자라나 가로로 놓이면 그 모양이 마치 사람이 칼을 끼고 있는 것과 같은데, 속칭 '東豆'라

맛은 수박씨인 듯도 한데 달달한 게 다르다오. 味類瓜子辨甘平.
『본초』에 있는 백스물일곱 가지 과실 本艸一百廿七果
그림을 뒤지고 경문을 찾아봐도 아득히 이름조차 없다네. 搜圖驗經茫無名.
선생이 미소 지으며 붓 쥐고 풀이하여 先生微笑取筆注
세세하게 설명하고 거듭 증거 대며 밝혔다오. 細瑣猶復加證明.
4월에 꽃을 피워 우수수 떨어져서는 四月花開颾然墜
모래 위 점점이 바람에 흩날린다오. 沙上點點風吹輕.
땅에 파고들어 열매 맺는다니, 참으로 신기해 入土結果吁可怪
뿌리에도 있지 않고 줄기에도 있지 않다네. 不在根又不在莖.
내 지금 지은 시 바람 타고 떠나가서 我今作詩因風去
날아가 그대 앞에 떨어져 맑은 소리 낼 터이니. 飄落君前鏗有聲.
마치 이 열매가 별다른 곳에서 결실을 맺듯이 有如此果別處結
지북의 책 속에 간행되리라.[279] 池北書裏爲刊行.
이내 몸 홀로 앉아 설령 알 수 없더라도 本身兀兀縱未覺
길이길이 동방 선비들의 영예 되기에 족하리. 千秋足爲東士榮.

한다."라고 하였다.

279 지북(池北)의……간행되리라 : 王士禛의 『池北偶談』에 조선 문인들과 주고받은 내용의 글이 담겨 있음을 비유한 말이다.

2-49-1

차운시를 덧붙인다【우촌 이조원이 지은 것이다.】

附次韻【雨村】

내 듣건대 황매산 사조[280]의 게송에	我聞黃梅四祖偈
사람이 씨 뿌리지 않으면 꽃도 피지 않는다 했네.	無人下種花無生.
유독 이 열매는 특이하게 맺혀	獨於此果有異産
꽃이 떨어지면 알알이 산더미처럼 열매 맺네.	花落顆顆如坻京.
넓게 퍼져 생장함은 등채[281]와도 같고	其生滋蔓若藤菜
이슬 머금은 가는 잎은 아침 꽃을 품은 듯	細葉牽露含朝英.
황금빛 실 마냥 사뿐히 날려 떨어짐에 꼭지도 맺히지 않고	金絲飛墜輕無蔕
모래 속에 씨방을 잉태하니 봄 우레가 우는 듯.	沙中孕甲春雷鳴.
꽃은 매개가 되었을 뿐 직접 맺은 것 아닌데[282]	以花爲媒非爲母
협검두와 비슷하니 참으로 시성이로구나.[283]	似挾劒荳眞詩城.

280 황매산(黃梅山) 사조(四祖) : 원문의 '四祖'는 중국 선종의 四祖인 道信을 가리킨다. 道信은 黃梅山 서쪽에 駐錫하였다.

281 등채(藤菜) : 蕹菜 또는 空心菜라고도 하는데, 1년생 草本으로 줄기는 뻗어나가는데 속은 비었다.

282 꽃은……아닌데 : 이 구절 아래에 "굴옹산의 「낙화생찬」에 '이에 기이한 열매 맺혔는데 모래 더미 속에서 나온 것이라네. 꽃이 매개가 되었을 뿐 꽃이 직접 맺은 것은 아니라오.'라고 하였다. 『광동신화』에 나온다.[屈翁山落花生贊, 爰有奇實. 自沙中來, 以花爲媒, 不以花爲胎. 出廣東新話.]"라는 原註가 붙어 있다. 굴옹산은 屈大均(1630~1696)으로 옹산은 그의 자, 호는 非池·菜圃이며, 廣東 番禺 사람이다. 陳恭尹·梁佩蘭과 더불어 '嶺南三大家'로 불렸는데, 그의 시는 李白과 屈原의 遺風이 담겨져 있다. 저서로 『翁山詩外』·『翁山文外』·『翁山易外』·『廣東新語』 등이 있다.

283 협검두(挾劒荳)와……시성(詩城)이로구나 : 협검두는 콩의 일종이다. 詩城은 여기서

촉에서 건너온 이 열매 흔하여 귀하지 않거늘	此種越蜀賤非貴
북쪽 사람들은 고이 싸서 공경에게 보낸다네.	北人包裹遺公卿.
올해 봄날 유자[284]가 방문하였기에	今春柳子來過訪
잘 익은 도소주[285] 마시며 기쁘게 맞았었지.	屠蘇正熟相歡迎.
앉은 자리에서 과채를 세세히 변증하였는데	坐間瓜菜細辨證
하나하나 다 알고 있기에 내 형으로 받들었다오.	一一多識吾所兄.
그 가운데 이것만은 못 봤으리라 으스대며	就中獨此詑未覩
유독 자세하게 모양과 성질 알려주었네.	特與覼縷詮物情.
돌아갈 즈음 기꺼이 과하마[286]에 실어주니	褭歸戱載果下馬
고국의 벗들에게 보이면 시샘하며 눈 휘둥그레지리.	要試友輩猜相瞠.
지난번 하인[287]이 푸른 편지 건네주어	昨者長鬚投翠緘
봉투 뜯어보니 굴원의 『초사』와 같은 구절이라.	開緘騷句兼屈平.
『본초』의 그림과 경문 미비한 점 보태었으니	本艸圖經補未備
이역의 소완[288]이라 거듭 명성 남겼다오.	異邦小阮重留名.

는 五言城의 다른 표현으로 콩이 글자처럼 박혀있는 것을 묘사한 듯하다. 오언성은 오언시를 매우 잘 짓는다는 뜻으로 보통 사람이 따라가지 못함을 비유한다.

284 유자(柳子) : 柳琴을 가리킨다. 1776년 연행에서 유금은 이조원과 반정균 등 청나라 문인들을 만났는데, 이때 『한객건연집』을 소개하고, 그들의 서문과 비평을 받아왔다.

285 도소주(屠蘇酒) : 설날에 무병장수를 기원하기 위해 마시는 약주로, 첫새벽에 가족이 의관을 정제하고 모여 마시는데 나이가 어린 사람부터 마신다(『荊楚歲時記』).

286 과하마(果下馬) : 우리나라에서 산출되는 키가 작은 말의 이름으로, 일찍부터 중국에 이름이 알려져서 중요한 조공품이 되어 왔다. 『三國志』「魏書 東夷傳 濊」條의 裴松之 註에 "과하마는 높이가 3척으로, 말을 타고서 과수나무 밑을 지나갈 수가 있으므로 과하마라 한다."라고 하였다.

287 하인 : 원문의 '長鬚'는 긴 수염이란 말로 남자 종을 뜻한다. 韓愈의 「寄盧仝」에 "하나뿐인 남자 종은 긴 수염에 머리도 못 싸맸고, 하나뿐인 여자 종은 맨 다리에 늙어서 이도 다 빠졌네.[一奴長鬚不裹頭, 一婢赤脚老無齒.]"라고 한 데서 유래하였다.

288 소완(小阮) : 阮籍의 조카인 阮咸을 일컫는다. 당시 사람들이 阮籍을 大阮, 조카 阮咸을 小阮으로 불렀던 데서 유래하여 후에 조카를 지칭하는 말로 사용되었다. 여기서는

때는 유월이라 불구름[289] 타는 듯 뜨거운데	是時六月火雲爍
홀로 술잔 기울이며 무더위[290]에 힘겨워한다네.	正愁獨酌愁朱明.
눈앞에 이 열매 있거늘 사람은 어디 있는가	目中有果人何在
서로 그리움에 다만 꿈에서나 날아간다네.	相思但夢身翾輕.
가련쿠나, 곤궁하고 노둔한 채 참으로 늙었으니	可憐困鈍眞老矣
아아, 백발만 가득 천 가닥 늘어졌다오.	嗟嗟白髮盈千莖.
남묘[291]로 돌아가 밭 갈 날 언제일런가	南畝歸畊定何日
감귤 두 개와 한 말 술로 꾀꼬리 소리 들을 텐데.[292]	雙柑斗酒黃鸝聲.
흥이 일어 거문고 타며 한번 길게 읊조리고	興來撫琴一長嘯
소리 높여 노래하며 「한단행」[293]을 배운다네.	高歌聊學邯鄲行.
서로 불후하자는 기약 말로 전하나니	寄語相期在不朽
하찮구나, 복사꽃 오얏꽃 봄의 영화를 다툼이여.	鄙哉桃李爭春榮.

번역 전수경

유금에 대해 유득공을 지칭한 말이다.

289 불구름 : 원문의 '火雲'은 더운 기운을 머금은 여름의 붉은 구름을 가리킨다.

290 무더위 : 원문의 '朱明'은 무더운 여름철을 말한다. 五色에서 붉은빛은 여름의 빛이라고 한다. 두보의 「大雨」에 "하늘이 오히려 불쌍히 여겨 도와주시니, 여름에 구름 뭉게뭉게 일도다.[上天回哀眷, 朱夏雲鬱陶.]"라고 한 대목이 있다.

291 남묘(南畝) : 남쪽으로 향한 밭이랑이라는 뜻으로, 雨村의 고향을 지칭하는 듯하다. 『詩經』 「小雅 大田」에 "비로소 南畝에서 일하여 백곡을 파종한다.[俶載南畝, 播厥百穀.]"라고 한 데서 유래하였다.

292 감귤……텐데 : 南朝 宋의 隱士 戴顒이 어느 봄날에 감귤 두 개와 술 한 말[雙柑斗酒]을 휴대하고 나갔다. 어떤 이가 그에게 어디를 가느냐고 묻자, 그가 대답하기를 "가서 꾀꼬리 소리를 들을 것이다. 꾀꼬리 소리는 속인의 귀를 일깨우는 針砭과 같아서 시상을 고취시켜 준다오. 그대는 그것을 아는가.[往聽黃鸝聲, 此俗耳針砭, 詩腸鼓吹, 汝知之乎.]"라고 한 데서 온 말이다(『雲仙雜記』 卷2). 감귤과 술은 봄날 흥겨운 놀이의 뜻으로 쓰인다.

293 「한단행(邯鄲行)」 : 樂府 雜曲의 편명이다. 邯鄲은 전국 시대 趙나라의 도읍이었는데 이때 유행하던 舞曲을 邯鄲曲이라 하였다.

2-50

우촌의 「기하가」[294]에 차운하다

次雨村幾何歌韻

삼청각 앞 버드나무 만 그루	三淸閣前萬株柳
가지마다 지저귀는 새 벗을 찾고 있네.	繞枝嚶鳴鳥求友.
흰 구름은 천 겹에 다시 만 겹인데	白雲千重復萬重
촉산의 푸른빛 촉강 어귀를 물들이리라.[295]	蜀山翠滴蜀江口.
멀리 바라봐도 볼 수 없어 하늘 동쪽에 기대선 채	望之不見倚天東
회포를 나누려 해도 함께할 이 없다네.	欲話襄抱無人同.
채색 난간 담황 주렴에 사위는 적막한데	畫欄緗簾隱寂寞
작약 꽃잎 잔잔한 저녁바람에 날리누나.	紅藥花飄澹夕風.
그리운 마음으로 지난밤 산중에 묵으매	相思昨夜山中宿
내 꿈에서 만나보니 옥 같은 사람이라.	我夢見之人如玉.
잠 깨고 나니 달은 서쪽 봉우리 앞으로 이우는데	覺來月墮西峯前
한 사람은 하늘 끝에 한 사람은 땅 끝에 있구나.	一在天涯一地角.
날개 돋아 바람 타고 날아갈 수 없음을 탄식하노니	歎無羽翼因風飛
한산은 우뚝우뚝, 한상수는 넘실낼 뿐.	漢山叢叢漢水肥.
한강수는 서쪽으로 흘러 푸른 바다로 들어가건만	漢水西流入滄海
하늘 끝 땅 끝에서 서로 그리워하고 있다네.	天涯地角兩依依.

294 우촌(雨村)의 「기하가(幾何歌)」 : 우촌 이조원이 幾何 柳琴에 대해 읊은 시로 이조원의 문집인 『童山集』 詩集 권19에 「幾何主人歌」라는 제목으로 실려 있다. 아래 첨부된 이조원의 시는 『영재집』과 약간의 글자 출입이 보인다.

295 촉산(蜀山)의……물들이리라 : 우촌 이조원이 四川省 출신이기에, 蜀山과 蜀江을 시구로 거론한 것이라 여겨진다.

촉강의 물이여, 빨리 흘러가지 말기를　　蜀江水歸莫速
연경에서 훗날 밤새워 담소 나눌 때　　燕雲他日竟夕談
항아리 속 모과주 응당 잘 익었으리.　　瓮中木瓜酒應熟.
한강수여, 더디 흘러가지 말기를　　漢江水去莫遲
어느 날 아침 서로 만날 날[296] 어찌 없으랴　　一朝盍簪詎無日
천리 길 명 받아 수레 몰아갈 일 응당 있으리라.　　千里命駕應有時.

296 서로 만날 날 : 원문은 '盍簪'으로 벗들이 서로 모인다는 뜻이다. 『周易』「豫卦」에 "의심하지 말지니, 벗이 모여드네.[勿疑, 朋盍簪.]"라는 구절이 있다. 孔穎達은 疏에서 "盍은 합한다는 것이고[合], 簪은 빠르다는 뜻이다[疾]. 만약 物에 의심이 없어 믿음으로 대한다면 衆陰 群朋이 모여들고 빠르게 다가온다."고 했다. 朱熹는 『周易本義』에서 "그러나 응당 지성이 있으면 의심하지 말지니, 벗들이 모여 종유한다.[然又當至誠不疑, 則朋類合而從之矣.]"고 하였다.

2-50-1

원운을 붙여둔다【우촌 이조원이 지은 것이다.】

附原韻【雨村】

기하주인, 그 성은 류씨인데	幾何主人身姓柳
스스로 말하길 일생토록 사귄 벗 적다 하네.	自言一生少朋友.
여러 차례 사신 따라 중화에 왔으되	揭來隨使到中華
오직 나와 사귈 때만 흔쾌히 입 벌려 웃음지었네.	獨於余交開笑口.
삼한 땅은 큰 바다 동쪽에 막혀 있는데	天隔三韓大海東
의관은 달라도 문자는 똑같다네.	衣冠雖異文字同.
설날에 초백주297로 함께 취하고	共醉新年椒柏酒
고담준론 필담할 때 맑은 바람 일었지.	高談落筆生淸風.
가슴 속엔 만권서 별처럼 벌여 있고	胸藏萬卷羅星宿
하는 말마다 펄펄 마치 옥가루 날리는 듯.	咳唾霏霏如屑玉.
아쉬울 손, 말은 끝나도 뜻은 무궁한데	可憐語盡意無窮
지는 해 벌써 서산 끝에 걸렸네.	落日已挂西山角.
이월이라 춘성에 꽃잎 어지러이 흩날려	二月春城花亂飛
얼음 풀린 물가엔 황화어 살쪄있네.	天津氷泮黃華肥.
이 같은 풍경 앞에 두고 돌아가려 하니	如此風光欲歸去
계문의 연수298만 부질없이 너울대리.	薊門烟柳空依依.

297 초백주(椒柏酒) : 椒酒와 柏酒로, 음력 설날에 제사를 지내거나 어른들의 축수를 기원하며 마시던 술이다.

298 계문(薊門)의 연수 : 薊는 북경 외곽 지역의 옛 이름이며, 煙樹는 안개 낀 나무라는 의미이다. 청나라 건륭 연간에 유행했던 '皇都八景'의 하나로, 연행 사신들이 즐겨 시의 소재로 삼았다. 皇都八景은 薊門煙樹, 居庸疊翠[거용관의 첩첩한 푸른 산], 玉泉

기하자여, 어찌 그리 빨리 돌아가느뇨	幾何子歸何速
인생에 가장 괴로운 것, 하늘 끝에 남는 일	人生最苦天一方
만나자마자 깊어진 정 어이 견뎌낼까.	那堪見面情初熟.
기하자여, 또한 어찌 그리 더디 돌아가느뇨	幾何子歸何遲
집안의 소완[299] 참으로 그리워할지니	家有小阮正相憶
시 주고 받으면 응당 지금보다 더 나으리.	唱和還應勝此時.

垂虹[옥천에 드리운 무지개], 太液秋風[태액의 가을바람], 瓊島春陰[경도의 봄빛], 西山積雪[서산의 쌓이는 눈], 蘆溝曉月[노구 지역의 새벽달], 金臺夕照[금대의 석양빛] 등이다.

299 집안의 소완(小阮) : 柳得恭을 말한다. 소완에 대해서는 앞의 2-49-1번 시 288번 주석 참조. 柳琴이 연행 당시와 귀국 이후에 이조원과 반정균 등과 주고받은 필담 자료를 모은 『東華唱和集』에도 이 시가 수록되어 있다. 여기에는 「幾何主人歌 送彈素歸國並寄賢姪泠菴」이란 제목으로 실려 있는바, 이조원이 귀국하는 유금을 전송하면서 그 조카인 유득공에게도 이 시를 부치는 뜻을 담아 이 시를 지었음을 알 수 있다. 이 시의 마지막 네 구는 유득공을 염두에 두고 지어진 내용으로 이해된다(정민, 『18세기 한중 지식인의 문예공화국』, 문학동네, 2014, 297~309쪽 참조).

2-51

우촌이 나의 절구 여섯 수에 화답한 시를 보내왔기에 다시 차운하다[300]

雨村和余六首絶句見寄復次其韻

삼한 사신 기리거[301] 울리며 돌아오는데 韓使鳴迴記里車
황금대 안개 버들 다시 새봄이네. 金臺烟柳又春初.
한 묶음 붉은 종이 빼곡한 글자들 一包紅紙霏霏字
인간 세상 만권서를 읽는 것보다 낫구나. 勝讀人間萬卷書.

명과 실 아득히 먼 손님에게 모두 부쳐주니 名實悠悠都付賓
하늘 끝 대지 외딴 곳 봄볕이 비추네. 天涯地角和陽春.
매부인과 이부인 견주는 말 그만 그치시길[302] 等閒梅李休題品
건연집 속 사람이 협연집 속 사람과 같아지나니.[303] 巾衍人同篋衍人.

300 우촌(雨村)이……차운하다 : 제목의 '나의 절구 여섯 수'란 『한객건연집』에 실린 「松京雜絶」 여섯 수를 말한다. 이조원은 「송경잡절」 제6수 뒤에 평어를 붙여 "「松京雜絶」은 슬프고 애틋하면서도 아름다우니 천추의 절조이다. 王漁洋의 「秦淮雜詩」도 그 앞에서 아름다움을 뽐낼 수 없다. ○여섯 수 모두 이러하다.[松京襍絶, 凄迷哀豔, 千秋絶調. 王漁洋秦淮雜詩, 不得擅美于前. ○六首俱是.]"라 하였다. 본 번역서의 대본인 한국문집총간본 『영재집』에 실린 「송경잡절」은 모두 9수로 되어 있다.

301 기리거(記里車) : 거리를 재는 수레를 말한다. 홍대용의 『籌解需用』에 지구의 거리를 측량하는 문제를 논하면서 '記里車'라는 말을 여러 차례 사용했다. 李圭景의 『五洲衍文長箋散稿』에 「記里指南車辨證說」이 있다.

302 매부인(梅夫人)과……그치시길 : 정확한 의미는 미상인데, 이조원이 유득공의 시를 매부인과 이부인에 비유한 듯하다. 매부인과 이부인에 대해서는 앞의 2-2번 시 8번 주석 참조.

303 건연집(巾衍集)……같아지나니 : 巾衍은 두건이나 서책을 넣어두는 작은 상자이고, 篋衍은 대나무로 만든 네모 난 상자로 기물을 넣어 두는 것이다. 여기서 巾衍人은 『한객

병세라 말하지만 곧 천추에 해당하니[304]	雖云倂世卽千秋
만나기도 전에 이별의 서글픔 참을 수 없네.	叵耐逢前有別愁.
궁벽한 이 견문 없어 무례한 말 했으니	荒僻無聞曾失語
『간운루집』[305]을 미처 구하지 못해서라네.	看雲樓集未先求.

만나서 효빈(效嚬)할 기회가 없지만[306]	無因望見捧嚬時
서호 가 둘러싼 버들 가지에 안개가 자욱하리.	西子湖頭鎖柳絲.
동국의 못난 이 남쪽 명사 만나보길 애태워 왔는데	東醜早愁南絶世
선생은 촉 땅 선비이니 다시 무슨 시(施)라 할지.[307]	先生蜀士又何施.

타호 두드려 이지러뜨리는 기세[308] 씩씩하여	唾壺敲缺氣桓桓
높은 벼슬 원치 않고 한 형주(韓荊州) 알고 싶네.[309]	不願封侯願識韓.

건연집』에 시가 실린 유득공을, 篋衍人은 이조원을 빗댄 것으로 보인다.

304 병세(倂世)라……해당하니 : 같은 시대에 살고 있지만 서로 이별하게 되면 다시 만날 수 없다는 아쉬운 마음을 이렇게 표현한 듯하다.

305 『간운루집(看雲樓集)』 : 李調元의 시집의 하나로, 총 24권으로 이루어져 있다.

306 만나서……없지만 : 지금 만나볼 기회가 없다는 말로 보인다. 효빈에 대해서는 앞의 2-45번 시 260번 주석 참조.

307 선생은……할지 : 앞의 2-35번 시 「恭呈家叔父游燕」에서 유득공이 潘庭筠에 대해 평하며 '어여쁘라, 아름다운 시 남시와 흡사하다네.[可憐佳句似南施]'라고 한 구절이 있는데, 南施는 명말 청초의 이름난 시인인 施閏章를 가리킨다. 여기서는 이조원을 무슨 '施'라고 평해 불러야 할지 모르겠다고 한 말로, 이조원의 시가 훌륭하다고 평한 말이다.

308 타호(唾壺)……기세 : 격앙된 감정을 형용하는 말이다. 타호는 가래를 뱉는 병이다. 晉나라 王敦이 만년에 자신의 뜻대로 되지 않자 술을 마실 때마다 曹操의 「步出夏門行」의 "늙은 천리마가 구유에 엎드려 있어도 뜻은 언제나 천 리 밖이요, 열사의 나이가 비록 늙었어도 장한 마음은 변함이 없네.[老驥伏櫪, 志在千里, 烈士暮年, 壯心不已.]"라는 시를 읊으며 타호를 두드려 타호가 모두 깨졌다는 고사에서 나온 말이다(『世說新語』「豪爽」).

309 한 형주(韓荊州) 알고자 하네 : 유득공이 이조원을 만나고 싶다는 말이다. 한 형주는

내수차[310] 한 잔을 남겨 주실는지	餘否奶酥茶一椀
훗날 연경에 갔을 때 혹독한 추위 막아줄 텐데.	燕中他日禦奇寒.
춘성 곳곳에 재잘대는 처자들 떠들썩한데	春城幾處鬧娥喧
홀로 새 책 저술하여 미자헌[311]에 가득찼네.	獨著新書滿蔗軒.
후세의 양자운 과연 지금 여기에 있다면	後世子雲今果有
『방언』이 꼭 『난언』보다 낫다 말하지 못하리.[312]	未必方言勝讕言.

당나라 때 형주의 刺史였던 韓朝宗을 가리키는데, 李白의 「與韓荊州書」에 "생전에 만호후에 봉해지기보다는 단지 한번 한 형수를 알기를 원한다.[生不用萬戶侯, 但願一識韓荊州.]"라고 한 데서 나온 말이다.

310 내수차(奶酥茶) : 奶酥油, 즉 버터로 만든 차를 말한다.

311 미자헌(尾蔗軒) : 이조원의 堂號이다. 尾蔗는 사탕수수[甘蔗]를 맛이 쓴 뿌리부터 먹는다는 뜻으로 漸入佳境을 말한다. 이조원은 袁枚를 당세 제일의 才士라고 칭송하면서 자신의 『尾蔗軒閒談』에서 그에 관한 일을 기록했노라고 하였다(『淸脾錄』 4 「袁子才」). 이조원이 편집한 『函海』에 『尾蔗叢談』 4권이 수록되어 있다.

312 후세의……못하리 : 안목 있는 사람이 있다면 이조원의 저술을 알아줄 것이라는 말이다. 揚子雲은 漢나라의 揚雄으로 子雲은 그의 자이다. 양웅이 『太玄經』을 저술한 뒤에 후세의 양자운이 있다면 자신의 책의 진가를 알아볼 것이라고 한 고사가 있다. 『方言』은 양웅이 지은 책이고, 『讕言』은 이조원의 저술인 『制科讕言』 10권을 말한다.

2-51-1

원운[313]을 붙여둔다 【우촌 이조원이 지은 것이다.】

附原韻【雨村】

수레 몰아 바다 건너 온 나그네	有客飛乘過海車
만난 처음 현묘한 말 하늘 끝에서 나누었네.	元談天外乍逢初.
스스로 장진노를 배우지 않았다 하지만	自言不學張津老
진홍 두건 두르고 도서를 읽었으리.[314]	絳帕蒙頭讀道書.

봄 잔치에 오늘 아름다운 손님 사귀어	春筵今日得嘉賓
항아리 죽엽춘[315]으로 흠뻑 취했네.	爛醉壺中竹葉春.
죽림에서 좋은 시구를 얻어 들었으니	携得竹林詩句好
'매부인이니 이부인이니 하며 견주었지.'라 했네.[316]	梅夫人比李夫人.

평생토록 마음속에 『춘추』를 간직한 채[317]	平生皮裏有陽秋

313 원운(原韻) : 이 시는 이조원의 문집 『童山集』에 보이지 않는다. 다만 이 시의 제3수가 『동산집』 시집 권19에 「慢言」이라는 제목으로 수록되어 있다.

314 스스로……읽었으리 : 張津老는 張津 같은 늙은이를 말하는데, 장진은 옛날의 道士로 진홍 두건을 두르고 도가서를 읽었다고 한다(『事文類聚』「絳帕蒙頭」).

315 죽엽춘(竹葉春) : 술 이름인 竹葉淸을 말하는데, 술을 가리키기도 한다.

316 매부인(梅夫人)이니……했네 : 이 구절 아래에 "매부인이라는 구절은 유득공이 「輪廻梅」를 읊은 시에서 쓴 표현으로 이것으로 서로 빗댄 것이다(梅夫人句, 泠菴題輪廻梅作也. 故以相況.)"라는 原註가 붙어 있다. 유득공의 「윤회매」는 앞의 2-2번 시를 말한다. 매부인과 이부인에 대해서는 앞의 2-2번 시 8번 주석 참조.

317 평생토록……채 : 원문 '皮裏陽秋'는 '皮裏春秋'와 같은 말로, 남에 대한 可否를 입 밖으로 내지 않고 마음속으로 공자의 『春秋』처럼 정확하게 시시비비를 가리는 마음을 지니고 있음을 말한다. 東晉의 중서령 褚裒가 소년 시절에 입으로는 선악을 말하지

때때로 우경이 저술할 때의 고심[318]을 품었네.	時抱虞卿著述愁.
누가 나의 시명을 바다 밖에 전해주었나	誰把詩名傳海外
『간운루집』[319]을 객이 와서 달라고 하네.	看雲樓集客來求.

「송경잡절」 첫째 수는 어느 때인가	松京首唱是何時
취적교 가의 빗줄기 실처럼 내리는 때라네.[320]	吹笛橋邊雨似絲.
'한식날 성묘 가는 여인들 삿갓 작다네' 했는데[321]	寒食人歸簔笠小
서시인지 아닌지를 동시에게 물어보세.[322]	捧嚬是否問東施.

설날 전후로 서성대기를 여러 차례	元宵前後數盤桓
거듭 새 시 지어내니 글자마다 '한'이라네.	更出新詩字字韓.

않으면서 마음속으로는 정확하게 포폄을 가하였으므로 '皮裏陽秋'라는 평을 얻었다 한다(『世說新語』「賞譽」).

318 우경(虞卿)이……고심 : 우경은 戰國 때의 辯士로, 趙나라 孝成王에게 유세하여 上卿이 되었다. 훗날 친구인 魏의 승상 魏齊를 돕기 위해 정승의 지위도 버리고 梁으로 도망쳐 온갖 고생 끝에 『虞氏春秋』를 저술하여 나라의 得失을 풍자하였다. 이를 두고 司馬遷이 "우경이 곤궁하게 생활하며 시름 속에 보내지 않았던들, 글을 지어서 후세에 자신을 드러내지 못했을 것이다.[虞卿非窮愁, 亦不能著書以自見于後世.]"라고 평하였다(『史記』 卷76 「虞卿列傳」)

319 『간운루집(看雲樓集)』 : 이조원의 시집의 하나로, 총 24권으로 이루어져 있다.

320 취적교(吹笛橋)……때라네 : 유득공의 「송경잡절」 9수 중 제 1수에 '취적교 가로 답청하러 가고[吹笛橋邊踏靑去]'라는 구절이 있다. 취적교는 개성에 있던 다리이다. 앞의 1-50번 시 182번 주석 참조.

321 한식날……했는데 : 앞의 1-50번 시 「송경잡절」 9수 중 제8수에 "한식날 성묘감에 삿갓 작은지라[寒食歸寧簔笠小.]"라는 구절이 보인다.

322 서시(西施)인지……물어보세 : 서시는 미녀를, 東施는 추녀를 지칭한다. 서시는 가슴에 병이 있어 통증이 오면 가슴을 쥐고 얼굴을 찡그렸다고 한다. 추녀가 서시의 모습을 따라했다는 '東施效顰'의 고사가 있다. 한편 이 구절 아래에 "영재의 「송경잡시」는 시집 가운데 절창이다.[泠菴松京雜詩, 爲卷中絶唱.]"라는 原註가 붙어 있다. 시집은 『한객건연집』을 말한다.

애써 판각해 간행하려 함이 아니라 不是苦將梨棗布
수척한 가도, 가난한 맹교 낫게 하려 해서네.[323] 欲醫島瘦與郊寒.

긴 옷깃 넓은 소매 차림, 온 거리 떠들썩한데 長衫廣袖九街喧
어려움 무릅 쓰고 수레 세워 여러 차례 왕림했네. 避怪多蒙暫駐軒.
여기 소식 부치니 후일 소완[324]에게 전해 주고 他日寄言傳小阮
시 짓거든 기러기 편에 제게도 보여주시길. 有詩付雁與吾看.

323 수척한……해서네 : 당나라 시인 賈島와 孟郊는 곤궁한 형편에서 괴로움을 견디며 시를 짓는 것으로 이름났다. 蘇軾은 '맹교의 곤궁함과 가도의 수척함[郊寒島瘦]'이라 평했다.

324 소완(小阮) : 유득공을 가리킨다. 앞의 2-49-1번 시 288번 주석 참조.

2-52

중서 반추루의 「정월 보름날 밤」 시에 차운하다 【추루는 이름이 정균이고 자가 향조로 절강 항주 사람이다.】

次潘秋庫中書元夕韻【秋庫名庭筠字香祖 浙江杭州人】

도류의 시구 어느 해인가	何季桃柳句
슬픔에 잠겨 항주를 그리워했지.[325]	怊悵憶杭州.
변방 기러기에 처음 편지 보냈는데	塞雁書初寄
숲속 꾀꼬리 소리 다시 들려오네.	林鶯語復流.
청산은 나그네 꿈 함께 나누고	青山同客夢
방초엔 이별의 시름 예처럼 맺혔으리.	芳艸古離愁.
홀연 천추의 먼 일인 양 싶으니	忽若千秋上
다시 먼 유람을 이을 길 없구나.	無因續壯遊.

325 도류(桃柳)의……그리워했지 : 홍대용은 「杭傳尺牘」에서 자신이 만난 陸飛·嚴惺·반정균의 성품을 비교한 바 있는데, 거기에 "秋庫는 운치 있고 화락[風流愷悌]하니 마치 '봄바람 부는 큰 길거리에, 복숭아 버들이 예쁨을 다투는 것[春風紫陌, 桃柳爭媚.]'과 같다."고 하였다. 시에서 말한 '도류'라 견준 시구는 홍대용이 말한 '桃柳爭媚'를 말하는 듯하다. 『청장관전서』 권34 『淸肥錄 潘秋庫』에, 반정균이 홍대용에게 도류를 그리고 시를 써서 기증한 내용이 있는데, 그 시에 "서자호 머리 우리 집 나무엔, 연푸름 짙은 붉음 이월이라네. 이러한 강남엘 돌아가지 못하고, 자욱한 먼지에 꿈만 어수선하구려.[吾家西子湖頭樹, 淺碧深紅二月時. 如此江南歸不得, 輭塵如粉夢如絲.]"라고 하였다.

2-52-1

원운을 붙여둔다 【추루 반정균이 지은 것이다.】

附原韻【秋庫】

한평생 정월보름 몇 번 맞이할런가	人生幾元夕
여전히 황성에 얽매여 있구나.	留滯尙皇州.
달은 천 산 너머에 떠 있고	月是千山隔
별은 만호 이어 흐르네.	星仍萬戶流.
절등[326] 아래 고향 꿈을 꾸는데	浙燈鄕國夢
노주[327]로 명절 지내며 수심에 잠기네.	魯酒歲時愁.
가물거리는 고당[328]의 촛불 아래	耿耿高堂燭
철마다 먼 데 있는 자식 걱정하시리.	頻季憶遠游.

326 절등(浙燈) : 중국 浙江에서 만든 등잔을 말한다.

327 노주(魯酒) : 魯나라에서 생산한 술로, 薄酒 또는 싱거운 술을 말한다. 『莊子』「胠篋」에 "魯나라 술이 언짢았기 때문에 邯鄲이 포위를 당했다.[魯酒薄而邯鄲圍.]"라는 구절이 있다.

328 고당(高堂) : 어버이 또는 어버이가 있는 곳을 가리킨다.

2-53

송산[329] 길에서 【두 수】

松山道中 【二首】

한 줄기 시냇가 버드나무 한 그루	一條溪水一株柳
쓸쓸한 그곳 주막만 덩그러니.	着箇荒凉賣酒亭.
동쪽으로 포천까지 삼십 리 길	東去抱州三十里
비둘기 소리에 겹겹 산 빛 푸르구나.	鶉鳩聲裏亂山青.

냇가 아낙네 아침마다 푸성귀 뜯으러 가는데	溪女朝朝挑菜去
물가 비바람에 귀밑머리 모래 붙어있네.	溪風溪雨鬢參沙.
남이 볼까 흰 수건으로 이마 가리고	白巾抹額怕人見
「산유화」 한 곡조를 소리 내 부르네.	也唱一聲山有花.

【산유화는 전가의 곡조 명칭이다.[山有花田家曲名.]】

329 송산(松山) : 楊州 芙蓉山 남쪽의 松山을 말한 것으로 보인다.

2-54

감회 【세 수】

感懷【三首】

아침 햇살 누각 동쪽을 비추니 初日照樓東
뭇 새 울음 비라도 내리는 양. 衆鳥鳴如雨.
누각엔 떠도는 나그네 있어 樓中游客子
반듯이 앉아 고운 나무 바라보네. 端坐看芳樹.
고운 나무 보려고 해서가 아니라 芳樹非所看
눈길 돌리다 마주 했을 뿐. 流目與之遇.
눈길 돌리고 눈길 돌리다보니 流目復流目
빛나던 하루해가 어느덧 저물었구나. 季華忽已暮.
비록 친한 벗[330] 함께 있다 해도 雖我同袍友
복받쳐 탄식하는 이유 알지 못하리. 不知感歎故.

세속 끊는 일 참으로 어렵고 絶俗良難哉
입신출세 말할 형편 못된다네. 立身無可言.
집은 홍진 속 도성에 있거늘 家住紅塵郭
몸은 푸른 산 촌가에 맡기었네. 身寄碧山村.
때때로 노둔한 말 채찍질 해 時復策駑馬
오고 가보지만 번거롭기만 할 뿐. 還往至爲煩.

330 친한 벗 : 원문은 '同袍友'로 옷을 같이 입을 만큼 친한 벗을 말한다. 『시경』「秦風 無衣」에 "어찌 입을 옷이 없어서, 그대와 옷을 함께 입는 것이겠는가.[豈曰無衣, 與子同袍.]"라는 구절이 보인다.

둘 다 이룰 수 없음 저으기 알기에	潛見兩未可
아득히 갈림길 길목에서,	悠悠歧路轅.
공연히 술 살 돈 가져오라 해	空令買酒錢
도성 동문에서 탕진해버리네.	擲盡城東門.
북산에 기이한 새 있는데	北山有奇鳥
깃털 무늬 어찌나 빛이 나는지	毛羽何斑斕.
결연히 날아올라 운한 뚫으려 하다	決起淩雲漢
육핵[331] 가운데가 꺾이고 말았네.	六翮中摧殘.
뭇 새들 모두 비난하고 웃는데	百鳥皆非笑
한 마리 새 만이 바라보며 탄식하네.	一鳥望之嘆.
날다 뛰다 날개 추스려 돌아가다가	飛趨接翅歸
머뭇머뭇 숲 자락 끝에 내려앉는구나.	依依坐林端.
저 한 마리 새 서남으로 날아가는데	一鳥西南飛
슬픈 울음소리 마음 시리게 하네.	哀鳴使人酸.

331 육핵(六翮) : 튼튼한 날개를 말한다. 높이 나는 새는 여섯 종류의 강한 깃털을 지니고 있다는 말이 있다.

2-55

삼청각에서 지포자를 기다리다

三淸閣遲芝圃

한양 땅 성곽 멀리 눈에 들어오는데	南平壤是望中城
구름 인 나무 들쑥날쑥 옥경을 둘렀구나.	雲木參差繞玉京.
흰 모래 나루터의 행인 또렷하고	歷歷行人白沙渡
녹양 들판의 저녁 비 스산하구나.[332]	蕭蕭暮雨綠楊坪.
마당 방초에 앉은 나비 보고 있자니	一庭芳艸留看蝶
청산 어디선가 지나가는 꾀꼬리 울음	何處靑山過聽鶯.
졸다 깬 누각 머리 이별의 그리움 쓸쓸한데	睡起樓頭凄別思
옥피리 소리 삼청각에 가득하네.	玉簫音韻滿三淸.

332 흰……스산하구나 : 원문의 '白沙渡', '綠楊坪'은 일반적 시어이면서, 杜甫가 지은 시 「白沙渡」와 경기도 양주 부근의 벌판 이름 '綠楊坪'을 중의적으로 표현한 것으로 보인다.

2-56

단양일[333]에 난곡서재에서 시를 지어 주인에게 주다

端陽日蘭谷書齋題贈主人

지난번 손잡고 운림에서 지내던 일 떠오르니	憶曾携手在雲林
슬픔과 기쁨 함께 한 세월에 마음 쉬이 젖어드네.	哀樂中季易感心.
버들 그늘 말머리에 잠긴 것 예전과 같은데	依舊柳陰籠馬首
당 앞에 원추리 가득함은 누굴 위함인가.	爲誰萱艸滿堂襟.
겹겹 푸른 산 티끌 먼지 떨치며 비껴있고	青山數疊橫塵拂
붉은 누각 온 종일 물에 비쳐 하늘거리네.	紅閣三時裊水沈.
세월은 어느덧 흘러 단오를 지나는데	歲月堂堂重五過
서글픔 금할 길 없어 홀로 나직이 시 읊조리네.	不禁怊悵獨微吟.

번역 한영규

333 단양일(端陽日) : 음력 5월 5일인 端午節을 말한다.

2-57

마마신을 떠나보내는 노래

送痘神詞

붉은 촛불 휘황하고 소반에는 제수 쌓였는데 紅燭輝輝飣餖盤
성창과 비두[334] 막 떨어져 나가 잦아드네. 聖瘡飛痘落初殘.
마마신 보내며 맑은 소리로 아옹[335] 부르는 사설에 送神瀟灑阿翁句
늙은 무녀 고로[336] 두드리는 소리 참으로 빼어나구나. 絶勝婆巫栲栳彈.

334 성창(聖瘡)과 비두(飛痘) : 성창은 천연두의 일종이다. 명나라 徐謙이 편찬한 『仁端錄』 卷1 「原痘論」에 따르면, 東漢 시대 이민족과의 전투에서 전염된 병으로 '虜瘡'이라고도 부르며, 병세의 변화가 심해 예측할 수 없었기 때문 붙여진 이름이라 한다. 비두는 성창과 더불어 천연두의 일종으로 거론한 듯하나, 전거는 보이지 않는다. 성창이라는 명칭의 유래가 예측할 수 없다는 의미에서 聖자를 붙인 것과 같은 방식으로 빨리 전염되는 특성을 나타내기 위해 飛자를 붙인 것으로 보인다.

335 아옹(阿翁) : 원래는 늙은이나 부친을 친숙하게 부르는 말인데, 여기서는 마마신을 상대하는 神格을 지칭하는 듯하다. 예컨대 處容舞에서 역신을 물리치는 신격을 '처용아비'로 칭하는 것과 같다.

336 고로(栲栳) : 대나무나 버들로 만든 광주리의 일종으로, 무당의 악기로 쓰이기도 하였다. 이덕무의 『盎葉記』에 "우리나라 무당이 신에게 빌 때 젓가락으로 고로를 긁어 그 노랫가락의 박자를 맞추는데, 이것은 女眞의 풍속에서 유래한 것이다."라고 하였다.

2-58

고청루잡영【세 수】

孤靑樓雜詠【三首】

개골개골 방죽엔 개구리 소란스레 울어대는데　汩汩陂塘鳴亂蛙
다 쓰러진 울타리 야인의 집이라네.　翳然籬落野人家.
바람 맞은 풀포기, 이슬 젖은 넝쿨 어지러이 쌓여있는데　風叢露蔓紛如積
때마침 연붉은 고자화[337] 꽃망울 터뜨리네.　時放微紅鼓子花.

문 앞 버들가지 어느새 칭칭 늘어졌고　門前柳髮已鬖鬖
숲 속 늙은 꾀꼬리 두어 번 지저귀는구나.　林裏老鶯啼兩三.
흡사 밤새 시원한 비라도 뿌린 양　恰有夜來凉雨過
연못 가득 개구리밥은 쪽빛처럼 푸르네.　一池蛙飯綠如藍.
【개구리밥은 水苔[338]의 우리말 이름이다[蛙飯, 水苔俗名.]】

매우 시절[339] 비는 추적추적 내리는데　送梅時候雨凄凄

337 고자화(鼓子花) : 꽃의 일종이다. 李裕元의 『林下筆記』에, "鼓子花[메꽃]는 일명 '纏枝牧丹'이라 하며, 봄부터 가을까지 계속하여 꽃이 핀다. 야인들의 노래에 '山花兒娘'이라는 말이 있는데, 바로 이 꽃이다."라고 하였다. 또 송나라 姚寬의 『西溪叢語』에는 꽃을 三十客에 비유한 이야기를 소개하였는데, 고자화는 田客이라 하였다.

338 수태(水苔) : 수초의 일종으로, 晉나라 郭璞은 『爾雅』의 '藫' 자에 대한 주석에서 "수태이다. 일명 석발이라고 하며 강동에서는 식용한다.[水苔也, 一名石髮, 江東食之.]"라고 하였다.

339 매우(梅雨) 시절 : 초여름 장마를 지칭한다. 원래 중국 江淮 지역에서 매화 열매가 누렇게 익어가는 시기에 장마가 오기 때문에 붙여진 명칭이다.

열수의 산천이 돌아가려는 생각을 어지럽힌다.	洌上山川歸思迷.
근심에 젖어 동봉 촌가에 누우니	惱殺東峯田舍臥
창포 잎 시들어가고 뜸부기 운다.	菖蒲葉老豆雞啼.

【우리말에서 앙계를 뜸부기[豆雞]라 부른다.[俗呼秧雞爲豆雞.]】

운룡산인[340]이 소나무 아래서 독서하는 그림을 읊다

雲龍山人松下讀書小照

산세 우뚝하고 푸르른 기운 가득한데	山氣巃嵸鬱蒼芊
솔바람은 시원스레 허공에서 불어온다.	松風謖謖來寥天.
붉은 난간 굽어 돌아 언덕 안고 멀리 뻗치고	紅欄屈繚抱岸迴
세차게 흐르는 벽옥 물, 옥 소리 울리는 샘이 된다.	奔流碧玉琮琤泉.
돌 상 고요히 솟아 다구 갖춘 누각이 있고	石床靜兀茶具閣
푸른 절벽 겹겹 주름엔 이끼 무늬 펴져간다.	翠壁疊皴苔紋延.
운룡산인 손에 한 권의 책	雲龍山人手一卷
방포[341]에 붉은 신, 참으로 하늘의 신선일세.	方袍赤履眞天仚.
내 들으니, 운룡산은 서촉에 있다 하고	吾聞雲龍之山在西蜀
운룡산인은 유연[342] 땅의 객으로 지낸다네.	雲龍山人客幽燕.
연 땅은 삼천리요, 촉 땅은 만 리이니	燕三千里蜀萬里
어찌하면 이 산 이 사람 눈앞에 두고 볼까	安得此山此人在眼前.

340 운룡산인(雲龍山人) : 李調元을 지칭한다. 이조원은 연행을 마치고 귀국하는 柳琴에게 자신이 지은 『粤東皇華集』과 「松下看書小照」를 선물로 주었다(『淸脾錄』 4 「李雨村」). 「송하간서소조」는 제목 그대로 소나무 아래에서 독서하는 이조원 모습을 그린 것으로 徐有本은 「雲龍山人小照記」에서 유금의 집에서 이 그림을 보고 그 형상을 상세히 기록하고 있다(『左蘇山人文集』 卷7). 이덕무와 박제가 또한 「題雲龍山人小影松下看書」(『청장관전서』 卷11), 「題幾何室所藏雲龍山人小照」(『정유각집』)라는 제목으로 이 그림을 보고 지은 시를 남기고 있다.

341 방포(方袍) : 승려의 가사 또는 方士, 즉 道人의 옷을 지칭한다. 펼치면 네모반듯하여 방포라 칭하였다고 전한다.

342 유연(幽燕) : 춘추전국시대 燕나라가 幽州 지역이었으므로 생긴 명칭으로 北京 일대를 지칭한다.

2-60

부용산에서 지포와 이별하며 【세 수】

芙蓉山中別芝圃 【三首】

그대 이별하고 앞 시내 건너니	送君渡前溪
시내 빛 요슬처럼 푸르네.	溪光碧瑤瑟.
시내 남쪽 열두 봉우리	溪南十二峯
봉우리마다 낙조 물든다.	峯峯染落日.
텅 빈 먼 하늘 푸르고	寥廓遠天靑
아득한 한 줄기 연기 하얀데	縹緲孤烟白.
저 멀리 홀로 돌아가는 사람	望望獨歸人
석양 가 두세 마리 매미 울음소리 처량하네.	凄凉數蟬夕.
풀꽃 핀 동관로	芳艸東關路
구름 한가한 북한성.	閒雲北漢城.
산 속 누대 오늘밤 꿈엔	山樓今夜夢
녹양평에서 쓸쓸히 헤매리라.	迷殺綠楊坪.

2-61

일표정에 쓰다

題一瓢亭

당대의 현인 여기서 세상을 피하나니　時賢此避世
자주 굶던 안회 예전부터 흠모해서라네.[343]　夙慕屢空顔.
청산 반쪽에 집을 짓고　築室靑峯半
백석 사이에서 거문고 타네.　彈琴白石間.
구름 떠나자 주위의 숲 울창하고　匝林雲去蓊
비 내리자 골짝에서 졸졸졸 물소리 들리네.　鳴壑雨來潺.
나는야 무엇 하는 이런가　伊我何爲者
이리저리 떠돌며 아직 산을 사지 못했다네.[344]　棲棲未買山.

343 자주……흠모해서라네 : 일표정이라는 정자 이름이 顔回의 삶을 따르겠다는 뜻에서 나왔다는 말이다. 공자가 안회의 삶에 대하여 "한 대나무 도시락의 밥과 한 표주박 물을 마시며 누추한 골목에 사는 것을 사람들은 그 근심을 견뎌 내지 못하는데 안회는 자신의 즐거움을 바꾸지 않았으니, 어질도다 안회여.[一簞食, 一瓢飮, 在陋巷, 人不堪其憂. 回也不改其樂, 賢哉回也.]"라고 한 구절이 있다(『論語』「雍也」).

344 산을 사지 못했다네 : 원문의 '買山'은 산을 사서 은거할 처소를 마련하는 것을 뜻한다.

2-62

근심을 떨치며

遣愁

초당 앞에 뒷짐 지고 있노라니	負手艸堂前
푸르른 한 봉우리 어여뻐 보이네.	一峯青可憐.
홰나무 꽃 떨어져 땅위에 가득한데	槐花落滿地
나그네 이 마음 언제나 쓸쓸하구나.	客思恒凄然.
우뚝 솟은 바위에 걸터앉아 술에 취하고	醉踞崚嶒石
소리 내 흐르는 샘물 앞에서 책을 읽는다네.	讀臨嗚咽泉.
깊이 품었던 근심 반나마 떨쳐내니	幽褱寫一半
바람 부는 버들에 매미는 잘도 우는구나.	風柳善鳴蟬.

2-63

「귀후가」를 지어 무관에게 드리다

鬼鱟歌贈懋官

『왜한삼재도회』345에서 '귀후는 귀면해라 칭하기도 한다. 용사 진무문이 섭주의 병고해의 싸움에서 죽어 이 게로 변했기에 또 무문해라 부르기도 한다'고 하였다. 무관의 문도가 새우젓 안에서 이를 얻어 바친 것인데 그 껍질은 연홍색이고 눈썹과 눈과 입과 코가 모두 갖추어져 있으니 역시 이물이라 하겠다.

倭漢三才圖會, 鬼鱟或稱鬼面蟹. 有勇士秦武文戰死攝州之兵庫海, 化此蟹, 故又名武文蟹, 懋官門徒得諸蝦醢中獻之, 其殼微紅, 眉眼口鼻悉具, 蓋亦異物也.

일본 장사 진무문	日本壯士秦武文
섭주 푸른 바다 거센 물살에서 전사하였기에	鬪死攝州滄海濆.
바다에서 많이 나오는 귀면해	海中多產鬼面蟹
그 곳 사람들 이를 진 장군이라 부르네.	土人云是秦將軍.
진 장군 칼 차고 대노했으나 아 어찌할 수 없었으니	秦將軍擁劒大怒嗟已矣
슬피 우는 듯, 냉소하는 듯, 종횡의 무늬들.	悲啼冷哂縱橫紋.
그 때 진중에서 마신 한 말의 술	當時一斗臨陣酒

345 『왜한삼재도회(倭漢三才圖會)』: 1712년 일본의 寺島良安이 편찬한 백과전서 『和漢三才圖會』를 말한다. 중국의 『三才圖會』와 같은 체제 아래 일본과 중국을 함께 다루어 105권 81책의 방대한 내용을 담고 있다.

지금도 두 뺨에 붉은 취기로 올라있구나.	至今雙頰微騰醺.
청장관 도인[346] 이를 얻고 기뻐하여	青莊道人得之喜
손님 향해 총채 흔들며 기이한 견문 자랑한다네.	對客揮麈誇異聞.
동쪽 이웃 유자[347] 이를 보고 감탄하니	東隣柳子見之歎
칼 뽑아 춤추며 푸른 구름까지 뻗치는 기세라.	拔劒起舞凌青雲.
그대는 듣지 못했는가	君不聞
운봉의 전투에서 아발도 쏘아 죽임에[348]	雲峯之役䠶殺兒拔都
동공[349]이 한 발 화살로 큰 공훈 거두었지.	佟公一箭收奇勳.
또 듣지 못했는가	又不聞
남주의 의사가 한밤중 소서비를 찔러[350]	南州義士夜刺小西飛
평양성의 적진 기세 혼란케 하였지.	平壤城中迷賊氛.
촉석루 백 척 높이 솟은 곳	矗石之樓高百尺
석류꽃 치마 돌개바람 일으키며 부서졌다오.	旋風吹碎榴花裠.
누각 아래 논개[351]의 비석 천 년을 서있거늘	樓下千秊論娘碣

346 청장관 도인(青莊館道人) : 이덕무를 지칭한다.

347 동쪽 이웃 유자(柳子) : 유득공 자신을 지칭한 듯하다.

348 운봉(雲峯)의……죽임에 : 운봉 전투는 1379년(禑王 5)에 이성계가 전라도 운봉 지역에서 왜구를 격파한 전투를 말한다. 이 전투의 승리를 기념하기 위해 1577년 황산대첩비가 세워졌다. 兒拔都는 이성계가 황산대첩에서 죽인 왜구 阿只拔都를 지칭한다.

349 동공(佟公) : 李之蘭(1331~1402)을 가리킨다. 여진족 출신으로 이성계와 의형제를 맺어 무공을 떨쳐 조선의 개국 공신이 되었다. 1371년(공민왕 20) 부하를 이끌고 귀화하여 北青에 거주하면서 이씨 성과 青海를 본관으로 하사받아 청해 이씨의 시조가 되었다. 또한 1392년(태조 즉위년)에 명나라를 도와 建州衛 여진 추장 월로티무르[月魯帖木兒]의 반란을 정벌한 공으로 명나라에서 青海伯에 봉하였다.

350 남주(南州)의……찔러 : 南州의 義士는 金應瑞를 가리킨다. 1592년(선조 25) 임진란 때 별장으로 명나라 장수 李如松과 합류하여 평양성을 탈환했고, 이어 경상 좌병사가 되어 부산을 탈환하는 전훈을 세웠다. 일본장수 小西飛가 평양을 점령하였을 때 평양 기생 桂月香과 밀약하여 밤중에 소서비가 잠이 든 틈을 이용하여 그의 목을 베었다고 전한다. 이로 인해 계월향은 평양 義烈祠에 配享되었다.

세상의 사내들 헛되이 돌아다닐 뿐. 世間男兒徒紛紛.

오호라 남아에게 뜻이 있다면 청영[352]하고 떠나야 할진대 嗚呼男兒有志請纓去

어찌 충어 주소(注疏)에 길이 골몰하랴. 安用矻矻長抱蟲魚疏.

---

351 논개(論介) : 성은 朱氏, 본관은 新安이다. 경상우도 병마절도사 崔慶會(1532~1593)의 후처로, 임진왜란 때 최경회가 전사하자 일본군이 촉석루에서 벌이는 잔치에 참석해 일본군 장수 毛谷村六助를 끌어안고 남강에 투신하였다.

352 청영(請纓) : 적장을 잡아올 포승줄을 청한다는 뜻으로, 입신출세에 대한 의지를 표현한 것이다. 漢나라 무제 때 終軍이 약관의 나이에 상소를 올려서 "원컨대 긴 오랏줄을 받아서 반드시 南越王을 묶어서 대궐 아래에 바치겠습니다.[願受長纓, 必羈南越王, 而致之闕下.]"라고 한 데서 유래하였다(『漢書』 卷64 「終軍傳」).

2-64

기하실에 소장된 단연을 노래하다[353]

幾何室藏端硯歌

이군[354]이 증정한 이 갈색 단연　李君贈此褐色之端硯
자줏빛 무늬 환히 둥글게 빛나는구나.[355]　紫之暈兮眷眷.
하늘거리는 지초 두 잎사귀 새겨 넣으니　刻成翩反兩葉芝
한 잎 비스듬 파여 휘돌아 연지 이루었고　一葉側陷洄爲池.
강진향목[356] 반듯하게 짜인 연갑　降眞香木方跗匣
양 기름처럼 새하얀 옥 받침에 올려있네.　擎以羊脂白玉丌.
기하선생 이것 처음 얻을 때　幾何先生初得此
수레에 안고 앉으니, 아기를 끌어안듯.　車中抱坐如抱兒.
금갑 뚫리고 비부에 흔들릴까[357] 소심하게 꾸짖으니　金甲蚍蜉細叱呵

353 기하실(幾何室)에……노래하다 : 기하실은 유득공의 숙부인 柳琴의 당호이다. 端硯은 벼루의 한 종류로, 중국 廣東省 高要縣의 端溪에서 나는 돌로 만든 벼루이다. 주로 端溪硯이라고 칭한다.

354 이군(李君) : 李調元을 지칭한다.

355 자줏빛……빛나는구나 : 단연 중 최상품인 鴝鵒眼의 돌 색깔과 무늬를 표현하였다. 李翼의 『星湖僿說』 卷5 「鴝鵒眼」에, "文房 중 좋은 것으로는 반드시 단연을 말하는데, 구욕안을 최상으로 친다. 대개 단석은 3가지가 있는데, 巖石이 상급이고, 西坑이 그 다음이고, 後摩가 또 그 다음이다. 색이 진한 자줏빛으로 밝은 윤기가 흐르고, 두드리면 그 소리가 맑고 멀리 퍼지는데, 靑, 綠, 黃色의 테가 겹겹으로 둥근 점을 이룬 것을 구욕안이라하니, 이것이 암석이다.[文房之美, 必稱端硯, 而鴝鵒眼爲最上. 大抵端石有三種, 巖石爲上, 西坑次之, 後磨又次之. 色深紫瑩潤, 扣之其聲淸遠, 有靑綠黃重暈圓點者, 謂之鴝鵒眼, 此巖石也.]"라고 하였다.

356 강진향목(降眞香木) : 목재의 일종으로, 檀香 · 沈香 · 樺榴 등과 함께 고급 목재로 분류된다.

357 금갑(金甲)……흔들릴까 : 단계연이 단단한 돌이지만 작은 흠집이라도 날까 노심초사

마자수[358] 용신인들 어찌 하지 못하였네.　馬訾龍神無奈何.
황금과 백옥도 견주어 말할 것 못되고　黃金白璧不足道
천사와 만종[359]도 더 좋다 못하리라.　千駟萬鍾不足多.
한평생 한미한 처지의 삼한 선비　一生寒乞三韓士
부질없이 가을 등불에 『연사』[360] 읽노라니　空向秋燈讀硯史.
안동 마간석은 검붉은 흙빛이요　安東馬肝赭土色
남포 화초석은 벌레가 갉아먹은 듯.[361]　藍浦花艸蟲蛀蝕.
삼한의 둔한 공인 끌을 졸렬히 다루어　韓之鈍工鈍如鑿
온 나라 모두 풍자식을 쓰지만　遍國皆用風字式.
근래 명사 중에 석치[362]가 있어　邇來名士有石癡

함을 표현한 구절이다. 王昌齡의 「從軍行」에서 "누런 모래 백번의 전투에서 금갑을 뚫는다.[黃沙百戰穿金甲.]"라고 하였고, 韓愈의 「調張籍」에서 "왕개미가 큰 나무를 흔들리게 한다.[蚍蜉撼大樹.]"라고 하였다. 이 두 경우는 아주 미세한 것이 단단하고 큰 것을 상하게 할 수 있음을 말한 것이다.

358 마자수(馬訾水) : 鴨綠江의 옛 명칭이다. 『新唐書』 卷220 「列傳 東夷」에 "마자수가 말갈의 白山에서 흘러나오는데, 색이 오리의 머리와 같아 鴨淥水라고 부른다. 국내성 서쪽을 경유하여 鹽難水와 더불어 합쳐진다.[有馬訾水出靺鞨之白山, 色若鴨頭, 號鴨淥水, 歷國內城西, 與鹽難水合.]"라고 하였다.

359 천사(千駟)와 만종(萬鍾) : 고관대작의 부귀함을 말한다. 고대 중국에서 수레 하나를 끄는 네 마리의 말을 駟라고 칭하여 千駟는 천 대의 수레[千乘]에 메는 4천 마리의 말을 가리키고, 6斛 4되[升]를 鍾이라고 칭하여 萬鍾은 6만 곡 4천 되의 높은 봉록을 지칭한다.

360 『연사(硯史)』 : 宋나라 米芾이 편찬한 벼루에 대한 전문 서적으로 26종의 벼루에 대하여 자세히 논하였다.

361 안동(安東)……듯 : 안동의 마간석과 藍浦의 花草石은 우리나라에서 벼루를 만드는 대표적 돌로 칭해진다. 李圭景의 『五洲衍文長箋散稿』 「硯材辨證說」에 "우리나라에서 벼루가 나는 곳으로는 남포와 보령이 있는데, 烏硏石과 花草石이 나라에서 가장 좋은 것으로 중국에서도 유명한데, 우리나라 사람들은 모르고 있다. 안동의 九龍山에 물에 잠겨있는 마간석이 그 다음이다.[我東出硯處, 藍浦保寧, 烏硏石花草石, 爲國之最佳者, 亦有名於中國, 而我人不知也. 安東九龍山水沈馬肝石爲次.]"라고 하였다.

362 석치(石癡) : 鄭喆祚(1730~1781)의 호이다. 李奎象의 『並世才彦錄』에, "竹石과 산수

가을꽃에 귀뚜라미 새기길 즐겼다네.	喜刻秋花兼促織.
홍주의 아전이 그 법을 터득하여	洪州小吏得其法
돌의 천성을 따를 뿐 수식은 덜 하였네.	因石天成畧加飾.
죽서 서씨[363]가 선품이라 칭하며	竹西徐氏號善品
유유히 이 벼루에 빠져들어 늘 먹을 갈았다네.	悠悠忽忽恒磨墨.
내가 아는 몇몇 인물 다만 이와 같았으니	吾知數子徒爲爾
단계연 흡주연[364] 끝내 얻기 어려워서라네.	端州歙州終難得.
삼한 사신 해마다 연경에 들어가	韓客季年燕都入
유리창에서 단계연 흡주연 사오는데	琉璃廠中買端歙.
연경 상인 하나같이 쥐처럼 교활하기에	燕商箇箇黠如鼠
가짜 돌 하나에 은 오십 냥.	贗石一方銀五十.
삼한 사신 안목 어둡기가 칠흑 같아	韓客有眼昏如漆
아들 손자에게 전해주며 열 겹 싸서 간직하네.	傳子傳孫藏十襲.
뉘라서 능히 나강의 이씨[365]에게 가서 교유 맺어	誰能去結羅江李
좋은 시문으로 은근히 지기로 수창하려나.	脫手慇懃酬知己.
아아, 나강의 이씨를 내 흠모하나니	嗚呼羅江之李我所欽
이부의 오연한 관리로 지금은 사림에 있네.[366]	天官傲吏今詞林.

를 잘 그렸고, 벼루를 새기는 데 癖이 있었다."라고 밝히고 있듯이, 당시 벼루 제작으로 유명하였음을 알 수 있다. 박지원과는 인척관계로, 洪大容과 함께 金元行의 문하에서 동문수학하였고, 연암그룹과 친밀히 교유하였다.

363 죽서(竹西) 서씨(徐氏) : 죽서는 徐命膺이 당호로 사용하였는데, 그의 후손인 徐浩修·徐瀅修·徐有榘·徐有本 가운데 한 사람을 칭한 것으로 보인다. 이들 모두 연암그룹과 친밀히 교유하였다.

364 흡주연(歙州硯) : 江西省 婺源縣 歙溪에서 나는 유명한 벼루로, 단계연과 함께 벼루 중 가장 상품으로 일컬어진다.

365 나강(羅江)의 이씨(李氏) : 李調元을 지칭한다. 그는 四川省 羅江 출신이다.

366 이부(吏部)의……있네 : 이부의 主事 이조원이 속세에 물들지 않은 관리이자 시인임을

말한 것이다. 원문의 '傲吏'는 漆園의 관리였던 莊子를 일컫는 말로, 세속에 구애받지 않는 관리를 상징한다. 장자가 칠원의 관리로 있을 때, 楚나라 威王이 재상으로 초빙하는 것을 거절하였는데, 晉나라 郭璞의 「遊仙詩」에 "칠원에는 오만한 관리가 있다.[漆園有傲吏.]"라고 하였다(『文選』 卷21).

2-65

『건연외집』[367]을 편집하며 청장관 시에 차운하다

編巾衍外集 次靑莊韻

도성 가득 행주[368] 물고기 사라 소리치고	滿城叫賣杏洲魚
매실 설핏 노래지고, 비구름 짙어지기 시작할 때.	梅子輕黃釀雨初.
한 동네 십 년 살아도 알지 못하는 이 많거늘	同里十秊多未識
손안에 천촉[369] 친구들 글 있구나.	手中川蜀故人書.

367『건연외집(巾衍外集)』: 유득공이 홍대용이 사귄 杭州 學士 3인 등 중국 인사들의 시를 모아 편찬한 문헌을 지칭한다. 이덕무는 "담헌이 陸飛·嚴誠·潘庭筠 三公의 筆談과 簡札을 엮어서 『會友錄』을 만들고, 또 『회우록』 가운데서 鐵橋(嚴誠)의 書 및 詩 약간을 별도로 뽑아 나에게 校勘하도록 하여 집에 소장하였고, 유득공은 또 이 세 사람의 시를 편집하여 『건연외집』을 만들었다."고 하였다. 또 이 문헌에는 元重擧가 1824년 일본 통신사로 다녀오면서 일본인과 수창한 시를 모은 『蜻蛉國詩選』이 수록되어 있다(『靑莊館全書』 卷33 『淸脾錄』).

368 행주(杏洲) : 경기도 高陽의 옛 이름이다. 원래는 杏州인데, 洲자로 쓰기도 한다.

369 천촉(川蜀) : 중국 四川省 서쪽에 있는 지역으로, 이곳의 成都에 유비가 蜀國을 건국하였으므로, 천촉이라 일컫는다. 유득공이 교류한 李鼎元이 이 지방 출신이다.

2-66

북쪽 이웃을 불러 술을 마시며. 청장관·초정과 함께 짓다

北隣招歈 靑莊楚亭同賦

지음으론 다만 후세의 양자운을 기대할 뿐370	知音直待後揚雲
궁핍하게 지내며 고문 지음이 스스로 우습구나.	自笑窮居著古文.
원추리 잎 시들 때, 새끼 제비 지저귀는데	萱葉老時雛燕語
홰나무 꽃 지는 곳엔 이른 매미울음 들린다.	槐花落處早蟬聞.
그대와 함께 천 곡의 수심을 떨쳐버리고자	與君撥棄愁千斛
하루 종일 몽롱하게 남김없이 마시네.	終日瞢騰飮十分.
진정 문을 나서도 갈 곳이 없으니	眞箇出門無所適
거나하게 취해 소년 무리 속에 있네.	婆娑却在少年羣.

번역 이철희

370 지음(知音)으론……뿐 : 자신을 알아주는 사람이 후세에 있지 현재는 없다는 뜻을 말한 것이다. 揚子雲은 漢나라의 揚雄으로, 그가 『周易』을 모방하여 지은 『太玄經』을 사람들이 조롱하자 "후세에 다시 양자운이 있어 반드시 좋아할 것이다."라고 하였다는 고사가 전한다(『昌黎集』 卷17 「與馮宿論文書」).

2-67

가을 시 여섯 수.[371] 강산의 시에 화운하다 【서문이 있다.】

秋詩六首 和薑山 【有序】

강산처사는 공명을 계륵처럼 여겼고[372] 완정선생은 우의를 덮고 눈물을 흘렸다.[373] 하지만 붕우를 목숨처럼 여겼고 강개함이 바로 그의 일생이었다. 이 쓸쓸한 절기를 만나 동지들을 생각하자니 서쪽 변방을 뚫어지게 바라봐도 편지는 끊어졌고 꿈은 나뉘어 남쪽 호수로 날아가지만 의지하던 벗은 만날 수가 없다.[374] 진풍백로는 우울하게 사람을 그리워

---

371 가을……수 : 이 시의 제2수는 李德懋에게 주는 시이다. 『青莊館全書』 卷35 『淸脾錄』 4 「別詩妙絕」에, "정유년(1777, 정조 1) 가을에 내가 南郡으로 추수를 감독하러 갈 때, 泠齋와 素玩과 蘇書가 모두 전별시를 지었는데, 시가 모두 절묘하였다.[丁酉秋, 余穫稻南郡, 泠齋素玩蘇書俱有別詩, 詩皆妙絕.]"라고 하고, 둘째 수 전체를 수록하였다. 이 기록에 근거하면 이 시는 1777년에 지은 것으로 볼 수 있다. 이덕무의 年譜에도 湖西로 추수를 감독하러 간 기록이 보인다(『青莊館全書』 卷70 附錄上 「先考積城縣監府君年譜上」). 蘇書는 이덕무의 從弟인 李鼎九의 호이다. 또 이 시의 제5수는 『청장관전서』 卷35 『청비록』 4에, 「가을날 강산에게 주다[秋日贈薑山]」라는 제목으로 소개되어 있다.

372 강산처사(薑山處士)는……여겼고 : 강산처사는 李書九를 말한다. 계륵처럼 여겼다는 것은 대수롭지 않게 생각하지만 어쩔 수 없어 버리지 못한다는 말이다. 楊萬里의 시에 "반평생 공명을 계륵처럼 여겼고, 평생의 인생길 구절양장이라네.[半世功名一鷄肋, 平生道路九羊腸.]"라는 구절이 있다(『誠齋集』 卷15 「曉過皀口嶺」).

373 완정선생(宛亭先生)은……흘렸다 : 완정선생이 누구를 지칭하는지 분명하지 않은데, 이 시의 제2수가 이덕무에게 보낸 시라는 점을 감안하면 이덕무를 지칭한 말이 아닌가 한다. 牛衣는 추울 때 소의 등을 덮어주는 멍석으로 매우 가난한 생활을 비유하는 말이다. 漢나라 王章이 벼슬하기 전에 병이 든 몸으로 덮을 것이 없어 우의를 덮고 눈물을 흘리며 아내에게 자신을 떠나라고 한 고사가 전한다(『漢書』 卷76 「王章傳」).

374 꿈은……없다 : 이덕무를 만날 수 없다는 말로 보인다. 남쪽 호수는 이덕무가 추수를 감독하기 위해 떠난 호서를 가리키는 듯하다. '의지하던 벗'의 원문 '蛩駏'는 '蛩蛩駏蟚' 라는 짐승의 약칭이다. 蹷이라는 짐승은 앞발이 짧고 뒷발이 길어 잘 달리지 못하므로, 하루에 천 리를 달릴 수 있는 공공거허에게 甘草를 먹여 주었다가 그의 등에 업혀서 위기를 벗어난다는 고사에서 온 말로, 정의가 매우 친밀한 친구 사이를 비유하는 말로

하는 장이고, 초사청풍은 분명히 가을을 슬퍼한 작품이니[375] 그저 이런 시를 지을 뿐 또한 어쩔 수가 없도다.

薑山處士雞肋功名, 宛亭先生牛衣涕泣. 然而朋友爲之性命, 忼慨卽其平生. 値玆蕭辰, 念哉同志, 眼雙穿於西塞, 魚雁沈沈, 夢分飛於南湖, 蛩駏落落. 秦風白露, 黯然懷人之章, 楚些青楓, 允矣悲秋之作, 聊復爾耳, 亦已焉哉.

옥 같은 편지 끝내 아니 오리라 못 믿겠나니[376]	不信瓊函竟達空
날은 차가운데 압록강은 조수와 통한다네.	天寒鴨淥海潮通.
일천 리 밖 달빛 아래 국화꽃 피어있고	一千里外黃花月
제이교 위에서 바람 속에 옥피리 불리.	第二橋頭玉笛風.
백수로 낭관에 머문 한나라 안사를 슬퍼하고[377]	皓首郎潛悲漢駟

쓰인다.

375 진풍백로(秦風白露)는……작품이니 : '진풍백로'와 '楚些青風'은 이서구의 「입추의 감회를 지어 중목에게 주다[立秋感作寄仲牧]」라는 칠언율시 頸聯의 "초사의 단풍나무 눈앞에 가득 어지럽고, 진풍의 백로는 암담해 넋이 나가네.[楚些青楓紛極目, 秦風白露黯銷魂.]"라는 구절을 인용한 것이다. 『한객건연집』에 시 전체가 수록되어 있고, 『척재집』에는 보이지 않는다. 仲牧은 李鼎九의 자이다. 한편, '진풍백로'는 『詩經』「秦風 蒹葭」장에 "갈대가 푸르고 푸른데, 이슬이 서리가 되었네[蒹葭蒼蒼, 白露爲霜.]"라는 구절을 차용한 것이고, '초사청풍'은 『楚辭』「招魂」의 "넘실거리는 강가에 단풍나무 있는데, 천리 끝까지 바라보며 봄을 상심하네.[湛湛江水兮上有楓, 目極千里兮傷春心.]"라는 구절을 차용한 것이다. '楚些'는 초혼하는 글을 가리키는데, 『楚辭』「초혼」의 시 구절 마지막마다 어조사 '些'가 있는 데서 유래하였으며 『楚辭』의 이칭으로 쓰이기도 한다.

376 옥……믿겠나니 : 원문의 '竟達空'은, 晉나라의 殷浩가 파직되었다가 자신을 尙書令으로 등용하겠다는 桓溫의 편지를 받고 답장을 쓴 뒤 수십 번이나 내용을 살펴보다가 결국 빈 봉투만 보내고 말았다[竟達空函]는 고사를 차용한 표현이다(『晉書』 卷77 「殷浩列傳」). 여기서는 편지가 오지 않았다는 의미로 사용하였다.

377 백수로……슬퍼하고 : 漢나라의 顔駟가 文帝·景帝·武帝 등 세 왕을 거치는 동안 불

해진 옷으로 품팔이 한 양홍을 한탄한다네.[378] 弊衣傭作歎梁鴻.
그리움에 얼마나 시름겨운지 묻지 마시게 相思莫問愁多少
가을 잎 속에서 우는 가을벌레와 같다네. 等是秋蟲秋葉中.

낙엽 지는 가을철에 겨울옷 장만 못해준 채 搖落蕭辰未授衣
산에 올라 강 굽어보며 돌아가는 이 보낸다네.[379] 登山臨水送將歸.
서리 맑게 내린 흰 탑은 세 모서리 드러나고 霜淸白墖三稜出
잎 지는 속 푸른 깃발은 한 조각 나부끼네. 葉脫靑帘一片飛.
털모자 쓰고 관도[380] 어귀에서 채찍질 하고 絮帽籠鞭官渡口
야자 표주박으로 농가 사립에서 술 사겠지. 椰瓢沽酒野人扉.
부서진 빗돌 황폐한 절에 해마다 감회 일으켜 殘碑廢寺年年感
위례성[381] 가에서 지는 해 바라보네. 慰禮城頭看落暉.

가을바람 막 불어올 때 이별을 한탄했거니 卽見秋風歎別離
술잔 앞에 둔 오늘 그리움이 갑절이라. 尊前此日倍相思.
산천은 고개 돌리는 곳마다 빛을 잃었고 山川黯淡回頭處
필묵은 뜻을 얻었을 때야 빼어난 법이지. 筆墨精良得意時.
청리와 내금은 진나라 현사의 서첩이요[382] 靑李來禽晉賢帖

우하여 늙을 때까지 낭관에 머물렀던 고사가 있다(『文選』 卷8 「思玄賦」 注).

378 해진……한탄한다네 : 後漢 때 梁鴻이 품팔이를 하며 어렵게 살면서도 아내 孟光과 공경하며 살았던 고사가 있다(『後漢書』 卷83 「逸民列傳 梁鴻」).

379 산에……보낸다네 : 宋玉의 「九辯」에 "산에 올라 물을 굽어봄이여, 돌아가는 이를 보내도다.[登山臨水兮送將歸.]"라는 구절이 있다(『文選』 卷33).

380 관도(官渡) : 관청에서 설치한 나루터를 말한다.

381 위례성(慰禮城) : 백제 초기의 도읍지로 지금의 경기도 하남시 부근이다. 충청남도 천안시 북면 일대라는 설도 있다.

382 청리(靑李)와……서첩이요 : 청리는 푸른 오얏이고 내금은 사과를 말하는데, 晉나라

미인과 향초는 초나라 신하의 노래라네.[383]　美人香艸楚臣詞.
갈고리 같은 초승달이 조운선 꼬리에 있을 제　如鉤細月租船尾
구름 낀 물가에서 역사 읊는 이 누구이런가.[384]　詠史何人雲水湄.

조계의 탑이 글 읽던 누각에 솟아있는데[385]　曹溪墖直讀書樓
이곳 노니노라니 그리움 많이 이는구나.　依戀多生此地游.
취한 뒤에 바라보니 옛날 모습 아니거늘　醉後相看非昔日
어느 시대 세상일까 가을이 또 새로 왔네.[386]　人間何世又新秋.
국화에 앉은 분나비에 남은 풍경 슬퍼하고　黃花粉蜨悲殘景
단풍 물든 청산에서 옛 고을 이야기하리.　紅葉靑山說古州.
사립문 안 몇 군데에 오솔길 열어놓으리니　幾處柴門開別徑

王羲之가 쓴 서첩인 『與蜀郡守朱書帖』의 별칭으로 쓰인다. 그 첫머리에 '청리래금'이라는 글자가 씌어 있기 때문에 이렇게 불리게 되었다.

383 미인과……노래라네 : 미인과 향초는 임금과 현명한 신하를 비유한 말로, 초나라 屈原이 지은 『離騷』를 일컫는다. 漢나라 王逸이 『楚辭章句』를 짓고 그 서문에서 "『이소』의 문장은 『시경』의 興을 취하여 종류별로 비유하였다. 그러므로 좋은 새와 향초로 충정한 신하를 비유하고, 나쁜 새와 악취 나는 사물로 간사한 이를 비유하였으며, 신령과 미인으로 임금을 비유하였다.[離騷之文依詩取興, 引類譬諭. 故善鳥香草以配忠貞, 惡禽臭物以比讒佞, 靈修美人以媲於君.]"라고 한 데서 유래하였다.

384 갈고리……누구이런가 : 晉나라 袁宏이 젊었을 때 가난하여 漕運船에서 곡식을 운반하는 일을 하였는데, 어느 날밤에 배 위에서 자신이 지은 詠史詩를 읊다가 뱃놀이를 즐기던 鎭西將軍 謝尙으로부터 재주를 높이 인정받았다는 고사가 전한다(『世說新語』「文學」). 조운선에서 일한 원굉의 고사를 인용한 것으로 보아, 추수를 감독하러 떠난 이덕무를 염두에 둔 표현으로 보인다.

385 조계(曹溪)의……솟아있는데 : 조계의 탑은 원각사지 10층 석탑을 말한다. 원각사는 원래 興福寺라는 이름의 고려시대 사찰이었는데, 조선 태조 때 조계종의 본사가 되었다가 1504년에 폐사되었다. 白塔詩社 동인들은 백탑을 曹溪宗本塔 혹은 宗本塔이라고도 불렀다. 남재철, 「白塔詩社 一攷」, 『한국한문학연구』 49집, 2012 참조.

386 어느……왔네 : 朴趾源의 「통원보에서 비에 막히다[滯雨通遠堡]」라는 칠언절구 頸聯에 "취한 속에 바라보아도 내 나라가 아니로세, 어느 시대 세상일까 가을이 또 새로 왔네.[醉裏相看非故國, 人間何世又新秋.]"라는 구절이 보인다(『燕岩集』 卷4).

그 자취 양중 구중 같음을 가련해하리.[387]	可憐蹤跡似羊求.
울울한 세상살이 세월이 빠르기도 한데	落拓塵間歲月催
높은 데 올라 시 지음을 어찌 재주라 하랴.[388]	登高能賦豈云才.
남아로서 장래의 일 가소롭게 여겨지나니	男兒可笑前頭事
오늘 어찌 오른손에 술잔 잡지 않으랴.[389]	今日胡無右手盃.
원헌처럼 거닐며 노래함은 병이 아니고[390]	原憲行歌非病也
동방삭처럼 지은 연구는 궁벽함에 가까웠지.[391]	東方聯句幾窮哉.
우리 두 시인 가을 창 마주하여 있노라면	兩詩人對秋窓下

387 사립문……가련해하리 : 漢나라 蔣詡가 王莽 정권 때 향리에 은둔한 뒤, 집안의 대나무 밭 아래에 세 개의 오솔길[三徑]을 내고는 오직 羊仲과 求仲 두 사람과 교유했던 고사가 전한다(『三輔決錄』「逃名」).

388 높은……하랴 : 『漢書』 卷30 「藝文志」에 "노래하지 않고 읊는 것을 부라고 한다. 높은 데 올라가서 시를 읊을 줄 알아야 대부의 자격이 있다.[不歌而誦謂之賦. 登高能賦, 可以爲大夫.]"라는 말이 보인다. 높은 데 올라서 시를 짓는 것은 大夫가 갖추어야 할 아홉 가지 재능 중 하나라고 한다.

389 오늘……않으랴 : 晉나라 畢卓이 "오른손엔 술잔 잡고, 왼손엔 게 다리 들고, 술 실은 배 타고 노닌다면 일생을 마치기에 넉넉할 것이다.[右手持酒杯, 左手持蟹螯, 拍浮酒船中, 便足了一生矣.]"라고 한 데서 나온 말이다(『晉書』 卷49 「畢卓列傳」).

390 원헌(原憲)처럼……아니고 : 공자의 제자인 원헌이 魯나라에 거처할 때 가난에도 개의치 않고 바르게 앉아 금슬을 타고 있었는데, 子貢이 찾아와 수척한 원헌을 보고, "아, 선생은 어찌 이리도 병드셨소.[嘻, 先生何病.]"라고 하자, 원헌이 "내 들으니, 재물이 없는 것을 가난이라 하고 배우고도 행하지 못하는 것을 병들었다 한다고 하였소. 지금 나는 가난할 뿐 병든 것이 아니오.[憲聞之, 無財謂之貧, 學而不能行謂之病, 今憲貧也, 非病也.]"라고 대답하였다(『莊子』「讓王」).

391 동방삭(東方朔)처럼……가까웠지 : 한나라 武帝가 長安에 栢梁臺를 짓고 연회를 베풀며 "일월성신은 사시에 화평하다[日月星辰和四時.]"라는 구절을 읊은 뒤 25인의 신하들에게 각각 매구마다 압운하는 칠언 구를 읊게 하였는데, 가장 마지막에 읊은 동방삭이 "쫓겨서 억지로 짓자니 궁벽함에 가깝네.[迫窘詰屈幾窮哉.]"라고 읊었던 고사가 있다(『古文苑』 卷8 「栢梁詩」). 이후로 매구 압운하는 聯句를 栢梁體라고 부르게 되었다.

싸늘한 서리 소식에 흰 기러기 날아오리.[392]	霜信蕭蕭白雁來.
상류의 산 빛 멀리서 또렷이 들어오고	上游山色望中明
한강 가 가을 다듬이 소리 나그네 마음 재촉하네.	漢渚霜砧催客情.
양구와 양근은 천 리의 물길이니	楊口楊根千里水
가을바람 가을 달에 한 척 배 여정이라네.	秋風秋月一帆程.
갈대꽃 핀 굽이진 물가에 어부 집 서너 채	蘆花曲港漁三四
부들 잎 자란 찬 못엔 기러기 형제.	蒲葉寒塘雁弟兄.
축항이며 암게며 풍미가 좋으니	縮項團臍風味好
나로 하여금 이춘경 떠올리게 한다네.[393]	令人却憶李春卿.

392 싸늘한……날아오리 : 서리 소식은 흰 기러기를 일컫는 말이다. 북방의 흰 기러기는 가을이 깊어지면 날아드는데, 그때쯤 서리가 내리기 때문에 붙여진 별칭이다(『夢溪筆談』 卷24).

393 축항(縮項)이며……한다네 : 축항은 魴魚의 일종인 縮項鯿으로, 머리가 편평하고 목이 오그라든 모습이다. 李春卿은 고려의 시인 李奎報를 말하는데, 춘경은 그의 자이다. 이규보의 「작은 배를 띄우며[泛小船]」라는 칠언율시 頷聯에 "밥상에서 좀 전에 암게 보았고, 그물에서 다시 축항편을 보네.[飣盤纔見團臍蟹, 掛網還看縮項鯿.]"라는 구절이 있으므로, 이렇게 표현하였다(『東國李相國集』 卷6).

2-68

추루가 나의 시를 손수 베껴 썼다는 말을 듣고 감회가 일어 짓다[394] 【두 수】

聞秋庫手抄余詩 感而作【二首】

금대엔 버들 빛이요 옥하관에 달 뜰 제[395] 金臺柳色玉河月
동국 사람 칠언시 바람에 날려 이르렀으리. 飄落東韓七字詩.
바다 너머 어찌 눈물짓는 지기 없으랴 海外豈無知己淚
침향나무 의자에서 손수 베껴 썼다네. 沈香椅上手抄時.

겨울날 박주로 훈기 살짝 오른 뒤 天寒魯酒小醺餘
그대 집 사고서[396] 한가로이 펼쳐보리. 閒閱君家四庫書.
이부[397]의 서재에 내왕하실는지 吏部齋頭來往否
바람결에 옥 같은 시 지어줌 아끼지 않으리. 因風想不惜瓊琚.

394 추루(秋庫)가……짓다 : 추루는 潘庭筠(1742~?)의 호이고, 자는 香祖이다. 1776년(정조 즉위년)에 유득공의 숙부인 柳琴이 연행할 때 『한객건연집』을 가지고 가 반정균의 서문을 받았으며, 1778년에 박제가와 이덕무가 연행했을 때 「이십일도회고시」에 대한 반정균의 평어를 받아왔다. 이런 인연으로 유득공은 반정균과 만나기 전부터 시문을 주고받았으며, 1790년과 1801년에 연행했을 때는 북경에서 반정균을 직접 만나 교유하기도 하였다. 이 시는 『영재집』의 편차로 보아 유득공이 반정균을 직접 만나기 전에 지은 것으로 보인다.

395 금대(金臺)엔……제 : 금대는 전국 시대 燕나라 昭王이 천하의 현사들을 맞이하기 위하여 세운 黃金臺를 말하는데, 燕京의 대명사로 쓰인다. 玉河館은 조선 사신이 머물던 연경의 館所이다.

396 사고서(四庫書) : 四部書와 같은 말로, 여기서는 각종 서적을 말한다.

397 이부(吏部) : 李調元(1734~1803)을 지칭한 말이다. 『청장관전서』 卷34 『청비록』 3 「潘秋庫」에, "정유년 봄에 기하 유금이 연경에 들어가 이부 이조원을 만나 潘生을 아느냐고 묻자, 이조원이 '반생은 나와 가장 친하다.'라고 했다.[丁酉春, 柳幾何琴入燕, 遇李吏部調元, 問知潘生否, 李曰潘與吾寂相好.]"라는 기록이 있다. 이조원은 당시 吏部文選司 主事로 있었다.

2-69

유선사[398]를 본떠 짓다

擬游仚詞

가을 다한 봉호,[399] 물에 하늘만 비치고	秋盡蓬壺水映空
옥 같은 꽃 무수히 서풍에 떨어지네.	琪花無數委西風.
신선 같은 하룻밤에 머리는 하얗게 셌는데	仙眞一夕頭如雪
청조[400]는 벽해에 깊이 잠겨있구나.	靑鳥消沈碧海中.

398 유선사(游仚詞) : 남북조 시대에 유행한 시체의 하나로, 세속을 벗어나 선경에 노니는 것을 주제로 한 시이다. 晉나라의 何卲와 郭璞이 지은 「游仙詩」가 대표적인 작품이며, 후대에 많은 시인들이 모방작을 남겼다.

399 봉호(蓬壺) : 바다 속에 있다는 선산인 蓬萊山을 말한다.

400 청조(靑鳥) : 선녀 西王母의 使者인 푸른색의 神鳥를 말한다.

2-70

분하 곽봉규[401]에 대한 만시

晩汾河郭封圭

천애 건너 영원히 교분 맺자며	永托天涯契
바람결에 팔영시 보내주었지.[402]	臨風八詠餘.
문장은 오늘날 천하에 알려졌는데	文章今海內
소식이 저 분수(汾水) 물가에서 왔네.	消息彼汾沮.
꿈에서 이미 현면 보고 놀랐는데	夢已驚玄冕
사람은 지금 흰 수레 타지 못하네.[403]	人今隔素車.
해마다 찾아오는 기러기야 있겠지만	年年惟有雁
벗님의 편지를 어찌 지니고 오랴.	寧帶故人書.

401 분하(汾河) 곽봉규(郭封圭) : 청나라 산서 사람 郭執桓(1746~1775)에 대한 만시이다. 분하는 산서성을 지나는 강 이름인데, 여기서는 곽집환의 출신지를 의미한다. 봉규는 그의 자이다. 호는 半迂·東山·繪聲園 등이다.

402 바람결에 팔영시 보내주었지 : 홍대용이 1766년(영조 42)에 연행했을 때 북경에서 곽집환의 벗인 鄧師閔과 교분을 맺었는데, 곽집환이 등사민을 통해 澹園을 읊은 시를 조선 문인들에게 전하며 화답시를 지어 줄 것을 부탁한 일이 있다. 담원은 곽집환의 부친 郭泰峯의 거처이다. 이에 화답하여 박지원·유득공·박제가 등이 「담원 팔영」을 지었다. 유득공이 지은 「담원 팔영」은 『영재집』 권1에 실려 있다. 1-59번 시 참조.

403 꿈에서……못하네 : 곽집환의 부음을 들었으나 조문하러 가지 못했다는 말이다. 後漢의 范式은 젊은 시절 太學에서 공부할 때 張劭와 우의가 돈독했는데, 두 사람의 고향은 천리나 떨어져 있었다. 공부를 마치고 각자 고향으로 돌아간 뒤, 어느 날 밤 범식의 꿈에 장소가 무늬 없는 祭服인 玄冕 차림으로 나타나 자신의 장례일을 일러주었다. 범식이 흰 말에 흰 수레[素車]를 타고 천리 길을 달려가 장소의 관을 쓰다듬자 꿈쩍도 않던 관이 움직여 장례를 치렀다는 고사가 전한다(『後漢書』 卷81 「范式列傳」).

2-71

장원서의 노송 노래. 현천옹을 위해 짓다[404]

掌苑署老松歌 爲玄川翁作

들으니, 미인이 심은 난초 반드시 향기롭고	吾聞美人種蘭蘭必香
충신이 심은 소나무 굳세고 강하다 하네.	忠臣種松松屈强.
심은 사람 누구던가 성근보이니	誰歟種者成謹甫
이곳은 아직도 매죽당이라 전해지네.[405]	此地猶傳梅竹堂.
태어날 때 세 번 물으니 이 얼마나 신묘한가[406]	生乎問三是何神
죽으면서도 거라 칭하며 신이라 한 적 없네.[407]	死且稱巨不曾臣.
붉은 관복 입은 경청은 마땅히 죽어야 했고[408]	景淸當誅着緋服

404 장원서(掌苑署)의……짓다 : 장원서는 조선 시대 궁중의 정원, 화초, 과실 등의 관리를 맡아보던 관청으로, 현재의 서울 종로구 정독도서관 뒤편에 있었다. 원래 成三問의 집이 있던 곳인데 端宗의 복위 계획이 발각되어 성삼문이 처형된 뒤 집을 籍沒하고 장원서를 세웠으며, 성삼문이 직접 심은 盤松이 있었다고 한다(『宋子大全 卷171 「洪州成先生遺墟碑」). 玄川翁은 元重擧(1719~1790)로, 본관은 原州, 자는 子才이며 현천은 그의 호이다. 원중거가 1777년(정조 1) 7월 2일에 掌苑署 別提로 임명된 기록이 보인다(『承政院日記』).

405 심은……전해지네 : 成謹甫는 성삼문으로, 근보는 그의 자이다. 호는 梅竹軒 또는 梅竹堂이다

406 태어날……신묘한가 : 성삼문이 태어나려고 할 때 하늘에서 '낳았느냐'고 세 번 묻는 소리가 들렸기에 이름을 삼문으로 지었다고 한다(『成謹甫集』 卷3 附錄 「實記」).

407 죽으면서도……없네 : 朴彭年이 충청도 관찰사가 되어 세조에게 올린 장계에 '臣'자를 쓰지 않고 모두 '巨'자로 썼다는 기록이 있다(『燃藜室記述』 卷4 「端宗朝故事本末」). 성삼문이 '거'자로 썼다는 기록은 찾지 못했으며, 단종의 복위 계획이 누설된 뒤 국문을 당하면서 세조를 '나으리[進賜]'라고 불렀다는 기록은 여러 곳에 보인다.

408 붉은……했고 : 景淸은 명나라 惠帝의 신하이다. 燕王으로 있던 成祖가 조카 혜제를 몰아내고 왕위에 오르자 경청이 성조를 죽이기 위해 붉은 관복을 입고[着緋] 칼을 품은 채 대궐에 들어갔는데, 마침 붉은 별이 황제의 별자리를 침범했다는 日官의 말을 들은

몸에 마구 옻칠한 예양에 부끄럽지 않네.409 豫讓無媿橫漆身.
지금까지 바른 기상 후토에 서리어 至今正氣盤厚土
구리 줄기 무쇠 가지 쏴아아 비바람 속에 울고 있네.
銅幹鐵枝摵摵鳴風雨.
비바람 속에 울면서 옆으로 뻗고 기울어가니 鳴風雨兮偃復斜
후대에 그 누가 돌기둥으로 지탱해줄까. 後來何人撑石柱.
재실 안의 머리 허연 상림 령410이 齋中白髮上林令
편지 보내 손님 부르니 맑은 가을날이라. 折簡招客秋日淨.
제향에 올리고411 남은 밤 손수 깎아 대접하며 封餘楄栗手剝食
국사와 야사에서 이야기 거리 찾아내네. 國乘野史抽談柄.
명마 오천 필 거느린 유 장군이요412 名馬五千兪將軍
풍류 넘친 취금헌413 일찍 문장에 능했지. 醉琴風流夙能文.
집현전 학사414는 무슨 일을 한 것인가 集賢學士何爲者

성조가 경청의 몸을 수색하게 해 칼을 찾아내고 경청의 사지를 찢어 죽였다(『明史』 卷141 「景淸傳」).

409 몸에……않네 : 豫讓은 전국 시대 晉나라 자객으로, 자신을 國士로 대해 준 智伯의 원수를 갚기 위해 趙襄子를 죽이려고 몸에 옻칠을 하여 문둥이가 되고[漆身爲厲] 숯을 삼켜 벙어리가 되어 모습을 바꾸기까지 하였으나, 결국 뜻을 이루지 못했다(『史記』 卷86 「刺客列傳 豫讓」). 예양에 부끄럽지 않다는 것은, 살이 타고 팔이 잘리는 고문에도 굴복하지 않은 성삼문의 절개를 찬양한 말이다.

410 상림 령(上林令) : 원중거를 말한다. 상림은 上林苑으로 장원서의 별칭이다.

411 제향(祭享)에 올리고 : 장원서의 임무 가운데 하나가 배, 밤, 은행 등의 생과를 종묘의 각 실에 올리는 것이었다.

412 명마……유 장군(兪將軍)이요 : 유 장군은 사육신의 한 사람인 兪應孚를 말한다. 유응부가 咸鏡道 節制使로 있을 때 지은 시에, "장군의 부절 잡고 변방 오랑캐 진압하니, 북쪽 변방 전쟁 없어 사졸들은 졸고 있네. 준마 오천 필은 버들 아래서 울고, 좋은 매 삼백 마리 누대 앞에 앉았네.[將軍持節鎭夷邊, 紫塞無塵士卒眠. 駿馬五千嘶柳下, 良鷹三百坐樓前.]"라고 하였다(『秋江集』 卷8 「六臣傳 兪應孚」).

413 취금헌(醉琴軒) : 사육신의 한 사람인 박팽년의 호이다.

414 집현전(集賢殿) 학사 : 申叔舟를 가리키는 말로 보인다.

노릉의 두견새 울음 들었나 못 들었나.415　　鲁陵啼鵑聞未聞.
그대 못 보았나 두모포 가의 압구정416　　君不見荳毛浦上狎鷗亭
붉은 용마루 푸른 기와 쇠락해졌다네.　　朱甍翠瓦成飄零.
또 보지 못했나 노량강 가 푸른 단풍나무　　又不見露梁江上青楓樹
행인들 육신묘 있어 말에서 내린다네.417　　行人下馬六臣墓.

415 노릉(魯陵)의……들었나 : 노릉은 端宗의 능호이다. 폐위되어 魯山君에 봉해졌으므로 이렇게 불렀다. 두견새 울음은 寧越의 淸泠浦로 유배된 단종이 자신의 신세를 두견새에 비유해 지은 「子規詞」를 말한다.

416 두모포(荳毛浦) 가의 압구정(狎鷗亭) : 두모포는 지금의 서울 성동구 옥수동에 있던 나루터이다. 압구정은 세조 때의 권신 韓明澮의 정자로, 두모포 맞은편에 있다.

417 또……내린다네 : 鷺梁江은 현재의 鷺梁津 부근의 한강을 가리킨다. 이곳에 사육신의 묘소가 있다.

2-72

손수 만들어 보내 준 붉은 먹을 강산에게 보여주고 장난삼아 노래하다

手造朱墨示薑山 戱歌

손수 만든 붉은 이 먹 그대는 아는가	手造朱墨君知否
사람마다 손 있다지만 누구 손길인 줄.	人各有手云誰手.
그대 만약 듣는다면 놀라 펄쩍 뛰리니	君若聞之驚且走
오늘날 서촉 사람 이 이부라오.[418]	如今西蜀李吏部.
그 문채와 풍류 진정 세상에 드문데	文采風流良希有
서촉의 단사는 과부로 이야기되지.[419]	西蜀丹砂說寡婦.
아교 섞어 옥 절구에 한껏 찧어서	和膠爛擣玉杵臼
열손가락으로 뭉쳐 몽치 머리[420] 이루니	十指摶成終葵首.
소라 무늬 좌로 돌고 우로 도는데	螺紋旋左或旋右
서둘러 하늘 가 벗에게 보내주었네.	薄言贈之天涯友.
손과 버들과 술 삼절보다 훨씬 빼어나니[421]	絶勝三絶手柳酒

418 서촉(西蜀) 사람 이 이부(李吏部)라오 : 李調元으로, 그의 고향이 西蜀 綿州이다.

419 서촉의……이야기되지 : 서촉의 단사가 매우 귀한 물품이라는 말이다. 巴蜀에 사는 淸이라는 여인은 丹砂가 나는 동굴을 발견해 이익을 독점했던 조상 덕분에 재산이 많았는데, 과부가 된 뒤에도 가업을 계승하고 재산을 잘 지켜 남에게 침탈을 당하지 않았으므로 진시황이 예우하고 女懷淸臺를 지어주었다고 한다(『史記』 卷129 「貨殖列傳」).

420 몽치 머리 : 먹의 상단 아랫부분을 깎아내 손잡이처럼 만든 것을 大圭에 견주어 말한 것이다. 『周禮』 「考工記 玉人」에, "大圭는 길이가 3척으로, 윗부분을 깎아 종규[몽치 머리]처럼 만들어 천자가 착용한다.[大圭長三尺, 杼上終葵首, 天子服之.]"라고 하였고, 漢나라 鄭玄은 "종규는 몽치이다.[終葵, 椎也.]"라고 주석하였다.

421 손과……빼어나니 : 이조원이 만든 벼루가 陝西省 鳳州의 三絶로 꼽히는 기생의 섬섬옥수, 비취빛 버들, 맛좋은 술보다 훨씬 더 훌륭하다는 말이다. 『說郛』 卷25上에 「遯齋

갈고 싶어도 갈지 않고 오래 만지작거리네. 欲磨不磨愛玩久.
자자손손 우리 유씨 집안에 전하리니 子子孫孫傳我柳
먹의 장수 만만수를 누리리라. 墨之壽兮萬萬壽.

聞覽」의 내용을 전재하여 봉주의 삼절을 소개하였는데, "세상 사람들이 봉주에 세 가지가 난다고 하니, 손과 버들과 술을 말한다.[世言鳳州有三出, 謂手柳酒也.]"라고 한 기록이 보인다. 봉주는 西蜀으로 들어가는 길목인데, 이조원의 고향이 서촉이므로 이렇게 표현한 것이다.

2-73

12월 5일이 우촌의 생일이라 기하실에 모이다[422]

十二月初五日雨村初度 集幾何室中

아미산에 뜬 달 이곳 황량한 집에도 비추어	峨嵋山月照荒廬
한 줌 맑은 향 사르며[423] 만 리 소식 전하네.	一瓣淸香萬里書.
운루의 미소 짓는 곳에 도착할 터인데	想到雲樓微笑處
꿈속에서 응당 낙랑의 물고기 먹으리라.[424]	夢中應喫樂浪魚.

번역 이성민

422 12월……모이다 : 雨村은 李調元의 호이다. 幾何室은 유득공의 숙부인 柳琴의 서재 이름이다. 유금은 1776년 겨울에 연행하여 이조원과 교분을 맺고 1777년에 돌아왔으며, 이후 이조원의 생일이 되면 그의 화상을 걸어두고 술을 올렸다고 한다(『泠齋集』 卷6 「叔父幾何先生墓誌銘」). 이 시 역시 1777년에 지은 것으로 보인다.

423 한……사르며 : 원문의 ‘瓣香’은 꽃잎[花瓣] 모양으로 생긴 향으로, 존경하는 어른을 흠앙할 때 사용한다(『祖庭事苑』).

424 운루(雲樓)의……먹으리라 : 이조원이 편지를 받으면 꿈속에서 조선을 생각할 것이라는 말로 보인다. 운루는 높은 누각을 뜻하는데, 여기서는 이조원이 북경에서 거처했던 看雲樓를 지칭한 것으로 보인다. 이조원의 『童山集』 文集 卷7에 「看雲樓記」가 보이며, 그의 저서에 『看雲樓集』이 있다. 낙랑의 물고기는 조선을 상징하는 말로 보인다. 許愼의 『說文解字』 卷11下에, 鰅魚·鯜魚·魦魚·鱳魚·鰅魚·鮫魚·魵魚를 “낙랑에서 난다.[出樂浪.]”고 하였다.

2-74

이십일도회고시[425] 【마흔세 수】

二十一都懷古詩 【四十三首】

단군조선 【평양부】 檀君朝鮮 【平壤府】

대동강 물결 안개 낀 벌판을 흘러가는데	大同江水浸烟蕪
왕검성[426]에 봄이 들어 한 폭 그림일세.	王儉春城似畫圖.
만 리 밖 도산에 옥을 갖춰 참석한 일[427]	萬里塗山來執玉
잘난 아들 해부루를 지금껏 기억하네.	佳兒尙憶解扶婁.

기자조선 【평양부】 箕子朝鮮 【平壤府】

토산[428]의 산 빛 푸르름 속에 잠겨있고	兎山山色碧森沈

425 「이십일도회고시(二十一都懷古詩)」: 「이십일도회고시」(43수)는 유득공 생존 당시에 별본으로 간행되었는데, 거기에는 『三國史記』·『東國輿地勝覽』·『東國歷代總目』(洪萬宗) 등 수십여 종의 국고문헌을 참조한 유득공의 '自註'가 상세히 달려 있다. 반면 현전하는 문집 『영재집』에는 이 自註가 모두 빠져 있다. 유득공은 이 별본 「이십일도회고시」를 가지고 연행하여 潘庭筠 등 청대 문인들의 호평을 받기도 하였다. 實是學舍 고전문학연구회에서는 지난 2009년 이 별본 「이십일도회고시」를 우리말로 번역하여 단행본으로 출간한 바 있다(『역주 二十一都懷古詩』, 푸른역사). 이에 이번에는 『영재집』 권2의 「이십일도회고시」를 저본으로 삼아 번역하면서, 문맥 이해에 필요할 경우 기존 번역본의 상세한 유득공의 '自註'를 요약하여 제시하기로 한다.

426 왕검성(王儉城) : 平壤을 말한다. 『삼국사기』에 "평양은 본래 王儉이라는 仙人이 살았던 곳"이라 하였다.

427 만……일 : 「이십일도회고시」 자주에 『東史』를 인용하여 "夏의 禹임금 18년에 塗山에 제후들을 모이게 했는데, 단군이 아들 扶婁를 보내 조회하였다."라고 하였다. 『東史』는 洪萬宗의 『동국역대총목』을 말한다.

428 토산(兎山) : 「이십일도회고시」 자주에 『동국여지승람』을 인용하여 "기자묘는 평양부의 성 북쪽 토산에 있다."라고 하였다.

석상[429]의 건과 옷자락 풀과 이슬로 덮였네.　　翁仲巾裾艸露侵.
임진년 왜구 쫓던 그때인 양　　猶似龍年奔卉寇
솔바람은 한가로이 풍악소리 울려주네.[430]　　松風閒作管絃音.

고라니 눈 울타리[431]에 우물 정(井)자의 땅　　麃眼籬斜井字阡
한 고을 산뽕나무 바라보니 무성하기도 하네.　　一邨桑柘望芊芊.
누가 알리오, 요동 바다 저 아득한 곳에　　誰知遼海蒼茫外
밭 갈고 씨 뿌리던 은인 칠십전[432]이 있었음을.　　耕種殷人七十田.

번역 한영규

---

429 석상(石像) : 원문은 '翁仲'인데, 무덤 앞에 세우는 석상이나 將軍石을 가리킨다. 秦나라 때의 阮翁仲이란 인물은 키가 13척에 달했는데, 진시황이 臨洮를 지키게 하니 흉노족이 겁을 먹고 접근하지 못하였다. 옹중이 죽은 뒤 그의 동상을 만들어 咸陽宮 司馬門 밖에 세우고 경계하게 하였다. 그 뒤로 장군석을 '翁仲'이라 일컫게 되었다. 「이십일도회고시」 자주에 董越의 『朝鮮賦』를 인용하여 "동쪽에 기자의 사당이 있는데 禮에 따라 나무 신주를 세우고 거기에 '朝鮮後代始祖'라고 썼다. 이는 단군이 나라를 세우고 땅을 개창한 일을 높인 것이다. 기자로써 그 대를 잇고 왕통을 전한 임금으로 삼은 것은 마땅하다. 그 묘는 토산 維城의 乾坐에 있다. 두 개의 석상이 있는데 唐나라의 巾과 옷차림을 한 것 같으며, 알록달록한 이끼가 끼어 있는 것이 마치 문채 있는 비단옷을 입은 것 같다."라고 하였다.

430 임진년……울려주네 : 「이십일도회고시」 자주에 『동국문헌비고』를 인용하여 "임진년 난리 때 왜군이 기자묘를 파헤쳤는데, 왼쪽 가를 한 길쯤 팠을 때 풍악 소리가 壙中에서 흘러나와, 두려워서 그만두었다."라고 하였다.

431 고라니 눈 울타리 : 고라니의 눈[麃眼]이 斜方形으로 되어 있는데, 울타리를 엮는 방법이 그와 비슷하므로 울타리를 '麃'이라 한다.

432 은인(殷人) 칠십전(七十田) : 「이십일도회고시」 자주에 『平壤府志』를 인용하여 "기자의 井田은 正陽門과 含毬門 밖에 있는데, 그 구획이 완연하다."라고 하였다. 유득공이 어떤 이유에서 '七十田'이라 표현했는지는 미상이다.

위만조선【평양부】衛滿朝鮮【平壤府】

몽치 상투 튼 사람 한 고조 때 건너 왔는데	魋結人來漢祖年
그 당시 조타 대우함에 견줄 만하였네.433	同時差擬趙龍川.
한스러워라 기왕은 분별이 없어	箕王可恨無分別
야심품은 호걸을 박사로 삼았네.434	塡補梟雄博士員.
낙랑성 밖에 물결은 유유히 흐르는데	樂浪城外水悠悠
그 누가 저 한대의 추저후435를 기억하리.	誰識萩苴漢代侯.
그 당시 나루터 관리 아내의	不及當年津吏婦
「공후인」 가락이 길이 빛남만 못하네.436	箜篌一曲艷千秋.

433 몽치……만하였네 : 이 구절은 조선에서 衛滿을 받아들였다는 말로, 그때가 한 고조 연간에 해당된다. 몽치 상투 튼 사람[魋結人]은 위만을 가리킨다. 趙佗[趙龍川]는 한 고조 때 南越王을 가리키는데, 조룡천이라는 칭호는 조타가 秦나라 때 龍川縣의 현령을 지냈기 때문이다. 조타는 秦나라 말기의 혼란기에 주변 일대를 통합, 독립하여 武王이라 칭하였고, 뒤에 한 고조가 이를 인정하여 남월의 왕으로 책봉하였다. 「이십일도회고시」 자주에 『史記』를 인용하여 "조선왕 위만은 원래 연나라 사람이다. 연나라 왕 盧綰이 한나라를 배반하고 흉노에 귀속되어 들어가자, 만이 망명하여 그 무리 천여 명을 모아 상투를 틀고 오랑캐 복장을 하고는 동쪽으로 달아나 변방을 벗어나 패수를 건너 秦 나라의 옛 빈 땅의 아래위 小城에 거하였다."라고 하였다.

434 한스러워라……삼았네 : 箕王은 箕子의 후예인 조선왕 箕準을 말한다. 「이십일도회고시」 자주에 『魏略』을 인용하여 "기자의 후예인 조선왕 否의 아들 準이 즉위하자 연나라 사람 위만이 준에게 나아가 항복하였다. 이에 준이 신임하고 총애하여 박사에 임명하고 圭를 내린 뒤 백 리 땅에 봉하여 서쪽 변방을 지키게 하였다."라고 하였다.

435 추저후(萩苴侯) : 원문의 '萩苴'는 '狄苴' 또는 '荻苴'라 표기된 곳도 있으며, 발해 일대의 지역명이다. 「이십일도회고시」 자주에 『사기』를 인용하여 "조선의 관리 韓陰이 도망해 와서 항복하매 한나라에서 추저후로 봉하였다."라고 하였다.

436 그 당시……못하네 : 「箜篌引」은 조선의 나루터 관리자인 霍里子高의 처 麗玉이 지은 「公無渡河歌」를 말한다. 「이십일도회고시」 자주에 『古樂府』를 인용하여 "자고가 새벽에 일어나 배를 점검하고 있는데 한 백발의 狂夫가 머리를 풀어헤치고 술병을 끼고는 강을 건너는 것을 보았다. 광부의 아내가 따라와서 부르며 말렸으나 닿지 못하여 결국 물에 빠져 죽었다. 광부의 아내는 이에 공후를 끌어당겨 노래하기를, '임이여 강을

한【익산군】**韓**【益山郡】

당시에 한나라 망명자를 잘못 믿었으니[437]	當年枉信漢亡人
보리 무성한 은허에 또 한 봄이 왔네.[438]	麥秀殷墟又一春.
우습구나, 창졸간 바다를 건너는 날에도	可笑蒼黃浮海日
뱃머리에 외려 선화부인[439]을 실었다네.	船頭猶載善花嬪.

예[440]【강릉부】**濊**【江陵府】

대관령 너머에 큰 동해바다	大關嶺外大東洋
예나라 산천이 해 뜨는 자리 차지하였네.	蘂國山川蔭搏桑.
흥망의 역사 알 리 없는 들녘의 늙은이	野老不知興廢事
밭 사이에서 한가로이 옛 동장[441]을 줍네.	田間閒拾古銅章.

번역 전수경

건너지 마오, 임은 끝내 강을 건너시네. 임이 물에 빠져 죽으니, 임을 어이할거나.'라고 하였는데 노랫소리가 처량하고 슬펐다. 곡이 끝나자 아내 역시 강에 몸을 던져 죽었다. 자고가 돌아와 그 일을 여옥에게 말하니 여옥이 슬퍼하다가 공후를 가지고 그 소리를 옮겨 실었다."라고 하였다.

437 당시에……믿었으니 : 한나라 망명자는 위만을 말한다. 「이십일도회고시」 자주에 『東國通鑑』을 인용하여 "기준이 이미 위만에게 침공을 당하여 나라를 빼앗기고는 바다를 통해 韓의 땅인 金馬郡으로 들어가 살았다."라고 하였다.

438 보리……왔네 : 기자가 周나라를 조회하러 가는 길에 殷나라의 옛 도읍을 지나다가 궁실은 무너지고, 벼와 기장 등의 곡식이 우거진 것을 보고 「麥秀歌」를 지은 상황이 다시 일어나고 말았다는 의미이다.

439 선화부인[善花嬪] : 薯童의 아내인 선화공주와는 무관한 인물이다. 「이십일도회고시」 자주에 『三國志』를 인용하여 "朝鮮侯 기준이 왕을 참칭하다가 연나라 망명인인 위만에게 공격당하여 좌우의 궁인들을 데리고 달아나 바다를 건너 韓 땅에 거하였다."라고 하였다.

440 예(濊) : 강원도 강릉 지역에 있었던 고대의 나라이다. 『동국문헌비고』에 "지금 강릉부 동쪽에 예나라 때에 쌓은 古城의 옛 터가 있다."라고 하였다.

441 옛 동장(銅章) : 「이십일도회고시」 자주에 『삼국사기』를 인용하여 "신라 南解王 16년에 북쪽 溟州 사람이 밭을 갈다가 濊王의 印을 주워서 바쳤다."라고 하였다.

맥[442] **【춘천부】 貊【春川府】**

소양강 물은 푸른 바다에 이어지는데	昭陽江水接滄津
통도비[443] 부서진 채 가시덤불 속에 묻혔구나.	通道碑殘沒棘榛.
우리 역사는 반고의 기록 살피지 않아	東史未窮班掾志
요 시절 임금이 한나라 때 신하에게 명했다 하네.[444]	堯時君命漢時臣.

고구려 【평양부】 高句麗【平壤府】

활로 횡행하던 십구 년 만에	弧矢橫行十九年
기린보마 타고 하늘에 조회했다네.[445]	麒麟寶馬去朝天.
천년의 패기 물처럼 차가워지고	千秋覇氣凉于水

---

442 맥(貊) : 강원도 춘천 지역에 있었던 고대의 나라이다. 『동국문헌비고』에 "맥은 國都가 오늘날의 春川府 북쪽 십삼 리 昭陽江 북쪽에 있다."라고 하였다.

443 통도비(通道碑) : 한나라 武帝의 신하인 彭吳가 貊에 길을 개척한 것을 기록한 비석을 말한다. 「이십일도회고시」 자주에 『漢書』를 인용하여 "무제가 즉위하고 나서 팽오가 濊와 貊과 朝鮮의 길을 뚫었다."라고 하였다.

444 우리……하네 : 팽오가 貊에 길을 낸 것에 대한 우리의 역사 기록이 잘못되었음을 지적한 말이다. 원문의 '東史'는 洪萬宗의 『동국역대총목』을 말한다. '班掾志'는 漢나라 班固의 『漢書』 「食貨志」를 말한다. 반고는 대장군 杜憲의 종사관[掾]이 된 적이 있기 때문에 班掾으로도 불린다. '요 시절 임금'은 단군을, '한나라 때 신하'는 팽오를 지칭한다. 「이십일도회고시」 자주에 『동사』를 인용하여 "단군이 팽오에게 명하여 나라 안의 산천을 구획하고 정리하여 백성의 사는 곳을 안정시켰다."라고 하였고, 『동국문헌비고』를 인용하여 "팽오는 漢나라 사람으로 단군의 신하가 아니다."라고 하였다.

445 활로……조회했다네 : 東明王이 재위 19년 만에 昇天한 사적을 읊은 것이다. 「이십일도회고시」 자주에 『魏書』를 인용하여 "고구려는 부여에서 나왔는데, 스스로 선조가 주몽이라고 말한다.……시속의 말로 주몽이라는 것은 활을 잘 쏘는 것을 뜻한다고 한다."라고 하였다. 또 『동국여지승람』을 인용하여 "麒麟窟은 평양부 九梯宮 안의 浮碧樓 아래에 있는데, 동명왕이 여기에서 麒麟馬를 길렀다. 세간에 전하기를 동명왕이 기린마를 타고 이 굴로 들어갔다가 땅속에서 朝天石으로 나와 승천했다고 하는데, 말의 발자국이 지금까지도 돌 위에 남아 있다. 조천석은 기린굴의 남쪽에 있다."라고 하였다.

무덤 속엔 흰 옥 채찍만이 묻혀있구나.446 墓裏消沈白玉鞭.

지난날 부여의 탄알 갖고 놀던 아이 昔日夫餘挾彈兒
동명왕의 아들로 유리라 하네.447 東明王子號琉璃.
두어 꾀꼬리 울창한 숲에서 지저귀니 數聲黃鳥啼深樹
화희가 치희를 꾸짖는 것 같구나.448 猶似禾姬罵雉姬.

계립산449 앞, 전쟁의 티끌 한창 날릴 제 鷄立山前漲戰塵

---

446 무덤……묻혀있구나 : 「이십일도회고시」 자주에 『동국여지승람』을 인용하여 "동명왕의 묘는 中和府의 龍山에 있는데 속칭 眞珠墓라고 한다. 세간에 전하기를, '고구려 시조가 항상 기린마를 타고 하늘에 올라가 公事를 아뢰었는데, 나이 마흔이 되자 드디어 하늘에서 돌아오지 않았다. 태자가 남겨진 옥채찍[玉鞭]만을 가지고 용산에 장사를 치렀다.'라고 한다."라고 하였다.

447 지난날……하네 : 「이십일도회고시」 자주에 『삼국사기』를 인용하여 "琉璃王은 諱 類利이다. 처음 朱蒙이 夫餘에 있을 때 禮氏 여자와 혼인하여 태기가 있었다. 주몽이 떠나온 뒤에 아이를 낳았는데, 이가 유리이다. 그가 어릴 적에 언덕 위에서 나가 놀면서 새를 쏘다가 잘못하여 물 긷던 부인의 물동이를 깨뜨리니, 부인이 꾸짖기를 '이 아이는 아비가 없는 까닭에 이같이 완악하다'라고 하였다."라고 하였다. 유리는 뒤에 동명왕을 찾아가 태자가 되었다.

448 두어……같구나 : 유리왕의 부인인 禾姬와 雉姬에 대한 사적을 읊은 것이다. 「이십일도회고시」 자주에 『삼국사기』를 인용하여 "유리왕은 두 부인을 두었다. 한 사람은 화희로 鶻川人의 딸이고, 다른 한 사람은 치희로 漢人의 딸인데, 두 부인이 총애를 다투었다. 왕이 凉谷에 동서로 두 宮을 짓고 각각 그들을 두었다. 뒤에 왕이 箕山으로 사냥을 나간 사이에, 화희가 치희를 꾸짖어 말하기를, '너는 漢家의 婢妾인데 무례함이 어찌 그리 심하냐'고 하니, 치희는 부끄럽고 분하여 도망쳐 돌아갔다. 왕이 이를 듣고 말을 채찍질하여 쫓아갔으나 치희는 노하여 돌아오지 않았다. 왕이 일찍이 나무 아래에서 쉬다가 꾀꼬리가 날아 모여드는 것을 보고 느낀 바 있어, '훨훨 나는 꾀꼬리, 암수 서로 정답구나. 외로운 이내 몸은, 뉘와 함께 돌아갈꼬.'라고 노래하였다."라고 하였다.

449 계립산(鷄立山) : 경상북도 문경에서 충주로 넘어가는 길목의 고개로 계립령이라고도 하고 요즘은 하늘재란 명칭으로 많이 불린다. '계립'은 겨릅[껍질 벗긴 삼대]을 음차한 것이다. 「二十一都懷古詩」 自註에 『東國輿地勝覽』을 인용하여 "계립산은 문경현 북쪽 20리에 있으며, 속칭 麻骨山이라고도 하니 이는 그 방언이 서로 비슷하기 때문이다."라고 하였다.

붉은 명정은 심원춘[450]을 잊지 못했네.　丹旌依戀沁園春.
언제나 씩씩하였던 바보 온달　平生慷慨愚溫達
본래는 꾀죄죄 우스꽝스런 사람이었지.　自是龍鐘可笑人.

요해[451]로 되돌아가는 깃발, 두어 조각 붉은빛　遼海歸旌數片紅
넘실대는 살수가 모래와 벌레들을 쓸어버렸네.[452]　湯湯薩水捲沙蟲.
을지문덕은 참으로 재사로다　乙支文德眞才士
오언시[453] 창도하여 동방의 으뜸이 되었네.　倡五言詩冠大東.

고구려를 하구려라 멋대로 얕잡아보더니[454]　句麗錯料下句麗

---

450 심원춘(沁園春) : '심원'은 중국 後漢 明帝의 딸 沁水公主의 정원 이름이고, 심원춘은 심수공주에 대해 노래한 詞와 曲의 제목이다. 여기서는 온달이 죽어서도 평강공주를 잊지 못했다는 뜻을 나타내고 있다.

451 요해(遼海) : 遼東을 달리 이르는 말이다.

452 살수(薩水)가……쓸어버렸네 : 살수대첩에서 패전한 隋나라 군사의 시체가 살수의 물결에 휩쓸려 내려갔다는 말이다. 살수는 청천강을 가리키는데, 묘향산에서 발원하여 안주성 북쪽을 지나 서해로 흘러간다. '모래와 벌레[沙蟲]'는 戰死者를 의미하는데, 여기서는 전사한 수나라 병사를 말한다. 周나라 穆王이 南征할 때 군사들의 몸이 모두 바뀌어 장교는 원숭이와 학이 되고 사병은 모래와 벌레가 되었다는 고사가 전한다(『抱朴子』「釋滯」).

453 오언시(五言詩) : 乙支文德이 수나라 장수 于仲文에게 준 시로 제목은 「與隋將于仲文」이다. 그 내용은 다음과 같다. "신기한 계책은 천문을 궁구하였고, 오묘한 계산은 지리를 꿰뚫었도다. 싸움에 이겨 공이 이미 높으니, 만족할 줄 알아 그만두기를 바라오.[神策究天文, 妙籌窮地理. 戰勝功旣高, 知足願云止.]"

454 고구려를……얕잡아보더니 : 「이십일도회고시」 자주에 『後漢書』를 인용하여 "王莽이 '고구려왕'이라는 명칭을 바꾸어 '下句麗侯'라고 했다."라고 하였다. 또 청나라 尤侗의 「외국죽지사」를 인용하여 "高句麗가 下句麗로 강등되었다."라고 하였다. 참고로 「외국죽지사」의 내용은 다음과 같다. "고구려가 강등되어 하구려가 되니, 조선이란 옛 명칭의 적당함만 못하네. 천리 밖 왕경에서 온갖 놀이 진설하니, 한성에서 오히려 한나라 궁실의 행차를 보네.[高句麗降下句麗, 未若朝鮮古號宜. 千里王京陳百戲, 漢城猶見漢宮儀.]"

주필산455 푸르거늘 황제의 군대는 쇠약해졌네. 駐蹕山靑老六師.
서경의 홍불기에게 물어보건대 爲問西京紅拂妓
규염객이 바로 막리지 아니런가.456 虬髯客是莫離支.

번역 이성민 · 김용태

보덕457 【익산군】 報德 【益山郡】

봄풀이 푸릇푸릇 우거진 금마저458 春艸萋萋金馬渚

---

455 주필산(駐蹕山) : '주필'은 황제가 잠시 머무는 것을 뜻한다. 唐太宗이 고구려를 정벌할 때 마천령 서쪽 산에 머물렀으므로 그 산을 주필산이라 부르게 되었다. 이때 당태종은 장기간 安市城에서 전투를 벌였으나 패배하여 돌아가고 말았다. 주필산의 위치에 대해서는 설이 분분하다. 「이십일도회고시」 자주에 『唐書』를 인용하여 "당태종이 직접 군대를 거느리고 고구려를 정벌하고자 安市城에 당도하니, 北部傉薩 高延壽와 南部傉薩 高惠眞 등이 무리를 이끌고 와서 황제에게 항복하였다. 이로 인하여 황제가 행차한 산을 駐蹕山이라 부르고 돌에 새겨 그 軍功을 기록하였다."라고 하였다.

456 서경(西京)의……아니런가 : 唐나라 杜光庭이 지은 傳奇인 『虬髯客傳』에 등장하는 虬髯客이 바로 淵蓋蘇文이라는 말이다. 서경은 長安으로 지금의 西安을 말한다. 紅拂妓는 『虬髯客傳』의 등장인물로, 虬髯客이 비범한 자임을 알아본 여인인데, 붉은색 拂子를 들고 있었으므로 '紅拂妓'라 일컬었다. 莫離支는 고구려의 최고위 관직으로, 여기서는 淵蓋蘇文을 지칭한다. 『虬髯客傳』의 내용은 대략 다음과 같다. 隋나라 말엽에 세상이 매우 혼란하였는데, 수나라의 重臣 楊素의 총애를 받던 紅拂妓가 李靖의 고매한 사람됨을 알아보고는 함께 도망을 쳤다. 이들은 帝位를 도모하던 虬髯客을 우연히 만나게 되는데, 세 사람은 李世民(唐太宗)을 만나 그가 참으로 天子가 될 인물임을 확인하게 된다. 이후 규염객은 중국을 떠나며 앞으로 동남쪽에 큰일이 있으면 곧 자신이 일을 이룬 것인 줄 알라는 말을 남겼는데, 과연 그 후에 李靖은 夫餘에 정변이 일어났다는 소식을 접하게 되었다고 한다. 「이십일도회고시」 자주에 『海東稗乘』을 인용하여 "淵蓋蘇文은 東部 大人의 아들로 意氣가 거칠고 오만하여 수나라 말기의 어지러운 틈을 타서 중국을 떠돌며 장차 일을 도모하려다가 文皇의 남다른 모습과 도량을 보고서는 동쪽으로 돌아와 군사를 동원해 반란을 일으켜 막리지가 된 것이다."라고 하였다.

457 보덕(報德) : 고구려가 멸망한 뒤 大兄 劍牟岑이 寶藏王의 외손자 安勝을 왕으로 추대하고 신라에 항복하자, 신라 文武王이 현재의 益山인 金馬 지역에 報德王으로 임명하였다.

고구려가 남으로 도하한 곳엔 황폐한 성만 남아있네. 句麗南渡有荒城.
누구의 은덕에 보답하게 했는지 알 수 없으나 未知欲報誰家德
영웅의 기풍을 지닌 검대형[459] 애석도 하네. 可惜英風劒大兄.

비류[460]【성천부】沸流【成川府】

열두 푸른 봉우리 칼 같은 모양인데[461] 十二青峰似劒樣
유거의 강물[462]은 유유히 흘러간다. 遊車衣水逝湯湯.

---

458 금마저(金馬渚) : 현재의 전라북도 익산 지역의 명칭이다. 「이십일도회고시」 자주에 『동국여지승람』을 인용하여 "익산군은 본래 馬韓國인데, 백제가 합병하여 금마저라 칭했다."라고 하였다.

459 검대형(劒大兄) : 고구려 장수 劒牟岑으로, 大兄은 고구려의 관직명이다. 고구려 멸망 후 安勝을 추대하여 고구려 부흥운동을 벌이다 뒷날 알력이 생겨 안승에게 피살되었다. 「이십일도회고시」 자주에 『삼국사기』를 인용하여 "고구려의 검모잠이 국가를 부흥시키고자 당나라에 대한 반란을 일으켜 왕의 외손인 安舜을 왕으로 삼았다.", "모잠 대형이 유민을 수합하여 浿江 남쪽에 와서 당나라의 관리를 살해했다."라고 하였고, 『唐書』를 인용하여 "總章 2년에 高侃과 李謹行에게 조서를 내려 行軍總管으로 삼고 안순을 토벌하도록 하였던바, 안순이 모잠을 살해하고 신라로 도망쳤다."라고 하였다.

460 비류(沸流) : 현재 평안남도 成川郡이 비류왕 松讓의 옛 도읍이었다.

461 열두……모양인데 : 성천군 紇骨山의 모양을 묘사한 구절이다. 「이십일도회고시」 자주에 『동국여지승람』을 인용하여 "흘골산은 성천부의 서북쪽 2리 거리에 있는데, 빽빽하게 모인 봉우리가 열두 개이다. 朴元亨의 시에, '강가에 모인 봉우리는 칼처럼 뾰족하고, 봉우리 앞 강물은 쪽물을 들여놓은 듯하다.'라고 하였다."라고 하였다. 한편 단행본 「이십일도회고시」에는 이 구절의 원문이 '劒樣青峰一十二'로 되어 있다.

462 유거의(遊車衣) 강물 : 평안남도 성천을 경유하는 비류강의 이칭이다. 「이십일도회고시」 자주에 『동국여지승람』을 인용하여 "비류강은 곧 卒本川이니 속칭 '遊車衣 나루'라고 한다. 성천부 서쪽 30보 거리에 있다. 그 원류는 둘인데, 하나는 陽德縣 吳江山에서 나오고, 또 하나는 孟山縣 大母院洞에서 나온다. 성천부의 북쪽에 이르러 합류하여 흘골산을 경유한다. 산에는 네 개의 돌구멍이 있는데 물이 구멍에 들어갔다가 솟구쳐 나오기 때문에 비류강이라고 칭한 것이다. 또 慈山郡 禹家淵과 합류하여 대동강으로 들어간다."라고 하였다.

주몽을 진정 호걸이라 할 수 있을까 朱蒙不是眞豪傑
가난하여 푸성귀나 먹는 왕을 속여서 제압했네.463 欺負酸寒喫菜王.

백제【부여현】 百濟【扶餘縣】

노래하는 누각과 춤추는 궁전이 강을 향해 열렸는데 歌樓舞殿向江開
반월성464 위에 달빛이 찾아든다. 半月城頭月影來.
붉은 담요가 추워 잠들지 못하여 紅毾毲寒眠不得
군왕이 자온대465에 있기를 좋아했다네. 君王愛在自溫臺.

해 떨어진 부소산466 몇 점 봉우리 落日扶蘇數點峯
날씨 찬 백마강 노한 물결 거세게 일렁이네. 天寒白馬怒濤洶.

---

463 가난하여……제압했네 : 동명왕이 沸流水에 나물 잎사귀가 흘러내려오는 것을 보고 찾아올라가 비류왕 松讓을 복속시켰음을 표현한 것이다. 「이십일도회고시」 자주에 『古記』를 인용하여 "동명왕이 비류왕 송양과 활쏘기 실력으로 겨루었다. 송양은 사슴을 그려 백 보가 못 미치는 곳에 두었으나, 사슴의 배꼽을 맞히지 못하였다. 주몽은 옥반지를 백 보 밖에 걸어두었는데, 기와처럼 부셔버렸다. 송양이 크게 놀라 도읍을 세운 선후를 따져 부속국으로 삼으려 했으나, 주몽이 궁실을 만들 때 썩은 나무로 기둥을 세워 마치 천 년이 지난 것처럼 하였다. 때문에 송양은 감히 다툴 수가 없었다."라고 하였다.

464 반월성(半月城) : 扶餘의 도성을 말한다. 「이십일도회고시」 자주에 『동국여지승람』을 인용하여 "扶餘縣 반월성은 돌로 쌓아 주위가 1만 3천 6척인데 이곳이 바로 옛 백제의 도성이다. 扶蘇山을 안고 쌓아 양쪽 끝머리가 白馬江에 닿았는데, 그 형상이 반달과 같다."라고 하였다.

465 자온대(自溫臺) : 부여군 규암면에 있는 바위로, 백제 임금이 王興寺에 예불을 드리기 위해 이곳에 지나다 머물면 바위가 저절로 따뜻해졌다고 해서 붙여진 이름이라 전한다. 「이십일도회고시」 자주에 『동국여지승람』을 인용하여 "자온대는 부여현 서쪽 5리에 있다. 낙화암에서 물을 따라 서쪽으로 내려가면 바위가 물가에 걸쳐있는데, 십여 명이 앉을 만하다. 세속에 전하기를, '백제왕이 이 바위에서 놀면 바위가 스스로 따뜻해졌다고 한다.'라고 하였다."라고 하였다.

466 부소산(扶蘇山) : 충청남도 부여군 부여읍 쌍북리에 있는 산이다.

어찌하여 성충의 방책을 쓰지 않고　奈何不用成忠策
도리어 강 가운데 호국룡을 믿었던가.[467]　却恃江中護國龍.

비바람 차디찬데 나라 잃고 떠나가는 시름　雨冷風凄去國愁
바위에서 꽃 떨어져 다한 곳[468] 강물만 유유하다.　巖花落盡水悠悠.
황천이 적막한데 서로 짝한 이 누구던가　泉臺寂寞誰相伴
강남의 귀명후와 함께 했다네.[469]　同是江南歸命侯.

욕반[470]은 낡아 깨어지고 연지는 지워졌으며　浴槃零落涴臙脂
석실에 책 감췄단 말[471] 또한 의심스럽네.　石室藏書事可疑.

---

467 어찌하여……믿었던가 : 백제의 義慈王이 護國龍의 전설만 믿고 成忠의 간언을 듣지 않아 멸망하게 되었다는 말이다. 성충은 의자왕 때 佐平을 지낸 충신으로, 전쟁이 일어나면 육로로는 沈峴을 통과시키지 말고, 수로로는 伎伐浦로 들어오지 못하게 해야 한다고 간언하였으나 받아들여지지 않았다(『삼국사기』). 또 호국룡은 부소산 아래에 있는 바위인데, 「이십일도회고시」 자주에 『동국여지승람』을 인용하여 "부소산 아래에 한 바위가 강을 걸터앉은 듯이 있는데 그 위에 용이 할퀸 흔적이 있다. 세속에 전하기를 '蘇定方이 백제를 공격할 때, 강에 이르러 건너려고 하니 풍우가 크게 일어나므로 백마를 미끼로 삼아 한 용을 잡아내었던바, 잠깐 사이에 개이어 드디어 군사들이 건넜다. 이 때문에 강을 백마강이라 하고 바위를 釣龍臺라고 했다.'고 한다."라고 하였다.

468 바위에서……곳 : 落花巖 아래 백마강을 말한다. 「이십일도회고시」 자주에 『동국여지승람』을 인용하여 "낙화암은 부여현 북쪽 1리에 있다. 세속에 전하기를 '의자왕이 당병에게 패하자 궁녀들이 달아나 이 바위에 올라 스스로 강에 떨어졌기 때문에 그렇게 이름 지었다.'고 한다."라고 하였다.

469 황천이……했다네 : 의자왕이 중국에 잡혀가 죽은 뒤 歸命侯의 묘 옆에 묻혔다는 말이다. 귀명후는 吳나라 孫權의 손자인 孫皓인데, 왕위에 올랐으나 성품이 포악하고 주색을 좋아하다가 晉나라에 항복하였다. 「이십일도회고시」 자주에 『唐書』를 인용하여 "의자왕이 중국에 잡혀갔다가 죽자 황제가 조칙을 내려 귀명후의 묘 옆에 묻게 하였다."라고 하였다.

470 욕반(浴槃) : 「이십일도회고시」 자주에 『扶餘縣誌』를 인용하여 "縣廳 뜰에 돌로 된 쟁반[槃]이 있는데, 밤에 공무를 볼 때에 그 위에 혹 솔을 태워 불을 밝히기 때문에 새까맣게 그을리고 깎여나갔지만, 은은히 연화를 조각한 무늬가 있다. 전해오는 말에 백제 궁녀가 얼굴을 씻던 쟁반이라고 한다."라고 하였다.

이따금 거친 언덕 가을 풀 속에서　　時見荒原秋草裏
지나는 사람 말 멈추고 당비[472]를 읽네.　　行人駐馬讀唐碑.

미추홀[473]【인천부】 彌鄒忽【仁川府】

패수 가에서 슬피 노래하며 형제간에 이별하고　　浿上悲歌別弟兄
산에 오르고 물에 임하며 남행길에 골몰했네.　　登山臨水汨南征.
삼한 땅에는 강굉의 우애가 적었던가　　三韓地劣姜肱被
우뚝한 에분성을 쌓지 말았어야 했네.[474]　　休築峥嶸恚忿城.

번역 이철희 · 이성민

471 석실(石室)에……말 : 「이십일도회고시」 자주에 『부여현지』를 인용하여 "현의 豊田驛 동쪽에 우뚝 선 석벽이 있어, 갈라진 흔적이 마치 문짝과 같은데 '책바위'라고 부른다. 전해오는 말에 '백제 때 책을 보관했던 곳'이라 한다. 옛적 어떤 호사가가 깨뜨려서 열어보려다가 맑은 날 우레가 크게 치므로 두려워서 그만두었다."라고 하였다.

472 당비(唐碑) : 「이십일도회고시」 자주에 『부여현지』를 인용하여 "현의 남쪽 2리에 석탑이 있어 '大唐平百濟國碑, 顯慶 5년 庚申 팔월 십오일 癸未에 세우다. 陵州長史 兵曹判書 賀遂亮이 짓고, 洛州 河南 權懷素가 쓰다.'라고 새겨 있으니, 대개 소정방의 공적을 기록한 글이다. 문체는 변려체이고 필법은 씩씩하고 굳세어 마땅히 우리나라의 古碑 가운데 제일이라 할만하다. 현의 북쪽 3리에도 또 劉仁願의 공적을 기록한 비가 있는데, 가운데가 부러지고 글자도 많이 마모되었다."라고 하였다.

473 미추홀(彌鄒忽) : 백제 초기 沸流의 도읍지로, 현재의 인천 지역에 해당한다.

474 삼한(三韓)……했네 : 朱蒙을 피해 남으로 내려온 비류와 溫祚가 헤어지지 않고 함께 도읍을 정했어야 했다는 말이다. 남행길은 비류와 온조가 남쪽으로 내려온 것을 말한다. 姜肱은 중국 東漢 때 사람으로 아우 仲海 · 季江과 우애가 좋아 늘 같은 이불을 덮고 잤다는 고사가 전한다. 恚忿城은 현재의 인천 지역으로 비류가 도읍을 삼은 곳이다. 「이십일도회고시」 자주에 『삼국사기』를 인용하여 "비류가 미추홀로 가서 자리를 잡았다가 땅이 습하고 물이 짜서 편안히 살 수 없어 온조가 도읍한 河南 慰禮城에 돌아와 도읍이 안정되고 백성들이 태평한 것을 보고, 부끄러워하고 후회하면서 죽었다."라고 하였다. 또 『輿地志』를 인용하여 "지금 인천부 남쪽에 산이 있는데, 이름이 南山이다. 일명 文鶴山이라고도 하는데 산 위에 성이 있다. 세상에서 전하기로 '비류가 도읍한 곳인데 왕이 화병이 나서 죽었기 때문에 에분성이라고 이름 지었다.'고 한다."라고 하였다.

신라 【경주부】 新羅 【慶州府】

진한 여섯 촌락[475] 가을 연기 서렸는데	辰韓六部澹秋烟
서라벌[476]의 번영 생각하면 안타깝다네.	徐菀繁華想可憐.
만만파파[477]라 이름이 더 높여진 피리	萬萬波波加號笛
세 성씨[478]가 일천 년을 비껴 불었다네.	橫吹三姓一千年.

얼마나 많은 청산에 얼마나 많은 불당[479]있었던가	幾處青山幾佛幢
황폐한 연못의 기러기와 오리,[480] 짝도 이루지 못하네.	荒池鴈鴨不成雙.
봄바람 부는 골짝 어귀 송화방[481]에	春風谷口松花屋
때때로 동경이[482] 짖는 소리 쓸쓸히 들리네.	時聽寥寥短尾狵.

---

475 진한(辰韓) 여섯 촌락 : 「이십일도회고시」 자주에 『삼국사기』를 인용하여 "첫 번째는 閼川의 楊山村, 두 번째는 突山의 高墟村, 세 번째는 觜山의 珍支村, 네 번째는 茂山의 大樹村, 다섯 번째는 金山의 加利村, 여섯 번째는 明活山의 高耶村인데, 이것이 진한의 육부이다."라고 하였다.

476 서라벌[徐菀] : 「이십일도회고시」 자주에 『동국문헌비고』를 인용하여 "신라의 국호는 서야벌인데, 후세 사람들이 무릇 수도를 일컬어 '서벌'이라 한 것이 변하여 '서울[徐菀]'이 되었다."라고 하였다.

477 만만파파(萬萬波波) : 「이십일도회고시」 자주에 『東京雜記』를 인용하여 "孝昭王 때에 이르러 이름을 더 높여 '萬萬波波息笛'이라 일컬었다."라고 하였다.

478 세 성씨 : 「이십일도회고시」 자주에 『삼국사기』를 인용하여 "신라 시조의 성은 朴氏요, 脫解 尼師今의 성은 昔氏요, 味鄒 尼師今의 성은 金氏이다."라고 하였다.

479 불당(佛幢) : 절을 표시하는 幢竿을 가리킨다.

480 황폐한……오리 : 황폐한 연못이란 '鴈鴨池'를 가리킨다.

481 송화방(松花房) : 「이십일도회고시」 자주에 『동경잡기』를 인용하여 "신라 金庾信의 宗女인 財買夫人이 죽자, 青淵 위 골짜기에 장사하고, 財買谷이라고 이름하였다. 매년 봄철에 일가의 남녀들이 재매곡의 남쪽 시냇가에 모여서 연회를 한다. 그때는 온갖 꽃이 피고 松花가 골짜기에 가득하였다. 골짜기 어귀에 庵子를 짓고, 송화방이라고 이름지었다."라고 하였다.

482 동경이 : 「이십일도회고시」 자주에 『동경잡기』를 인용하여 "경주 북방이 虛하였다. 그

꽃샘바람 속 대보름 맞이하여　料峭風中過上元
서러운 듯[483] 발 구르며 노랫소리 시끄럽네.　忉忉怛怛踏歌喧.
해마다 찰밥으로 제사지내는 이 없는데　年年糯飯無人祭
한 떼의 까마귀 마을을 떠들썩하게 하네.　一陣寒鴉噪別村.

금오산 빛 저물녘에도 짙푸른데　金鰲山色晩蒼蒼
계림은 반쯤 서리에 물들여졌네.　渲染鷄林一半霜.
만 겹 가야산의 인걸 떠난 후　萬疊伽倻人去後
지금은 상서장[484]에 단풍만 붉네.　至今紅葉上書莊.

성 남쪽 북쪽 울창한 봉우리 솟았는데　城南城北蔚藍峯
해 저무는 창림사[485]에 종소리 울리네.　落日昌林寺裏鍾.
서라벌에 전하는 글씨와 그림 가만히 추스려보니　閒補東京書畫傳
김생의 비판이요, 솔거의 소나무로구나.[486]　金生碑版率居松.

래서 개들이 대부분 꼬리가 짧은데, 이 개를 '東京狗'라 일컫는다."라고 하였다.

483 서러운 듯 : 「이십일도회고시」 자주에 『동국여지승람』을 인용하여 "우리말에 '忉怛'은 슬퍼하면서 금기함을 이른다. 또 16일을 烏忌日로 삼아 찰밥으로 까마귀에게 제사지냈다. 나라의 풍속이 지금까지도 그러하다."라고 하였다.

484 상서장(上書莊) : 崔致遠이 당나라에서 귀국하여 거처하던 곳으로 金鰲山 북편에 있었다고 한다. 「이십일도회고시」 자주에 『동국여지승람』을 인용하여 "상서장은 금오산 북쪽에 있다. 고려 태조가 발흥했을 때 최치원이 필시 그가 천명을 받을 줄 알고 글을 올리면서[上書], '계림은 누런 잎이요, 鵠嶺[松嶽]은 푸른 소나무[雞林黃葉, 鵠嶺靑松.]'라는 말을 하였다. 후세 사람들이 그가 살던 곳을 이름하여 '상서장'이라 했다."라고 하였다. 이후 최치원은 만년에 가야산 해인사로 들어가 독서당을 짓고 은거하다가 세상을 떠난 것으로 알려져 있다.

485 창림사(昌林寺) : 경주시 배동 남산에 있었던 사찰로, 8세기경에 창건된 것으로 추정된다. 현재 이 절 터에는 삼층석탑과 雙頭龜趺 등이 남아 있는데, 이 쌍두귀부의 碑身에 김생의 「昌林寺碑文」이 새겨져 있었던 것으로 전해진다.

486 김생(金生)의……소나무로구나 : 김생의 「창림사비문」과 率居의 黃龍寺 벽의 老松 그

삼월이라 초순에 답청을 하러 가니	三月初旬去踏青
문천[487]의 꽃과 버들, 아득한 별세계라.	蚊川花柳鎖冥冥.
유상곡수[488]의 일 가슴 아프나니	流觴曲水傷心事
봄바람에 포석정 오르지 말게나.	休上春風鮑石亭.

명주【강릉부】 溟州【江陵府】

계림의 진골 대왕의 지친이라[489]	雞林眞骨大王親
구치[490]를 동해 가에 나누어 바쳤네.	九雉分供左海濱.

림을 말한다. 솔거의 그림에 대해서는 「이십일도회고시」 자주에 『삼국사기』를 인용하여 "솔거는 그림을 잘 그려, 일찍이 황룡사 벽에 老松의 몸체와 줄기, 비늘, 주름을 그렸다. 까마귀와 솔개가 왕왕 그것을 바라보고 날아들어 앉으려다가 부딪쳐 떨어지곤 하였다. 세월이 오래 지나 색이 희미해져 절의 승려가 단청을 하여 보완하였는데, 까마귀와 솔개가 다시 이르지 않았다. 또 경주 芬皇寺 觀音, 진주 斷俗寺 維摩像이 모두 그의 필치이다."라고 하였다.

487 문천(蚊川) : 경주 남산 북쪽을 흐르는 하천이다. 「이십일도회고시」 자주에 『동국여지승람』을 인용하여 "문천은 경주부 남쪽 5리에 있으며 史等川 하류이다. 고려 때 金克己의 「蚊川祓禊」라는 시가 있다."라고 하였다. 참고로 불계는 삼월 上巳節에, 流觴曲水를 하면서 神에게 빌어 災厄을 떨어버리는 상춘 놀이인바, 이곳 문천에서 유상곡수를 행했던 사실을 알 수 있다. 이곳의 또 다른 지류에 포석정이 자리하고 있다.

488 유상곡수(流觴曲水) : 원래 六朝시대 書聖으로 일컬어지는 王羲之이 「蘭亭記」에서 나온 말로, 謝安·孫綽 등 당대의 명사 40여 인을 會稽 山陰의 蘭亭에 모아 놓고 흐르는 물에 술잔을 띄워 풍류를 즐기던 禊事에서 유래하였다. 여기서는 景哀王이 포석정에서 술자리를 벌여놓고 놀다가 후백제 甄萱에게 붙잡히고 결과적으로 망국의 비운을 맞은 사건을 가리킨다.

489 계림(雞林)의……지친(至親)이라 : 江陵金氏의 시조인 金周元을 가리킨다. 武烈王系로 善德女王이 죽고 후위자로 지목되었으나 전왕의 아우였던 金敬信에게 밀려 溟州로 내려가 독자적인 세력을 형성, '溟州郡王'으로 불리었다. 「이십일도회고시」 자주에 『輿地志』를 인용하여 "周元은 화를 두려워하여 물러나 명주에 살면서 조회도 요청하지 않았다. 2년 뒤 주원을 봉하여 명주군왕으로 삼고, 명주(강릉)·익령(양양)·삼척·근을어(평해)·울진 등지를 분할하여 식읍으로 주었다."라고 하였다.

490 구치(九雉) : 신라 때 임금에게 바친 공물의 하나이다. 「이십일도회고시」 자주에 『동국

가장 생각나는 건 꽃 같은 연못 위의 여인　　最憶如花池上女
어서를 멀리 노닐러 온 사람에게 부쳤다네.[491]　　魚書遠寄倦遊人.

번역 윤세순 · 정환국

금관【김해부】 金官【金海府】

옛 가야 찾아오니[492] 죽지[493]에 목이 메는데　　訪古伽倻咽竹枝
파사탑 그림자는 호계 가에 비치네.[494]　　婆娑塔影虎溪湄.

문헌비고』를 인용하여 "신라 제도에 왕은 날마다 쌀 서 말과 수꿩 아홉 마리를 먹는다."라고 하였다. 아울러 『東史綱目』 卷4, '신유년 신라 태종 8년, 문무왕 원년(661)'조 6월 기사에, "신라 왕 春秋가 薨하고 태자 法敏이 즉위하였다. 신라의 제도에, 왕에게 하루 飯米 서 말과 수꿩 아홉 마리를 바쳤다."는 기록이 보인다.

491 가장……부쳤다네 : '꽃 같은 여인'은 蓮花夫人을, '노닐러 온 사람'은 無月郎을 가리킨다. 무월랑은 태종 무열왕의 5대손인 金惟靖으로, 그가 화랑을 이끌고 명주에 왔다가 자색이 뛰어난 연화부인을 보고 서로 사랑에 빠졌다가 부모의 허락을 받지 못해 헤어지게 되었다. 연화부인은 평소 연못에 물고기를 길렀는데, 사람의 마음을 알아보는 물고기를 통해 편지를 무월랑에게 전해주자 무월랑은 명주로 다시 돌아와 연화부인의 부모에게 이 편지를 보여주어 마침내 둘은 부부가 될 수 있었다. 무월랑이 이때 부른 노래가 「溟州歌」이며, 이 이야기는 이 「명주가」의 배경설화이다. 이는 『高麗史』 「樂志」를 비롯해 『동국여지승람』 · 『疆界志』 등에 두루 전해지는데, 무월랑과 연화부인이 '한 서생'과 '어떤 양가집 딸' 정도로 설정된 경우도 있다. 참고로 후대의 許筠은 「鼈淵寺古迹記」에서 이 이야기를 단편 서사물로 남긴 바 있다.

492 옛 가야(伽倻) 찾아오니 : 「이십일도회고시」 자주에 圃隱 鄭夢周의 「金海燕子樓」의 "옛 가야 찾아오니 풀빛은 봄인데 흥망이 몇 번 변해 바다가 티끌되었나.[訪古伽倻草色春, 興亡幾變海爲塵.]"라는 구절을 인용하였다.

493 죽지(竹枝) : 樂府의 體 이름으로, 주로 지방의 풍속이나 여인의 정서를 읊은 歌詞의 일종이다. 송나라 蘇軾의 「竹枝歌」 自序에 의하면, 죽지사는 본래 초나라에서 발생한 노래로 懷王 · 屈原 · 項羽 등의 슬픈 이야기가 전승되어 원통하고 애달픈 곡조를 띠게 되었다고 한다.

494 파사탑(婆娑塔)……비치네 : 「이십일도회고시」 자주에 『동국여지승람』을 인용하여 "파사탑은 호계 가에 있으며 5층이다. 돌 빛이 붉게 아롱졌으며 질은 좋으면서 무르고, 조각한 것이 매우 기이하다. 세상에서 전하기를, '許皇后가 西域에서 올 때 배 안에 이 탑을 실어 파도를 진정시켰다.'라 한다."라고 하고, "虎溪는 김해부 성 가운데 있다. 물의 근원이 분산에서 나와 남으로 江倉浦에 흘러 들어간다."라고 하였다.

돌아봄에 지는 해 서쪽 바다에 잠기니	回看落日沈西海
붉은 깃발 강창포로 들어오는 그 때[495]인 듯하네.	正似紅旗入浦時.

대가야【고령현】**大伽倻**【高靈縣】

천년 고산유수의 음률	千載高山流水音
영영한 열두 줄의 금.[496]	泠泠一十二絃琴.
처량한 지난 일 물어보는 이 없고	凄凉往事無人問
붉은 잎만 서리 맞아 비단 숲[497] 이루었네.	紅葉迎霜作錦林.

감문【개령현】**甘文**【開寧縣】

장희[498]는 가버리고 들꽃은 향기로운데	獐姬一去野花香

495 붉은……때 : 「이십일도회고시」 자주에 『駕洛國記』를 인용하여 "東漢 建武帝 24년에 허황후가 아유타국으로부터 바다를 건너 이르렀는데, 붉은 비단 돛과 붉은 비단 깃발이 바다 서남쪽 모퉁이로부터 북쪽을 가리키는 것을 바라보고, 수로왕은 궁궐 서쪽에서 幔殿을 배설하고 기다리니, 왕후가 배를 매고 육지에 올라 높은 봉우리에서 쉬면서 입고 있던 비단 바지를 벗어 산신령에게 폐백으로 드렸다. 왕후가 도착하자 왕이 맞이하여 만전으로 들이고 이틀이 지나 함께 輦을 타고 궁궐로 돌아와 황후로 세웠다. 나라 사람들이 처음 와서 배를 매었던 곳을 主浦라 부르고, 비단 바지를 벗었던 곳을 綾峴이라 부르고, 붉은 깃발이 바다에 들어왔던 곳을 旗出邊이라 불렀다."라고 하였다.

496 열두 줄의 금(琴) : 가야금을 말한다. 「이십일도회고시」 자주에 『동국여지승람』을 인용하여 "가야국 가실왕의 악사 우륵이 중국의 秦箏을 본떠 琴을 만들고 '가야금'이라 불렀다."라고 하였다.

497 비단 숲 : 대가야의 3~4대 왕으로 추정되는 錦林王의 陵을 말한다. 서리 맞은 붉은 잎이 비단 숲을 이룬 것을 보고 금림왕을 연상한 것이다. 「이십일도회고시」 자주에 『동국여지승람』을 인용하여 "고령현 서쪽 2리에 오래된 무덤이 있는데, 세상에서 錦林王陵이라 일컫는다."라고 하였다.

498 장희(獐姬) : 甘文國의 왕비이다. 「이십일도회고시」 자주에 『동국여지승람』을 인용하여 "獐陵은 開寧縣 서쪽 熊峴에 있는데, 세상에서 감문국 獐夫人의 능이라 일컫는다."라고 하였다.

묻혀있는 낡은 비석, 옛 효왕의 능499이라네. 埋沒殘碑古孝王.
서른 명의 용감한 병사 크게 징발했다고500 하니 三十雄兵曾大發
달팽이 뿔 위에서 천백 번 싸운 것인가.501 蝸牛角上鬪千場.

번역 손혜리

우산【울릉도】 于山【鬱陵島】

봄바람에 오량 단 나범이 돌아오고502 春風五兩邏帆廻
바닷가에는 복사꽃만 적막하게 피어 있네. 海上桃花寂寞開.
오직 해안에 올라 누워있는 물개503들만 보이고 唯見可之登岸臥
더 이상 나무 사자로 사람 치러 오는 일504 없구나. 更無獅子撲人來.

499 효왕(孝王)의 능 : 감문국의 마지막 왕인 金孝王의 陵을 말한다. 「이십일도회고시」 자주에 『동국여지승람』을 인용하여 "개령현 북쪽 20리에 큰 무덤이 있는데, 세상에서 감문국 금효왕의 능이라고 전한다."라고 하였다.

500 서른……징발했다고 : 「이십일도회고시」 자주에 『東史』를 인용하여 "감문국이 크게 병사 서른 명을 징발하였다."라고 하였고, 『동국문헌비고』를 인용하여 "감문국은 아마도 지극히 작은 나라인 듯하다."라고 하였다.

501 달팽이……것인가 : 『莊子』 「則陽」에, "달팽이의 왼쪽 뿔 위에 있는 촉씨의 나라와 오른쪽 뿔 위에 있는 만씨의 나라가 서로 땅을 다투어 크게 싸웠다.[有國於蝸之左角者曰觸氏, 有國於蝸之右角者曰蠻氏, 時相與爭地而戰.]"라는 고사가 전한다. 좁은 땅에서 하찮은 일로 서로 다투는 것을 '蝸牛角上의 쟁투'라고 한다.

502 봄바람에……돌아오고 : 五兩은 바람을 측정하던 기구로, 닷 냥 무게의 닭털을 큰 장대에 매달아 바람의 세기나 방향을 측정한다. 邏帆은 울릉도를 순찰하던 배를 가리킨다. 「이십일도회고시」 자주에 『동국문헌비고』를 인용하여 "울릉도에……本朝에서 도망친 백성을 모조리 찾아내고 그 땅을 비워 3년마다 한 번 사람을 보내 살펴보게 했다. 관에서는 도끼 15자루를 지급해 그곳의 대나무와 나무를 벌채하고 또 토산물을 채취해 조정에 바쳐 信物로 삼았다. 三陟營將과 越松萬戶가 서로 번갈아 들어갔다."라고 하였다.

503 물개 : 원문은 '可之'로 울릉도에 살던 물개를 뜻한다. 「이십일도회고시」 자주에 『동국문헌비고』를 인용하여 "울릉도 바닷가에 물소가 있는데 모습은 눈동자가 붉고 뿔은 없다. 무리지어 해안에 누워 있다가 사람이 혼자 가는 것을 보면 해치고 사람들이 많이 지나가다 마주치면 물속으로 들어가니, 이름이 可之다."라고 하였다.

504 나무……일 : 「이십일도회고시」 자주에 『삼국사기』를 인용하여 "異斯夫가 阿瑟羅州

탐라【제주】 耽羅【濟州】

세 을나성에 장기 안개 걷히더니	三乙那城瘴霧開
탐진강 어귀에 높은 돛배 돌아왔네.	耽津江口峭帆廻.
그 시작에 이미 모홍혈505이 있었거늘	厥初還有毛興穴
어찌 남의 바짓가랑이 밑으로 나와야 했는가.506	何必他人袴下來.

후백제【전주】 後百濟【全州】

지난 일 아득하구나, 등창 난 늙은이507여	往事悠悠疽背翁
옛 토성 동편엔 붉은 잎 어지러이 날리네.508	繽紛紅葉古城東.

의 軍主가 되어 우산국을 병합할 것을 도모했다. 그 나라 사람들이 어리석고 사나워 계책으로 복속시킬 만하다고 생각해 이에 나무 사자를 많이 만들어 전선에 싣고 그 나라에 도착해 '너희들이 항복하지 않으면 이 짐승을 풀어서 밟아 죽이겠다.'고 하니, 그곳 사람들이 두려워하며 항복했다."라고 하였다.

505 모홍혈(毛興穴) : 三姓穴로, 高氏·良氏·夫氏의 시조인 高乙那·良乙那·夫乙那의 세 神人이 솟아났다는 구멍이다. 「이십일도회고시」 자주에 『동국여지승람』을 인용하여 "濟州牧의 鎭山 북쪽 기슭에 구멍이 있는데 모홍혈이라 하니 바로 세 乙那가 솟아 나온 곳이다."라고 하였다.

506 어찌……했는가 : 삼을나 가운데 고을나의 후손 高淸이 신라왕의 바짓가랑이 밑으로 나온 일을 말한다. 「이십일도회고시」 자주에 『北史』를 인용하여 "고을나의 12대 후손 高厚·高淸 형제 세 사람이 배를 만들고 바다를 건너 탐진에 정박하니 신라가 융성할 때였다. 이때 客星이 남방에 보이자 太史가 다른 나라 사람이 조회하러 오는 모양이라 아뢰었다. 고후 등이 이르자 왕이 가상하게 여겨 고후를 일러 星主라 하니 그가 별자리를 움직였기 때문이다. 고청에게는 바짓가랑이 아래로 나오게 하고 자기 자식과 같이 사랑하며 일컫기를 왕자라 했다. 또한 그 막내를 불러 都內라 하고 국호를 탐라라 하니 오면서 탐진에 정박했고 신라에 조회했기 때문이다."라고 하였다.

507 등창 난 늙은이 : 후백제를 건립한 甄萱을 가리킨다. 「이십일도회고시」 자주에 『삼국사기』를 인용하여 "견훤에게 아들 10여 명이 있었는데 넷째 아들 金剛이 키가 크고 지혜가 많았다. 견훤이 그를 사랑하여 왕위를 전하려 하니 그의 형 神劍이 견훤을 金山寺 佛堂에 유폐시키고 금강을 죽인 뒤 스스로 대왕이라 일컬었다. 견훤은 막내아들 能乂, 딸 衰福, 愛妾 姑比 등과 함께 高麗로 달아나니 고려 太祖는 후한 禮로 대접하고 높여서 尙父로 삼았다. 견훤은 등창이 터져 黃山 불당에서 죽었다."라고 하였다.

금산사에서 곡식 찾던 일 가련하니	可憐探穀金山寺
나라의 흥망 절영총[509]과 무슨 상관이랴.	亡國何關絶影驄.

번역 김세호

태봉 【철원부】 泰封 【鐵原府】

까막까치[510] 날아가는 곳 옛 궁전 터인데	烏鵲飛邊認故宮
철원 동녘[511] 제패한 업적 쓸쓸도 하구나.	凄涼覇業黑金東.
단옷날 나무 활 걸어 놓은 것[512] 아직도 기억하니	設弧猶記端陽節
계림의 늙은 설공[513]은 되지 않았네.	未作鷄林老薛公.

---

508 붉은……날리네 : 「이십일도회고시」 자주에 鄭夢周의 「全州萬景樓」의 "푸른 산 어슴푸레한 夫餘國이요, 붉은 잎 어지러이 날리는 百濟城이로다.[青山隱約夫餘國, 紅葉繽紛百濟城.]"라는 구절을 인용하였다.

509 절영총(絶影驄) : 「이십일도회고시」 자주에 『고려사』를 인용하여 "견훤이 태조 王建에게 絶影島의 驄馬를 바쳤다. 훗날 讖言에 '절영도 名馬가 이르면 백제가 멸망한다.'는 것을 듣고 이를 후회해 사람을 시켜 되돌려주기를 청하니 왕태조가 웃으면서 그것을 허락했다."라고 하였다.

510 까막까치 : 「이십일도회고시」 자주에 松江 鄭澈의 「關東別曲」의 "궁예왕의 옛 궁궐에 烏鵲이 처량하게 지저귀니, 천고의 흥망을 아는 듯 모르는 듯."이라는 구절을 인용하였다.

511 철원(鐵原) 동녘 : 「이십일도회고시」 자주에 『고려사』를 인용하여 "黑金은 철이니 이는 지금의 도읍인 철원을 말한다."라고 하였다.

512 단옷날……것 : 옛날에 사내아이를 낳아 돌이 되면 四方에 뜻을 두라는 의미로 활을 걸어두었던 풍습이 있었다. 「이십일도회고시」 자주에 『삼국사기』를 인용하여 "弓裔는 5월 5일에 태어났는데 이미 이빨이 있었다. 이에 憲安王이 그것을 미워하여 칙령으로 죽이게 하자 使者가 강보를 취하여 누대 아래에 던졌다. 시비인 乳母가 몰래 받아 들다가 손으로 눈을 잘못 찔러 한쪽 눈을 잃게 되었다."라고 하였다.

513 설공(薛公) : 중국 전국시대 四君의 한 사람인 孟嘗君을 말한다. 薛邑의 봉주인 田嬰의 아들로 태어나 아버지의 뒤를 이어 薛邑의 봉주가 되었으므로 맹상군을 설공이라고 부른다. 맹상군 또한 5월 5일에 태어나 아버지에게 버림받을 뻔 했으나 그의 어미가 몰래 키웠다고 한다. 여기서는 같은 단옷날에 태어나 부왕에게 버림받은 궁예의 처지를 맹상군에 비유하여 말한 것이다.

고려【개성부】高麗【開城府】

황량한 스무 여덟 왕릉[514] 荒凉二十八王陵
비바람에 해마다 칠등[515]이 어둡다. 風雨年年暗漆燈.
진봉산 속 붉은 철쭉꽃[516]은 進鳳山中紅躑躅
봄이 오면 여전히 층층이 피어나네. 春來猶自發層層.

봉연이 느릿느릿 제희[517]가 하가할 때 鳳輦逶遲降帝姬
찬 봄날 털 장막치고 양 기름으로 액막이하네.[518] 春寒氈帳祓羊脂.
덧없는 인생 백안[519]으로는 계교하기 어려운 법 浮生白眼應難較
붉은 눈물이 먼저 작약 꽃가지[520]를 적시네. 紅淚先沾勺藥枝.

---

514 스무 여덟 왕릉 : 「이십일도회고시」 자주에 『동국문헌비고』를 인용하여 "고려 태조 이하 스무 여덟의 왕릉은 개성부의 松岳山 · 進鳳山 · 碧串洞 · 鳳鳴山 등 여러 곳에 있다."라고 하였다.

515 칠등(漆燈) : 죽은 사람의 무덤, 혹은 무덤 앞에 켜 놓는 등을 말한다.

516 진봉산(進鳳山)……철쭉꽃 : 「이십일도회고시」 자주에 『동국여지승람』을 인용하여 "진봉산은 개성부의 동남쪽 9리에 위치하고 있으며 두견화가 많이 피기 때문에 세상 사람들이 '진봉산의 철쭉'으로 일컫는다."라고 하였다.

517 제희(帝姬) : 「이십일도회고시」 자주에 『고려사』를 인용하여 "忠烈王의 后妃 齊國大長公主는 이름이 忽都魯揭里迷失이니 元 世祖의 딸이다. 元宗 15년에 충렬왕이 세자로서 원나라에 있을 때 공주와 혼인했다."라고 하였다.

518 양(羊) 기름으로 액막이하네 : 「이십일도회고시」 자주에 『고려사』를 인용하여 "충렬왕이 왕위를 이어 공주와 함께 동으로 귀국할 때, 공주와 한께 輦을 티고 開京으로 들어오니 父老들이 서로 경하하였다. 황제가 脫忽로 하여금 공주를 전송케 하였는데, 탈홀이 먼저 이르러 穹廬를 설치하고 흰 양 기름으로 祓除하였다."라고 하였다.

519 백안(白眼) : 눈의 흰자위를 드러내어 싫어하는 기색을 보이는 것을 말한다. 「이십일도회고시」 자주에 『고려사』를 인용하여 "공주가 왕자를 낳으니 貞和宮主(충렬왕이 태자일 때 맞은 비로 始安公 王絪의 딸이다-역자 주)가 연회에서 하례하며 술을 따랐다. 왕이 공주를 돌아보자 공주가 말하기를 '어찌하여 백안으로 나를 보십니까? 혹 궁주가 나에게 꿇어앉아서 그런 것입니까?'하고, 드디어 연회를 파하도록 명하고 전각에서 내려와 대성통곡하였다."라고 하였다.

520 작약 꽃가지 : 「이십일도회고시」 자주에 『고려사』를 인용하여 "충렬왕 22년 5월 壽寧

중조의 조자앙과 친분 맺으니[521] 結識中朝趙子昂
풍류로운 부마도위 심양왕[522]이라네. 風流都尉瀋陽王.
다른 사람에게 정동행성 내맡기고 教人提擧征東省
노구의 만권당에 머물며 취하여 지냈다네.[523] 留醉蘆溝萬卷堂.

별빛 같은 은촉이 대궐 빗장 비추는데 銀燭如星照禁扃
시 짓는 사람들 모란꽃 핀 정자[524]에 많이도 올랐네. 題詩多上牧丹亭.
지금은 깨진 기와조각만 숭산[525]에 남아 있어 如今破瓦嵩山在
산이 세 번 울리며 궁전을 둘러 푸르를[526] 일 다시는 없네.

宮에 작약이 활짝 피었는데, 공주가 한 가지를 꺾어오라 하여 한참동안 받아들고 보더니 감상에 젖어 눈물을 흘렸다. 병을 얻어 薨하니 나이 39세였다."라고 하였다.

521 조자앙(趙子昂)과 친분 맺으니 : 조자앙은 원나라의 서화가인 趙孟頫이다. 자앙은 그의 字이며, 號는 松雪이다. 萬卷堂에서 李齊賢 등 고려 학자들과 교유하였으며, 충선왕과의 이별을 아쉬워하며 쓴 시 「留別瀋王」이 있다. 충선왕이 조맹부의 서체를 좋아하여 松雪體라 불리는 조맹부의 글씨가 고려에 유행하기도 하였다.

522 심양왕(瀋陽王) : 고려 후기에 원나라에서 고려 왕족에게 수여한 封爵의 하나이다. 고려를 견제하기 위해 瀋陽에 두었던 것으로, 忠宣王이 그 시초이다.

523 다른……지냈다네 : 충선왕은 北京에 있을 때 본국에 있는 충렬왕 세력을 감시하기 위해 征東行省의 增置를 요청한바 원나라에서 관리를 파견한 일이 있는데, 앞 구는 이를 가리키는 것으로 보인다. 蘆溝는 北京 서남쪽에 있는 지명으로, 이곳 永定河에 유명한 蘆溝橋가 있다. 萬卷堂은 충선왕이 원나라에 있을 때 북경에 세운 독서당이다. 「이십일도회고시」 자주에 『고려사』를 인용하여 "충선왕은……원에 가서 宿衛한 지 10년 만에 仁宗을 보좌하여 내란을 진정시켰고, 武宗을 迎立하였다. 大尉로서 燕京 저택에 머물면서 만권당을 지어 書史로 自娛하였다. 姚燧·閻復·元明善·趙孟頫가 모두 왕의 門庭에서 노닐었다."라고 하였다.

524 모란꽃 핀 정자 : 개경 延慶宮에 있던 山呼亭을 가리킨다. 「이십일도회고시」 자주에 『東國李相國集』을 인용하여 "산호정에 모란이 활짝 피니 시를 짓는 자들이 많아, 百人에 이르렀다."라고 하였다.

525 숭산(嵩山) : 개경의 鎭山인 松嶽山의 별칭이다.

526 산이……푸르를 : 산이 세 번 울린다는 것은 山呼萬歲 고사를 이르는 듯하다. 漢 武帝가 嵩山에 올라 封禪을 할 때 어디선가 萬歲 소리가 세 번 들려왔다는 데서 온 말로, 천하가 태평함을 의미한다(『漢書』 卷6 「武帝紀」). 「이십일도회고시」 자주에 『고려사』

不復三呼繞殿青.

손을 들어 지난 왕조 재상의 집 가리켜보니　指點前朝宰相家
황폐한 정원에 비바람 치고 흙담 기울었네.　廢園風雨土牆斜.
모란과 공작[527]이 다 이울어 없어지고　牧丹孔雀凋零盡
노랑나비만 쌍쌍이 장다리꽃에 날아드네.　黃蝶雙雙飛菜花.

조수가 밀려들고 빠져나가는 급수문[528]에　潮落潮生急水門
해마다 장삿배[529]들 강마을에 이르네.　年年商舶到江村.
줄지어 솟아 있는 열두 봉우리 무산과 흡사한데　攢峯十二巫山似
세 번 울며 눈물 흘리는 원숭이만 없구나.[530]　只少三聲墮淚猿.

를 인용하여 "忠惠王 때 송악이 밤에 울렸다. 왕이 괴이하게 여겨 물으니 陳無作金이 아뢰기를 '걱정할 것이 없습니다. 옛 시에 「숭악이 세 번 울리면서 궁전을 둘러 푸르네.」라는 구절이 있습니다.' 하니 왕이 기뻐하였다."라고 하였다.

527 모란과 공작 : 「이십일도회고시」 자주에 『고려사』를 인용하여 "神宗 초에 參知政事 車若松과 特進 奇洪壽가 함께 中書省에 들어갔다. 차약송이 기홍수에게 묻기를 '공작이 잘 있느냐?'라 하니, 대답하기를 '생선을 먹다가 목구멍에 뼈가 걸려 죽었다.'라 하였다. 이내 모란을 키우는 법을 묻자 차약송이 자세히 말해 주니, 듣는 사람들이 기롱했다."라고 하였다. 차약송과 기홍수는 고려 중기의 武臣이다.

528 급수문(急水門) : 「이십일도회고시」 자주에 『宋史』를 인용하여 "禮成江은 두 산 사이에 있고 石峽으로 묶이놓은 듯하며 물살이 소용돌이치고 급하게 내려가는데, 급수문이라고 하는 곳이 가장 험하다."라고 하였다.

529 장삿배 : 「이십일도회고시」 자주에 『고려사』를 인용하여 "송나라 상인은 禮成江에 집결한다."라고 하였다.

530 줄지어……없구나 : 「이십일도회고시」 자주에 『大明一統志』를 인용하여 "급수문은 개성 남쪽 바다 가운데 있는데 巫峽과 흡사하게 생겼다."라고 하였다. 巫山은 중국 四川 巫山縣에 있는 험한 협곡을 끼고 있는 봉우리로, 이 일대에 원숭이가 서식한다. 『世說新語』 「黜免」에, 晉나라 桓溫이 三峽을 지나던 중 부하들이 원숭이 새끼를 잡자 어미 원숭이가 쫓아오다가 죽었는데, 그 어미의 배를 갈라보니 창자가 토막토막 끊어져 있더라는 얘기가 전한다. 이를 소재로 한 『樂府詩集』의 「巴東三峽歌」에 "파동 삼협의 巫峽은 길고, 원숭이 세 번 우니 눈물이 치마를 적신다.[巴東三峽巫峽長, 猿鳴三聲淚

천수원[531] 남문에 봄빛 저물어갈 때	天壽南門春暮時
붉은 다락 푸른 집 그림자는 들쭉날쭉.	丹樓碧閣影參差.
풍우 속 도롱이에 삿갓 쓴 이 어느 마을 사람이기에	風簑雨笠何村客
종일토록 시 읊조리며 해오라기 바라보는가.[532]	終日沈吟看鷺鷥.

자하동[533] 골짜기에 수풀 우거졌는데	紫霞洞裏艸霏霏
나란히 말 타고 오던 궁녀는 볼 수 없구나.	不見宮姬並馬歸.
여기가 바로 신왕[534]이 행락하던 곳이라	爲是辛王行樂地
지금도 여전히 제비들 쌍쌍이 날고 있네.[535]	至今猶有燕雙飛.

가련하다, 푸른 나무에 용을 감추지 못하니	可憐青木未藏龍
천년 곡령의 소나무[536]만 소슬할 뿐.	蕭瑟千年鵠嶺松.

沾裳.」"라고 하였다.

531 천수원(天壽院) : 「이십일도회고시」 자주에 『동국여지승람』을 인용하여 "천수원은 성의 동쪽에 있으니 곧 天壽寺의 옛 터이다."라고 하였다.

532 해오라기 바라보는가 : 「이십일도회고시」 자주에 『고려사』를 인용하여 "康日用이 鷺鷥에 관한 시를 짓고자 하여 매양 비를 무릅쓰고 天壽寺 남쪽 시내에 이르러 노사를 보곤 하였다."라고 하였다. 康日用은 고려 睿宗 때의 시인이다.

533 자하동(紫霞洞) : 「이십일도회고시」 자주에 『동국여지승람』을 인용하여 "자하동은 松岳山 아래에 있다. 洞府는 깊고 험하며 계곡물은 맑고 물결이 잔잔하여 최고의 명승지로 알려져 있다."라고 하였다.

534 신왕(辛王) : 고려 禑王을 말한다. 麗末에 李成桂를 추종하는 세력이 우왕 · 昌王 부자를 王氏가 아니고 辛旽의 혈통이라고 하여 우왕 · 창왕의 재위 기간을 '辛朝'라고 하였다. 「이십일도회고시」 자주에 『고려사』를 인용하여 "辛禑의 어릴 적 이름은 牟尼奴이고 신돈의 비첩 般若의 소생이다."라고 하였다.

535 제비들……있네 : 「이십일도회고시」 자주에 『고려사』를 인용하여 "辛禑가 기생 燕雙飛로 하여금 활을 차고 젓대를 불게하고, 용을 수놓은 옷을 입혀서 말고삐를 나란히 하여 다녔다."라고 하였다.

536 곡령(鵠嶺)의 소나무 : 곡령은 松嶽의 별칭이다. 신라 말 崔致遠이 신라가 망하고 고려가 흥할 것을 알고 고려 태조에게 글을 보내 "곡령은 푸른 솔이요, 鷄林은 누런 잎이

쇠로 만든 개[537] 쓸쓸히 동쪽 향해 짖으니	鐵犬寥寥東向吠
흰 구름 날아 흩어짐에 삼각산 봉우리 보이네.[538]	白雲飛盡見三峯.

번역 신익철 · 이현우

네.[鵠嶺青松, 鷄林黃葉.]"라고 했다는 얘기가 전한다.

537 쇠로 만든 개 : 「이십일도회고시」 자주에 『松京雜記』를 인용하여 "세상에서 전하기를 '神僧 道詵이 고려 태조를 위하여 도읍을 송악의 남쪽에 정하였다. 조금 뒤에 구름이 걷히고 동남쪽에 漢陽의 三角山이 하늘가에 돌올하게 솟은 것을 보고 놀라 넘어지며 크게 탄식하고는, 쇠로 된 개 12마리를 만들어 그쪽으로 짖게 하였다. 대개 삼각산이 송악의 窺峰이 되기 때문이라고 한다.'라고 하였다. 지금 개성 동쪽에 坐犬里가 있다." 라고 하였다. 窺峰은 풍수지리에서, 숨어서 엿보고 있는 것처럼 보이는 산봉우리이다. 묏자리 앞에 이런 산이 있으면 禍를 입는다고 한다.

538 삼각산 봉우리 보이네 : 개성에서 보이는 한양 삼각산이 규봉의 형세가 됨을 말한다.

찾아보기

ㄴ

ㄷ

ㅁ

ㅂ

ㅇ

ㅈ

ㅊ

ㅌ

ㅍ

ㅎ

◈ 재단법인 실시학사

실학사상의 계승 발전을 위해 설립된 공익 재단법인이다. 다양한 학술 연구와 지원 사업, 출판 및 교육 사업 등을 수행하며, 실학사상의 전파와 교류를 위해 힘쓰고 있다. 1990년부터 벽사 이우성 선생이 운영하던 '실시학사'가 그 모태로, 2010년 모하 이헌조 선생의 사재 출연으로 공익법인으로 전환되었다.
경학 관계 저술을 강독 번역하는 '경학연구회'와 한국 한문학 고전을 강독 번역하는 '고전문학연구회'라는 두 연구회를 두고 있으며, 꾸준하게 실학 관련 공동연구 과제를 지정하여 그에 맞는 연구자들을 선정·지원함으로써 우수한 실학 연구자를 육성하고 연구 결과물을 사회에 환원하고 있다. 이번에 상재하는 '실시학사 실학번역총서'도 그의 소산이다. 앞으로 아직 세상에 제대로 드러나지 않은 실학자들의 문헌을 선별해 오늘날의 언어로 옮기며, 실학의 현재적 의미를 확인해 나갈 것이다.

홈페이지 http://silsihaksa.org

실시학사 실학번역총서 13

영재 유득공의 영재집 1

1판 1쇄 발행 2019년 9월 30일

기　획 : 재단법인 실시학사
지은이 : 유득공
옮긴이 : 재단법인 실시학사 고전문학연구회
펴낸이 : 김병환
펴낸곳 : 학자원
주　소 : 서울시 강동구 천호대로 1121
전　화 : 02) 6403-1000
팩　스 : 02) 6338-1001
E-mail : hakjaone@daum.net
등　록 : 2011년 3월 24일 제2011-14호

ISBN 979-11-6247-138-8 94810
979-11-87806-78-3 (세트)

값 30,000원